辽宁大学商学院
MBA/EMBA
优秀论文集(下)

■ 霍春辉　高　翔　胡晟妍　主编

辽宁大学出版社
Liaoning University Press

图书在版编目（CIP）数据

辽宁大学商学院 MBA/EMBA 优秀论文集．下/霍春辉，高翔，胡晟妍主编．—沈阳：辽宁大学出版社，2017.9
ISBN 978-7-5610-8655-1

Ⅰ．①辽… Ⅱ．①霍…②高…③胡… Ⅲ．①工商行政管理—文集 Ⅳ．①F203.9-53

中国版本图书馆 CIP 数据核字（2017）第 230651 号

辽宁大学商学院 MBA/EMBA 优秀论文集．下
LIAONING DAXUE SHANGXUEYUAN MBA/EMBA YOUXIU LUNWEN JI. XIA

出 版 者：辽宁大学出版社有限责任公司
　　　　　（地址：沈阳市皇姑区崇山中路 66 号　邮政编码：110036）
印 刷 者：鞍山新民进电脑印刷有限公司
发 行 者：辽宁大学出版社有限责任公司
幅面尺寸：170mm×240mm
印　　张：24.5
字　　数：454 千字
出版时间：2017 年 9 月第 1 版
印刷时间：2017 年 11 月第 1 次印刷
责任编辑：郭胜鳌　李振宇
封面设计：韩　实
责任校对：齐　悦

书　　号：ISBN 978-7-5610-8655-1
定　　价：65.00 元

联系电话：024-86864613
邮购热线：024-86830665
网　　址：http://press.lnu.edu.cn
电子邮件：lnupress@vip.163.com

目　　录

SBW 集团新员工培训方案优化研究
Study on optimization new employee training scheme of SBW group

作者：康挚野　指导教师：韩亮亮　副教授

摘　　要

2015 年是装备制造业企业相当艰难的一年，市场形势严峻，很多大型项目没能上马，企业负担明显加重，许多企业意识到，21 世纪制造业企业的竞争，是人才领域、人力资源层面的竞争，装备制造业的竞争如火如荼，装备制造业企业的人才的储备和培养将会起相当巨大的作用。而新员工培训又是人力资源管理中的非常重要的部分，是决定制造业企业未来人才是否能满足企业要求的根本，是装备制造业企业在未来竞争中能够始终处于领先位置的基石。

在制造业企业的不断发展过程中，为了扩展企业的人力资本，企业每年都会从各大院校招聘新员工入职。这些从大学刚刚毕业的新员工是装备制造业企业未来发展的力量源泉，对企业未来平稳的前行有着相当重要的意义。很多企业已经认识到一定要立足于新员工培训的创新，在了解"90 后"新员工对企业的认知渴望的同时，为新员工提供一个适合他们发展的平台，尤为重要。那么在这样的背景之下，如何能够更好地提高新员工培训的质量，让员工掌握并熟练地使用当今制造业的先知理念和知识，这正是如今制造业企业面临的一个相当严峻的问题和挑战。目前，各大企业都在寻求一种更加合理和有效的培训优化方案，用新设计优化的培训方案来解决现有新员工培训方案的问题，提升新员工对于企业的认知度，培养新员工的忠诚度，从而使得新员工培训更加卓有成效。

目前，很多的制造业企业在培训管理过程中存在很多问题，尤其是培训方案的设计上有很多地方不能满足现在时代需求，流于形式，不够落地。笔者认为，新员工培训既要考虑到新员工的自我发展，也要着力考虑市场的情况，同时还要从企业未来的培训需求切入，把新员工的培训需求作为着手点，这样才更加有利于企业新员工培训的开展。基于上述情况，本文选择 SBW 集团的新员工培训作为研究对象并进行研究和分析，在分析过程中，将引出目前 SBW 集团的现状和企业员工培训过程中存在的问题，并根据实际情况分析问题产生的原因，而后根据科学的理念和实际情况对 SBW 培训进行分析，针对 SBW 集团的情况提出优化方案，以理论培训和车间实操健全培训模块，以多样化的培训形式和个性化的培训需求，完善培训内容，希望此方案的优化可以使 SBW 集团新员工的整体素质和责任感有所提高，从而保证 SBW 集团能够在目前装备制造业竞争如此激烈的情况下，依然守护住目前的优势地位。

关键词： 新员工培训　方案　优化研究

ABSTRACT

Right now is the new times of the 21th century 2015. The competition is so fierce in the market. Everybody knows that in the 21st century manufacturing industry competition，actually is the competition of talents. Talents competition depends on enterprise human resource development. And the training of the new staff is important part of human resource management. The training of the new staff is the key in the manufacturing industry enterprise whether can meet the basic requirements of the enterprise，and manufacturing enterprises to maintain sustainable competitive advantages.

In the continuous development of manufacturing enterprises，in order to expand the human capital，enterprises will recruit new employees from major institutions every year. These new staff are the driving force for the future development of enterprises，and have an important role in the future development of enterprises. Many enterprises have realized that must be based on the innovation of new employee training，in about "post 90s " new employees to the enterprise of cognitive desire at the same time，and strive for new employees to create nice learning environment and training platform. So under this background，how to improve the quality of the training the new staff and makes them master the skill of today's manufacturing industry prophet concepts and knowledge. The manufacturing enterprises are facing a very serious problems and challenges at present. Each big enterprise are seeking a more reasonable and effective training optimization scheme to make up existing new employee training program, enhance the sense of belonging to the enterprise and makes the training effect.

At present, many manufacturing enterprises course of training management exists a lot of problems, especially the designing of training program do not satisfy the needs of the times, and become a mere formality. The author believes that the new employee training is necessary to consider to new employees self-development. At the same time we should also focus on the market and the future strategic development of the enterprise. In this case, this paper takes the SBW company as the research object, discusses the new staff of SBW based training in the course of the study, the author put forward the existing status and process of enterprise staff training in the SBW problem, and analyzes the reasons of these problems, and then combined with the actual situation of the existing theoretical knowledge and research results of SBW company. The new training program includes many kinds of training forms such as the general training and characteristic training which is suitable for SBW's actual situation considering on its practical operability. I hope this plan can improve the overall quality of new employee of SBW company, SBW company to enhance the core competitiveness in the fierce competition in the market.

Key Words：New employee training　Plan　Plan optimization

绪　　论

0.1　研究背景

人力资源管理随着企业的发展，其角色愈发重要，企业可以通过人力资源管理的作用使各方面的资源效益最大化。2015 年是装备制造业企业相当艰难的一年，市场形势严峻，很多大型项目没能上马，企业负担明显加重，所以对于企业而言，利用这段时间做好科技人才、技术工人的培养，将成为目前企业的重心。通过企业的人力资源管理，企业可以快速的发现人才，将其放到适合的领域去，培训人才进而留住人才，让企业永葆青春的源泉，只有使他们进步，有前进的动力，成为企业的核心动力，这样才能促进企业的可靠发展和循序渐进。

对于培训而言，新员工培训是培训当中的一个重要的组成部分。企业每年需要新鲜血液的流入，带给企业新的活力。当然在新员工进入企业的同时，良好的培训可以让他们的业务能力和个人素质有显著提高，让他们能够尽快地独立完成工作，使他们提升企业认知和加强自我学习意识，从而从内心发自肺腑的愿意为企业创造更大的价值。

SBW 集团拥有大量的技术人才，他们中很多从大学毕业就来到 SBW 集团工作，但是由于他们拥有的不同的教育和成长经历，导致他们对于工作经验显得过分依赖，而对于新员工的培养不够重视。SBW 集团目前新员工的培训还面临着不少的问题，比如企业培训内容陈旧、培训方法单一、培训过程松散、培训效果不理想；培训内容缺少需求调查分析、培训方法没有适时更新、培训过程缺乏必要监督手段、培训效果缺少评估等。SBW 集团近几年逐渐形成了具有自身企业文化的新员工培训方案，但是目前还存在一些问题，需要进行优化，本文着重分析目前存在的这些问题，并对新员工培训方案进行优化研究，以使其满足目前集团的总体战略需要。

0.2 研究目的和意义

0.2.1 研究的目的

离心压缩机行业随着行业的发展脚步越来越快，竞争也日益激烈，人力资源现已是目前企业当中的相当重要的一个环节。因此，加强新员工的培训就显得尤为必要，本文通过对新员工培训的优化研究，即以达到如下目的：

（1）对 SBW 集团新员工培训现状进行总结性描述。

通过对企业新员工培训的现状进行归纳和总结，可以找出 SBW 集团新员工培训目前的特点和优势，进而通过这些特点和优势，寻找出企业目前新员工培训面临的主要困难点和关键环节。

（2）找到 SBW 集团新员工培训目前面临的主要困难和关键环节。

企业的培训是一个循序渐进的过程，SBW 集团培训中心的前身是 SBW 集团技校，由技校到培训中心进行转化的过程中，有很多优秀的技术和经验的传承。目前，新员工培训面临着主要的困难和一些关键的环节，通过对这些困难点和关键环节的把控，可以使我们对新员工培训整体有一个更为准确地拿捏。

（3）提出适合 SBW 集团新员工培训的优化方案。

当企业找到目前行业的培训特点，同时结合企业的自身优势寻找到了企业新员工培训的立足点和所面临的主要困难及关键环节时，那么如何进行新员工培训方案的优化修改就变得顺理成章了。企业要把握住现有的优势，同时通过克服企业所面临的困难，在关键环节上更好地进行把控，从而提出更加适合 SBW 集团的新员工培训方案。

（4）提出保障 SBW 集团新员工培训优化方案能够顺利进行的保障手段。

每一个优秀的新员工培训方案，都是由培训部门与企业的各个部门进行沟通协调很多次，最终确定出来的一个整合性的培训方案。由于培训不是一个部门的事情，而是多部门的合作性行动。所以为了确保一个培训的正常开展和全流程的管控，我们就一定要通过一些手段来确保整个新员工培训优化方案的顺利进行。这里我们可以使用培训需求调研，培训过程跟踪和后续的培训反馈等作为企业保证新员工培训优化方案能够顺利进行的保障手段。

0.2.2 研究的意义

SBW 集团近年来一直将新员工培训放在培训工作的重点之上，然而从企业和个人的角度来说，暂时还不能有效地解决新员工和企业之间的需求匹配。要彻底解决新员工培训的问题必须依靠优化整体的培训结构及体系，建立完备的企业内训体系，构建成熟的新员工培训计划和实施方案。因此，SBW 集团势必要推行新员工培训体系的优化，最直接的解决新员工迫切需要学习的知识和技能，从而提高新员工的整体素质，更好地将所学的技能和目前公司的产品结合。此优化对新员工培训的组织方式、课程安排和现场实习具有重要的理论价值及实践指导意义。

（1）为新员工培训的顺利组织实施提供指导。

SBW 集团是国有大型装备制造业企业，具有技术密集、资金密集、协作关系复杂、生产对象隐蔽等特点，作为一个以科技研发为企业持续推动力的装备密集制造型企业，人才的知识结构正面临着不断的调整。因此，在这种局面之下，企业对新员工培训体系进行有质量的优化，将为新员工培训的顺利组织实施提供指导。

（2）有利于促进 SBW 集团培训效果的整体推进。

SBW 集团按照优化后的培训计划手册，可以将培训的整个过程进行有序的管控，从培训开始就做到全面的把控，从而促进 SBW 集团在追求经济效益的前提下，找到企业发展与员工培训需求之间的统一点，实现两者的共赢。

0.3 研究内容和研究方法

0.3.1 研究内容

本文首先分析了研究的背景和意义，然后从理论的角度为后文的分析做好了铺垫。对 SBW 集团进行了分析，指出了 SBW 集团新员工培训的现状及针对问题指出了原因，而后结合 SBW 集团的实际情况，针对 SBW 集团的新员工方案给出了优化。

绪论

这个部分主要对本论文研究的企业背景、研究目的、研究的意义，以及本文研究的内容和使用的方法进行简单阐述。

第 1 章

主要从理论的角度进行理论铺垫，介绍培训需求分析理论，培训评估理论，群体学习理论，为论文做好理论基础。

第 2 章　SBW 集团新员工培训现状及成因分析

本章主要介绍 SBW 集团概况、企业新入职员工的特点和新入职员工的培训现状。这部分主要对 SBW 集团进行简介，说明新员工的类型、特点。随后提出 SBW 集团在新员工培训中存在的问题。在指出问题的同时，对存在问题的成因进行分析。

第 3 章　SBW 集团新员工培训优化方案

SBW 集团新员工培训优化方案。本章针对新员工优化方案的设计原则和需求分析原则进行了剖析和解释，明确了新员工培训方案优化的方向并说明了实际的优化方案。

第 4 章　SBW 集团新员工培训方案实施与保障

SBW 集团新员工培训方案实施与保障。本章针对新员工培训的全流程把控和在培训的过程当中，从准备工作到实施再到培训后的评估都进行了详细的分析。

第 5 章　结论与启示

0.3.2　研究方法

本文采用如下研究方法：

0.3.2.1　文献研究法

在对这一领域的研究过程中，本人参阅了很多相关的文献，了解到了目前世界上一些先进的培训理念和手段，并在这些现有观点的基础之上进行了行之有效的分析和研究。根据课题，查阅 SBW 集团公司内部与新员工培训的相关资料，从而了解 SBW 集团新员工培训的历史和现状，进行更为深入地探讨和研究。

0.3.2.2　观察法

在进行本文的课题研究时，对 SBW 集团进行多次调查，取得了很多极为珍贵的企业资料、相关制度和流程。在调研过程中，面谈了几十个新员工，并带着问题与他们进行沟通，之后将资料进行整理和汇总，形成了具有参考价值的数据。

0.3.2.3　实证研究法

依据查阅的大量理论和实践结果，提出了对 SBW 集团的新员工培训优化方案的设计，进行通过合理的手段，有针对性的观察企业的管理现象，用科学的眼光发现现象之中的逻辑关系，进而得出 SBW 集团的新员工培训优化方案。

1　理论基础

1.1　培训需求分析理论

培训需求是指，工作的实际绩效需求和目前从事工作的现有能力之间的差距，也就是预期工作绩效和实际工作绩效之间的差。培训需求分析是在培训之前，确定组织中哪些人需要学习，学习什么。培训需求是培训的基础，可以有效地帮助组织提升绩效。培训需求分析是指，通过收集组织内员工相关的绩效考核相关信息，寻求应有绩效和现有绩效的绩效差，从而确定目前组织成员在知识、技能、素质或者其他方面的差距，从而为日后的培训工作的展开提供具有明确方向的基础性信息。

1980 年代，I. L. Goldstein 与 E. P. Braverman、H. Goldstein 三人经过缜密的分析，构建了 Goldstein 三层次模型。Goldstein 三层次模型分为组织分析、任务分析和人员分析。有培训需求的部门是组织分析得以开展的基础，从而保证培训计划能够满足企业目前的战略和未来的目标；任务分析的主要目的是给培训项目提供支撑，用数据和理论作为基础，来确定培训的具体内容，与此同时可以得到项目实施的难易程度和项目的重要程度；人员分析主要针对组织中的员工来进行，根据员工的实际情况，找到"目标差"，从而得到培训目标和内容的基础数据。

1.1.1.1　组织分析

组织分析是培训需求和组织战略间的桥梁和纽带，培训需求一定要和组织的战略层面联系到一起，培训目标不应该是通过提升个人进而有利于组织，而是对组织有利后将这种利益转到个人，这样的培训一定要确保在整个培训的设计、规划、实施和评估的过程中组织战略的概念被严格地执行。组织分析是为了找到组织中能够影响培训项目的因素。很多实际情况说明，组织因素可以对培训项目造成影响，从而使原计划的目标不能够达成。当然也有可能是与组织因素形成冲突，其实这些因素是可以在实施之前就提前预计到或者提前进行解决，从而使其得到改善。组织分析最后的结果主要是通过资料调查、统计分析、问卷调查等方式获得。

1.1.1.2 任务分析

任务分析的目的就是获得培训的目标。任务分析的主要工作是要通过标准说明任务如何执行，以及需要哪些相应的知识能力和个人素质等，从而进一步的确定培训的主要内容。在整个任务分析的流程当中，以下的几个信息点是需要注意的地方：在详细化的进行任务描述之后，要确立这些任务完成需要的知识技能和个人素质等，这些信息往往来自于企业的工作说明书和相关信息等，从而确定绩效标准。

1.1.1.3 人员分析

通过人员分析，企业可以获得哪些人员需要参加培训，这就是人员分析的意义所在。通常是，一边找出员工的目标差和形成差距的原因，另一边将员工期望的工作绩效与实际工作绩效进行对比，发现缘由。

目前，在学术界能够被普遍认可的培训需求分析模型当中，Goldstein 模型有着他自己独特的地位，但是再好的模型也有不足，该模型的不足主要体现在以下几点：第一，该模型针对外界环境的影响考虑的不够周全；第二，该模型只考虑到了"目标差"，却没能从人本的角度替员工思考他需要的培训内容；第三，在实际进行操作的过程当中，缺少实用的操作方法为这个想法进行基础的夯实，没有确定的指导标准，证实这个项目的弱点所在。

1.1.2 培训项目需求差距分析模型

美国学者汤姆·W. 戈特将培训项目分析出来的"差距"（也就是"实际水平"和"理想状态"之间的距离叫作"缺口"），建立出一个培训项目差距分析的具体模型。此模型利用理想与实际之间的差距从而了解培训需求。

在培训项目差距分析模型中，我们需要了解的有两个方面：第一，理想与现实的差距是必然的，也就是说理想状态必然会与实际水平有差距；第二，差距是培训需求的源泉，换言之培训需求为理想与现实的差距。

再好的模型也会有不足，其一为有些忽略组织目标对培训需求的影响；其二为相当于默认了培训达到提高绩效这个目标。我们可以针对这个问题进行更深一步的分析，从而提出两个假设：绩效不能达成100%是因为知识、技能和态度的原因造成；培训能够100%的转化成员工的绩效水平。

1.1.3 培训需求分析的方法

获得培训需求分析的方法有很多，每个方法都有各自的特点和优势。目前，在 SBW 集团主要应用的培训需求分析方法有访谈法、问卷调查法、观察法、关键事件法、绩效分析法、经验判断法、头脑风暴法。

1.1.3.1 访谈法

访谈法，是通过与组织人员直接的交流来获取培训需求的信息。在访谈法使用中，可以与企业的高层领导进行访谈，获得企业未来的方向和他们心目中员工的样子；与员工所在部门的直属领导面谈，可以从技术层面或者说是专业的角度获得更加精准并切合实际的培训需求。

在我们使用访谈法来获得培训需求信息的时候，我们可以注意以下几点：

（1）确定最想获得也是最有价值的信息。

（2）准备完备的访谈提纲。完备的访谈提纲，可以帮助访谈者在整个过程中处于主动的位置，防止被转移话题。

（3）要在良好和谐的气氛中进行访谈。在访谈的过程当中，访谈人员要和被访谈人进行和谐、相互信任的交流，这对于获得有效的信息具有十分重要的作用。

在日常工作中，可以将第一种和第二种方法结合到一起使用，比如可以先将调查问卷通过邮箱或者纸质版的形式下发到个人，统一的回收和分析之后，再有针对性地进行访谈从而了解所需要的信息。

1.1.3.2 问卷调研法

问卷调研法，是通过一系列的标准化的问题形式呈现，要求填写问卷的人针对题目进行选择或者是回答提出的问题。一般来说，当培训需求分析的总体工作量较大，需要进行培训需求分析的人数较多时，会使用这种方法。当要求获取的时间比较短的时候或者说时间比较紧急的情况，可以直接发放填写或者是通过网络填写，当然电话访谈进行问卷调研也是可以的，最后由访谈人本人进行填写。

1.1.3.3 观察法

观察法，是一种十分直接的方法，直接通过观察，明确员工存在的问题，同时获得自己所需的信息。在使用观察法的时候，首先要明确需要的信息类型和明确具体的信息，然后确定观察的对象。观察法在使用中一个最大的问题就是，如果被观察的人发现有人在暗中观察自己的行为和表现，那么最后的观察结果就会产生偏差。所以观察法在使用的时候需要多次而且隐蔽的观察。观察法适用于比较容易通过观察了解的工作，不适合技术含量高的工作。在使用过程当中，可以通过其他人进行观察，以免因为直接观察产生偏差，比如可以采用陌生人观察销售人员的实例。

1.1.3.4 关键事件法

关键事件法，是利用观察或者绩效考核等方法来发现，在工作的流程中或者活动中潜在的培训需求。在关键事件法当中，被观察者往往是对某一重大的事件起到了积极或者消极作用的人。关键事件的定义为对企业产生重大影响的事件，针对关键事件进行记录，可以为日后的培训需求分析提供素材。培训需求分析的信息可以通过关键事件的记录获得。在关键事件法的使用中，相关人员要完整的记录整个过程，包括原因背景、有成就或者失败的行为等。

1.1.3.5　绩效分析法

培训的终极理想是把绩效做到和理想中一致，说得更直接些，就是培训致力于改善工作绩效，使实际绩效和期望绩效之间的距离越来越小。由此我们可以得出一个结论，就是绩效考核的作用不仅仅可以针对绩效情况进行了解，同时可以作为获取培训需求的一个重要方式。以下四个方面在使用绩效分析法的时候需要注意：（1）具有统一的标准，获得员工的认可。（2）重点关注关键的绩效指标项。（3）要了解未能达到绩效考核标准的具体原因。（4）明确绩效水平能否通过培训来获得提升，如果不能，那么不适合本方法的使用。

1.1.3.6　经验判断法

有很多培训需求具有共同性或者说是规律性，这就可以使用经验来快速判断。例如，新员工刚刚来到企业，人力资源部只要通过经验，就知道他们需要培训和大致的培训内容。或者一个具有丰富岗位经验的人，可以轻易地判断出自己的下属在哪些方面有所欠缺，这些都是可以不必调研就可以直接确定哪些人应该接受什么样的培训。

1.1.3.7　头脑风暴法

在一个全新的领域或者说项目开始之前，都可以进行头脑风暴法，培训需求分析时，同样可以采用头脑风暴法进行分析。头脑风暴法适用于一些在某一领域有着丰富经验并且资深的人进行讨论，同时也可以应用在普通员工进行共同的思考或者针对某一个话题进行研讨。在头脑风暴的使用过程中，以下几个方面需要在使用时注意把控：

（1）围桌而坐，一桌人大概十多人为最好。

（2）在规定的时限内探讨的过程中，不可对话题进行有限制的讨论。

（3）在讨论的过程中，只有讨论，不考虑对错，更不能够提出批评；需要的是越来越广的思路和越来越多的观点。

（4）所有的观点和思路都要记下来。

头脑风暴结束之后，根据培训需求的实际情况，从而确定企业最后的培训需求。

1.2　培训评估理论

从广义上来讲，培训评估是对培训项目、培训过程和培训最终的效果进行评价。培训前评估，当然是在培训开始之前，了解参与培训人员的知识、技能、工作态度、工作素质等，以这些作为培训师设计培训计划方案的依据；培训前评估是培训计划实施的保证。培训中评估是在培训的过程当中，针对实际情况进行评估；在培训的过程中进行评估，能加强培训的有效性。培训后评估是培训结束后，针对培训的最后情况，进行的统一的评估，是整个培训的总结，有着十分重要的地位；培训后评估是帮助组织者或者是企业的领导确定预期目标是否达成。

1.1.1 柯氏模式

柯氏模式是目前使用较为广泛的评估模式。其主要内容如下：

Level 1 反应评估（Reaction）：反应评估是四层评估当中最低的一层，就是参与培训者的满意情况；反应评估指的是参与培训人员对于培训的整体印象，以及对培训的环境、设施、自己的所学的反应和看法。反应层评估指的是培训结束之时的即时性反应，可以采用问卷调查或者进行口头的交流来获取信息。

Level 2. 学习评估（Learning）：学习评估是为了考量有多少的培训收获。学习评估是用来测试参加培训人员的知识技能转化效果。学习层评估可采用笔试、实操、公文筐等方法来考查。

Level 3. 行为评估（Behavior）：行为评估通过各方面确认培训内容是否在日常工作中运用；行为评估可以利用 360 度的方式，由多方面确认培训是不是有所成效，培训的知识或者技能是不是有所应用。行为评估是四层评估当中最为重要的一个指标。

Level 4. 成果评估（Result）：说得简单些，成果评估就是培训为企业带来了哪些实际利益，是最为直接的考量指标，上升到了组织的层面。成果评估可以用不同的指标来考核，如生产效率有没有提高、员工离职率有没有降低，以及客户满意度是不是达到指标的要求等。

1.1.2 考夫曼五级评估

考夫曼五级评估是针对柯氏模型的补充，添加了评估社会和客户的反应，并把这一条作为模型的第五层级。他根据各种资料和经验认为，培训的成果应与培训能够应用的资源成正比关系，同时能够为培训带来效果。

1.1.3 CIRO 评估法

CIRO 评估方法是由沃尔、伯德和雷克汉姆发明的四级评估方法。这种方法设定了四个层次，分别是情境评估、投入评估、反应评估和结果评估。

（1）情境评估：从某种意义上讲，就是培训需求分析。

（2）投入评估：是指企业有哪些资源可以投入，然后根据资源的投入情况确定培训方法的选择。

（3）反应评估：指通过与参与培训者沟通获得他们对培训的反应，从而提高培训质量的过程。反应评估的整个过程，是对于参训人员具有相当的依赖程度的。在组织中，如果能够采取客观或者其他主观因素较少的方法搜集利用信息，这样最后得到的观点将会更加有利于培训。

（4）结果评估：是针对培训的实际成果进行评估的过程，是通过信息的汇总，而得出结论，是相当重要的环节。

1.3 群体学习理论

群体学习，是以共同的目标作为愿景，特征为团队学习，是新型的组织，以开放平等和具有研究精神为主。群体学习以学习和激励为核心，辛苦的工作不是最重要的，如何复杂的工作简单化才是群体学习的要点。群体学习以增强团队的核心战斗力为原则，使群体成员具有更多的组织层面意义，赶超自己，不断创新。

群体学习是学员共同学习的一种形式，作为企业中常用的一种手段出现。群体学习是过程学习的典型体现，让学员在群体的环境下进行学习的同时针对所学加以理解，强调根据自己的情况进行理解得出结论，这种学习形式，利于学员在实际的工作中应用。

群体学习的原则分为群体性原则、需要性原则、应用性原则。

群体性原则即在培训的开始，就提前分好小组，并根据情况，将学员组织好。需要性原则就是在培训之前就明确培训的目标和参训人员的需求，与这些有关的行为都是培训中应该注意的重点。应用性原则即强调所学有所用，强调学用合一，把所学的知识技能在实践中应用出来。

群体学习的优点是可以加强学员的素质，可以帮助学员进行自我剖析及定位，同时不断地完善自我。群体学习给学员一个平台，这个平台可以极好的观察群体现象，针对许多群体现象和观念可以让学员有更好的认识，同时帮助学员促进群体间人们的交往。

1.3.1 勒温理论

德国心理学家勒温认为，人们在一起形成的群体，不是静止的而是变化的，是在各种因素的影响下不断磨合和适应的过程。因此，群体不是集合，而是一个具有凝聚力的集体，是一个有核心理念的团体。

群体的行为通过相互间的沟通和协调会产生很大的力量，绝对会远远超过个人力量的总和。

1.3.2 罗杰斯的群体学习理论

罗杰斯的群体学习理论观点如下：

（1）非结构性。

没有特定的形式，没有特殊的目标，学员在完全自由的气氛中讨论，他们的想法和思想不是源于书本或者是老师的传授，而是完全依靠学员自己的情感。

（2）鼓励思考。

强调学员要有创造性的思维能力，群体学习可以引导学员的人生观、价值观和言行等，使他们重新建立完善的观念。这种观念的重新建立其实就是罗杰斯所提倡的群体学习的真正意义，不是其他靠老师的引导和指引，而是凭借自我思考能力的提升，而拥有属于自己的创造性思维能力的提升。

（3）接纳。

在群体学习的整体氛围当中，老师可以牵头形成一种自由的气氛，让学员在自由的气氛中，更容易了解和接触接纳其他学员，使这些学员可以用更加开阔的思想思考问题，同时也努力地去了解和接纳他人。

2 SBW 集团新员工培训现状及问题

2.1 SBW 集团简介

SBW 集团已经成为中国最大的通用机械制造基地，在我国通用机械行业处于龙头地位，是国内唯一拥有风机行业研究所、风机产品质量监督监测中心、水泵行业研究所、国家工业泵质量监督检验中心的企业，是我国唯一取得国家核安全局颁发的 300～1000MW 压水堆核电厂民用核承压设备核安全一二三级泵的设计、制造许可证，以及 200MW 低温核供热堆高温屏蔽泵的设计、制造许可证的企业。企业主要从事研发、设计、制造、经营科技含量高的离心压缩机、轴流压缩机、往复式压缩机、核电泵、离心鼓风机、大型通风机、输油管线泵等重大装备的"心脏"设备。

多年来，SBW 集团肩负"让中国装备与世界同步"的强国使命和历史责任，发扬"敢为天下先"的企业精神，坚持"科技兴企"的发展战略，志存高远，心系国家，挑起重任，幸不辱命，实现快速爆破一样的发展，拥有了世界一流的技术和制造能力，创造了百万吨乙烯压缩机、十万空分设备等多项重大装备"中国第一"的奇迹，在我国通用装备发展史上矗立了无数座国产化丰碑，为我国重大装备国产化做出了应有的贡献。

经过多年的不懈奋斗，SBW 集团应用引进技术和自主创新发展的技术累计为国家重大技术装备提供国产化大型离心压缩机数千台套。对我国重大技术装备国产化、促进国民经济快速发展意义非凡，SBW 集团的"国家砝码"作用更加突显。

2.2 SBW 集团新员工类型、特点及培训内容

SBW 集团，新员工主要是从"985""211"各大优秀院校招聘，其中几个与集团专业对口的院校招聘人员较多，比如西安交通大学的流体力学专业、华中科技大学的热能与动力工程专业、大连理工大学的热能与动力工程专业、东北大学的自动化专业等，除了在这些院校招聘对口专业新员工之外，同时还招收专业为过程装备与控制工程、焊接、金属材料、热处理、机械设计及其自动化、电气自动化、财务管理、金融、市场营销、企业管理等专业的毕业生，其中流体力学、热能与动力工程主要匹配岗位为研发、设计类岗位；焊接、金属材料、热处理、机械设计及其自动化匹配岗位为工艺类岗位；电气自动化、自动化匹配岗位为控制系统设计或者服务类岗位；其他类型岗位为管理类岗位，比如财务、人力资源、销售岗位等。

作为一个传统的装备制造业企业，SBW 集团的新员工中一直男生较多，比例大概在 9∶1 左右，目前"90 后"的新兴势力已经毕业，并汇入了社会的大潮当中，SBW 集团也是一样，目前的新员工主力调整为"90 后"。

作为一个大型的国有装备制造业企业，SBW 集团的培训内容与其他制造业企业的内容大体相同，培训内容分为以下几个部分：公司历史简介及沿革、人事管理及规章制度、安全环保知识、产品质量管理知识、压缩机、往复机、泵类产品设计知识、产品工艺常识、精益概论等等。目前的培训形式为理论授课和拓展训练结合，外加部分的车间实习，总体时间周期为 1 个月。

2.3 SBW 集团新员工培训存在的问题

新员工培训是一个相当全面并且系统的过程，包括新员工培训需求分析、确定新员工培训目标及计划、实施新员工的培训计划、新员工培训结果反馈、新员工培训后续跟踪。这些是一个完整的体系，一个闭环。SBW 集团的新员工主要为本科学历（研究生）的技术类刚刚毕业大学生，培训的内容也是主要集中在对公司历史简介及沿革、人事管理及规章制度、安全环保知识、产品质量管理知识、压缩机、往复机、泵类产品设计知识、工艺知识的了解上。

目前 SBW 集团对企业的新员工培训还存在一些问题和做的不够到位的地

方，主要表现在以下几个方面。

2.3.1 培训内容陈旧

SBW 集团作为一个装备制造业企业，作为一个以技术作为主要核心的创新型企业，在培训内容上个人认为做得还远远不够。在培训内容上，企业在最近 10 年来针对培训教材和 ppt 的修改明显不够，不能够完全跟得上企业目前的发展情况。很多教材和 ppt 仍然沿用 10 年前的内容，导致培训内容陈旧化水平较为严重。SBW 集团在对于新员工的培训过程中，培训内容更多的是围绕着对企业的了解和基本技术展开的，目的在于帮助新员工在未来更好地开展工作。但是，目前培训的内容没能够与现代的培训课程和理念接轨，比如对于新员工的素质培训以及心理培训，这种与时俱进的课程在目前的新员工培训中是没有的。拥有很好的心理层次培训，可以使新员工在面对强大的工作压力的时候有更强的信心面对和克服困难，让他们能够有精力更好地投入到工作中去。为此，个人认为 SBW 集团在新员工培训当中应该更多的加入企业与时俱进的科技，企业与时俱进的思想以及对新员工个人素质发展需求密切相关的培训内容。通过对培训内容的改变，可以更好地提高新员工的整体素质、新员工的心理承受能力，以及帮助新员工更好地认识现在和未来的自己。企业可以利用培训形成更加有战斗力、凝聚力的团队，从而提高 SBW 集团在装备制造业得竞争力。

2.3.2 培训方法单一

传统的授课式培训目前依然是 SBW 集团的培训形式，这种培训方法比较落后同时培训的形式比较单一。讲课作为整个培训过程当中的主体出现，目前仍不能将多种的培训形式应用到培训中去，基本可以认定为单方面的教学，学员以听课为主，以基本知识的传授为主，培训的效果以及培训知识及技能转化成实际能力的程度仍不能满足目前企业的要求。但是，在企业的新员工培训当中，授课教师是主体，以授课为目标。由于 SBW 培训中心的前身是 SBW 集团的技校，所以在教育和培训的转换上还没有控制好。

培训和教育的区别：

（1）关注点不同。教育当中老师是中心，老师是整个过程的主角，由老师完全掌控整个学习过程以及课程的安排等；培训当中的关注点应该是学员，培训师起到的是引领的作用，在整个培训过程当中，带动学员以及关注学员的感受和学习情况，从而进行调整。

（2）关注的侧重点不同。教育的侧重点是"教"，将理论知识传授给教授的对象，了解"是什么"；培训的侧重点是"学习方式"，关注以什么样的方式学习，能够引领学员进行更好的思考和分析，从而得出哪些有效的经验和做法，进而举一反三的过程。

（3）知识的传递方式不同。教育是把知识传递出去；知识是固定的，培训的无限的，从某种角度可以这么说，培训的过程是由知识的传递变为方法的探索的过程，是一个能发现新兴事物和规律的过程。

（4）目的和效果不同。给学员传授知识，尤其是书本的知识内容是教育的目的；而培训其实更多的是侧重实际能力的提升，尤其是对于装备制造业更多的是实际操作等。

（5）课堂形式不同。教育是单方面的授课形式；培训的授课方式课堂形式是多样化的，通过对知识的传授、技能的模拟、活动的进行，从而对员工的潜意识进行影响，而达到将技能和能力素质全面提升的过程。

2.3.3　培训过程松散

目前 SBW 培训主要以集团人力资源部培训中心作为培训的核心进行组织，一级培训全部由培训中心负责组织，由各基层部门、车间、处室等在每年初统一上报当年的培训需求，而后由集团人力资源部培训中心根据集团的总体情况统一组织的安排，二三级培训由各基层部门自行组织。新员工培训属于SBW 集团的一级培训，由 SBW 集团人力资源部培训中心统一组织，其他各部门协同进行。就目前情况看，很多新员工对自我要求不严格，培训过程表现得很散漫，完全不能做到认真学习，同时表现出来的态度也比较散漫。

2.3.4　培训效果不理想

按照目前人力资源部的要求，培训的目的定义为在接受培训后，新员工能够了解 SBW 集团现有的制度，对企业有归属感和认同感；在技术层面，新员工了解企业目前所使用的基本技术和工艺流程，对车间的生产能力和生产产品有基本的了解，并了解企业的整体技术水平。但是通过目前的培训的整个流程下来，培训效果没能够完全达到之前设定的目标。

2.4　SBW 集团新员工培训问题的成因

2.4.1　培训内容缺少需求调查分析

SBW 集团在新员工培训之前，在培训需求调查上没有做到位，从而导致培训需求分析也不到位。目前 SBW 集团的培训需求调查分析只是停留在表面，更多的是走一个形式、过场。对于任何企业来说，培训需求分析都是十分重要的部分，是未来培训工作的基石。员工有怎么样的需求，想要在哪些方面有所提高这些都可以通过培训需求调查分析获取。培训需求分析也为之后的即将进行的培训做好充分的准备。如果把培训比作一扇门，培训需求分析就是门的钥匙。目前 SBW 集团还是没能够在培训需求调查分析这个环节上做出进步和有效的调整。之前的一段时间培训的课程是固定的，传承了之前的课程，在课程的选择上并没有什么改变，换言之就是没做什么培训需求调查，当然就不要说什么分析了。

培训需求分析是 SBW 集团整个培训流程中的第一步，是其后环节的基石，也是培训质量的保障，为此 SBW 集团只有将培训需求分析工作落到实处，才能将培训做得更好。

结合目前 SBW 集团的现状，做好培训需求分析工作可以说是改变新员工培训的钥匙，随着"90 后"新员工的入厂，了解这些新员工的所思所想已经成为企业必须走的一步，当然培训需求分析不仅仅是在员工身上，培训需求分析还需要企业的各个部门来提供，要在培训过程当中，确保培训能使新员工了解部门需要他知道的产品知识及所采用的技术等。所以说培训一定要有的放矢，一方面要满足新员工的需要，另一方面又要根据企业的战略来确保他们能够胜任他们即将从事的工作。这样也能更好地激发他们的热情和兴趣，从而提高培训的针对性和培训的总体质量。

2.4.2 培训方法没有适时更新

培训方法的选择可以决定企业的培训效果。目前在培训领域中流行的培训方法有很多。在选择培训方法的时候，我们要根据培训的目标、内容、受训者自身的要求和特点以及培训所拥有的条件等多方面的考量，从而选出适合培训项目的培训方法。

培训方法大概可以分为三类：分别是直接传授型培训法、实践型培训法和参与型培训法。由于培训中心的前身是技工学校，企业本身也是一个装备制造型的国企，所以企业的培训一直以来是以直接传授型的培训方法，适合多人一起培训是这种培训方法的优点；对培训的相关要求不高；老师可以尽情地发挥；这种培训形式老师和学院易于沟通，培训的成本相对较低。培训也有很多的不尽人意的地方：讲授的知识和内容多，学员不能够完全理解；老师难以与学员有效的互动；"90 后"员工的需求难以满足；对教师的各方面素质和水平要求较高，教师水平决定课程质量；课程模式显得枯燥无趣。而目前培训的模式除了个别时候使用参与型的培训绝大多数都是这种传授型的培训方式，随着时代的发展，"90 后"员工的加入，SBW 集团目前的培训方式已经不能满足企业的战略需求和新员工的个人需求，所以培训方法已经到了必须改革的时候。目前社会上流行的培训方式为实践型培训法和参与型培训，这两种模式的优势在于可以积极的调到新员工的培训积极性，同时学习到的知识更容易通过实践转化为自己的记忆。在实践型培训法中能丰富受训者的工作经验，使其更加了解目前的企业概况；使受训者对自己有明确的定位；能够加强各个部门之间的有效沟通与合作，使领导能积极地理解目前存在的问题。参与型培训可以加强受训者的积极自主性，我们经常使用到的方法有自学、头脑风暴、模拟训练、公文筐、案例研究法等。

2.4.3 培训过程缺乏必要监督手段

培训过程中的控制是培训必不可少的一环，随着现代科技越来越发达，影响培训质量的设备也越来越多，比如手机、平板电脑等，同时就像我们在学生时代上课需要签到一样，在培训的整个过程中，不是在玩手机就是在看小说和电影，这样就使得培训完全没有存在的意义，只是换一个地方游戏而已。监督的目的是为了确保培训效果，当新员工意识到培训对于他们的重要性，这样新员工培训才能真正地落到实处，可以让新员工在培训过程中对公司产生更强的认同感和归属感，也容易更好地培养新员工对公司的忠诚度。

2.4.4 培训效果缺少评估

SBW 集团目前没有有效的培训评估机制，只是注重培训过程中要完成相应的科目。在成绩上，也存在很大的问题，目前在 SBW 集团培训考核上，人力资源部门打分也只是进行等级打分，经常考虑到人情关系等，或者为了新员工的未来发展考虑，打分出现偏差。这样就出现了考核成绩大多数是良好，间接的形成考核只是形式，没能起到应有的效果，使得新员工培训在一定程度上意义缺失。为此，笔者认为，SBW 集团应该建立完善的培训评估机制，这样才能让培训工作得到更好的改善，也能避免新员工不愿意参加培训的现状，通过评估考核，让新员工更加重视考核结果，自我重视才能使培训有更好的效果、价值和作用。只有自我意识到需要培训，培训的效果才能更上一层楼。

3 SBW 集团新员工培训优化方案再设计

作为一家已经成为中国最大的通用机械制造基地，在我国通用机械行业处于龙头地位的离心压缩机制造企业，SBW 集团在快速稳定发展的过程中，一直致力于不断加大企业人力资本的投入，也加大了对培训的关注以及公司人力资源的开发，可以有力地促进企业人力资源登上新平台，为 SBW 集团的今后的上市和更远大的目标打下坚实的基础。为了使 SBW 集团的新员工培训符合未来企业的战略，笔者认为 SBW 集团应该结合企业的战略发展目标、部门及员工的具体培训需求进行员工培训需求调查及分析，结合 SBW 集团未来的战略导向，制订完善的适合目前企业情况的新员工培训计划，确定新员工培训保障措施及培训的反馈，这样能更好地发挥新员工培训作用及为企业创造更大的价值，基于以上的培训想法，笔者对 SBW 集团新员工方案进行如下的优化设计。

3.1 SBW 集团新员工培训方案设计原则

考虑到 SBW 集团目前的实际情况，在 SBW 集团新员工培训优化方案的制定过程中，个人认为应该坚持战略性原则、针对性原则、时效性原则及综合性原则。

3.1.1 战略性原则

SBW 集团的培训应该以企业的整体战略发展及目标为前提，满足企业战略需求，以战略的眼光来开展培训。服务于企业未来的战略导向，提升新入职员工的知识、技能、企业忠诚度以及业务能力，是新员工培训应该做到的。SBW 集团对新员工培训的过程中，应该认真的考虑 SBW 集团的发展战略及SBW 集团的企业人力资源战略，让新员工培训与他们相辅相成。SBW 集团应该结合目前培训中心的具体情况，进行不断改进，建立完善的新员工培训方案。更重要的是要更好地加强培训部门与人力资源部门的协调、沟通及配合工作，目前在整个培训过程中，各部门对培训中心的配合明显不够，在培训中心做主导的过程中，其他部门更愿意把工作都留给培训中心，所以必须加强培训中心的主导作用，同时各个部门一定要积极的配合，要把新员工培训作为SBW 集团人力资源管理的一个部分，更要自觉形成新员工培训是企业整体战略中的重要一环的意识。

3.1.2 针对性原则

针对性原则就是有组织计划的将新员工培训工作开展起来，在开展之前对于培训对象和内容以及相对应的培训目标都已经有了完善的规划。考虑到新入职员工来自于不同类型的学校，所学专业又不尽相同，未来拟分配的岗位更是区别很大，所以他们需求必然是不同，因而具有针对性地培训就是必须的。培训不能没有针对性的进行，而是要通过小班授课的形式，把知识和技能有机地结合起来，如此才能不断深入地加强新员工的知识和技能。

目前 SBW 集团的新员工培训在这个方面做得明显不够，在培训的优化过程中，一定会从原来的大班集体型集中式培训改为小班式专业针对式培训。

3.1.3 时效性原则

对新入职的新员工进行培训的最终目的就是学习岗位需要的知识和技能，为企业的创新之路添砖加瓦，这就要求培训须要体现时效性。首先，在培训内容上，要做到积极与目前的研发、设计、生产一线保持联系，什么是重点就培训什么，缺少什么类型的知识就补充那种知识，要根据目前 SBW 集团中突出的重点事件展开培训，比如涪陵质量事件等，使培训内容的原则性和实用性有充分的发挥。其次，在培训方式上，积极推行新兴的教学方式，在教学的全流程中体现对问题的研究，集中与分散结合、理论和实操配合、系统和专题搭配、案例与考察运用、远程与面授相辅相成。再次，目前信息技术如此的日新月异，在培训形式上一定要利用起来这种技术，推进培训的电子信息化，将电子教学提上日程，使 SBW 集团早日实现现代式的培训，走在同类企业培训的前列。

3.1.4 综合性原则

综合性原则，个人认为就是在 SBW 集团对新员工培训的过程中，要时刻考虑到员工的实际需求，不能仅仅只是一些规章制度的介绍，更需要对他们的综合素质能力进行全方面的提升，比如团队意识、创新能力及人际交往礼仪和能力等多方面的因素都是考虑的范围。新员工培训应该是一个综合又复杂的过程，绝不是简单的培训中定内容，员工一起上个课的形式主义培训。在新员工培训中定要多方面考虑各种因素，还要减轻培训中给新员工带来的心理压力，通过一个总体上氛围轻松但内容严谨、形式活泼的培训带给员工实际的能力提升。

3.2 SBW 集团新员工培训需求分析

培训需求分析是在培训之前，由培训的主管部门，运用各种科学的方法和手段，针对企业或者组织内员工的各方面的进行统一的的分析（包括知识、技能等），而后确定是不是需要培训，如果需要培训，培训应该如何进行和安排。培训需求分析的目的是了解哪些人需要培训，需要培训什么内容，用何种方式进行培训等等。培训需求分析在整个培训的模块当中，属于第二个环节，是为之后进行的培训评估提供保障。

3.2.1 新员工共性培训需求分析

大学生刚刚毕业入职企业，他们对于自己未来要走的路，企业的情况等很多方面都不了解，可能也没做过更多的打算，当然对于新员工培训也是没有什么概念。而对于不同专业和不同院校的学生来说，他们都需要了解企业的基本情况，比如 SBW 集团的规章制度和薪酬方案、SBW 集团的企业文化、SBW 集团的安全环保知识、SBW 集团的产品、SBW 集团的基本技术和工艺等。那么这些都是新员工培训中的共性培训需求。同时新员工需要的不仅是这些，还有团队意识、创新能力及人际交往礼仪和能力等多方面，这些对新员工而言同样是共性的培训需求。

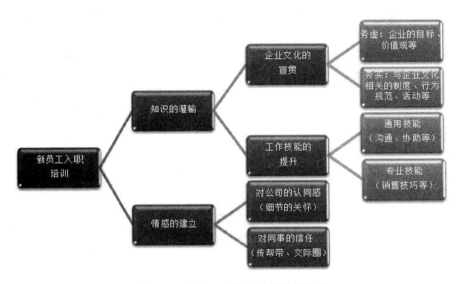

图 3－1　新员工入职的共性培训需求

3.2.2　新员工个性培训需求分析

新员工不仅有共性的培训需求，更有个性的培训需求需要企业来满足。他们来自不同的院校，所学专业又完全不同，新员工未来分配的部门和科室性质也必然完全不同。对于他们而言，他们所要了解的技术和业务是完全不同的。新员工们需要专业化的定制培训来满足不同工作岗位的需要。比如设计部门员工除了要了解产品的基本知识及结构之外，对各种画图软件的使用，以及SBW 集团的产品原理及结构也必须要有深入的了解。而工艺部门的员工需求就完全不同了，如果是被分配到铆焊工艺室，那么你需要了解的是铆焊的知识和针对企业的铆焊特点，与设计岗位的需求完全南辕北辙，甚至可以说毫不相关。

所以说新员工培训不仅仅要有共性的培训需求，还要了解个性的培训需求，只有将共性和个性培训需求两者很好地结合，才能达到一个满意的培训效果，为以后的培训评估和反馈提供出更准确的依据。

3.3　SBW 集团新员工方案优化设计流程

从之前的文章中我们也可以看出，新员工在进入企业之后，如果有机会可以获得一个全面的培训，对他们未来的工作和发展具有十分积极的作用。笔者对 SBW 集团新员工培训方案进行了如图 3－1 的优化设计。新员工进入企业之后的培训有以下几个阶段：第一阶段要进行基础理论课程培训，内容包括

SBW 集团的企业文化、规章制度、安全环保、产品信息及简单的技术情况，中间穿插进行拓展训练以及一些团队形成的活动及游戏。第二阶段是为期两个月左右的集中授课式培训，集中培训分为两个培训方向，一个为设计研发工艺方向，主要学习内容为流体专业的基础课程；另一个方向为客服、自控的定制培训、主要学习相关岗位知识。第三阶段是为期 8 个月左右的车间实习及岗位实习，主要目的为了解企业的车间生产情况及岗位的实际工作情况。第四阶段是在入职 10 个月左右时，有一个考核答辩，考核答辩主要针对岗位实习时间以来学习到得知识和技能。

表 3－1　　　　　　SBW 集团 2015 年新入职员工培育计划流程表

时间安排	主要内容	拟分配部门	说明
2014.08.04－2014.08.15	基础理论课程培训	全体新员工	成团队，凝文化
2014.08.18－2014.10.24	流体专业基础课程	设计、研发、工艺	流体机械相关专业新员工
2014.08.18－2015.06.26	客服定制培训	客服	技术理论、车间及岗位实习
2014.08.18－2015.06.26	自控定制培训	自控	技术理论、车间及岗位实习
2014.10.27－2015.06.26	设计、研发定制培训	设计、研发	技术理论、车间及岗位实习
	工艺、车间定制培训	工艺、车间及相关	技术理论、车间及岗位实习
	往复定制培训	往复机事业部	技术理论、车间及岗位实习
2015.07.06－2015.07.10	考核答辩	全员	技术类全体新员工

3.3.1　新员工培训目标设计

培训目标是指预期的培训需要达到一个什么样的水平以及组织和员工应该获得怎样的成果。目标可以是阶段性的，也可以是整体性的，阶段性可以按照培训的环节来设置，整体可以按照培训的全流程进行设定。培训是建立在培训需求分析的基础上的，培训目标是 SBW 集团对新员工培训的基本要求，也是日后新员工需要达到的标准。

在新员工培训中，根据企业未来的发展战略、人力资源战略等设计培训目标。新员工的长期发展将是企业长远发展的动力，经过近几年的新员工培训的实践证明，通过此系列培训能使新员工了解企业文化、安全环保、产品知识、精益理论、规章制度、薪酬福利、各部门及子公司职能等基本知识，辅以西安交通大学老师进行的流体专业基础课程，以及各部门为员工定制的适合本部门的技术理论知识以及车间和岗位实习，让新员工对于企业的了解有飞速的提高，同时让新员工能够很快地适应未来的工作岗位，成为未来各个部门的骨干力量。

3.3.2　新员工培训内容确定

结合 SBW 集团新员工培训需求的调查分析，从而得出以下结论，培训的内容主要从以下三方面入手。一方面是企业的基本基础知识类，比如企业文化、安全环保、产品知识、精益理论、规章制度、薪酬福利、各部门及子公司职能等；另一方面是员工个人心态、个人素质以及全面能力提升的培训，比如团队意识、礼仪、英语的听、说、读、写等；最后一方面是企业的专有技术或者说是岗位所需技能，这一部分既包括企业的生产知识又包括企业的技术核心能力的理解。在当今的社会，想保持住在行业内领先的地位，不下大的力度投入，是完全不行。在企业新进的脚步中，人员的核心能力及素质是制约企业的瓶颈，尤其是在新员工培训上，一定要给予足够的重视，要给新员工树立好目标和良好的心态，将勇于拼搏开拓创新的精神传递给他们。

3.3.2.1　共性培训

知识层面：SBW 集团企业文化、安全环保、产品知识、精益理论、规章制度、薪酬福利、各部门及子公司职能。目的让新员工对于企业的实际情况有一个很好的了解，对于集团的未来发展方向有一个心理预期。

技能方面：日常使用办公软件的培训及企业内部软件如 OA、ERP、CRM 等系统的使用，目的让新员工具备以后完成基础工作的能力。

素质方面：礼仪培训、团队精神培训，目的让员工能够为企业积极的代言，处处体现 SBW 集团优秀风貌。

价值观方面：色彩性格分析、黄金心态等，目的激发新员工的学习热情，帮助新员工更好地了解自己和确定自己未来的职业方向。

3.3.3.2　个性培训

职业知识方面：不同的岗位工作要求和工作目标不同，按照岗位说明书的要求，进行个性化培训，帮助新员工了解工作内容和工作基本知识。

岗位技能方面：对应届毕业生新员工主要进行基本技能培训，让新员工尽快地适应新的工作环境，适应新工作。职能岗位、营销岗位、风险管控岗位等要进行有针对性的培训，让不同的岗位都能够具有该岗位要求的具体素质。

3.3.3 新员工培训方式选择

前文中提过，目前 SBW 集团的新员工培训形式相对单一，那么在对 SBW 集团新员工培训的优化过程中，多种形式的培训是一定需要的，以便达到更好的培训效果。在培训方法上除了正常的授课式、研讨式还有拓展式、师带徒模式以及 E－learning 模式等，通过这些方式的整体应用，可以达到更好的效果。

3.3.3.1 讲授法

讲授法是最基本的培训方法，适合集中培训，是最传统的方法。这种培训方法的优点是传授的知识内容多，适合多人一起培训；对培训的设施和条件要求不多；老师可以尽情地发挥；学员与老师沟通起来比较容易，培训的成本较低。但是，培训也有很多的不尽人意的地方：单次课传授的知识内容多，学员完全理解并接受有很大难度；老师和学员之间互动性也比较有难度；"90 后"员工的需求难以满足；对教师的要求较高，教师水平决定课程质量；课程模式显得枯燥无趣；传授方式较为枯燥单一。

讲授法培训是目前 SBW 集团运用最多的培训方式，在培训过程当中，还是要加强学员和老师之间的互动，避免讲授法带来的局限性，要运用多媒体技术和老师本人的人格魅力，全面培养新员工的积极性，更好地提高新员工培训的效果。

3.3.3.2 研讨法

研讨法培训主要是出现在讲授法的过程当中，经常以小组讨论的形式出现。一般在培训过程中，会在培训过程中提出一个话题，有小组进行研讨并讨论出最后的小组整体结论，并与所有学员进行分享。这种培训方法优点是信息获得的渠道多，是多重交流；对于学生积极参与的程度要求高，能够培训学员在各个方面的综合素质；可以使新员工更好地理解培训内容；形式灵活，适用性强，可以根据不同的培训目标灵活地进行选择。当然研讨法进行也有很高的要求，比如要对即将进行的研讨有充分的准备；对授课教师或者是指导教师的水平也有很高的要求。同时，在研讨题目的选择上，要选择具有代表性、启发性的题目，同时要将题目的难度控制在适中的范围；讨论的题目可以提前通知给学员，让学员提前有所准备，加强整个研讨过程的效果。

3.3.3.3 拓展式培训

拓展式培训属于体验类的培训模式，这种模式是通过不同类型的活动过程中，形成员工的团队意识和良好的合作意识，在整个拓展训练的背后有很深的教育意义。团队的从无到有，随着竞争的激烈，团队的磨炼愈加深入，对于个人与团队的要求也逐渐增高。这种模式可以锻炼员工的意志，克服心理的舒适区域带来的影响；同时对于启发新式思维，形成跳出圈子的思考模式，有很好的意义；可以让新员工能够更好地面对未来的挑战，形成具有合力的氛围。

3.3.3.4 师带徒培训模式

师带徒培训模式是一种在制造业企业源远流长的培训方式，这种方式非常适合新员工培训在岗实习阶段的培训。师带徒模式是兼顾培训和实践的优秀方式。在新员工培训的实习阶段，为新员工安排老员工作为他们的领路人，师傅可以帮助徒弟熟悉岗位及教给徒弟岗位所需技能，同时师傅也有助于帮助新员工更好地融入 SBW 集团，更好地理解集团的企业文化，适应新环境，保持乐观积极的心态。在 SBW 集团这种培训方式可以被广泛应用到所有的岗位，不管是工人岗位还是干部岗位。

3.3.3.5 观看多媒体方式

这种培训方式是未来 SBW 集团会更多采用的方式，目前 SBW 集团正在积极地录制培训的内训课程。目的就是为了在培训的过程中可以采取这种形式进行培训，根据员工的需要，将视频给大家统一观看，并以此作为培训的一种形式。这种形式对于帮助新员工更好地理解培训内容有良好的效果。

3.3.3.6 现场参观

SBW 新员工培训在培训的整个过程中，现场参观的培训方式，是历年培训之中都要使用的形式。由于 SBW 集团是一个装备制造企业，整个厂区面积还是比较大的，各个车间和楼也比较多，所以现场参观是培训当中必须做到的。现场参观可以让新员工对于厂区和现场有直接的了解，让他们看看 SBW 集团的员工是如何工作的，同时让新员工了解在未来工作中有什么地方需要注意等。当新员工在企业内兜兜转转的时候，就是新员工了解企业的过程，新员工会通过他们自己的观察，对企业的了解更加深刻，从而让员工爱上这个集体，以此让他们为企业更好的发光发热。

3.3.3.7 E－Learning 培训

E－Learning 培训是 SBW 集团从 2012 年开始推行的培训方式，不过之前一直应用于中层干部培训和科室干部培训，未能应用到所有员工之中，在这次新员工优化方案中，笔者将这种 E－Learning 培训方式应用于新员工之中，给每位新员工都分发一个账号，让他们利用业余时间学习 E－Learning 之中的知识。

E－Learning 培训是利用网络进行教学，可以不受空间束缚，操作起来更加容易，同时节省资金和时间。但是这种培训方式也有自己的缺点，那就是缺乏课堂效果和课堂的互动模式，有可能影响培训效果，为此这种培训方式在 SBW 集团肯定也是作为辅助培训方式。

3.3.4 新员工培训预算规划

任何一个培训都有培训预算和培训预算规划的，新员工培训作为一个 SBW 集团中很重要的培训当然也是一定要有培训预算规划。根据 SBW 集团的每年新员工培训的实际情况，对培训费用进行了预算，主要的经费如下所示。

表 3－2　　　　　　　　　　新员工培训费用预算表

活动项目	预计费用（元）
培训课时费用	106000
新员工教材费	4000
军训	2400
基础理论阶段优秀团队奖	1500
技术实习阶段优秀学员	500
优秀教师	500
优秀车间实习指导教师	750
优秀带队实习指导教师	150
篮球赛	500
足球赛	500
演讲比赛	300
联欢会	1000
羽毛球赛	500
其他费用	5000
累计	123600

通过笔者对 SBW 集团的培训目标设计、培训内容确定、培训方式选择及培训预算规划的分析，可以了解目前 SBW 集团新员工方案的优化情况。基于目前 SBW 集团的新员工情况，我在之前也已经提及了技术类新员工的因材施教分类进行培训，为了更好地达到培训效果，可以采用正常的授课式、研讨式还有拓展式、师带徒模式以及 E－learning 模式等，通过这些方式的整体应用，这样 SBW 集团可以让新员工对企业和新员工培训有更高的积极性，进而

为培训效果的提升做出贡献。

4 SBW 集团新员工培训方案的实施与保障

企业的新员工培训是刚刚步入社会的学生从学生变成社会人的第一步，是人生长河中十分重要的一个转折点，因而新员工培训对于企业和新员工本人都有着无与伦比的意义。无论什么样的企业，新员工培训都是培训中的重中之重，因为新员工培训关系到企业的未来。新员工培训，可以帮助新员工了解企业和自己，对自己提出更高的要求，从而对企业整体竞争力的提升做出贡献。同时新员工培训可以使他们对企业的了解进一步的加强，不只是原来简简单单地停留在企业的主页上那种浅薄的认识，而是真正地了解这个企业，对于提高新员工的企业忠诚度，缓解新员工的紧张感和陌生感都有良好的效果。为了确保 SBW 集团新员工培训的顺利实施，保证培训的良好效果，笔者将从培训开始的准备工作到整个全流程的实施进行详细分析，并说明保障的手段和措施。

4.1 新员工培训的准备工作

培训需求分析之后，就需要根据整理得出的数据，有针对性地进行培训计划的编写工作，这里算是培训正式展开了，一个积极合理的新员工培训计划会对整个培训有一个积极的推动作用，会使培训的事实容易推进，能够按照规定的流程事实，从而获得良好的培训效果。笔者认为，为了保证新员工培训的顺利开展，新员工培训之前的准备工作可以说是这次培训的根本前提。

根据 SBW 集团新员工培训的准备工作，笔者认为应该按照培训的整体计划，提前安排，按照新员工培训的时间一般是在每年的 8 月初，所以在每年的 4 月左右就要开始做新员工的培训计划及一些前期安排了，这样才能使新员工培训开始之时，准备充分、有条理地展开培训。在培训过程当中，按照之前章节的设计，讨论培训、观看视频及案例分析都是属于穿插于授课过程之中，新员工拓展则需要外借场地和提前订好培训场地。E－learning 培训的账号，会在新员工到来之前提前设定好，到时候统一将账号分发给学生使用，使用完毕之后统一收回。为此，笔者对 SBW 集团的新员工培训做了如下的设计，将前两周的课程完全设计完毕，并统一准备好所需材料：

SBW 集团应该对新员工的培训在培训之前给予充分的重视，通过这种正确的认识，理解新员工培训是对企业未来的人力投资。在培训的理念上，企业的主要领导人要重视新员工培训，其中各个新员工相关部门的领导和骨干，更要在整个培训过程中给予培训中心大力的支持，这种支持不仅体现在培训过程当中，也体现在培训之前的前期准备环节，比如培训需求、培训师的提供上真心的期望领导们能够给予大力的支持。SBW 集团的新员工培训，不仅仅是培训中心的工作，也不仅仅是人力资源部的工作，而应该是整个 SBW 集团的重要事项，在这个问题上，全集团层面必须要有一致的认识，才能把 SBW 集团的新员工培训做好。也正是为了新员工培训有更好的效果，各个部门都应该积极的配合，认真的对待，各部门的领导如果能真正的自己上阵，亲自授课，那必将可以将培训的重视程度和效果提升到一个新的境界。

4.2　新员工培训的实施过程

新员工培训的效果如何，不仅取决于前期的准备、员工的自我意识，还有很重要的一个点是培训过程中把控的如何，为此在培训过程当中进行监督就显得尤为重要，目前 SBW 集团新员工培训的人数一般在 120 人次左右，实际上对于培训来说已经是一个严重超载的情况，在如此情况下，针对培训过程进行监督就显得愈发重要。目前很多新员工对培训的重视程度也是不够，所以只有进行适当的监督，才能确保新员工培训的总体质量，以保证讲师的辛苦不白费，企业的苦心不浪费，员工的时间不荒废。

在新员工的培训过程中，会首先进行分组，并形成组名、口号等。在分组之后，会将整个培训的纪律与小组的评分规则联系起来，在培训结束结束的时候会有各个小组的评比。在整个培训过程中，会穿插各种各样的环节来给分，一是激励新员工去互相认识彼此、团结彼此，二是鼓励他们认真听课学习，保证学习质量，三是利用这种形式进行监督。

下面是一个为期一周多的基础课程培训的计划表，里面将培训的具体情况都十分详细的规划出来，每个时间段有什么样的安排，安排了哪些人等都提前做好了规划，以确保在整个培训过程当中在培训教师和组织者之间没有什么纰漏。

表 4－1　　　**SBW 集团 2015 年新入职员工基础理论课程列表**

	时间安排	主要内容	推荐讲师	说明
第一天	8：20～8：30	领取色卡进入培训现场		
	8：30～8：40	介绍本次培训的安排及具体要求		
	8：40～9：30	各组学员互相认识并进行团队组队，起队名（团队内每个人的队名）、图腾、队口号及首次展示队形		由主讲介绍组队情况，并提出组队要求
	9：30～9：45	由各队进行展示		
	11：00～12：00	新入职员工培训开学典礼		
	12：00～13：00	午间休息（完成签到）		
	13：00～13：50	各组进行团队展示（不同于上午的展示）或大型互动活动　学习"四书"精粹		给每组 10 分钟准备时间，5 分钟进行各组展示
	13：50～14：00	休息		
	14：00～16：30	安全环保知识培训	李其亮 宋杨	
	16：30～16：40	休息		
	16：40～17：20	小组讨论并分享：我的第一天		讨论 20 分钟，分享 20 分钟
	17：20～17：30	晚总结：总结一天学习情况并进行评比		

续表

	时间安排	主要内容	推荐讲师	说明
第二天	8：20～8：30	签到时间		
	8：30～9：00	早例会，各组进行团队展示，学习"四书"精粹		提供不同风格的培训
	09：10～11：30	企业发展史及企业文化课程	王晶	
	12：00～13：00	午间休息（完成签到）		
	13：00～14：10	大型互动活动，学习"四书"精粹		
	14：20～16：45	企业规章制度及员工行为规范和薪酬知识	田晶	
	17：00～17：20	小组讨论并分享：我认识的沈鼓学习"四书"精粹		分享20分钟
	17：20～17：30	晚总结：总结一天学习情况并进行评比		
第三天	8：20～8：30	签到时间		
	8：30～9：00	早例会，各组进行团队展示，学习"四书"精粹		不同风格的培训
	9：10～11：40	精益思想导入	宋旻昊	
	11：40～12：00	上午总结		
	12：00～13：00	午间休息（完成签到）		
	13：00～13：50	各组进行团队展示（不同于上午的展示）或大型互动活动，学习"四书"精粹		给每组10分钟准备时间，5分钟进行各组展示
	13：50～14：00	休息		
	14：00～17：00	产品情况及公司各车间（子公司）概况		
	17：00～17：30	晚总结：总结一天学习情况并进行评比，学习"四书"精粹		

	时间安排	主要内容	推荐讲师	说明
第四天	8：20～8：30	签到时间		
	8：30～9：00	早例会，各组进行团队展示，学习"四书"精粹		不同风格的团队展示
	9：10～11：30	透平机产品知识培训	张彬	
	11：30～12：00	上午总结		
	12：00～13：00	午间休息（完成签到）		
	13：00～14：10	大型互动活动，学习"四书"精粹		
	13：50～15：30	大型互动活动心灵沟通		
	15：40～17：00	参观主楼公司历史、企业文化展室	党委、总裁办	
	17：20～17：30	晚总结：总结一天学习情况并进行评比 学习"四书"精粹		
第五天	8：30～9：00	早例会，各组进行团队展示，学习"四书"精粹		不同风格的培训
	9：00～9：10	休息		
	09：10～11：30	往复机产品知识培训	卓毅	中间休10分钟
	11：30～12：00	上午总结		
	12：00～13：00	午间休息（完成签到）		
	13：00～13：50	各组进行团队展示（不同于上午的展示）或大型互动活动，学习"四书"精粹		给每组10分钟准备时间，5分钟进行各组展示
	13：50～14：00	休息		
	14：00～15：30	参观公司各车间（子公司）生产概况		分四组进行，每组由助教进行讲解（助教将统一配稿）
	15：40～17：00	杨建华报告会——在平凡的岗位做出不平凡的业绩		
	17：20～17：30	晚总结：总结一天学习情况并进行评比，学习"四书"精粹		

续表

	时间安排	主要内容	推荐讲师	说明
第六天	8：20～8：30	签到时间		
	8：30～9：00	早例会，各组进行团队展示，学习"四书"精粹		不同风格的培训
	9：10～11：30	质量体系培训	苏英翔	
	12：00～13：00	午间休息（完成签到）		
	13：00～14：00	士气展示，学习"四书"精粹		
	14：00～14：10	休息		
	14：10～16：10	泵类知识培训	刘鹏	
	16：20～17：30	培训总结：总结培训情况并进行评比		

在整个培训的过程当中，签到这个环节是必不可少，考勤的目的不仅是为了考勤，还是为了督促学员守时并保证培训效果的达成，同时也是了解新员工培训情况，以便结合签到同最后的评比结合在一起。签到表如下：

表号：QR－6.2－04　　　　学员培训记录表（多次培训）

项目名称：　　　　　授课教师：　　　　　单次培训学时：

序号	部门	姓名	签到									
			月	日	月	日	月	日	月	日	月	日
1												
2												
3												
4												
5												
6												
7												
8												
9												
10												

4.3 新员工培训方案效果评估

按照现在 SBW 集团的培训评估模式，在培训结束之后会由新员工填写调查问卷，之后会通过考试来考核他们的学习情况，随后会把他们分配到拟分配岗位上去，由他们的师傅和领导对他们进行观察，了解他们的行为；最后会进行一个答辩，主要考察他们的知识应用情况，也就是相当于成果评估这一部分。

调查问卷及答辩表如下：

2013 年新员工培训实习答辩量化评分表

答辩人姓名：任霁筠　　　　　　　　　　　　　　　评审专家签字：

项目	实习目标	评分标准	得分	总计
工作内容	熟悉所在部门的工作性质	满分 20 分，每个单项满分 10 分 按照自述的熟练和具体程度打分		
	了解岗位职责和部门的工作流程			
	熟练掌握办公软件的使用	满分 20 分，每个单项满分 10 分 按照自述的熟练和具体程度打分		
	掌握绘图软件的使用			
	《离心压缩机原理》《离心压缩机设计与性能》学习	满分 10 分 按照自述的熟练和具体程度打分		
	NUMECA AutoGrid5 基础及高级功能学习	满分 10 分 按照自述的熟练和具体程度打分		
	NUMECA FINE/Turbo 及 CFView 学习	满分 10 分 按照自述的熟练和具体程度打分		
	掌握利用 Fine/Turbo、CFView 进行离心压缩机模型级数据模拟及结果后处理分析的方法	满分 10 分 按照自述的熟练和具体程度打分		
答辩综合评价	基础理论知识、综合业务能力、专业技术工作是否达到实习内容的条件（20 分）	满分 20 分 按照自述的熟练和具体程度以及对工作的深入情况打分		

培训效果反馈调查表

培训项目名称：

培 训 时 间：   培训地点：

受培训者姓名：   培训师姓名：

请就下面每一项进行评价，并请在相对应的分数上打"√"

课程内容

课程适合我的工作和个人发展需要	5	4	3	2	1
课程内容深度适中、易于理解	5	4	3	2	1
课程内容切合实际、便于应用	5	4	3	2	1

培训师

培训师有充分的准备	5	4	3	2	1
培训师表达清楚、思路清晰	5	4	3	2	1
培训师对进度与现场气氛把握很好	5	4	3	2	1
培训方式生动多样、互动性强	5	4	3	2	1

培训组织

培训的组织与管理	5	4	3	2	1
培训的时间安排	5	4	3	2	1
培训的设施与环境	5	4	3	2	1

此次培训有哪些收获（可多选）：

1. 获得了适用的新知识。

2. 获得了新的管理观念。

3. 使原有的模糊概念有了更新的认识。

4. 获得了能够在日常工作中应用的技能。

5. 促进客观地审视自己和目前的工作，对过去的工作进行总结和思考。

6. 其他（请填写）：

您针对此次培训的总体打分是（以 10 分计）：_____

其他建议或培训需求：

4.4　新员工培训方案实施保障

目前装备制造业的竞争如此激烈，SBW 集团想长期获得目前的优势地位真的不易，想实现这个目标，一个具有高素质高忠诚度的集团员工队伍可以说是必不可少。新员工培训已经得到了各层领导的密切关注和给予了高度的重视，SBW 集团在培训上的总体投入也是越来越多。

培训期间企业也是有风险的，这种风险在新员工培训期间表现得尤为明显。新员工培训由于相对正常培训来说时间相对较长，新员工又多为"90后"，心思比较活跃，很有可能出现培训还没有结束，员工就离职的情况。因此，集团应该做好这些方面的风险规避，保障培训整体实施的顺利。目前SBW 集团培训的机制正在逐步健全，也正是如此情况下，风险的规避是 SBW 集团必须要考虑的。

本人有如下几点建议：

第一，SBW 集团应该加强集团的整体管控，使企业在经营上更加地规范。不管是从生产的角度，还是销售的角度或是售后的角度都应该规范起来，从整体的角度建立完善的新员工培训制度，为工作实践提供更好的保障。

第二，SBW 集团应针对目前企业情况，调整企业的薪酬制度。目前来看"90 后"的新员工更加追求高薪和好的职位，如果 SBW 集团不能够满足这些需求，再加上培训的时间较长，新员工还不知道自己拟分配的岗位，就会产生自己无所事事，心理的预期迟迟不能达到，从而导致他们跳槽。为此，SBW 集团应该完善目前的薪酬制度，国企的薪酬制度一向被诟病，尤其是像 SBW 集团这种装备制造业企业。

第三，SBW 集团有责任义务以及能力去帮助新员工更好地把握自己，让新员工在来到企业之后就做好职业生涯的规划。目前的新员工培训中，在我的优化方案中，已经提出上一些性格色彩和这种类似的自我剖析类课程，目的就是让新员工更好地了解自己。同时在培训的过程中要通过讲师循序渐进的引导，让新员工了解企业的晋升机制以及让他们明确自己的职业生涯规划，当新员工有了自己对于未来在企业当中的职业生涯规划之后，员工就没有那么容易离职，这也是降低了员工离职的风险。

第四，SBW 集团新员工培训中应该实施岗位轮换制度。目前 SBW 集团还没有开展岗位轮换制度，像 SBW 集团这种大型的装备制造型企业，每个人的工作范围都规定得很明确，当员工工作一段时间之后，都会感觉到枯燥，甚至无聊。"90 后"的新员工喜欢挑战，不喜欢千篇一律的生活，他们愿意接受挑战，改变自己、充实自己，找到自己更适合的岗位。所以 SBW 集团应该实施这种体制，让新员工全面了解一个部门中的各个科室的工作，这样也更加有利于员工未来的发展。这是一种可持续发展的模式，让员工通过轮转找到适合自己的岗位，从而实现他们的价值，也是更好地为企业服务。

结　论

　　2015 年是装备制造业企业相当艰难的一年，市场形势严峻，很多大型项目没能上马，企业负担明显加重，更是让企业意识到，21 世纪制造业企业的竞争，是人才领域、人力资源层面的竞争，装备制造业的竞争如火如荼，装备制造业企业的人才的储备和培养将会起相当巨大的作用。而新员工培训又是人力资源管理中的非常重要的部分，是决定制造业企业未来人才是否能满足企业要求的根本，是装备制造业企业在未来竞争中能够始终处于领先位置的基石。

　　本文选择 SBW 集团的新员工培训作为研究对象并进行研究和分析，在分析过程中，将引出目前 SBW 集团的现状和企业员工培训过程中存在的问题，并根据实际情况分析问题产生的原因，而后根据科学的理念和实际情况对 SBW 培训进行分析，针对 SBW 集团的情况提出优化方案。

　　在分析 SBW 集团新员工培训的过程中，笔者提出了根据共性和个性需求将新员工培训做得更有特色的意见。根据新员工的共性特点，大班授课并组织分组竞赛及拓展训练；根据新员工的个性需求，组织小班授课并进行不同车间和岗位的轮岗实习。这种多样化的培训方式，结合企业的实际情况，会带给新员工全新的培训体验，增加新员工对企业了解的同时，加强他们的忠诚度。在培训的整体把控上，笔者提出了相应的监督手段，这样也有利于对培训进行整体把控的同时确保新员工培训的效果和质量。通过本文的研究，希望能够提升新员工的整体素质，以达到 SBW 集团对这些新员工的期望，同时提高 SBW 集团的核心竞争力，在市场竞争日益激烈的今天，帮助 SBW 集团处于领先的地位，并向国际高端装备制造业迈进。

参考文献

［1］ Charlene Maimer Solomon . Continual learning：racing just to keeping［J］. Workorce，1999.

［2］ Christopher L. Erickson，Sanford M. Jacoby. The Effect of Employer Networks on Workplace Innovation and Training［J］. Industrial and Labor Relations Review，2003（56）：203－223.

［3］ David Knoke，Arne L. Kalleberg. Job Training inU. S.

Organizations [J]. American Sociological Review，1994 (59)：537－546.

[4] JackJ. PhillipsandRonDrewStone. How to Measure Training Result. McGraw－Hill，2002.

[5] Natalie S. Glance，Tad Hogg，Bernardo A. Huberman. Training and Turnover in the Evolution of Organizations [J]. OrganizationScience，1997 (8)：84－96.

[6] 巴爽. 关于企业员工培训管理的问题与对策 [J]. 中国外资，2013 (07).

[7] 杜金颖. 企业员工培训探究 [J]. 当代经济，2009 (12).

[8] 冯妍. 企业员工培训问题解析 [J]. 现代商业，2013 (11).

[9] 华敏. 培训管理工具箱 [M]. 北京：机械工业出版社，2009.

[10] 霍卫红. 浅议新员工培训 [J]. 品牌论坛，2011 (8)：72.

[11] 李德伟. 人力资源培训与开发技术 [M]. 北京：科学技术文献出版社，2006.

[12] 李燕萍，吴欢伟. 培训与发展 [M]. 北京：北京大学出版社，2007.

[13] 刘永涛，王梅. 培训：为企业发展注入活力 [J]. 中国市场，2010 (15).

[14] 刘元辉. 我国企员工培训存在的问题与对策 [J]. 知识经济，2009 (08).

[15] 石金芳. 论企业员工培训在人力资源开发中的重要性 [J]. 黄石理工学院学报，2010 (3)：44－46.

[16] 史建芳. 我国企业员工培训的现状、问题及对策 [J]. 现代交际，2010 (04).

[17] 斯蒂芬·P. 罗宾斯，戴维·A. 罗森佐. 罗宾斯MBA管理学. 第五版 [M]. 李自杰，赵众一，罗迪，译. 北京：中国人民大学出版社，2009. 4.

[18] 斯蒂芬·P. 罗宾斯，蒂莫西·A. 贾奇. 组织行为学. 第十二版 [M]. 李原，孙健敏，译. 北京：中国人民大学出版社，2008. 4.

[19] 宋正刚. 我国中小企业员工培训探析 [J]. 科技情报开发与经济，2005 (15)：189－190.

[20] 孙建敏，冯静颖，穆桂斌. 人力资源管理 [M]. 北京：科学出版社，2009.

[21] 王亨. 浅谈做好企业员工培训的建议与策略 [J]. 黑龙江科技信息，

2009 (18).

[22] 王少华，姚望春. 员工培训实务 [M]. 北京：机械工业出版社，2008.

[23] 王伟强，李录堂. 中国企业员工培训的误区与对策研究 [J]. 经济与管理，2006 (11)：57－60.

[24] 王馨婷，高海防. 以员工为核心的新员工培训 [J]. 思腾中国，1994－2010：29－31.

[25] 韦燕勤，曾品红. 企业员工培训与开发中存在的问题及对策 [J]. 经营管理者，2013 (04).

[26] 夏丽娜. JBD 公司新员工培训方案优化研究 [D]. 吉林大学，2013. 10.

[27] 辛达. ZJ 公司新员工培训方案研究 [D]. 北京交通大学，2011.

[28] 许丽娟. 员工培训与发展 [M]. 上海：华东理工大学出版社，2008.

[29] 于虹. 企业培训 [M]. 北京：中国发展出版社，2006.

[30] 闫秀萍. 浅谈如何提高我国企业员工培训的有效性 [J]. 管理科学，2011 (12)：34－36.

[31] 阳江萍，何筠. 企业员工培训风险及其防范策略分析 [J]. 价值工程，2005 (11)：16－19.

[32] 杨生斌，肖平，高恺元. 培训与开发 [M]. 西安：西安交通大学出版社，2006.

[33] 杨辛. 员工培训实操细则 [M]. 广州：广东经济出版社，2007.

[34] 翟伟坡，王圣. 企业新员工培训中存在的问题及其对策研究 [J]. 现代商业，2007 (30)：255－256.

[35] 张常玉，孙公盛. 浅谈中小企业员工培训 [J]. 经济研究，2011 (117)：142－143.

[36] 张德. 人力资源开发与管理. 第三版. [M]. 北京：清华大学出版社，2007. 4.

[37] 张赣南. 试析目前企业培训工作中存在的主要问题与解决对策 [J]. 沿海企业与科技，2010 (10).

[38] 郑国平. 刍议企业员工培训工作 [J]. 商业经济，2013 (11).

[39] 周文，谈毅，方浩帆. 培训管理方案的建立 [M]. 长沙：湖南科学技术出版社，2005.

信诚人寿保险有限公司销售顾问管理问题研究
The research of themanagement of consultant seller at Citic－prudential Life Insurance Company

作者：富智勇　指导教师：李雪欣　教授

摘　要

保险市场是金融市场体系的重要组成部分。随着市场经济的不断深入和完善，社会各界对保险的需求不断增大，保险发挥着越来越重要的作用。但是在近些年，粗放式的经营给国内保险业带来了经营弊端，保险公司发展遇到了瓶颈，客户体验度不佳，人才流失严重等问题几乎困扰着每一家保险公司。信诚人寿保险有限公司是一家中英合资的企业，和行业内的其他保险公司一样，在过去的 10 多年里，信诚人寿保险公司采用了"跑马圈地式"的粗放式经营，以人力发展，"人海战术"带动规模保费的增长模式。这虽然取得了一定的保费规模和市场份额，但和其他中资公司面临的市场环境却有所不同，一是监管和法规方面的限制，没办法像其他中资公司那样快速布局，开设大量的分支机构；二是大量的低素质的销售顾问浪费了大量的企业成本，已经没办法支撑企业发展的需求。销售顾问的管理问题，已经成为困扰企业进一步发展的难题。

本文从人力资源管理的基础理论入手，以信诚人寿保险有限公司为研究对象，对信诚人寿保险有限公司销售顾问管理方面存在的问题及成因进行分析，提出采用国外保险公司比较成熟的"顾问式销售"体系，可以从招募、选才、培训、管理、酬佣、激励六个方面解决信诚人寿保险有限公司销售顾问管理遇到的问题，为信诚人寿保险有限公司突破企业发展瓶颈，吸引和培养高素质销售顾问，实现"差异化竞争"的战略提供支持，从而提高客户满意度，降低人才流失率，进而提高企业的核心竞争力。

本文共分 4 章。

绪论部分主要阐述选题背景、研究问题的提出、阐述本课题研究的目的和意义、阐述研究的主要内容和方法，以及研究的构架。

第 1 章为理论基础。主要阐述了与本课题研究相关人力资源管理基础理论。

第 2 章对信诚人寿保险有限公司销售顾问管理问题进行分析。在对公司概况和人力资源现状进行分析的基础上，分析了公司销售顾问人力资源管理存在的主要问题。

第 3 章对信诚人寿保险有限公司销售顾问的管理问题成因进行分析。以便找到问题背后的真正原因。

第 4 章针对信诚人寿保险有限公司销售顾问管理的问题，提出解决方法和对策。

关键词：销售顾问　人力资源管理　信诚人寿　顾问式销售

ABSTRACT

Insurance market is an important part of the financial market system. With the deepening and improvement of the market economy, the community's demand increases for insurance, and the insurance is playing an increasingly important role. However, in recent years, the domestic insurance industry has brought crude mad — run business malpractice, so insurance companies bottlenecks encountered in the development, poor customer experience, serious brain drain, which problem is plaguing almost every insurance company. CITIC Prudential Life Insurance Company Limited is a Sino British joint venture enterprises, and the same with other insurance companies within the industry, in the past 10years, it uses the "Happy Valley enclosure" type of rough mad to management, human development, "to drive the size premium growth pattern of human sea tactics". Despite a certain premium scale and market share, but the company faces different environment in Chinese market . One is the regulation and regulatory restrictions, so there is no way to fast layout like other Chinese companies, offering lots of branches. Two is the large number of low quality of the consultant sellers waste of enterprise cost a lot of, so there is no way to support the needs of enterprise development. The problem of management of consultant sellers has become a difficult problem of perplexing the development of enterprises further.

This article researches from the basic theory of human resource management of life—insurance company, with fidelity as the research object, and analyses of the existing Prudential life — insurance company marketing consultant management problems and the causes, then proposes to use the foreign insurance companies in more mature "consultant type sales" system from the recruitment, training, management, commission , material, reward, incentive , and these six aspects solve the management problems of CITIC Prudential Life Insurance Company, marketing consultant life — insurance company break through bottleneck of the development of enterprise, attract and train high — quality consultant sellers, providing to support to realize the "competition" strategy, improve customer satisfaction, reduce wastage rate, thereby enhancing the core competitiveness of enterprises.

This article is divided into four chapters.

Preface introduces the theoretical and practical significance of research background, and the purpose and significance of the research, at the same time it expounds the main contents and methods of research, and research framework.

The first chapter is the theoretical basis. It mainly elaborates this topic research related with human resource management theory.

The second chapter analyzes the fidelity life — insurance company marketing consultant management problems. Based on the overview of the company and the human resources of the analysis of the current situation, it analyzes the main problems existing in human resource management of the company consultant sellers.

The third chapter analyzes the genesis of management problems of consultant sellers in CITIC Prudential Life Insurance Company in order to find the real reason behind the problem.

In the fourth chapter, it propose solutions and countermeasures management problems of consultant sellers to CITIC Prudential Life Insurance Company.

Key Words: Consultant seller   Human resource management   Citic — Prudential Life Insurance Consultative selling

绪　论

0.1　研究背景

最近 30 年，中国保险业得到了高速的发展。1979 年，随着改革开放的到来，国内恢复了保险业务。1980 年我国只有一家保险公司，保费收入仅有 4.6 亿元。2008 年实现保费收入 9784.1 亿元，比 2007 年增长 39.1％，是自 2002 年以来增长速度最快的一年，是改革开放之初的 2100 多倍，超过 1980 年到 1999 年 20 年的保费总和。到 2008 年，我国保险公司就已经达到了 115 家，保险公司总资产超过了 3 万亿元，这个数字，还在迅猛增加。

而与之对应的却是，保险行业整体形象的下滑。

首先是保险公司销售队伍的向下发展，整体从业素质的下滑。保险公司采用人海战术，由于在生存和业绩压力下销售夸大其词及不正当的承诺，损害着行业整体的口碑。

三次保险产品危机使得保险行业备受质疑。第一次为 2001 年平安保险公司的"投连"险危机，第二次为 2006 年友邦保险公司的"重疾"险危机，第三次为 2007 年的"交强"险危机。第一次险情是由于产品设计有失公允，误导销售；第二次则是民众质疑"重疾"险"保死不保生"，理赔陷阱多；第三次危机则是对于"交强"险"暴利"的质疑，"外行看不懂，内行讲不明"的保险，在公众眼中，就变得猫腻多多，迷雾重重了。

信诚人寿保险有限公司是一家中英合资的企业，作为中国"入世"后第一批来到中国的老牌 500 强企业，英国保诚集团与中国中信集团合资组建，于 2000 年在中国广州成立，经历了 13 年的发展，目前已在全国 13 个省、56 个城市成立分支机构，销售顾问（代理人）为 13000 人左右。在发展的过程中，公司也经历了行业的变迁，也面临着经历高速发展之后的瓶颈，面临着客户体验度不佳，人力流失过快，招聘人才困难的局面。

信诚也和行业内的其他保险公司一样，在过去的 10 多年里，采用了"跑马圈地式"的粗放式经营，以人力发展，"人海战术"带动规模保费的增长模式。虽然也取得了一定的保费规模和市场份额，但和其他中资公司面临的市场环境却有所不同，信诚面临着一是监管和法规方面的限制，信诚没办法像其他中资公司那样快速布局，开设大量的分支机构；二是大量的低素质的销售顾问浪费了大量的企业成本，已经没办法支撑企业发展的需求。销售顾问的管理问题，已经是摆在企业面前的一个不得不面对的难题。面对高速发展中的中国保险市场，信诚亟须找到一条适应市场需求，适合企业发展的销售顾问的管理模式。

0.2 研究目的和意义

对于保险公司来说，"人力资本是企业的第一资本"，人力资源管理是保险企业最重要的管理。而销售顾问是保险公司最重要的人力资源，因而也决定销售顾问的管理对于保险公司的重要性。

保险公司销售顾问的人力资源管理主要是指，销售顾问的招聘、选拔、录用、培训、使用、报酬和激励潜能等管理职能的内涵及其发挥。其重点是紧紧围绕提高销售顾问的素质，把对销售顾问的招聘、分配、教育、培训、使用、考核、奖励、晋升、待遇等方面的各项具体工作有机地、系统地结合在一起，从而充分发挥人的能力，最大限度地提高工作效率，实现公司的发展战略目标。人力资源是生产要素中最活跃、最具能动性的因素。对保险公司来说，建设一支规模宏大、结构合理、素质较高的销售顾问队伍，充分发挥各类人才的积极性、主动性和创造性，完善人力资源管理体制已经成为保险公司发展的重点。

信诚人寿保险有限公司的企业愿景是"成为中国最好的保险及理财方案的提供者"。具体解释为"最专业的、客户最满意、人才最向往、最创新进取的、最值得信赖的"。公司的战略也是根据这样的企业愿景来制定的。要实现这样的企业愿景，采用这个行业大多数公司类似的粗放式经营是无法完成的。再者，公司经历了 10 年以上的高速发展，虽然积累了大量的客户和销售顾问，但同时公司的发展也受到了不同程度的滞缓，最主要的问题就是销售顾问的管理出现了一定的问题，主要体现在销售顾问的招募、选才、培训、管理、酬佣和激励六个方面，若想再次实现公司的突破式成长，彻底把企业做强，就要想办法解决销售顾问管理的问题，而把销售顾问的管理打造成一个完整的运行体系就成为了必要的、可行的办法。

国外保险公司发展比较成熟的"顾问式销售"体系，讲究对销售顾问进行系统的管理，系统的经营，"六大系统"从销售顾问的招募、选才、培训、管理、酬佣和激励完善的对销售顾问进行管理。如果信诚人寿保险有限公司能够参照这"六大系统"对现有销售顾问的管理问题进行分析、改进，势必能解决企业目前面临的问题，打造一支优秀的销售顾问队伍。因此，本论文的选题是信诚人寿保险有限公司销售顾问管理问题的研究。

信诚人寿保险有限公司是一家合资企业，具备合资企业注重流程，讲究规范，强调系统化运营的特点。这是一家有明确企业愿景的公司，外资股东保诚集团具有 166 年的悠久历史，经营保险行业经验丰富。中方股东中信集团是大型国有企业，以"创新进取"为企业的经营理念，对外来事物接纳较快。信诚人寿保险有限公司面对销售顾问管理上遇到的问题，在引进国外先进的管理经验方面没有障碍，而且企业自身已经遇到发展的瓶颈。因此，科学、系统、有效地解决销售顾问的管理问题，成为企业可持续性发展的必要途径之一。

如果能为企业引进、培养一批优秀的、高素质的销售顾问，让这些人才去经营客户，势必给客户带来良好的体验，从而提升公司的品牌效应，树立良好的口碑。高素质人才经营中高端客户，势必有助于企业实施有效的"蓝海战略"，实现差异化竞争，有利于实现企业愿景和战略，创造良好的社会效应和口碑。

0.3 研究内容与方法

本文从人力资源管理的理论分析入手，分析了信诚人寿保险有限公司销售顾问管理中存在的问题，并分析了销售顾问管理问题的成因，最后提出解决信诚人寿保险有限公司销售顾问管理问题的对策和建议。

本文主要采用的研究方法如下：

文献研究法。根据论文选题，通过搜索大量相关文献获得资料，了解保险行业的发展历史和现状，然后与信诚人寿保险有限公司销售顾问管理的现状相结合，对理论进行验证、丰富与发展，以使论文研究成果既具有理论的前沿性，又具有实践的操作性。

定性分析与定量分析相结合。信诚人寿保险有限公司销售顾问的管理指标既包括定性指标，也包括定量指标，将两者相结合全面把握经营中的每个细节和流程，可以科学评价企业的管理水平。

经验总结法。透过对国外实行"顾问式销售"体系保险公司成功经验的总结，进行归纳与分析，使之系统化、理论化，从而指导信诚人寿保险有限公司销售顾问管理问题的解决，是行之有效的方法。

0.4 研究框架

本文的研究框架如图 0—1 所示，按照提出问题、分析问题、解决问题的思路，具体如下：

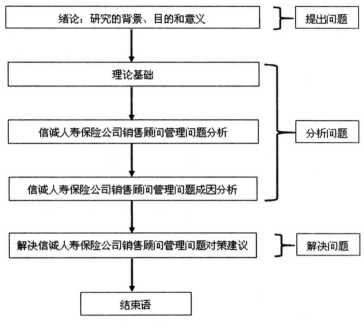

图 0—1　论文研究框架

1　理论基础

人力资源管理，是对工作中的人员进行有效的管理，目的是使工作中的人员具备更高的生产力和更高的满意度。通过招聘、甄选、培训、开发、薪酬、激励等形式对企业内相关的人力资源进行有效运用，以满足企业现在及未来发展的需要，确保实现企业战略目标与员工发展的最大化。

1.1　人力资源匹配理论

1.1.1　匹配理论的内涵

人力资源管理中的员工匹配是指，企业中每个工作岗位要配备适合的员工。在满足企业工作岗位需求的情况下，为员工安排适合的工作。企业要考虑满足胜任工作岗位的员工的个人需求、兴趣和特点。合适的工作岗位安排适合的人，并达成企业预期的绩效目标。发挥出企业人力资源的最大优势，把员工和工作岗位进行合理的组织，使企业的人力资源利用达到最优化。

员工匹配理论是企业人力资源管理的重要内容，在这方面主要有美国学者帕森斯提出的"职业与人匹配理论"和霍兰德的"人与职业互择理论"。帕森斯的"职业与人匹配理论"主要是说要在清楚认识、了解员工个人条件和职业状况的基础上，实现职业与人的合理匹配，使人选择一种适当的职业。霍兰德的"人与职业互择理论"主要是说同一类型的劳动者和同样类型的职业相结合，达到人业互择的良好状态。这两个理论都是从企业和个人两个维度来指导各企业组织进行合理的员工匹配。

1.1.2 合理匹配员工对企业的作用

合理匹配员工可以推动企业文化建设和绩效目标达成。员工在适合的岗位上工作，可以促进员工学习企业文化，适应企业文化，并以企业文化为工作动力，发挥员工的最大的工作潜力，并将企业文化融入自己的信念中。企业中最重要的管理是目标管理，企业对每位员工都要有个人的分解目标，并对员工的分解目标进行量化管理。每位员工个人分解目标能实现与否，直接决定了企业的总体目标能否达成。而员工与工作岗位的合理匹配就是从实现企业的总体目标出发的。

合理匹配员工可以促进企业学习型组织的形成，能够增强企业凝聚力。员工如果在自己适合的工作岗位上工作，将更有责任心和进取心，这可以推动企业员工间互相学习、互相了解，共享知识，增加团队凝聚力。反之，员工如果与自己的工作岗位不匹配，就会对企业学习型组织的形成和团队凝聚力起到消极作用。

合理匹配员工有助于提高企业创新能力和生产竞争力。企业提高创新力的关键是人的因素。适合的人才用到适合的工作岗位，是创新活动的关键所在。大多数的高素质员工忠于职业的多于忠于企业的。

以上从企业文化建设、绩效目标达成、学习型组织的打造、企业凝聚力、创新能和企业的生产竞争力等几个方面说明了合理匹配员工对企业的重要性。不仅如此，合理匹配员工在提高企业知名度、企业战略发展等方面也能起到非常重要的作用。

1.1.3 合理匹配员工对员工的作用

合理匹配员工有利于员工尽快适应工作岗位，激发员工的工作潜能，对员工个人发展来说，可以得到长远的职业生涯发展规划。

合理匹配员工对于员工个人价值和社会价值的实现非常有利。企业中员工社会价值的实现，主要是以企业为社会所提供认可的商品为衡量准则的，员工在工作中的贡献便是实现自我价值的依据。企业根据对员工的考核结果提供员工应得的报酬，从而实现员工的个人价值与社会价值。

合理匹配员工有利于减少员工工作压力，有利于为员工营造舒适、开心的工作环境。当员工在这样的环境下工作，即便遇到困难也不会产生急躁的情绪，员工会想方设法去克服困难，解决问题。

反之，如果员工与岗位不能合理匹配，对员工和企业都会产生极大的负面影响。会出现人才就会浪费、企业经营成本增加、人才严重流失、企业绩效目标无法实现、内部矛盾重重等一系列问题。

信诚人寿保险有限公司的销售顾问近几年也出现大量的人员流失、企业用人成本提高、销售队伍内部出现矛盾等问题，这些问题应该与人员工作的匹配是否合理有关。

1.2　激励理论

1.2.1　激励与激励理论

企业通过设计适当的外在奖励等形式，以一定的行为规范和惩罚举措，借助信息沟通来激发、引导、保持和规范企业员工的行为，以有效地实现企业目标和员工个人目标的系统性活动，称之为激励。激励是持续激发工作动机的心理过程。激励越有效，员工完成目标的努力程度和满意程度越强，工作效率就越高。

激励理论最具代表性的是马斯洛需求层次理论，马斯洛理论提出人类的需要是有等级层次的，从最低级的需要逐级向最高级的需要发展。需要按其重要性依次排列为：生理需要、安全需要、归属与爱的需要、尊重需要和自我实现需要。并且提出当某一级的需要获得满足以后，这种需要便中止了它的激励作用，就需要满足更高一级层次需要的激励。企业通过满足员工的需求，从而实现企业目标有一个过程，这个过程需要通过制订一定的目标影响员工的需要，从而激发员工的行动。

1.2.2　激励理论的作用

企业必须建立有效的激励机制，才能激发员工的工作热情和最大潜力，员工的个人发展目标与企业的战略目标高度一致，才能使企业实现快速发展。

当代企业面临的是一个变化的时代，环境不断变化，节奏不断加快。这要求企业必须改变僵化的思想和机械的形式，采取为适应市场环境的不断变化而采用更具有灵活性的和适应性的策略。企业的竞争方式已经由传统的生产效率的竞争转变为创新能力的竞争，其本质是企业文化的竞争。用企业文化去影响人，造就人才是现代企业管理的精髓。只有员工的个人价值观与企业文化高度统一的时候，员工才会把企业目标当成自己的奋斗目标。所以，只有用员工认可的企业文化来进行管理，才能为企业的长期可持续性发展提供动力。

对企业来说，只有建立多层次、多种形式的激励体系，才能起到效果。现在的人有着更强烈的物质需求，更强的自我意识，企业更应该根据员工的特点，制定合理的、有效的激励方案。企业应该根据发展的需求建立多种形式的激励政策，要分层激励员工，才能使员工更加安心的工作，要真正地了解员工的真正需求。

总而言之，企业要采取灵活多样的激励的手段，根据工作岗位的不同，员工的不同，情况的不同来制定不同的激励政策，而不能采取一视同仁的态度一致对待，要考虑员工的个体差异，实施差异化的激励机制。

信诚人寿保险有限公司在发展的过程中，也制定了方方面面的激励机制，在不同的时期，也起到了一定的作用。但是，在销售顾问的激励方面，企业能否真正地了解到销售顾问的需求，尊重个体的差异，企业文化是否融入到了每个销售顾问的价值观中，让个人目标和企业目标高度统一起来，这是激励机制是否能发挥最大作用的关键。

1.3 职业生涯管理理论

职业生涯是指，个人对选择工作路线的一种态度，获得更多的薪酬、肩负更多的责任、获得更高的地位和威望。职业生涯是和工作有关的经历（如职位、职责、决策和对工作相关事件的主管解释）与工作时期所有活动的集合。职业生涯包括态度和行为，它是总在发展变化中一系列与工作有关的活动。

1.3.1 职业生涯发展阶段

格林豪斯的职业生涯理论认为，每个人随着个人职业阶段的转变，自身的需要和期望也在转变。如图 1—1 所示，概括了职业阶段和个人需要之间的关系。

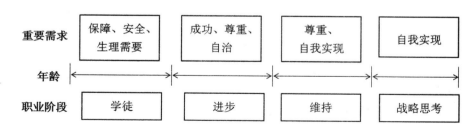

图 1—1　职业的发展阶段和个人需求

每个人都会经历职业生涯发展的不同阶段，而每一阶段的需求和动机也不尽相同。管理职业生涯需要更加完整的描述各个阶段个人遇到的情况。销售顾问对于信诚人寿保险有限公司的业绩来说有着决定性的作用，他们就是所谓的知识型员工。正确判断和引导销售顾问所处的职业发展阶段，根据他们的需求帮助他们做好职业生涯发展规划对企业来说就至关重要了。

1.3.2 职业生涯发展规划

职业生涯发展规划的实施包含了员工个人的职业渴望和企业提供机会的匹配问题。职业途径是与这些机会相联系的特定工作程序。职业生涯发展规划流程如图1-2所示。

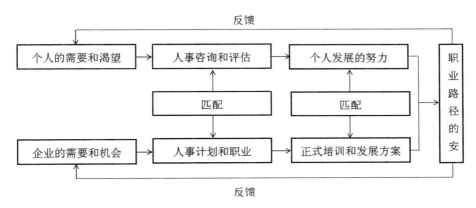

图1-2 职业生涯发展规划流程

职业生涯发展规划要获得成功，个人和企业必须平等的承担责任。个人必须明白自己的需求和能力，并且通过咨询认识到特定职业途径需要获取什么样的培训和发展。企业也必须清楚自己的需要和机会，通过劳动力计划，给员工提供必需的职业信息和培训。

信诚人寿保险有限公司可以根据企业需求和销售顾问的个人需要，为销售顾问提供与其能力匹配的工作岗位。只有做好销售顾问的职业生涯规划，才能让销售顾问认同企业，使其在其工作岗位发挥最大的工作效能。

2 信诚人寿保险有限公司销售顾问管理问题分析

保险公司经营过程中，人才是最核心的竞争力，作为金融服务行业的一员，保险行业销售队伍的重要性不言而喻。销售顾问由于直接面对客户，因而是保险公司给客户最直观的形象代表。销售顾问的专业素质、职业形象将直接影响客户的体验度和满意度。

信诚正处于整个保险行业大环境的变革当中，在10多年的发展过程当中，也经历了高速的发展，同时，也面临行业内绝大多数公司共同面临的问题，也出现了销售人员专业素养不高，人力发展缓慢，一些复杂的新产品以传统的销售方式很难取得突破，而同时，部分高素质人才也面临同行的"挖墙角"等问题。

2.1 公司概况

信诚人寿保险有限公司于 2000 年在广州挂牌成立，由中国中信股份有限公司和英国保诚集团股份有限公司合资组建，双方各占 50％股份。目前，信诚总部设在北京，公司的注册资本为 23.6 亿元。

双方股东均为世界 500 强企业，作为改革开放的窗口型企业，中国中信股份有限公司于 1979 年在国家领导人邓小平先生的倡导和支持下，由荣毅仁先生创办。中信公司成立以来，充分发挥了经济改革试点和对外开放窗口的重要作用，在国内外树立了良好的信誉与形象，取得了显著的经营业绩。2009 年以来，中信公司连续五年入选美国《财富》杂志"世界 500 强"企业排行榜，2013 年排名 172 位。金融业是中信集团的主营业务，其资产占据了公司总资产的 81％，主要由商业银行、证券、保险、信托、租赁等非银行金融机构组成。

英国保诚集团是一家历史悠久的保险公司，成立于 1848 年的伦敦，是英国极具规模的国际金融集团，业务遍及亚洲、美国及英国，并在伦敦、纽约、中国香港和新加坡四地证券交易所上市。目前，保诚集团在全球拥有 2300 多万名客户，管理资产达 4，270 亿英镑（截至 2013 年 6 月 30 日）。保诚集团在亚洲的业务包括人寿保险、基金管理及零售业务，并拥有超过 80 年的业务发展经验。

2.1.1 公司发展历程

信诚人寿保险有限公司的企业经营理念是"聆听所至、信诚所在"，自开业以来，信诚人寿在寿险产品开发、业务拓展、渠道建设、内部管理、销售培训方面开展了一系列卓有成效的工作，迅速建立并完善内控和公司治理机制，并以优异的市场表现、杰出的专业化运作活跃在中国寿险市场。

顺应国家发展战略和市场监管要求，信诚人寿坚持规模与效益并重、速度与深度兼济的地域发展战略。截至 2014 年 1 月，公司已设立了广东、北京、江苏、上海、湖北、山东、浙江、天津、广西、深圳、福建、河北、辽宁等 13 家省级分公司，共在 56 个城市设立了分支机构，并拥有 13000 多名员工及销售顾问。截至 2013 年底，公司总资产逾 301.8 亿元。

自成立以来，信诚人寿倾心聆听客户的心声，不断推出符合客户需求的产品和服务。目前，公司产品涉及保障、储蓄、投资、养老和医疗等诸多领域。

凭借着专业的业务运作经验、成熟的管理机制，以及客户为尊的服务理念，信诚人寿正为全国 80 余万客户提供丰富、周到、快捷、优质的保险和理财服务。

2007 年 4 月，信诚人寿保险有限公司注册资本增资到 14.5 亿元，这为公司快速的地域扩张和业务发展提供强大的资金保障。

2008 年 5 月，信诚人寿保险有限公司再次将注册资本增加到 18.2 亿元，增资后双方股东股权比例将维持不变。

2008 年 12 月，经保监会批准，信诚人寿保险有限公司正式将注册资本增加到 19.8 亿元。此次增资不仅进一步加强了公司的偿付能力，为业务发展拓展了更大的空间，同时也使公司的注册资本处于外资/合资寿险公司的领先地位。

2009 年 8 月，信诚人寿与国际认证财务顾问师协会（下简称 IARFC）启动战略合作协议，双方将携手打造"财智联盟"计划，在未来三年内培养 1000 名国际认证财务顾问师（下简称 RFC），以帮助中国消费者去更合理地规划自身的消费、储蓄、投资、投保等。通过"财智联盟"项目，信诚人寿和 IARFC 旨在共同拓展和培育中国规模最大的专业理财队伍，逐步推进中高端个人客户的个性化、差别化服务，为消费者提供可信赖的专业家庭保险保障和理财方案。迄今，信诚人寿也是国内销售顾问渠道引入国际认证培训规模最大的一家保险公司。

2009 年 8 月 24 日，经保监会批准，信诚人寿保险有限公司将注册资本增加到 21.15 亿元。此次增资反映了股东双方对信诚长远发展的信心，以及对中国寿险行业发展的信心，这也为信诚人寿长远的、可持续的发展奠定了资本基础。

在中国中信集团公司工会的指导下，信诚人寿工会在 2010 年 2 月 1 日正式宣告成立。2009 年 12 月 7 日，信诚获得中信集团公司工会批准，按联合制、代表制原则成立工会。2010 年 2 月 1 日，中国中信集团公司工会批复，同意信诚工会第一届委员会常务委员、主席、副主席、经费审查委员会委员、女职工委员会主任等人员的选举结果，信诚人寿工会正式宣告成立。

2011 年 7 月 27 日，中国保监会正式批复信诚人寿关于变更营业场所的请示，公司新总部位于北京市朝阳区东三环中路 1 号环球金融中心办公楼东楼 16 层 01－10 单元。信诚人寿将总部成功迁至北京，迈出了发展史上具有里程碑意义的一步。凭借北京的核心优势，借助在广东的良好发展，信诚人寿将形成南北互动，优势互补的局面，为加强全国性区域拓展迈出新步伐。

2011 年 11 月 15 日，北京市工商行政管理局正式颁发给信诚人寿变更后的企业法人营业执照，其中住所变更为：朝阳区东三环中路 1 号环球金融中心办公楼东楼 16 层 01－10 单元。注册资本变更为：人民币 23.6 亿元。经营范围变更许可经营项目为：在北京市行政辖区内及已设立分公司的省、自治区、直辖市内经营下列业务（法定保险业务除外）：（1）人寿保险、健康保险和意外伤害保险等保险业务；（2）上述业务的再保险业务。一般经营项目：无。

但同时，企业在发展的不同阶段，也会遇到不同的挑战，如表 2－1 所示，信诚历年保费收入情况，我们可以看到，公司发展初期，保费规模增长较快，但近几年，保费增长的速度明显放缓，这和销售队伍人力发展速度是成正比的。

表 2－1　　　　　　　　　信诚人寿历年保费收入情况

年份	保费收入（万元）
2005 年	103648
2006 年	161372
2007 年	301167
2008 年	371416
2009 年	402002
2010 年	541416
2011 年	343105
2012 年	362360

资料来源：信息来源于中国保监会网站

2.1.2　公司人力资源现状

信诚人寿保险有限公司的员工按照合同划分为两大类：内勤员工和外勤员工。内勤员工主要是指，与公司签订正式劳动合同的员工。这类员工享受公司的基本薪酬和奖金制度，享受"五险一金"等公司福利待遇。工作性质主要是后援的支持类，不直接从事与销售有关的工作。外勤员工是指，与公司签订代理合同的员工，准确地讲，这类员工还不是公司的真正员工，这就是行业通常所讲的"代理人"。我国的"个人保险代理人制度"是由美国友邦保险公司于1992 年引入的。

信诚人寿保险有限公司主要采用个人代理制，个人保险代理人公司称之为"销售顾问"，销售顾问与公司签订的是代理合同，是公司业务的最主要来源。因此，销售顾问的数量和质量直接决定了公司业务量的大小和业务品质的好坏。而销售顾问的管理水平也直接决定了保险公司未来的业务发展。

由于本文研讨的对象是销售顾问，在信诚属于外勤体系，因而对于内勤的人力资源状况，本文将不再涉及。信诚的销售人员大体分为五个等级，从高到低依次为：业务总监、资深业务经理、业务经理、业务主任、销售顾问。销售人员入职时都作为销售顾问，达到一定的绩效指标可以逐级晋升。销售顾问的主要收入来源都依靠于销售业绩，分等级的晋升空间也有助于激励销售顾问创造更好的业绩。一位业务总监销售团队的组织架构图，如图2－1所示。

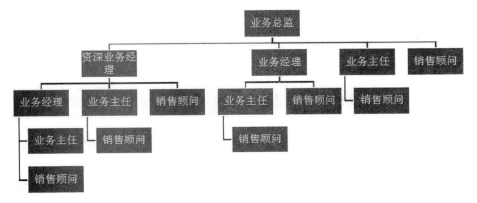

图2－1 销售团队组织架构图

资料来源：信诚人寿《营销员基本管理办法》

2013年末，信诚在册保险代理人（销售顾问）12976人，其中男性5254人，占比40.5%；女性7722人，占比59.5%；男女比例为4：6（如图2－2所示）。

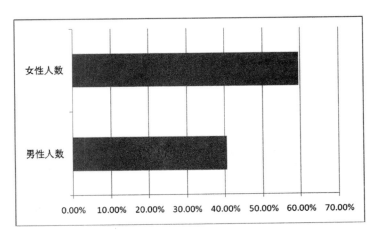

图2－2 销售顾问男女比例

信息来源：信诚人寿《2013年总结工作报告》

在所有的销售顾问中，高中学历 4350 人，占比 33.5％；大专学历 4665 人，占比 36％；本科以上学历 3961 人，占比 30.5％（如图 2－3 所示）。

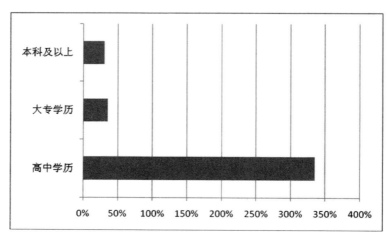

图 2－3　销售顾问学历比例

信息来源：信诚人寿《2013 年总结工作报告》

在销售顾问年龄结构中，20～25 岁 3065 人，占比 24％；26～35 岁 3340 人，占比 25％；36～45 岁 4415 人，占比 34％；46 岁以上 2156 人，占比 17％（如图 2－4 所示）。

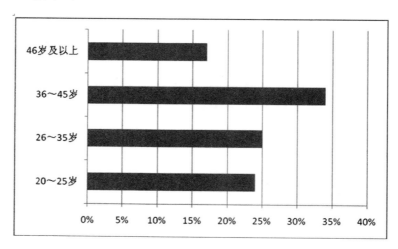

图 2－4　不同年龄段销售顾问占比

信息来源：信诚人寿《2013 年总结工作报告》

以上分析不难看出，信诚人寿保险有限公司的销售队伍女性占比较高，学历中高中学历占比达到了 30％以上，年龄占比中 20～25 岁加上 46 岁以上占据了 41％，这就是公司销售顾问队伍的人力资源现状。

2.2　公司销售顾问管理问题

销售顾问是企业实现销售额的人力资本，信诚人寿保险有限公司经历 13 年的发展之后，建立起一支初具规模的销售队伍，但在销售顾问的管理上，也面临极大的问题和挑战，以下从招募、选才、培训、管理、酬佣和激励六个方面来进行逐一的分析。

2.2.1　招募标准不明确

招募是指，组织确定人力资源需求，吸引候选人来填补岗位空缺的活动。销售顾问的招募主要是公司根据业务目标的需要，制订人力发展计划。保险公司制订商业计划有一个公式：

业务总量（保费）＝人力（数）×人均保单件数×件均保费

招募只有解决公司的人力需求，达成招募的目标，才能帮助公司实现总体的业务目标。

信诚人寿保险有限公司和行业内的大多数公司一样，在招募候选人的时候，标准不是特别明确。年龄 22～50 岁，学历高中以上就可以了。从上文中的人力资源现状分析不难看出，女性比例过高，高中学历占比也比较高，而年龄处于 25～45 岁的事业发展高峰期的销售顾问占比也没有达到一个理想的指标，这些问题都与招聘人才的标准过低相关。

因为招募标准不高，所以公司为了节省招募成本，招募渠道也和其他同业保险公司一样，采用校园招聘会、人才市场、网络、缘故推荐等渠道。前期效果还可以，能招到一些销售顾问，但与其他公司一样的招募渠道，就势必面临激烈的竞争，信诚给新人提供的待遇相对其他保险公司也不具备明显的优势。为了完成人力发展的计划，就势必降低标准，这样，即便人力计划完成了，由于招募的人员素质达不到要求，人均的生产力反而被拉低了。越到后期，招募就越发困难，选拔到优秀的人才就更加难了。近几年，人力发展缓慢，更是阻碍信诚进一步发展的主要原因之一。

2013 年 7 月，为了提升行业总体形象，保监会规定保险公司从业人员学历为大专以上，进一步提高了行业的准入门槛。这也让信诚的招募工作更加困难。为了完成公司的人力指标，出现了学历造假等不合规的现象，这也使公司面临很大的监管处罚风险。信诚人寿的商业计划已经无法靠单一的拉升销售顾问的数量来达成，而提高销售顾问的素质，提升质量，就成了唯一的办法。

2.2.2 选才流程不清晰

信诚人寿保险有限公司在过去的销售顾问的招聘过程中，由于招募渠道的匮乏，本来应聘者就有限，而公司的用人需求又是刚性的，为了完成人力计划，选才环节基本等于形同虚设。具体体现在以下几个方面：

（1）选才环节设置不清。起初还有两轮面试环节，但到了培训班开班的截止日期时，为了凑够数量，就人为地减少面试环节，有的人甚至没参加面试就被拉进了培训班。可想而知，这样的人进入公司，会对公司的整体氛围造成什么影响。素质偏低的人，又很难接受和理解公司的培训，这样出来的人在面对客户的时候，会给客户留下不专业、不成熟的不良印象，从而影响公司的整体形象。

（2）面试官资质没有标准。谁有时间谁面试，低职级的业务主任也可以参与面试，甚至个别销售顾问也参与其中。专业度的匮乏，对于部分优秀的候选人很难有影响力，使其对信诚的第一印象就不太完美，也很难吸引优秀的候选人加盟。

（3）缺少专门的负责人。选才是个科学的环节，要让候选人在这个环节逐步了解公司和企业文化，从而不断的确定候选人的意愿度和定着率，而公司也要在这个环节逐步了解候选人的特质和岗位胜任力。这就需要专人负责，负责人要安排有资质的面试官进行面试，要串联整个环节，并及时反馈给用人团队的团队长。

信诚人寿在选才环节出现的这些问题，直接影响了销售顾问的招聘质量，也造成了优秀的候选人不愿意加盟的后果，没有选择，也直接造成了后面的培训和管理上的困难。

2.2.3 培训开发不系统

培训是一种有组织的知识传递、技能传递、标准传递、信息传递、信念传递、管理训诫行为。信诚人寿保险有限公司的培训以技能传递为主，针对新人的培训主要指上岗前的培训。

大多数保险商品属于复杂金融商品，靠单一的产品推销很难让客户理解产品的真正功能，信诚一直要采用顾问式销售。而顾问式销售与传统的交易型销售有所不同，强调的是要在销售的过程中为客户创造额外的价值，即深度挖掘和了解客户需求，为客户量身定制一套能解决客户需求的方案，这就需要销售顾问要有极强的专业性。因此，新人的培训需要一套标准化的流程，只有循序渐进，才能培养出优秀的销售顾问。按照这个标准，信诚人寿保险有限公司的培训存在很多问题，具体体现在以下几方面：

（1）缺少专业的标准化销售流程培训。由于招聘的人员素质参差不齐，行业的代理人从业资格考试通过率较低，因而岗前培训花费了大量的时间培训资格考试的内容。产品培训有一些，但专业的销售流程几乎没有，这就造成了销售顾问刚走向市场销售技能就非常欠缺的局面。

（2）讲师队伍偏小，兼职讲师队伍尚未成型。培养讲师的体系没有形成，具备较强专业度的讲师较少，师资力量严重不足，开课时间和培训班都受其所限。

（3）销售顾问训练的机会较少。一对一的角色演练有助于提高销售顾问的技能，提高销售顾问面对不同客户时解决问题的能力，但由于技能培训较少，销售顾问得到这种一对一训练的机会非常少。

信诚人寿保险有限公司培训体系存在的问题直接制约了销售顾问的发展，因为销售顾问没有底薪，完全靠业绩获得薪酬，技能的不足直接导致了业绩的下滑，也就造成了人员留存的困难。

2.2.4 管理方法不具体

销售顾问在初期入职后的 90 天内，是树立职业信心、养成良好习惯的关键时期，这一阶段的管理，对于销售顾问的成长至关重要。信诚人寿保险有限公司在新人 90 天的管理过程中存在很多问题，具体有以下几个方面：

（1）重结果、轻过程。注重结果管理，对销售顾问过度追踪业绩。主管只关注销售顾问是否签单，而对销售顾问的销售过程缺少必要的分析。没有使用科学的管理工具，对销售活动的记录几乎没有，这样也就没有科学分析的依据，一旦销售顾问在销售环节里出现问题，找不到具体的原因，这样也就无从对销售顾问进行指导，无法有效的提升销售顾问的能力。

（2）重形式、轻内容。打卡采用指纹打卡，看似很严格，实际问题很多。有些销售顾问，早上打完卡，就离开公司，并不参加公司的培训和会议，这也就起不到应有的效果。会议组织也缺少内容，很难有连贯的思路，无法和经营节奏挂钩，销售顾问不愿意参加这样的会议，认为是浪费时间，也就情有可原了。

（3）管理体系没有形成。管理应该是有科学性的，成体系的。而这种体系，在信诚，没有形成。随机的会议和培训很多，事先的安排不够科学，经营节奏和思路不够连贯，这也让销售顾问无所适从。

在销售顾问的管理上，信诚人寿保险有限公司有很多欠缺的地方，如果这些地方不尽快加以解决，形成一套完整有力的管理体系，未来还会有销售顾问陆续选择离开。

2.2.5 酬佣体系不合理

这里的酬佣不单指薪酬和佣金，还包括销售顾问的考核、晋升等未来一切的职业发展。每个人，对自己未来的发展，都应该有自己的规划，公司的指引，这就是销售顾问未来发展的方向。每家保险公司都有自己的一套业务制度，称之为"保险营销员基本管理办法"，简称"基本法"，信诚也如此。"基本法"既是公司的既定战略，也是销售顾问的职涯规划。信诚的"基本法"经历多年，在过去的发展过程中起到了一定的作用，同时也暴露了很多问题，具体表现如下：

（1）对高职级的团队长利益较大，对专业化的销售顾问晋升空间较小。基层的销售顾问要想获得更大的发展空间，只有走团队管理一条路，也只有这样，才能获得更高的酬佣。对于那些销售特质较为明显，专业度较强的销售顾问来说，这样并不适合管理团队的人，但可以成为销售尖子的人，发展就受到极大的限制。

（2）晋升条件设置过多。销售顾问要想晋升，设置的条件过多，超过 6 项以上，人的精力和关注点都是有限的，这样什么都想要，往往什么都达不成。销售顾问晋升困难，就会产生怨言，产生矛盾，影响公司整体氛围。

（3）执行过程中不够严格，对于考核不过的销售顾问惩处的措施很少执行。设定的考核，执行不力，对于优秀的人就会产生一种负激励的作用。

酬佣体系的合理性有助于销售顾问产生积极向上的工作氛围，从而爆发出更高的生产力，但信诚的业务制度历经多年的发展之后，暴露出的问题也需要尽快解决。

2.2.6　激励机制不完善

好的激励可以激发销售顾问内心的工作动机，发挥最大的工作潜力，创造最高的生产力。信诚人寿保险有限公司非常重视销售顾问的激励，但同时也存在一些问题，表现在以下几个方面：

（1）激励方案针对性不强。激励方案的制定要有针对性，针对哪个层面的销售顾问进行激励，一定要清晰。信诚人寿的许多激励方案激励对象不清晰，比如经常出现针对绩优人员的标准过低，而针对全体销售顾问的方案又很难达成的现象。

（2）物质激励多，精神激励少。经常以物质奖励作为激励奖品，对于一般的销售顾问来说，会起到一定的效果。但是对于有更高追求的绩优人员来说，就起不到应有的作用，他们需要更高层面的荣誉奖励，需要被认可。而信诚对于行业内的高荣誉奖项推动不够。

（3）激励方案兑现不够及时。方案兑现的不及时，很难起到激励的作用，反而容易产生怨言。信诚人寿的方案兑现条件设置过多，审批环节过多，经常使一个激励方案几个月才能兑现，最长的出现了一年多才兑现的情况，甚至兑现时，获奖的销售顾问都忘记了得过奖这回事。

激励的问题，看似简单，但也是销售顾问管理过程里不可缺少的环节，信诚人寿保险有限公司暴露的问题，如果能及时得到解决，也必定能够激励销售顾问的工作热情。

3　信诚人寿保险有限公司销售顾问管理问题成因分析

中国的寿险行业未来发展空间非常广阔。随着民众保险意识提高，未来保险市场的成长空间拓宽，中国寿险需求正处于历史高峰期。同时市场对专业服务的需求增加，专业寿险销售顾问的发展空间广阔。随着民众保险意识的提高，许多客户已经不满足于购买单一产品解决单一需求，而能解决客户家庭财务安全的综合需求就越来越多的产生了。保险属于复杂金融产品，对专业的要求极高。这就为专业的寿险销售顾问发展提供了广阔的发展空间。每个客户需求都是不同的，如果信诚人寿保险有限公司能够培养出一批优秀的销售顾问，就能避开保险企业产品 PK 的"红海"，有效地走一条"蓝海"之路。

信诚人寿保险有限公司走过了经营的 13 个年头，在销售顾问的管理上，暴露出了很多的问题。只有找到这些管理问题的症结所在，有效地分析这些问题的成因，才能有助于企业解决销售顾问的管理问题。人才问题解决了，才能实现企业的战略目标。

3.1　人力资源管理理念落后

现代人力资源管理理念还只停留在领导层的口头上，主要表现为各层级的领导干部对人力资源理论学习和认知的不足，人力资源观念及人力资源制度滞后于公司整体发展。当前，信诚人寿保险有限公司仍有部分领导干部还停留在把销售顾问视为成本的传统人事管理理念上，仍然停留在"以事为中心"、因事择人、重事不重人的传统人事管理理念上。

公司领导层对销售顾问的培养重视程度不够，现代的人力资源讲究市场配置人才资源，在这样的背景下，仍然我行我素，"以人为本"的人力资源开发观念流于形式，缺乏"人力资本是企业第一资本"的思想意识，在选人用人上，视野狭窄、论资排辈的现象非常普遍；人不能尽其才，才不能尽其用，用不能得其酬的问题比比皆是。广大销售顾问的积极性没有被充分调动，销售顾问的潜能没有得到完全的发挥和释放。同时，企业对人力资源这种特殊的公司资产的保值增值意识淡漠，忽视人力资源的开发和利用。

人力资源选拔和配备方法简单、粗放。信诚在人力资源选拔和配置上缺乏系统、科学的人力资源评判标准，比如工作指标分析、业务能力分析、绩效考核、性向测试等；缺乏公平竞争性，随意性和偶然性因素很大，招募和选拔的人往往不一定符合公司发展的真正需求。这导致公司在人力资源配置上处于"人满为患"与"人才流失"共存的矛盾之中，经常面临"有的人没事干，有的事没人干"的尴尬局面。

公司负责业务线的高层领导更换频繁，每个人都有自己的思路，为了保住位子，急于短期拉动业绩，对销售顾问的培养则兴趣不大，业务的拉动多靠短期的激励方案拉动。这种急功近利的方式，也极大地损害了销售队伍，对于优秀销售顾问的培养没多大帮助。

在招募与选才上，销售顾问缺乏统一的用人标准，现有的标准过低，没有统一的选才流程，这些直接影响销售顾问品质的环节缺少人员负责，企业相关领导也极少问津。这样的短视行为是信诚人寿保险有限公司销售顾问管理出现问题的主要原因之一。

3.2 人力资源绩效考评制度单一

信诚人寿保险有限公司酬佣体系中的普通销售顾问的劳动投入和经济报酬没有形成合理的对应关系，普通销售顾问的收入结构相对简单，只有首期佣金收入、激励奖金、续期佣金收入等几项来源，而且高绩效和低绩效人员收入比例提升并不明显，而越是高层的团队管理人员收入来源越多，就越造成分配上的不合理。而这种状况一旦确定后就很难改变，缺乏灵活性，未能充分发挥分配体系的激励作用。同样，对公司经营管理者（内勤）也缺乏有效的激励作用，虽然公司每年都执行业绩与管理者利益挂钩的机制，但管理者的名义收入太低，与其付出的劳动、承担的风险和责任不相称，使他们的积极性和创造性大打折扣。他们也不愿意去改变现状，改变现有的结构。

现行的业务制度还是公司 2000 年成立时制定的，虽然 2008 年经过一次改动，但只是微调，并未从本质上改变分配的现状。由于业务制度的修改要经历许多部门的审核，尤其是精算部门的通过，因而改变起来有相当的难度。每一任的相关管理者也都不愿意去触碰这个貌似"费力不讨好"的禁区。越是到后期，这种制度的陈旧越阻碍公司的人力资源的发展。这极大地打击了销售顾问向上发展的积极性。

在现行的业务制度体系下，销售顾问要想获得晋升需要自行招聘到一定数量的人力（每个职级数量不等），但招聘来的人力标准很低，这就使得大家为了完成晋升的人数，而不去考虑招来人员的质量，公司也缺乏必要的选才标准，这样就形成了现有的销售顾问为了自己更加容易快速的晋升，去招募比自己能力更低的销售顾问，公司的销售顾问素质一代不如一代，越是这样，就越难吸引优秀的人才加盟，从而形成恶性循环。

3.3 缺少相关的人才培养机制

信诚人寿保险有限公司人力资源的培训方式陈旧，没有系统和长远的培训规划。培训缺少针对性，培训计划常与公司发展战略脱节，培训工作缺乏长远规划，培训渠道狭窄；培训组织计划落后，存在着教条主义和流于形式的现象；培训后的人员未能得到合理使用，导致培训费用的浪费与人才的流失。

销售顾问的成熟期比普通的产品推销员要长，而顾问式销售也远比传统的交易型销售要复杂，因而需要销售顾问不断更新自己的知识。销售顾问的自我学习只是一个方面，公司能提供的有效的培训支持更是必不可少。信诚人寿保险有限公司的企业愿景是"成为中国最好的保险及理财方案的提供者"，要做"最专业的，客户最满意的，人才最向往的，最创新进取的"一流保险公司。这就需要企业储备一大批优秀的人才。而人才的来源无非就是两个渠道，一是去"挖墙角"；二是企业自己培养。信诚人寿保险有限公司的历任领导对"挖墙角"工作都非常重视，挖来的人才也大多得到了重用。但是，公司自身的人才培养机制却没有形成系统，自己培养的人才对企业本身的企业文化有着更好的理解和适应，这方面，信诚人寿保险有限公司重视度不够，导致企业本身培养出的人才相对匮乏，企业自身人才造血机能严重不足。

销售顾问对公司的忠诚度面临严峻考验，一方面人力资源管理的种种不足导致销售顾问对企业逐渐失去信心；另一方面，市场上新的主体保险公司不断进入使销售顾问的选择趋于多样化。此外，信诚人寿保险有限公司现有的销售顾问有一部分人考虑问题感性化，认同人而不认同公司的情况还普遍存在。这些对公司现有销售顾问的忠诚度均有较大的影响和考验。公司也面临被挖角的风险，优秀的销售顾问一旦因得不到培养和重用而选择跳槽，将有可能引发一系列的"多米诺骨牌"效应。如果一旦发生，对信诚人寿保险有限公司必将是一次惨痛的打击。

3.4 激励体系不健全

从某种程度来说，人力资源管理的精髓在于激励员工，使之保持高涨的工作积极性。只有激发出员工的内在动力，充分调动他们的积极性、主动性和创造性，他们才能不断增值。除了在薪酬收入、各种福利等物质方面需要外，员工的精神层面的需要也是不可或缺的。这一点主要体现在个人发展和对成功的需要上。但是，目前信诚人寿保险有限公司中合理的人才选拔体系和优胜劣汰的竞争机制尚未形成，这些都不同程度地阻碍和影响着人才的脱颖而出，使他们未能发挥出他们最大的潜力和能力。

销售顾问的层面和素质不尽相同，他们都是独立的个体，每个人的需求也不尽相同。信诚人寿保险有限公司的荣誉体系不够完善，物质奖励居多，精神层面的荣誉奖项偏少。这说明公司的整体激励体系尚不够完善，长期的奖项，包括行业内的奖项推动不利，这会使一部分优秀的销售顾问感到厌倦，没办法满足他们更高层面的自我价值实现方面的需求。

激励体系的不健全还表现在晋升机制的不够完善，信诚人寿保险有限公司的业务制度里面对于优秀销售顾问在销售路线的晋升职级设置不清晰，也影响了一部分不想做主管带团队的人才的积极性，行业里有很多擅长单打独斗的绩优高手，而在信诚，这样特质的销售顾问为了职业的发展，只能转向去做管理，这也势必影响到他们的发展，企业也就减少了许多绩优高手的出现。

4 解决信诚人寿保险有限公司销售顾问管理问题对策建议

要想做好销售顾问的管理，解决信诚人寿保险有限公司在销售顾问管理上所面临的问题，一个好的方法就是为信诚人寿保险有限公司引入国外已经成熟的专业的顾问式销售体系。

专业的顾问式销售要给客户在销售过程中创造价值，而挖掘和了解客户需求，运用寿险顾问的专业知识为客户制订出能解决客户需求的方案，也就为对保险了解不多的客户创造了额外价值。在这个过程中，挖掘和了解客户真正的需求就成为了重中之重。在挖掘客户需求的时候，企业通常采用 SPIN 提问的方式进行深度挖掘。

要实施顾问式销售，最重要的因素是人的因素，要为客户创造额外的价值，而保险本身又是复杂的金融产品，需要销售顾问有很强的综合能力。培养一个优秀的销售顾问，要比培养一个普通的产品推销员花费的时间和精力都要多。要形成一个销售顾问的生产线，就需要一个系统，一套完整的流程，而系统的设立，流程的形成，就需要整体的规划。

虽然信诚人寿保险有限公司也在倡导顾问式销售理念，效法以客户需求为导向的销售和管理模式，然而，结果却往往事与愿违，成效不大。原因是多方面的，主要是在系统运作流程的某个环节出现了问题。例如，顾问式销售强调只有招募到合适的人才给予专业的强化训练，才能培养出优秀的销售顾问，如果在选才环节没有甄选，更多的培训与陪访只能是浪费资源。再比如说，顾问式销售强调销售人员要做客户的专业顾问、财务专家，如果让销售人员单靠背诵产品的销售术语，训练出的必定是产品导向的销售习惯和思维，而非淡定从容、胸有成竹的专业寿险销售顾问。

因此，顾问式销售的引进是一个体系、一套完整的流程，而非单一的某个环节。在整个过程的控制中，只有把每个细节做到最好，不打折扣，才能真正地打造出理想的顾问式销售体系。

顾问式销售的引入首先要建立起标准的销售顾问选拔、培养和管理体系。顾问式销售体系采用"六大系统"，即招募、选才、培训、管理、酬佣、激励。这"六大系统"环环相扣，从销售顾问的招募开始，经历选才、培训、管理、酬佣和激励，引导和培养一批批合格的销售顾问，如图 4—1 所示：

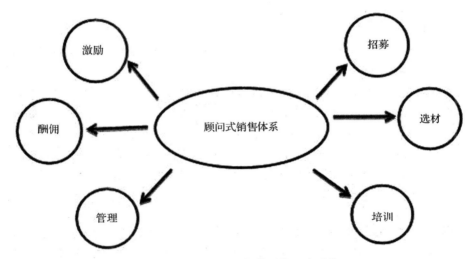

图 4—1　顾问式销售体系的六大系统

4.1　招募——确立人才招聘的基本条件

建立销售顾问的招募体系首先就要确立人才招募的基本条件。由于顾问式销售对销售顾问的要求很高，所以在招募的标准上也不同于一般的销售人员。同样，提供的待遇也必须丰厚，才能吸引优秀人才的加盟，比如公司可以在媒体上刊登如下招聘广告。

信诚人寿诚聘"卓越经理人"

信诚人寿卓越经理人计划是信诚人寿的品牌项目，由信诚人寿商学院经理学院实施与推广，以成为"中国金融保险业高级人才的西点军校"为愿景，计划致力于培养高素质、高专业的销售和管理人才。

招聘条件：

1. 年龄 28～42 岁。

2. 三年以上管理或销售工作经验。

3. 过往年收入大于 8 万元。

4. 本科以上学历。

5. 在本地城市居住二年或以上。

计划内容：

我们将提供 3 个月的系统培训，培训期间除正常的薪资外还额外补助 6000 元的培训津贴。

卓越经理人计划提供 4 档月目标收入：6000、10000、16000、30000，让您充分发挥个人的能力，以达成满意的目标收入。

同时享受公司各项奖金制度，收入上不封顶（行业独家）。

公司将提供身故、意外、医疗等一系列的企业团体保障。

卓越经理人享受 3 个月快速晋升的资格，让优秀的您快速地晋升到下一个销售或管理的工作岗位。

以上招聘广告详细列举了销售顾问的招聘条件，年龄 28～42 岁，这个年龄段的候选人年富力强，正处于事业发展的黄金周期，具备一定的培养价值；3 年以上销售或管理工作经验，具备一定的销售或管理的工作经验，对客户有一定的了解，这有助于缩短销售顾问的培养和成熟时间；过往年收入大于 8 万元，收入虽然不能完全判断一个人的过往，但也能在一定程度上判读候选人的工作能力；学历虽然代表不了一切，却也能体现一个人的学习能力，专业的销售顾问需要很强的学习能力，从本科以上的候选人中招聘和选拔，可以节省公司很多的时间成本；要求本地居住年限主要是为了判断候选人本地是否有人脉，以便在初期顺利开展业务。

要求候选人具备这些条件最主要的原因是和顾问式销售定位的客户群有关，由于顾问式销售不止对销售顾问有要求，客户的定位也很关键，中高端的客户群更容易接受销售顾问创造的额外价值，对专业化的需求更高，更容易接受顾问式销售。仔细看这些招聘条件，不难看出，这些条件的候选人与客户几乎属于同一类人。从这些人中招聘销售顾问，培养出来，然后回到这类客户中去，更容易有共同的语言和话题，可以更快地打开局面。

招聘条件中的硬件条件满足了，还不代表候选人就能成为优秀的销售顾问，由于顾问式销售有极强的专业性，这也就要求销售顾问还要具备一些特质，才能更易于培养。

下表列出了理想的寿险销售顾问的特征，如表4-1所示。

表4-1   理想销售顾问的特征

序号	特征	序号	特征	序号	特征
1	健康的人	11	有说服力的人	21	温暖有爱心的人
2	诚实的人	12	有决断力的人	22	会替人着想的人
3	清洁的人	13	有意志力的人	23	有理想抱负的人
4	守约的人	14	被人喜欢的人	24	具有解决问题能力的人
5	心态积极的人	15	冷静沉着的人	25	能把自己推销出去的人
6	可训练的人	16	话题丰富的人	26	善于聆听别人说话的人
7	有笑容的人	17	能自我管理的人	27	理性中能保有感性的人
8	有野心的人	18	有挑战精神的人	28	一边走路而能同时思考的人
9	有行动力的人	19	有数字观念的人	29	出身清寒，努力要出人头地的人
10	个性开朗的人	20	能掌握事实的人	30	尊重别人意见，同时能以自己的步调完成工作的人

理想的销售顾问不单要满足招聘条件里的硬性规定，还需要很多的个人特质，这就需要公司从众多的候选人当中去分析、判断、筛选。也就是下一环节要研究的选才。

招募的渠道也是需要拓宽的，除了常规的缘故推荐、报刊广告、网络以外，由于招募条件的提高，可以引入猎头推荐等高端招募渠道。虽然，招募的成本会提高，但这样也势必能提高销售顾问的整体素质，在原有的团队里产生"鲶鱼效应"，从而带来整体绩效的提升。

4.2 选才——选拔优秀的销售顾问

选才是整个系统中最重要的一环，销售顾问的人如果选择错了，再好的培训和管理体制也无法带来优秀的销售顾问，更不会有优秀的业绩。因此，选才的环节必不可少。为了准确判断优秀的销售顾问特质，必须制定严格的甄选和选才环节，每个环节都有不同作用，以下选才流程总共 7 轮。全部选才环节需要经历 15～30 天。如图 4－2 所示，就是一个完整的选才流程。

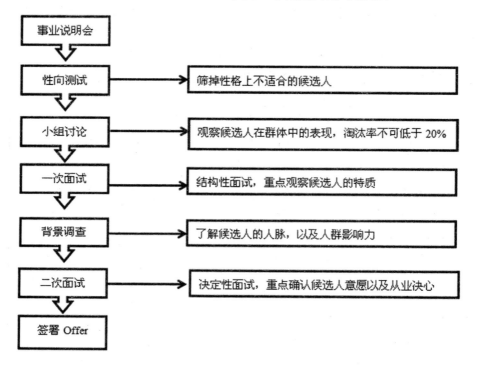

图 4－2　优秀销售顾问的选拔流程

（1）事业说明会：由公司组织，向候选人讲解行业的发展概况，信诚人寿有限保险公司的介绍和企业文化，寿险的意义、销售顾问的个人价值和社会价值，以及公司提供的薪酬和职涯的发展规划。主要的目的是让候选人了解行业和公司，以及未来要从事的工作。这一阶段是候选人的选择阶段，听过事业说明会的候选人，如果对这份工作有兴趣，才能安排接下来的流程。

（2）性向测试：说明会结束就进行候选人的职业性向测试，采用智联招聘提供的职业性向测试系统，对候选人的性格、特质，以及与销售顾问的工作职能等相关匹配度进行评测。性向测试适合的候选人进入下一轮。

（3）小组讨论：组织性向测试通过的候选人进行小组讨论，9～11 人一组，提供企业管理和销售案例方面销售话题进行讨论，过程中观察候选人在群体讨论中的表现，这是甄选候选人多项特质的一个环节，淘汰不适合的候选人，通过的进入下一轮面试。

（4）一次面试：第一次一对一的面试环节，属于结构性面试，用固定的问题，多角度判断候选人的各项能力，包括见面影响力、口头表达能力、重点掌握能力、学习能力、自主独立性、自我激励、说服力、柔软度、精神恢复力、领导能力、培育部属能力、感受性等销售顾问需要具备的能力。这个面试主要是对候选人综合能力的初步判断，对于面试时，能力缺失较为明显的候选人，要坚决的淘汰。

（5）背景调查：让候选人提供身边的亲朋好友、同学同事等名单，然后挑选名单中的5～10人，让候选人约到公司。这实际是一次非结构性面试，可以安排候选人给约来的朋友做一次有关保险的调研问卷，从而观察候选人真实的表现和人群影响力。

（6）二次面试：这是最后的一次决定性面试，经过前面的流程，已经基本可以判断候选人的基本特质。因此，这个环节主要是确认候选人的意愿度，以及从事这个职业的决心，要和候选人讲清初期可能面临的困难和未来的发展前景。

（7）签署合同：签署完合同就要进入新人培训班了，这个环节要和候选人提出新人培训班和今后入职的公司制度和纪律要求，比如着装、考勤、薪酬、晋升机制、考核机制等业务制度方面的要求。

以上选才的每个环节之间要间隔3～7天，这也是不断确认候选人意愿的环节，不易操之过急。更不可降低标准，选不合适的人进来。

按照上面的面试流程，可以采用了如表4－2所示的行事历。

表4－2　　　　　　　　销售顾问招聘选才行事周历

周日	周一	周二	周三	周四	周五	周六
						1
2	3 项目筹备会议	4 简历收集 邀约说明会	5 简历收集 邀约说明会	6 简历收集 邀约说明会	7 简历收集 邀约说明会	8 事业说明会A 性向测试

续表

周日	周一	周二	周三	周四	周五	周六
9	10	11 小组讨论 A	12 小组讨论 A	13	14 一次面试 A	15 事业说明会 B 性向测试
16	17 一次面试 A 背景调查 A	18 小组讨论 B 背景调查 A	19 小组讨论 B 二次面试 A 背景调查 A	20 一次面试 B 二次面试 A	21 一次面试 B 二次面试 A	22
23 背景调查 B	24 背景调查 B 二次面试 B	25 背景调查 B 二次面试 B	26 二次面试 B	27	28	29
30	31 签署合同					

上表可以看出，整个销售顾问的筛选流程历时 1 个月。在整个招聘过程中，每个环节的甄选都要淘汰一定数量的不适合人选，只有这样，才能够保证销售顾问的综合素质，为接下来的培训打下一个良好的基础。

4.3　培训——标准化顾问式销售流程

人员选拔出来后，就需要有专业的培训体系，把这些人员培养成优秀的销售顾问。制订一个完备的销售顾问的培训计划就非常重要了。

首先要做的就是，如何把专业化的顾问式销售和保险销售结合起来。接下来，就研究一下在保险销售的过程中是如何运用顾问式销售理论的。

心理原因是客户决定购买保险的主要因素，要做好保险销售，销售顾问就要对客户心理和人的本性进行研究。

准客户在产生购买冲动直到做出购买决定的时候，其心理变化一般包括下面四个过程，如图 4—3 所示。

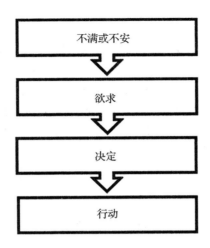

图 4－3　准客户心理的四个阶段

4.3.1　不满或不安

如果人对一件事情或所处的环境产生不满，就会有改变环境或摆脱现状的想法。例如，新生婴儿的家长，一定会对孩子经常尿床感到烦恼，不但孩子难受，也影响大人休息。这时就会产生购买纸尿裤或"尿不湿"的想法。如果没有这些不满，准客户就不会产生购买的欲望。

对于保险这种无形商品来说，就更是如此，如果销售顾问能让客户感到一些问题从来没有考虑过，比如家庭经济支柱如果出现死亡，将给这个家庭的经济上带来沉重的打击，子女无人供养，父母无人送终，房屋贷款无人偿还，当他们的脑海里浮现出这些场景时，就会产生不安情绪，从而产生不满。

4.3.2　欲求

只有对现状的不满到了一定的程度，准客户才会去想办法摆脱现状，想办法去解决问题。每个家庭的钱都是有限的，所以他们要做出选择，把钱花在哪个方面。就像孩子尿床达到一定的频次，严重影响到家长的休息和工作，他们才会想到去买"尿不湿"。

怎样去唤起客户的不满，促使准客户产生去寻求解决问题的欲求，就成为这个购买过程中很重要的因素。

4.3.3　决定

准客户即便对现状产生了不满，也有了解决问题的欲求，如果没有下决心，也是不会产生购买行动的。犹豫和拖延都是人性的弱点，这也是产生购买决定的最大的阻碍。犹豫害怕自己的决定是不正确的，准客户宁可什么都不做。所以，销售顾问必须提供完整的解决客户问题的方案，才能促使准客户下定购买的决心。

4.3.4 行动

准客户即便做出了购买的决定，销售的过程也还没结束。准客户还要采取实际的行动去真正的购买。在决定和行动之间，准客户还有时间去改变主意。因此，在保险销售没有真正结束之前，销售顾问还需要进一步促成。

顾问式销售的整个过程就是帮助准客户解决问题的过程。在这个过程中间，客户的信任非常关键，仔细了解客户的需求，并为其提供最好的解决方案，从而实现保险的销售。

保险销售分为 6 个环节，每个环节都需要销售顾问认真对待和学习（如图 4－4 所示）。

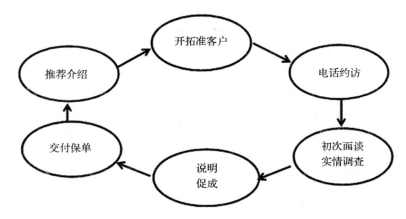

图 4－4　保险销售的六个环节

整个销售流程中，最少需要与客户见三次面，初次面谈和实情调查是第一次见面，说明和促成是第二次见面，交付保单是第三次见面。前两次是成交之前，第三次是成交以后。

按照专业的顾问式销售理论，销售面谈流程是由四个环节构成的：初步接触、需求调查、能力证实、晋级承诺。初步接触和需求调查是在第一次面谈完成的，而能力证实和晋级承诺是在第二次面谈完成的。其中第一次面谈的需求调查采用 SPIN 的形式对客户的需求作深度的挖掘，然后再根据客户的需求量身定制完整的解决方案，在第二次面谈时对客户进行说明并取得客户的晋级承诺。

根据顾问式销售的流程，可以制定如表 4－3 所示的岗前培训课程表。

表 4－3　　　　　　　　　销售顾问岗前培训课程表

周次	第一周	周次	第二周	周次	第三周
日期	课程内容	日期	课程内容	日期	课程内容
星期一	学员报到/欢迎会	星期一	唤起需求	星期一	促成 CLOSE
	开训说明				
	如何建立专业形象				
	保险文化		实情调查		拒绝处理
	行业概况				
	成功在信诚				
星期二	保障的必要性	星期二	电话约访通关	星期二	交付保单 PD
					推荐介绍 REF
			商品介绍		合规
					分组 Role Play
星期三	作业发表	星期三	ALE 考试	星期三	销售流程总复习
	销售流程概论		通关——第一次面谈（APO、7＋1、FF）		通关——第二次面谈（P1、P2、CLOSE）
星期四	开拓准客户	星期四	保单设计	星期四	行政
	电话约访		第二次面谈：说明 P1		通关——第三次面谈（PD、REF）
星期五	初次面谈	星期五	第二次面谈：说明 P2	星期五	目标设定
					管理工具、成功 90 天
					结训

　　整个培训以顾问式销售培训为主，一共 3 周，配合每天的角色扮演（Rolplay）式的强化训练，3 周结束后，销售顾问可具备一定的客户面谈能力。

　　作为培养销售顾问最关键的环节，只是短短的 3 周岗前基础培训是远远不够的，随着销售顾问开展销售实战，衔接培训也要随之进行。一个成熟的销售顾问，平均需要经历 1 年以上的时间，在这个过程中，后续的进阶培训教育也要形成成熟的体系，为销售顾问的成长提供强有力的支持。

4.4 管理——建立销售顾问团队的管理体系

经历封闭的基础培训之后，销售顾问就进入了销售实操阶段，这一阶段能否取得实际的效果，对销售顾问树立对行业、公司和职业的信心至关重要。因此，有必要建立起一套规范、强有力的管理体系。

专业的寿险销售顾问的管理体系分为：名单管理、销售管理、活动管理和目标管理。

销售顾问销售业绩的好坏取决于三个关键因素：

一是可拜访客户名单量的多少，分析目标市场。名单管理主要是帮助销售顾问分析市场，找准定位，没有名单，也就意味着没有客户，分析销售顾问的目标市场，可以找到销售顾问成交率较高的目标客户群，从而提高销售顾问的效能，提升生产力。

第二个因素是销售技能的高低，技能的好坏决定了销售顾问的成交比例，可以有效地提高销售顾问工作效能。因此，分析销售顾问销售流程各个环节获得晋级承诺的比例，针对比例偏低的环节做好培训和训练，以帮助销售顾问提高销售技能，在销售的环节为客户创造更大的价值，这就是销售管理。提高销售顾问的产能，目标市场固然重要，但销售技能，也就是成交比例同样是销售顾问提高生产力的有效手段。销售管理侧重分析销售顾问技能，以帮助销售顾问制订下一阶段培训/训练计划；科学的分析每个销售环节获得晋级承诺的比例，可以更加精准的、有针对性的培训和训练，找到比例偏低的环节；分析销售顾问技能的弱项，以便于强化训练，提高成交比例，帮助销售顾问提高业绩。

第三是活动量的大小，销售顾问每天拜访多少客户，也决定了最后取得成果的多少。做好活动量管理，可以有效地督促销售顾问的销售推进。销售顾问的销售活动是决定产能的又一重要因素，活动管理要做好销售顾问的日常活动量记录，日常记录的基础数据，为其他分析，尤其是销售技能管理提供数据依托。活动量的记录可以第一时间了解和掌握销售顾问的销售活动，并及时提出问题和改善方法。销售顾问也需要养成好的销售习惯，因而坚持销售活动记录，做好基础管理，是培养优秀的销售顾问必备的因素。

目标管理是用来评估销售顾问达成绩效的。设定短期的目标，有效地督促其达成，养成销售顾问达成绩效的习惯，可以培养销售顾问独立经营的习惯。如果销售顾问设定的目标没有达成，就需要主管帮他分析原因，找出问题，以帮助他在接下来的销售过程中达成目标，从而树立信心，养成好的习惯。

因此，有效地对这四个管理做好分析和评估，建立起顾问式销售团队的销售顾问的管理体系，可以保证顾问式销售的有效运行。

打造优秀的顾问式销售团队，需要有科学的管理体系，有效地分析销售顾问成长阶段遇到的问题，并及时地解决、帮助销售顾问快速成长，同时也要有严格的管理制度和有竞争力的晋升体系作支撑。

4.5 酬佣——规划销售顾问的未来职涯发展

优秀的人才需要为其提供具备一定竞争力的薪酬。因为销售顾问的成熟期相对时间较长，这就需要企业有足够的耐心和足够的支持。例如，可以在初期销售顾问销售技能还不成熟的时候，提供必要的财务支持。前三个月提供3000元、2000元、1000元的无责底薪，并享受12个月4档的财务补贴，分别是3000元、5000元、8000元、15000元，为不同能力和绩效的人提供高额的财务支持，以帮助销售顾问在提高技能的同时，能享受到优厚的待遇。这样能够吸引高素质人才的加盟，增加对企业的忠诚度。

专业的销售顾问需要有配套的晋升机制，规划销售顾问未来的职业生涯、发展规划就是酬佣系统要解决的问题。优秀的人才要有与之匹配的收入，更要有向上发展的空间和平台。

职业生涯的双轨制，让销售顾问能找到自己未来发展的方向，可以有效提高销售顾问的工作积极性，从而创造出更高的绩效。

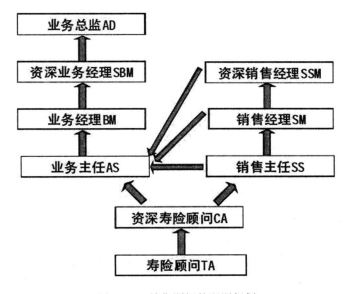

图4-5　销售顾问的职涯规划

如图 4−5 所示，右侧为专业的销售发展路线，左侧为管理职晋升路线，为具备不同特质的、有不同志向的优秀销售顾问的发展打开职涯上升的空间。而各个职级之间，不同的奖金制度，也必将帮助优秀的销售顾问获得自己应得的理想的收入。

4.6 激励——树立崇尚优秀的文化

马斯洛理论（如图 4−6 所示）把需求分成生理需求（Physiological needs）、安全需求（Safety needs）、爱和归属感（Love and belonging，亦称为社交需求）、尊重（Esteem）和自我实现（Self−actualization）五类，依次由较低层次到较高层次排列。

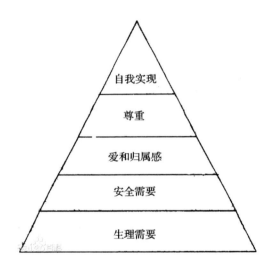

图 4−6 马斯洛需求层次图

马斯洛认为这五大需求是人与生俱来的，他们构成不同的等级，并成为激励和指引个体行为的力量。只有基础需求得到满足，人们才会产生更高一级的需求。马斯洛的需求层次是纵向的概念，是从生理、物质、半物质和半精神向纯粹的精神境界追求递进的。

人人都需要激励，优秀的销售顾问更是如此，需要被认可、被肯定。因此，每一阶段的认可和肯定都是非常必要的。

激励可以分为阶段性的目标达成引导的物质奖励、行业和公司荣誉（如行业的 MDRT 和公司的卓越会）等精神层面的奖励。企业应分层激励不同需求的销售顾问，树立崇尚优秀的企业文化，从而提升"高绩效、高产能、高收入"的销售顾问占比。

针对新入职的销售顾问，可以在销售实操的前三个月，设定短期的激励奖项"每周新星"，中期的奖项"新人王"，鼓励销售顾问挑战更高的荣誉。

根据马斯洛理论，每个销售顾问都是一个独立的个体，都有不同层面的需求，信诚人寿保险有限公司应深入调研了解销售顾问的真正需求，针对不同层面的销售顾问采用不同的激励方案。物质与荣誉并行，长期与短期结合，这样才能真正地健全激励机制。激发起销售顾问的真正工作动机和工作潜能，让销售顾问的个人目标和企业的发展目标有机地结合起来，从而实现企业和员工双赢的结果。

结 束 语

本论文撰写期间，正好赶上国务院颁布最新的保险业新版"国十条"。从2006年《国务院关于保险业改革发展的若干意见》颁布到2014年《国务院关于加快发展现代保险服务业的若干意见》，新老两个"国十条"的颁布，让一直在一定程度上扮演着"配角"的保险业逐渐在经济发展中更好地找到了自己的目标和定位：到2020年，保险业基本建成保障全面、功能完善、安全稳健、诚信规范，具有较强服务能力、创新能力、国际竞争力，与我国经济发展相适应的现代保险服务业。

来自保监会的数据显示，我国保险业在第一部"国十条"颁布后的几年间取得了长足的进步。2006年，我国保费收入为5641.4亿元，而2013年这个数字达到1.7万亿元，年均增长17.3%，我国一跃成为全球第四大保险市场，同时在农业保险、车险规模上，也跃居为全球第二大市场。在出口信用保险上，2006年承保金额为296亿美元，2013年达到3970亿美元，是2006年的13.4倍。

我国保险业的发展水平与发达国家相比依然存在差距。在发达国家，保险渗透到人们生产生活的方方面面。但在我国，保险的服务领域比较有限，行业技术手段、管理水平、创新能力和人才队伍建设都相对滞后。业务服务水平也相对较低，诚信形象相对较弱，消费者对保险业的信任度也不高。

信诚人寿保险有限公司正处在行业高速发展的这一段时期，改变行业形象，行业中的每个公司都有责任和义务。要让消费者真正的认同保险、认同信诚，就要切实解决销售顾问管理中的问题。因为销售顾问直接面对消费者，最能代表企业、代表行业的形象。要解决信诚人寿保险有限公司目前面临的问题，引进国外保险业较为成熟顾问式销售体系，必将可以提高整个销售顾问队伍的专业素质。培养出大批的、优秀的、专业的销售顾问，必将增加消费者的认可，提高公司的整体美誉度。

希望本文能对信诚人寿保险有限公司销售顾问管理出现的一些问题的解决起到指导作用，为公司的发展奉献微薄的力量！

参考文献

［1］Enily，Norman Zietz. An Examination for the Demand for Life Insurance［J］. Risk Management and Insurance Review. 2003.

［2］John H. Roberts. Developing new rules for new markets［J］. Journal of theAcademy of Marketing Science . 2000（1）.

［3］K. Matthew Gilley，Abdul Rasheed. Making more by doing less：An analysis of outsourcing and its effects on firm performance［J］. Journal of Management. 2000（4）.

［4］Libby Brooke. Human resource costs and benefits of maintaining a mature－age workforce［J］. International Journal of Manpower . 2003（3）.

［5］Nanda K. Viswanathan，Peter R. Dickson. The fundamentals of standardizing global marketing strategy［J］. International Marketing Review. 2007（1）.

［6］Patrick M. Wright，Benjamin B. Dunford，Scott A. Snell. Human resources and the resource based view of the firm［J］. Journal of Management. 2001（6）.

［7］William H. Greene，Dan Segal. Profitability and Efficiency in theU. S. Life Insurance Industry［J］. Journal of Productivity Analysis . 2004（3）.

［8］《保险经营管理学》编写组编，邓大松主编. 保险经营管理学［M］. 成都：西南财经大学出版社，1994.

［9］陈恳. 迷失的盛宴：中国保险产业 1919－2009［M］. 杭州：浙江大学出版社，2009（01）.

［10］约翰·M. 伊万切维奇. 人力资源管理（原书第 11 版）［M］. 北京：机械工业出版社，2011（01）.

［11］康晓卿. 我国企业人才招聘中存在的问题及对策分析［J］. 大家，

2012 (17).

[12] 李珣，韩维波. 论我国寿险营销员激励机制存在的主要问题 [J]. 内蒙古科技与经济，2011 (06).

[13] 林秀兰. 21 世纪保险业个人理财顾问式销售 [J]. 科技信息（学术研究），2008 (09).

[14] 刘子操. 寿险从业人员专业化及其实现途径 [N]. 中国保险报，2010 (002).

[15] 吕翠，张广涛. "人与组织匹配"的招聘选拔方法 [J]. 经营与管理，2010 (08).

[16] 马立强. 我国中小企业员工激励管理的有效性研究 [J]. 江苏商论，2007 (06).

[17] 马曼曼. 关于企业人力资源管理现状的思考 [J]. 华北水利水电学院学报（社科版），2009 (03).

[18] 马志蕊. 企业人力资源规划探析 [J]. 商场现代化，2011 (12).

[19] 舒惠琴. 探析现代企业人力资源管理 [J]. 企业导报，2010 (03).

[20] 涂强. 保险营销员高流失率简析 [J]. 上海保险，2009 (01).

[21] 王国军，李康乐. 中国保险营销模式的反思与重构 [J]. 甘肃行政学院学报，2009 (02).

[22] 王小平. 论现代企业的战略人力资源管理 [J]. 当代经济，2008 (09).

[23] 王艳. 略论新时期企业文化对人力资源管理工作的创新 [J]. 经济师，2014 (07).

[24] 王妍明. 浅析知识经济时代的人力资源管理 [J]. 东方企业文化，2014 (04).

[25] 晓贺. 个人理财顾问式行销在国外 [N]. 中国经营报，2002.

[26] 肖举萍. 论我国保险营销渠道运营模式创新策略 [J]. 保险研究，2007 (06).

[27] 徐婧姝. 保险营销员培训的四大误区 [J]. 上海保险，2009 (02).

[28] 杨明生. 重温阿姆斯特朗调查对我国保险业发展和监管的启示：中美保险业跨世纪比较 [J]. 保险研究，2010 (12).

[29] 翟仁杰，李佳. RPO：人力资源服务外包发展的新趋势 [J]. 人力资源管理，2012 (05).

[30] 张四龙. 招聘效果评估的实施策略 [J]. 中国人力资源开发，2012 (09).

［31］张贤刚．战略人力资源管理浅析［J］．经营管理者，2010（14）．

［32］赵丽娅．国内外保险营销模式比较研究［J］．企业家天地下半月刊（理论版），2008（09）．

［33］郑超群．激励在现代企业人力资源管理中的作用［J］．黑龙江科技信息，2014（06）．

［34］朱宁，陈晓剑．企业集团人力资源管理组织模式探讨［J］．科学学与科学技术管理，2006（09）．

［35］祖太明．明明白白留人心：知识型员工的心理契约管理［J］．人力资源，2007（14）．

NS 银行沈河支行员工绩效考核方案优化研究
On Optimization Scheme of NS Bank StaffPerformance Appraisal

作者：王艺蓉　　指导教师：刘建华　　副教授

摘　要

随着我国经济的快速发展，作为经济的中心行业——金融业也在迅猛发展。我国各大银行的竞争日益激烈，而作为后起之秀的农村商业银行也面临着挑战。拿本文的研究对象 NS 银行沈河支行来说，由于现行的绩效考核方案出现了与企业发展不相适应的状况，在某种程度上影响了银行员工的积极性和NS 银行的发展进度。在这样的背景下，本文运用绩效考核的相关理论知识，结合个人长期的工作实际，对 NS 银行沈河支行现有绩效考核方案进行了分析，找出存在的主要问题，并在此基础上运用现代人力资源的绩效考核方法，对 NS 银行沈河支行员工的绩效考核方案进行了优化，同时提出了改进方案的实施措施，从而激发员工工作热情、主观能动性和创造性。

本文首先从选题的背景和现实意义着手，并通过对国内绩效考核现状分析，指出现有研究的不足，进而确定了论文的主要研究内容、方法和技术路线。其次对绩效考核的基础理论和基本方法进行了深入分析，以期从中找出最贴合 NS 银行绩效考核实际的工具，为优化设计 NS 银行员工考核方案提供理论基础。再次阐述了 NS 银行沈河支行的人力资源现状和 2013 年度员工绩效考核状况，指出其绩效考核方案缺陷，并客观地对其成因进行了分析。然后对 NS 银行沈河支行员工绩效考核方案进行了优化，优化后的考核方案基本能够覆盖 NS 银行沈河支行各类岗位和员工。最后介绍了 NS 银行沈河支行员工绩效考核方案的实施。与此同时，分别从完善绩效考核的管理制度、塑造无缝沟通的企业文化等方面介绍 NS 银行沈河支行员工绩效考核方案的保障措施。

NS 银行作为地方性法人银行，与很多中小银行有相似之处，希望本成果能对类似机构有一定程度的借鉴作用，通过不断完善绩效考核及考核方案来促进银行业的发展，切实实现合规经营，有效履行社会责任，为地方经济发展提供更好的金融服务。

关键词： 商业银行　绩效考核　方案优化

ABSTRACT

With the rapid development of economy in our country, financial industry, as the center of the economic industry, is in rapid development. All the banks have fiercely competed in our country, and rural commercial bank, as a new star, has join in the fiercely competition. Take the Shenhe branch of the NS Bank for example, because the current performance appraisal scheme dose not suitable for the condition of the enterprise development, it, to some extent, affects the bank employee's enthusiasm, and restricts the further development of the bank. Based on this background, this paper analyzes the existing performance evaluation scheme of Shenhe branch by using the theory of performance appraisal of relevant knowledge and my personal long—term work reality, so as to find out the main problems. And using the modern human resource performance appraisal methods to optimize the staff performance appraisal schemes and offer improvement project to attract the employee's enthusiasm.

This article firstly introduces the selected topic background and practical significance, and through the analysis of the present situation of performance evaluation at home and abroad, points out the shortcomings of existing research, in order to determine the paper's main research contents, methods and technical route. Secondly, with the analysis of performance appraisal theory, basic methods and process, find out the fit performance appraisal practical tools for NS bank to provide theoretical support to optimize the NS bank staff appraisal scheme. Thirdly, this paper expounds the NS Shenhe bank branch staff performance appraisal status quo, sums up the problems of performance appraisal, and objectively analyzes the cause of the problem of performance appraisal. Finally, provide the optimized project for staff performance appraisal scheme of the NS Shenhe bank branch to cover basic all kinds of staff and jobs in NS Shenhe branch. At the same time, this paper introduces implementation and safeguard measures of the NS Shenhe bank branch staff performance appraisal scheme. Respectively from perfect performance appraisal management system and strengthening the construction of enterprise culture to form the safeguard measures of performance appraisal, ensure that the NS Shenhe branch the smooth implementation of staff performance appraisal scheme.

As local legal person bank, NSbank share many similarities with a lot of small and medium-sized banks. I hope the paper will have some guidance and reference for similar institutions to promote the development of the banking sector through perfect performance evaluation, so as to earnestly implement the compliance management, effectively perform the social responsibility, and provide better financial services for local economic development.

Key Words: Commercial bank   Performance   appraisal Scheme optimization

绪　　论

0.1　研究背景和意义

0.1.1　研究背景

近年来，我国商业银行在经历了十多年的积累之后，各项业务全面步入快速拓展阶段。我国商业银行的绩效考核先后经历了金融红旗单位考评、内部经济核算制度考核、经营管理综合考核和经营绩效考核四个阶段。虽然国内各大商业银行通过彼此的竞争和向国外学习先进的绩效考核经验，在不同程度上提升了其自身的经营规模和管理水平，绩效考核制度和考核体系也逐步形成，并日趋成熟和规范。但是，我国商业银行的绩效考核存在以下缺陷。一是指标设计缺乏预见性，国内商业银行一般每年进行一次绩效目标制定，对未来三年的中期规划甚至是五年的长期规划缺失，导致忽视长期战略性目标，而偏重短期目标。二是考核目标定位模糊和考核目的丧失是国内商业银行在绩效考核体系设计上的重要缺陷，根本没人关注考核的意义，以及考核之后能达到怎样的效果，很多时候只是为了考核而考核。三是在经营实践中，为完成总行下达的指标任务，分行盲目扩张规模，忽视绩效考核机制效率和管理质量，其管理者的经营理念依然停留在"向规模要效益"上，不仅造成银行的扩张盲目，同时还使约束弱化甚至出现激励扭曲等问题。

长期以来，NS 银行沈河支行员工绩效考核是依靠财务指标对各机构在考核期内的业绩做出考核，这种传统的绩效考核体系存在很大的问题，容易造成绩效管理和战略目标脱离。单一的财务指标考核可能导致各个层面的被考核者过分追求短期利益而忽略了整个行的长远目标。财务指标是基于历史成本的原则进行绩效考核的，它只是过去的绩效总结。这种财务总结对于未来发展的推动作用有限。所以，必须优化现有绩效考核方案，通过一系列非财务指标的设置来克服只有财务指标考核的缺陷。

基于上述思想，本文对 NS 银行沈河支行员工绩效考核进行了深入研究，从绩效考核的基本理论入手，结合 NS 银行沈河支行员工绩效考核的实际情况，设计了一个符合 NS 银行现阶段需求的员工绩效考核方案，希望对 NS 银行沈河支行员工绩效考核管理水平的提升起到促进作用，同时也能对商业银行员工绩效管理体系的建设起到一定的借鉴作用。

0.1.2 研究意义

论文以 NS 银行沈河支行为实证研究单位，通过分析现行的绩效考核方案，找出其存在的问题，并在深入分析问题产生的原因基础上，借鉴国内外有关商业银行员工绩效考核方法，初步提出 NS 银行沈河支行员工绩效考核方案，用以解决 NS 银行沈河支行员工绩效考核方案出现的问题，促进银行整体绩效水平的提高，做百姓身边的银行，服务区域经济，为社会经济的发展提供必要的保障。本论文研究具有以下意义：

一是丰富和完善员工绩效考核理论，为解决各商业银行现行的员工绩效考核方案存在的问题提供一定的理论依据。首先，明确通过完善健全的绩效考核方案，可以使各项指标任务得以实现；可以根据绩效结果好坏确定薪酬多寡，或者依据薪酬衡量绩效水平高低，不断完善薪酬制度以达到企业运营的正常需要。其次，阐述了绩效考核方案是激励员工的有效方法。通过完善的绩效考核方案，整合员工聘用、职务升降、培训发展、劳动薪酬等方面内容，可以使企业的激励机制得到充分发挥。对员工本人而言，可以及时和全面的评估现实工作表现，以发现工作中的不足，便于查找差距，同时建立不断自我激励的心理模式，从而促进个人的不断成长；对企业而言，通过绩效考核方案便于把握未来发展的方向和趋势，以使企业激励机制得到更好的发挥，以及自身的快速健康发展。因此，本论文对银行员工的绩效考核方案进行研究，具有一定的理论意义。

二是本文通过构建优化一套适合 NS 银行沈河支行经营发展的员工绩效考核方案，进行对员工指标任务的完成情况的考核，从而实现 NS 银行沈河支行的总体目标以及使命，进而促进组织的经济效益和社会效益的提升，实现整个社会的可持续发展。文中所提出的 NS 银行沈河支行员工绩效考核优化方案，对国内其他商业银行的绩效考核方案的制定也会起到一定的借鉴参考作用。

0.2 研究思路与方法

0.2.1 研究思路

本论文遵循提出问题－分析问题－解决问题的思路，首先对绩效考核的基本内容和含义进行了介绍，并分析对比了现有的基本绩效考核方法的优缺点。其次，对 NS 银行沈河支行员工绩效考核的现状进行分析，找出存在的问题及其成因。再次，运用相关绩效考核的方法，优化设计出适合沈河支行自身特点的员工绩效考核方案。最后，为使绩效考核方案能够顺利实施建立了三方面的保障措施。

0.2.2 研究方法

本文将以科学发展观为指引，以理论联系实际为原则，结合 NS 银行沈河支行自身特点及经营情况，通过相关学科理论，比如经济学、金融学、管理学等，以及多种研究方法的综合运用，来深入剖析 NS 银行沈河支行员工绩效考核现状、发展战略和绩效考核方案优化等内容。本文讲究方法如下：

（1）文献综述法。根据论文选题，整理与银行业员工绩效考核有关的各类期刊论文、学术著作、学位论文、专题研究报告等资料，分析归纳了银行业员工绩效考核的现状，然后与 NS 银行沈河支行员工绩效考核的实践相结合，对理论进行验证、丰富与发展，以使论文研究成果既具有理论的前沿性，又具有实践的操作性。

（2）比较分析法。通过与国内其他商业银行员工绩效考核的成功方案进行比较、借鉴，丰富了 NS 银行员工绩效考核方案优化的理论资源。

（3）实证研究法。通过自身参与研究对象的调研活动，完成对研究对象的分析、比较，最终形成结论。

（4）资料搜集法。认真阅读沈河支行历年员工绩效考核管理规定，并做好记录。

（5）综合分析法。对通过这种途径搜集的资料进行分类整理，认真分析，确定沈河支行员工绩效考核方案存在的问题，提出相应的优化设计方案。

0.3 研究框架结构

本论文主要包括七个部分，研究框架结构图如 0－1 所示。

第一部分，绪论。首先对论文的选题背景和现实意义进行论述，其次简要介绍了研究思路与方法，确定了论文的主要研究内容，最后介绍了研究的基本框架结构。

第二部分，理论基础。本部分在界定有关绩效考核基本理论的基础上，介绍了目前国内比较常用的绩效考核方法，为论文研究打下坚实的理论基础。

第三部分，NS 银行沈河支行员工绩效考核现状分析。本部分首先介绍了 NS 银行沈河支行的基本情况及其人力资源现状，并对 NS 银行沈河支行 2013 年度员工绩效考核方案进行了认真细致的阐述，为下一章问题的提出提供实践基础。

第四部分，NS 银行沈河支行员工绩效考核方案存在的问题及原因分析。在第三部分状况及方案分析的基础上，查找出 NS 银行沈河支行员工绩效考核方案存在的问题，并客观的对其问题的成因进行了剖析。

第五部分，NS 银行沈河支行员工绩效考核方案的优化。首先论述了 NS 银行沈河支行员工绩效考核方案优化的目标、原则和思路，其次针对 NS 银行沈河支行员工绩效考核方案存在的几大主要问题，同时结合实践和相关理论，对 NS 银行沈河支行员工绩效考核方案进行优化。

第六部分，NS 银行沈河支行员工绩效考核方案的实施及保障措施。在优化方案的实施阶段，分四个层次进行了论述，即组织领导、流程、结果回馈及应用。最后分别从完善绩效考核的管理制度、塑造无缝沟通的企业文化、建立促进绩效考核激励效果的长效机制三方面构建绩效考核优化的保障措施，从而确保 NS 银行沈河支行员工绩效考核方案的顺利实施。

第七部分，结束语。主要对文中所提出的观点及内容体系进行总结。

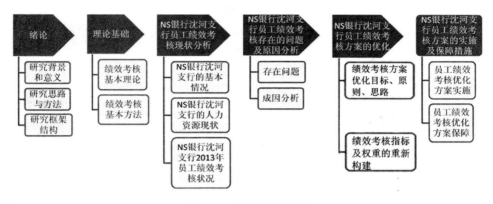

图0-1 研究框架结构

1 理论基础

1.1 绩效考核基本理论

1.1.1 绩效考核的内涵

绩效考核也称成绩或成果测评，是指企业为了经营活动目标的实现，采用特定的考核标准和指标，结合科学、合理的考核方法，对被考核者各项工作进行测评的全过程，包括对负责生产经营过程及结果的各岗位被考核者完成本职工作的实际情况的判定过程，以及由此带来的诸多效果做出价值判定的过程。

绩效考核是一项以促进企业管理水平的提高及综合实力的增强为核心内容，使员工的工作能力得到提高，使人力资源的作用发挥到最优，是涵盖企业的发展规划、战略目标、经营目标、考核指标、考核标准、内容及方法等多方面内容的系统工程。

1.1.2 绩效考核的作用

第一，有效的绩效考核能帮助企业达成目标。绩效考核是将企业的战略目标，以及总体目标分解成年度、季度、月度以及日均指标，不断监督催促员工实现任务计划的过程，不是只针对工作的结果进行考核，其本质是一种过程管理。

第二，挖掘查找存在的问题。整个绩效考核是设定考核目标、完成考核任务、修正实施流程、沟通交流考核结果、改进优化考核方案、重新确定考核目标等各个环节不断循环的过程，既是一个不断制订考核计划、实施绩效考核方案、完善绩效考核方案的循环过程，也是一个不断查找不足与缺陷和解决处理问题的过程。

第三，利益分配与激励。因为只要提到考核工作，员工首先想到的就是绩效工资的发放，所以绩效考核要与利益相关联，否则考核工作将失去实际效用。在人力资源管理中，员工的薪酬与绩效考核方案的实施息息相关。因此，薪酬和绩效的有机结合是绩效考核结果应用的重点和难点。员工的薪酬除了固定工资，还包括绩效工资，因而绩效考核方案的实施结果也必须在薪酬上有所不同，否则绩效考核和薪酬都失去了激发员工工作热情、工作创造性等一系列激励作用。

第四，促进企业与员工的共同成长。绩效考核不是单纯地进行利益分配和绩效工资的发放，而是通过绩效考核发现企业现阶段存在问题、分析其问题的成因，从而找到差距，然后及时采取有效的改进措施，不断提升自身经营水平，最后达到双赢。

1.1.3 绩效考核的原则

绩效考核是员工在其工作中都要面对的事情，在企业经营活动中，员工实质上是将希望寄托在绩效考核工作上，员工都期望自己的工作表现得到企业的认可，工作努力的方向有上级领导的指引，能够等到应有的待遇，最终取得事业上的成功。总之，为了有效实现员工的工作愿景和期盼，应在绩效考核中遵循下述基本原则：

第一，客观化、明确化和公开化原则。要在客观事实的基础上建立考核标准。企业在绩效考核之前，应该明确绩效考核的实施标准、考核流程和考核责任，同时对全体员工公开，在绩效考核的执行过程中，要严格遵守相关规定。

第二，反馈和差别的原则。绩效考核结束后，务必要将考核的结果反馈给被考核者，并对考核结果及上级评语进行解释，让被考核者完全了解考核结果，知道自身工作的成绩和不足，帮其分析成因，为其日后的工作方向提出建设性的意见。另外，绩效考核的结果应能全面体现员工的工作情况和绩效工资的差别，如果考核结果千篇一律，没有差异，造成平均分配，员工工资、晋升、使用等方面就很难通过考核结果和评语来实现的，考核的实际效果就会受到很大影响，甚至可能失去绩效考核的真正意义。

第三，公平、公正的原则。绩效考核的考核者要公正并且具有一定的考核水平，并适时的接受考核知识技能的培训，能掌握考核工作的衡量标准和尺度，对绩效考核的意义、目的有统一的理解，使其尽量排除主观因素，确保考核结果的准确完整，反馈及时有效，也是绩效考核工作成功与否的关键所在。

1.2 绩效考核的基本方法

目前，国内商业银行绩效考核的方法多种多样，主要有平衡计分卡法、关键绩效指标法和360度考核法等，每种考核方法都有其优点和不足，本文同时比较分析下述几种方法的特点和实用性，希望找到适合商业银行操作的绩效考核方法，从而保障绩效考核结果的合理性。

1.2.1 平衡计分卡法

1992年，卡普兰（Robert S. Kaplan）和诺顿（David P. Norton）在对绩效测评方面处于领先地位的12家公司进行了为期一年的研究之后，在《哈佛商业评论》和《成本管理杂志》上发表第一篇关于平衡计分卡的论文——《绩效考核：平衡记分卡方法》，正式提出了这一概念。平衡计分卡法是以企业战略为基础，将四个维度，即财务收益指标、市场客户维度、内部流程维度、学习成长维度，整合为一个有机的整体。不但能通过财务指标全面了解企业财务的状况，而且又能通过其他三项业务指标及时观测企业经营水平和管理能力，同时获取具有一定发展潜力的无形资产等方面的相关信息。平衡计分卡法发展到现在，它的基本指标体系大体如图1—1所示。

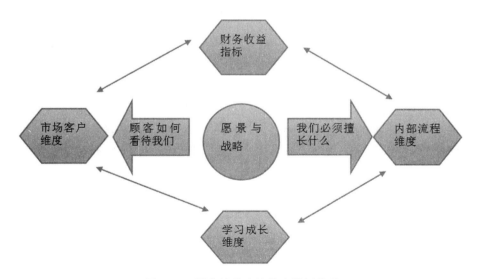

图1—1 平衡计分卡法基本指标体系

平衡计分卡法能够将企业的愿景和发展战略与企业的业绩考核两方面内容有机联系起来，是企业战略实现的有效工具。平衡计分卡法以突出战略和绩效的结合，能够把企业战略目标转变为总体目标，进而转变为具体的考核指标。

与传统的绩效考核工具相比，平衡计分卡法的优势有以下三点。一是平衡计分卡法强调商业银行的长远发展，注重商业银行的全方位治理，揭示财务、客户、流程、学习与创新的内在联系和重要性，避免单一财务指标体系导致的短期行为。二是由于平衡计分卡法中的指标设计的关联性很高，因而可以预测某些指标变化时对其他指标的影响程度，这种考核方法有助于商业银行进行透彻的市场分析。三是对于竞争激烈并且充满市场变数的银行业，平衡计分卡法使上下级之间沟通反馈更加畅通，有利于企业内部的和谐统一，有利于企业文化的传播和发展。因此，平衡计分卡法是一种极佳的绩效管理工具。

1.2.2 关键绩效指标法

按照广义的理解，关键绩效指标法是一种为确保组织战略目标的实现，找到能使指标任务完成的关键性要素，实现逐级分解战略目标，并传递到基层单位的管理方法。这种融合结果与过程的管理方式，能够有效的把企业战略目标转化为具体的内部工作，转化为企业可持续发展的动力，从而提高了企业的核心竞争能力。

按照狭义的理解，关键绩效指标法是通过设立组织及个体的关键绩效指标，然后层层分解，量化出易于实际操作的目标，构建出一种将战略与战术相结合的关键绩效指标考核体系，然后把获得考核结果作为组织评价个体贡献度的主要依据。这种指标体系，可以直接把控组织的整体运营活动，监测和衡量战略执行的核心效果。

关键绩效指标的优点有以下几个方面。其一，明确而具体的考核目标有利于完成企业的战略目标与总体目标。关键绩效指标法是层层分解企业战略目标，通过整合和控制关键指标的方式，使员工考核行为统一于企业战略要求，避免在工作中产生过头或不及的失误，顺利实现企业的战略目标。其二，提出了关于客户价值理念。从企业角度讲，实现企业内外部的客户价值是关键绩效指标法提倡的理念，因为客户价值衡量了客户对企业的相对重要程度，从而指引着企业的经营活动，有助于企业以市场为导向的经营理念的形成和发展。其三，有利于组织利益与个人利益相符。通过战略性地指标分解，实现了企业战略目标到个人绩效目标的成功转化，员工既能实现其个人考核目标任务，也能实现企业的总体目标任务和战略目标任务，形成企业与员工共同发展的良好格局。

但是关键绩效指标法也有不足之处，一是选择正确的关键绩效指标难度较高。关键绩效指标更多是倾向于定量化的指标，如果没有科学化和专业化的方法，很难看出这些定量化的指标是否真正有效地对企业考核产生关键性的影响。二是关键绩效指标法容易使考核者进入死板的考核模式。超过一定程度或限度地依靠考核指标，而未能适当参考人为因素和弹性因素，考核上的纠纷和疑问将难以避免。三是关键绩效指标法并不是企业的所有岗位都能适用。对于一些特殊的岗位，运用关键绩效指标法进行考核是不合适的，比如说一些职能型的岗位，这个岗位需要相当长的绩效考核周期才能看出工作的完成效果。换句话说，不易外显的绩效行为，就不太适合运用关键绩效指标法来考核。

1.2.3 目标管理法

一般认为目标管理法（Management by Objectives，MBO）是美国管理专家彼得·德鲁克于1954年在其名著《管理实践》中最先提出的，他首先提出的是"目标管理"的概念，其后又提出了关于"目标管理和自我控制"的主张。德鲁克认为，并不是有了工作才有目标，截然相反，有了目标才能确定每个人的工作。所以"企业的使命和任务，必须转化为目标"，如果一个领域没有目标，这个领域的工作必然被忽视。因此，管理者应该通过目标对下级进行管理，当组织最高层管理者确定了组织目标后，必须对其进行有效分解，转变成各个部门和个人的分目标，管理者对下级进行考核、评价和奖惩以分目标的完成情况为依据。目标管理法的操作流程如图1-2所示。

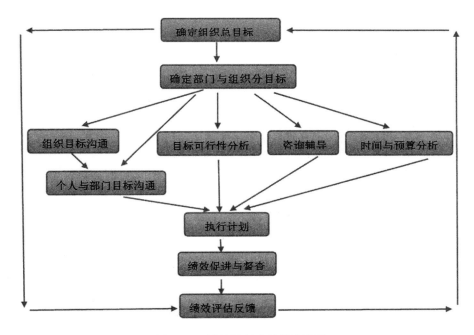

图1-2 目标管理法的操作流程

目标管理法主要有以下四个方面的特征：

第一，目标明确。美国马里兰大学在早期的研究中发现有明确的目标作为指引，要比只要求人们尽力去做产生更高的工作业绩。实际工作者早已认识到制定个人目标的重要性。在企业中，高水平的业绩是和高的目标相联系的，明确而具体的目标能够提高工作效率，如果困难的目标被员工所接受，会比容易的目标带来更高的效用。同时，通过改善目标技能，能够持续提高工作效率。

第二，参与决策。目标管理法中的目标设定与传统的目标设定方式有着明显的不同，传统的目标设定是上级给下级单向规定目标任务，然后分解成若干子目标落实到组织的各个层面上。而目标管理法中的目标设定是用上级与下级共同参与选择的方式决定各层次目标，即通过上下协商，逐级制定出考核目标。由于责任、任务明确，员工的积极主动性高，目标管理法往往会起到立竿见影的效果。

第三，规定时限。在通常情况下，目标的制定可与年度预算或主要项目的完成期限一致，制定的每一个目标都要在指定的时间内完成，比如一个季度、一年、三年等。目标管理法虽然强调时间性，但遇到某些特殊情况，可以根据实际情况进行调整，某些目标应该安排在很短的时期内完成，而另一些则要安排在更长的时期内完成。

第四，评价绩效。目标管理法并不是将目标分解下去就可以了，事实上管理者要在目标管理的过程中经常的对比目标、进行评价、纠偏，最后把结果反馈给被考核者，以便被考核者明确自己的优劣势所在，积极调整自己的工作行为，这样每个被考核者对他所在部门的贡献度就变得一目了然。换句话说，下属人员负责为自己设置具体的个人绩效目标任务，并且同他们的上级领导一起检查这些目标完成情况，促进员工与主管领导的意见交流和相互了解，使其积极投入工作。更为重要的是，管理人员要真诚指导下属人员，对照预先设立的目标来评价业绩，让下属积极参与整个绩效考核评价过程，这有利于改善组织内部的人际关系，创造一种激励、和谐的工作氛围。

目标管理法与其他考核管理方式一样有其优点与不足，目标管理法的优点包括：一是使一个组织内部，各个层级岗位的员工都知悉企业的战略目标、组织框架、分工与合作及不同岗位的工作考核目标；二是对组织内易于度量和分解的目标会带来良好的绩效；三是调动了员工的主动性、积极性和创造性；四是目标管理法能够改善组织内部的人际关系，促进员工和主管之间的了解，工作意见的顺畅交流。但是，目标管理法也有其局限性和问题，比如片面关注财务指标，缺乏非财务方面的指标、实施过程中往往沟通不足、无法权变等。

1.2.4　360 度考核法

360 度考核法也称全视角考核或多源评价，是指一个组织中各个级别了解和熟悉被考核者的人，以及与其经常保持密切联系的内外部客户对其绩效行为提供客观、具体的反馈信息，以帮助其找出组织及个人在这些方面的优缺点和发展需求，最终加以改进和完善的过程。

360度考核法是针对特定的个人，由包括被考核者自己在内的多方面考核者来进行评价。换句话说，他是帮助一个组织成员从与自己发生工作关系的所有主体那里获得关于本人绩效信息反馈评价的过程。这些信息来源包括：来自上级主管者的自上而下的反馈评价；来自下属的自下而上的反馈评价；来自平级同事的反馈评价；来自本人的反馈评价；来自外部客户和供应商的反馈评价（如图1-3所示）。

360度考核法最主要的特点，在于它采取的是多评价源而非单评价源，因而比较全面和客观，能够有效防止采纳单一评价源进行评价时可能发生的主观偏见和武断，具有较高的可信度和效度。同时，也拓宽了信息来源的广度和深度，便于组织对员工的绩效改进展开具体深入的反馈。但其也存在明显的不足，主要不足如下：容易用行为评价代替绩效评价；受组织文化影响大；偏向关注一般特质而不是关注特定行为，评价参照标准难以确定；考核以个体记忆为基础，不能真实反映被考核者过去的工作行为；被考核者的全部工作行为不能被考核者观察到，考核容易以偏概全；在实施360度考核法的过程中，如果沟通和使用不当，可能会造成组织内部气氛紧张，影响组织成员的工作积极性。此外，实施360度考核法时很容易遇到一些陷阱，比如专断、文化震荡、监督失效、裙带关系、组织成员忠诚的消失等。

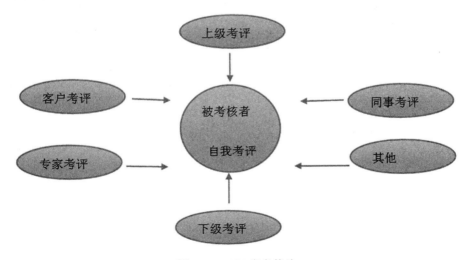

图1-3　360度考核法

2 NS 银行沈河支行员工绩效考核现状分析

2.1 NS 银行沈河支行的基本情况

沈阳 NS 银行成立于 2011 年 11 月，是在东陵、于洪、沈北四家农村信用联社基础上实施股份制改造，是经辽宁监管局批准的股份制农村商业银行，是沈阳第二家总部银行，而且也是辽宁省首家地市级农村商业银行。本文所研究的 NS 银行沈河支行，是沈阳 NS 银行辖属的九家一级支行之一。成立后的 NS 银行沈河支行在业务范围和服务领域更加宽泛，在传统业务基础上，将开办国际结算、票据承兑、发行金融债券、代收代付、网络银行、电话银行、代客户理财等各项业务，以便更好地为客户提供全方位服务。

NS 银行总体战略目标是以深化产权制度改革为核心，以"科学定位，细分市场，差异化经营"为指导思想，采取"长远规划，分步实施"的战略，定位于"立足城乡、服务三农、服务中小企业及城乡居民、促进区域经济发展"，力争成为一家产权清晰、资本结构合理、公司治理完善、内控管理严密、财务状况良好、经营运行稳健的现代化股份制商业银行。NS 银行争取三年内实现跨区经营，五年左右上市，完成其由传统的农信社向现代股份制商业银行的成功转型。

NS 银行具体经营目标是实现"三级跨越式"发展模式。一是规模跨越式发展，迅速扩大存贷款市场份额，实现规模大发展。二是内涵跨越式发展，在做大规模的同时，强化风险控制，创新业务产品，大力推进经营理念和营销方式的战略转型，实现规模、质量、效益的综合发展。三是集约化经营跨越式发展，发挥总部银行功能，实现经营目标、网点布局、业务格局的大幅度、高质量提升。

目前，NS 银行总行内设综合部、计划财务部、公司业务部、个人金融业务部等 9 个职能部门，NS 银行沈河支行下设营业部、正阳支行、东陵路支行 3 家二级支行，17 家分理处，共 20 家营业网点（如图 2—1 所示）。

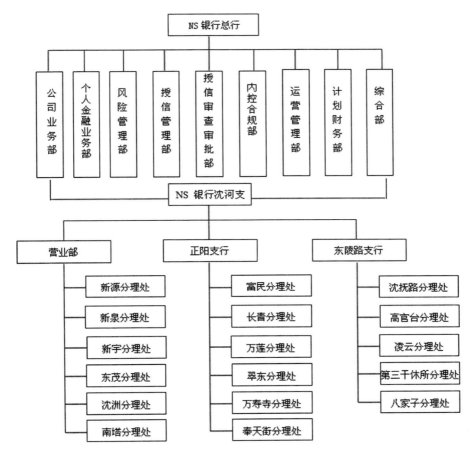

图 2-1　NS 银行组织结构图

截至 2013 年末，NS 银行沈河支行各项存款余额 26.6 亿元，其中储蓄存款 17.7 亿元，对公存款 8.9 亿元。各项贷款余额 9.2 亿元，其中法人类客户贷款余额 7.9 亿元，自然人类客户贷款余额为 1.3 亿元。不良贷款余额 103 730 万元，风险贷款合计 18 980 万元，实现贷款利息收入 5 709 万元。中间业务收入实现 200 万元。新增个人网银 473 户，新增代发工资账户 23 户，金信卡发行合计 85 873 张，安装"金信通"电话 POS 机 150 台。

NS 银行沈河支行成立至今，经过两年时间的磨合与发展，克服重重困难，已经基本奠定了良好基础。未来三年，NS 银行沈河支行将致力于经营发展，坚持以存贷款规模提升为主要目标，以业务创新和服务功能完善为主要手段，并依托整体网点布局的优化和调整，辅以自助银行、电子银行的快速建设和发展，利用 3 年时间力争打造成规模一流、业务一流、服务一流且覆盖沈河全区的现代化农村商业银行。计划至 2016 年末，各项存款余额达到 50 亿元，各项贷款规模达到 30 亿元；存贷比控制在 60％以上，新增贷款回收率控制在 98％以上，不良率控制在 2％以内。

2.2 NS 银行沈河支行的人力资源现状

截至 2013 年末，NS 银行沈河支行员工 261 人。其中，柜台员工 210 人，客户经理 25 人，网点负责人 17 人，二级支行行长 9 人（如图 2−2 所示）。

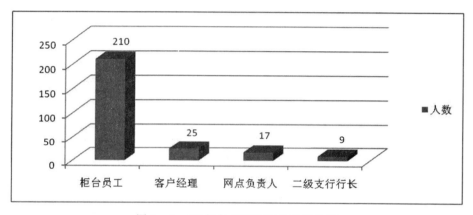

图 2−2　NS 银行沈河支行员工结构图

按性别结构划分：男员工 109 人，占比 42％；女员工 152 人，占比 58％（如图 2−3 所示）。

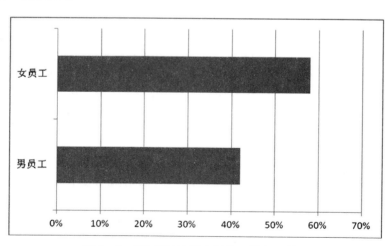

图 2−3　NS 银行沈河支行员工男女比例图

按年龄结构划分：35 岁以下员工 90 人，占比 34%；35 至 45 岁员工 111 人，占比 43%；45 以上员工 60 人，占比 23%（如图 2—4 所示）。

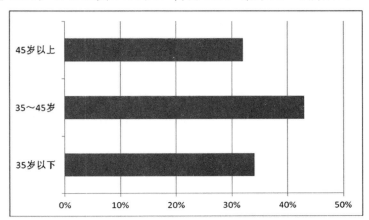

图 2—4　NS 银行沈河支行员工年龄结构图

按学历结构划分：研究生以上学历员工有 18 人，占比 7%；本科学历员工有 125 人，占比 48%；大专学历员工有 100 人，占比 38%；高中及以下学历员工有 18 人，占比 7%（如图 2—5 所示）。

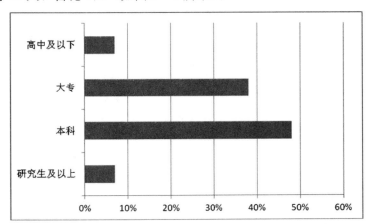

2—5　NS 银行沈河支行员工学历结构图

从以上图形分析，NS 银行沈河支行人力资源现状主要有以下特征：一是营业分理处的规模较小，每个分理处的员工由 6 到 8 人组成，影响其他业务品种的开发。二是学历层次较高，大专及以上学历员工占比 93%，员工整体素质较高，学习新知识、掌握新业务的能力较强，具备长足的发展潜力，适合 NS 银行沈河支行未来发展。三是员工年龄偏大，35 岁以下员工占比 34%，35 岁以上员工占比高达 66%，为了提高员工整体的素质，NS 银行沈河支行在员工中推行内退，鼓励到达一定年龄的老员工内退，进一步优化了银行的年龄结构。

2.3　NS 银行沈河支行 2013 年度员工绩效考核状况

NS 银行沈河支行为全面落实总行经营发展规划，建立有效的激励和约束机制，充分发挥每位员工的积极性和创造性，培育和提升核心竞争力，促进 NS 银沈河支行可持续发展，确保完成总行主要业务指标任务，结合自身实际情况，成立了绩效考核领导小组，专门负责全行的绩效考核工作，并特制定了《NS 银行员工绩效考核方案》。根据工作职责及岗位性质的不同，NS 银行沈河支行把员工分为综合柜员、客户经理、分理处主任、支行行长四个岗位，对员工进行分类考核。

2.3.1　NS 银行现有员工绩效考核方案

本着简单、有效、公平的原则，方案将员工的绩效考核分为"经营业绩考核"和"行为能力考核"两个维度，也就是说员工考核指标由关键业绩指标（KPI）和行为能力指标（KCI）两部分构成，实行百分制考核，年初由计财部事先拟定具体关键绩效考核指标；综合部拟定具体行为能力考核指标，经行领导办公会研究决定下达员工个人绩效指标计划。

（1）关键业绩指标考核内容

NS 银行沈河支行重点考核员工的 KPI 指标，包括经营绩效指标、管理绩效指标和扣分项三大类。其中，经营绩效指标包括存款指标、贷款指标和业务拓展指标。管理绩效指标包括核算质量和合规管理两大方面。考核分值 100 分。其中，综合柜员经营绩效指标为 90 分，管理绩效指标为 10 分；分理处主任、二级支行行长和客户经理的经营绩效指标是 95 分，管理绩效是 5 分。根据岗位类别和职级的不同，综合柜员、客户经理、分理处主任、支行行长的 KPI 权重也不同，分别是 70%、80%、60%、70%（如表 2－1 所示）。

因此，员工的关键业绩指标得分＝Σ（各项 KPI 指标完成比例×基础分值）×KPI 权重。

考核的具体内容：一是存款类指标，分别考核存款时点、日均余额增量；二是贷款类指标，考核按当期各类型贷款增量完成情况；三是业务拓展指标，主要考核银行卡、POS 机、个人网银、手机银行、代发工资、结算账户等营销情况；四是核算质量，主要考核员工办理业务时的差错率，由运营管理部负责考核；五是合规管理主要检查办理业务是否违规，由稽核部负责考核；六是优服为扣分项，扣分最高不超过 15 分，从支行优服检查、总行暗访和客户投诉三方面进行考核。

表 2－1　　　　　　　**NS 银行沈河支行员工绩效指标构成**　　　　单位：分

序号	岗位名称	经营绩效指标			管理绩效指标		扣分项	备注
		存款指标	贷款指标	业务拓展指标	核算质量	合规管理	优服	
1	综合柜员	70	——	20	5	5		
2	分理处主任	25		70		5		
3	二级行行长	25		70		5		
4	客户经理	40	50	5		5		

（2）行为能力指标考核内容

NS 银行沈河支行对员工行为能力的 KCI 指标考核分两类设置，考核主要从经营业绩、品德修养、工作能力、发展潜力等方面进行考核。其一，二级支行行长和分理处主任的行为能力指标采用 5 项行为能力考核，即职业操守、工作作风、领导能力、培养下属的能力、内控管理能力（如表 2－2 所示）；其二，其他员工的行为能力指标采用 4 项核心行为能力指标考核，即诚信合规、团结合作、高效执行、创新变革（如表 2－3 所示）。行为能力指标考核分为五个得分等级，优秀为 100 分、良好为 80 分、较好为 60 分、一般为 40 分、较差为 0 分。同时，采取 360 度考核法，按照"上级主管评价为主，同级和下级评价为辅"的原则确定不同考核者及权重。上级主管打分占 80%，同级别负责人打分占 10%，辖内员工打分占 10%。根据岗位类别和职级的不同，综合柜员、客户经理、分理处主任、二级支行行长的 KCI 权重也不同，分别是30%、20%、40%、30%。因此，员工行为能力得分＝（上级主管打分×80%＋同级别负责人打分×10%＋辖内员工打分×10%）×KCI 权重。

表 2－2　　　　　　　**领导干部行为、能力评估表**

被考评人姓名：＿＿＿＿＿

序号	指标	优秀（100 分）	良好（80 分）	较好（60 分）	一般（40 分）	较差（0 分）
1	职业操守（20%）					
2	工作作风（20%）					
3	领导能力（20%）					
4	培养下属能力（20%）					
5	内控管理能力（20%）					
	合计得分					

表 2—3　　　　　　　　　　　　员工行为、能力考核表

被考评人姓名：＿＿＿＿＿＿＿

序号	指标	优秀 （100分）	良好 （80分）	较好 （60分）	一般 （40分）	较差 （0分）
1	诚信合规（25%）					
2	团结合作（25%）					
3	高效执行（25%）					
4	创新变革（25%）					
	合计得分					

（3）通过上述两项指标考核后，最终可计算出员工的绩效考核得分＝KPI 考核得分＋KCI 考核得分。

2.3.2　员工绩效考核方案的实施

NS 银行沈河支行的绩效考核工作是在上级领导班子的指导下统一进行的，主要采用定性与定量考核相结合的方式，绩效考核周期按月度考核，按季度兑现，并主要由计财部负责具体的实施工作，相关考核指标的设定如经营绩效的标准等由总行进行拟订与安排，作为绩效考核的结果反馈即相应的奖励与处罚政策则由沈河支行绩效考核小组讨论决定。

2.3.3　员工绩效考核结果及应用

目前，NS 银行沈河支行根据员工所在机构、部门、网点绩效结果和员工职务等级系数，按照考核最终得分计算绩效工资，NS 银行沈河支行员工薪酬发放主要依赖于绩效考核的结果。年终根据总分将所有被考核者分为四个等级，包括优秀、良好、一般和较差。其中优秀占 10%，对于被评为优秀的员工，年终奖励奖金 500 元；对于被评为较差的员工，则实行内部下岗或降级使用；对于被评为良好和一般的员工，不采取任何措施。

3　NS 银行沈河支行员工绩效考核方案
存在的问题及原因分析

3.1　NS 银行沈河支行员工绩效考核方案存在的问题

虽然 NS 银行沈河支行已经制定了较为详细的绩效考核方案，但在考核目标、指标设计、权重等方面仍存在诸多不足，因而笔者就绩效考核方案方面的

问题与不同职务、各个岗位的员工进行了交谈。为了能进一步的获得客观资料，同时还对中层管理人员、各二级支行行长、分理处主任、基层员工进行了问卷调查，共发放问卷261份，收回有效问卷261份，并对调查问卷的内容进行了归纳整理和汇总，得出以下结论。

3.1.1　绩效考核目标与战略目标脱节

大多数中层管理者认为，NS银行的绩效考核指标与战略目标脱节，绩效考核方案的设计中未体现总体战略目标，实施缺乏系统性。NS银行沈河支行的绩效考核指标的设计由于没与本行经营管理目标相结合，这样就使得绩效考核的指标设计成了"无根之木，无源之水"。由于指标设计缺乏总体性的考虑，整个方案缺乏一个较为全面立体的目标作为指引，相应的绩效考核的价值也没有进行充分的挖掘。实施绩效考核方案仅仅为了获得结果，因而针对结果进行沟通、反馈和辅导这些关键步骤在NS银行沈河支行当前的考核方案中都面临缺失。

在该绩效考核方案中，60%的员工认为尽管考核方案中已经包括了除存款指标外的其他指标，但存款指标才是考核的重中之重，其他指标只是作为副产品而存在。被这样的考核指标所引导，一部分营业网点为了实现存款的上升舍掉了其他指标，新一轮的"存款大战"就在这样的局面下生成。这是一种恶性竞争，这在商业银行战略经营目标的实现过程中是一种起反作用的因素。绩效考核指标过于偏重财务和业务发展指标，也没有体现对员工发展的关注，因而不能体现银行发展的全面性和可持续性。这样的绩效考核方案就不能有效为NS银行沈河支行战略服务，从而影响战略目标的实现。

3.1.2　绩效考核指标设计不科学

其一，业务规模、发展速度类指标考核权重过大，而内控合规管理、综合服务类指标考核权重较小。从该行调查问卷的统计结果上看，有85%的员工认为该行考核方案中指标设计不科学，这主要体现在过度关注经营规模、利润、发展速度等业务指标，经营类指标占NS银行沈河支行绩效考核百分制的90分，客户经理甚至达到了95分，而内部的风险管控、合规审慎经营等重要指标分数较少，管理类指标中的合规类指标仅占5～10分。管理类分值权重都远远低于经营类指标的分值权重，考核指标及权重分值设置存在"重发展、轻风险"的问题。很明显，在这种考核方案下，对员工考核只注重经营业绩的考核，而忽视核算质量和操作安全，充斥着只重短期利益的短视行为，逐渐使员工失去了工作的激情。NS银行沈河支行的员工绩效考核方案设计以刚性的业务指标为主轴，并且与其自身的利益目标相挂钩，大部分二级支行行长、分理处主任和客户经理缺乏可持续发展的工作理念，为了自身的政绩和绩效工资，而不惜采取弄虚作假等不正当手段完成总行所下达的主要考核指标任务。这完全忽视经营的安全性原则，存在操作风险及安全隐患，严重阻碍银行可持续发展，为经营类指标权重过大所致。

其二，岗位职责类指标存在偏差。首先，有 65％的员工认为，考核基层员工的存款指标过重，占比 70 分，与其岗位职责不符。其岗位职责应该是完成各项前台业务操作，更多应该关注核算质量及客户满意度等指标，因为服务不能量化，不能直接创造效益。该行对这些指标设置的权重非常低，导致前台员工工作都没有人愿意去做，这说明岗位职责类指标分配不合理。其次，有 50％的员工认为，作为管理者如二级支行行长和分理处主任的考核指标应该主要关注经营和管理上，而该行综合柜员、客户经理、分理处主任、支行行长的 KPI 权重分别是 70％、80％、60％、70％，KCI 权重分别是 30％、20％、40％、30％。没有有效区分岗位职责和业绩指标，没能突出管理者的管理能力类指标，这不利于该行的长远发展。最后，还有 50％以上的员工认为，该行现有部分指标覆盖了全体员工，虽然形成了全员营销的良好势头，但因为吸储揽存、投放贷款，开立对公账户、安装 POS 机等是可以量化的，都有钱可挣，所以不少非营销类岗位的员工其中（也包括前台员工），为了完成这类指标而放弃了本职工作，这明显是岗位职责类指标存在偏差所致。

3.1.3　绩效考核缺乏有效协调和沟通

从调查问卷的统计分析上看，有 87％的员工认为在设定绩效目标时没能进行充分沟通，达成共识，就盲目地确定员工考核指标。这使得员工或机构还未执行绩效考核方案就已质疑其合理有效性，同时产生了认识偏差，扭曲了考核目标。再加上 NS 银行沈河支行工作成员复杂，员工素质更是有差异，这种情况导致了对绩效考核方案的认识程度也是高低不平，因而就很难保证绩效考核方案的顺利实施及达到预期效果。

有 62％的员工认为，网点负责人对绩效考核方案的沟通宣传不到位。这导致员工普遍认为绩效考核方案就是惩罚，就是扣工资的一种手段。这就直接影响了考核方案的实施，原本希望能通过绩效考核方案激励员工更好地完成工作被错误地认为是在做着“审判”和“被审判”的工作，双方费力不讨好。由于缺少沟通，员工没能明确考核的目标方向，未能充分了解考核方案的指标任务，从而导致绩效考核方案的预期目的和指标任务难以完成。

有超过一半以上的员工认为，考核方案执行后的结果缺乏沟通和反馈。考核结束之后，被考核者只知道自己的绩效考核结果，而在哪方面具有优势和哪方面处于劣势并不明确，往往不去考虑如何才能有效改进劣势、缺点等一系列的问题。被考核者得不到信息反馈，将无法修正自己的行为，更无从进步与发展。久而久之，上下级之间就会产生误解，员工很难保持工作激情而主动配合其他同事和上级工作，甚至可能丧失继续努力的愿望，更不会提出有建设性的意见，绩效考核方案的真正意义没能充分显现。

3.2 NS 银行沈河支行员工绩效考核方案问题的成因分析

3.2.1 绩效考核目的定位缺乏战略导向

绩效考核的目的主要包括企业战略实施、人力资源管理和后续开发三方面内容，并且绩效考核的目标通常以银行的战略目标为基础，并逐步明晰整个银行的发展规划、业务拓展和相关策略。如果整个银行绩效考核方案的制定脱离了战略目标，缺乏战略导向，绩效考核工作将毫无意义。有 60％的中层管理者和 50％的员工认为，NS 银行沈河支行绩效考核目标与战略目标脱离的主要原因是绩效考核方案的制定缺乏战略导向。在具体的实施过程中，需要有明确的战略目标作为基础，然后向不同层级传递战略目标，通过制定不同岗位的关键绩效指标来将员工的考核工作与其所在机构效益乃至整个银行的发展结合起来，来确保绩效考核方案的顺利实施。如果在实施过程中，缺失战略导向定位，员工就会对考核的意义和作用产生疑虑，员工就会丢弃本职工作，都抢着做营销工作，来增加自己的绩效工资。员工得到的不是从银行的整体战略目标出发的绩效工资，它的增长只是暂时的，服务质量更是很难提高，绩效考核工作终将陷入困境，因而也就更加不利于银行的各项经营工作发展。

3.2.2 单纯追求利润指标及岗位说明书不完善

第一，在绩效考核指标设计不科学的问题中，有 90％的员工认为是管理者单纯追求利润指标导致出现业务规模、发展速度类指标权重过大，以及内控合规管理、综合服务类指标权重较小等问题。NS 银行的管理者不明白其他工作和利润的关系，他们只重视获得短期的高效益，很多管理者的首选方法是制定高额利润指标，人为的增加利润，增加收入，减少开支，忽视员工的学习和培训、服务水平的提高等方面工作。当存款下滑时，为了实现高利润目标的管理者，很可能就会减少有利于组织发展的工作，比如培训、研发、基础设施建设等。最终还是会阻碍整个银行的可持续发展，从而导致利润下降。

第二，有 81％的员工认为，岗位说明书不完善是考核指标针对性不强的主要原因，从而导致岗位职责类指标存在偏差。人力资源管理工作主要依据岗位说明书来进行招聘录入员工、制定绩效考核方案、分配薪酬工资、进行岗位培训等工作。虽然 NS 银行沈河支行有岗位说明书，但其说明并不完善，仅说明了工作的内容、职责和岗位权限，并未涉及具体岗位的关键业绩指标、岗位准入条件等内容，因而不能给绩效考核指标的设定提供依据。各二级支行行长和分理处主任为了完成总行的业绩目标，在现实经营活动工作中，通常采用全员营销的方式，安排非营销类岗位的员工去做营销岗位上员工的工作，比如安装 POS 机、营销存贷款客户等，这样即便是根据不同岗位对绩效考核指标进行了细分，考核指标和具体工作也很难严密对接。因此，NS 银行沈河支行员工绩效考核指标针对性不强和岗位职责类指标存在偏差是银行岗位说明书这项基础性工作的不完善所致。

3.2.3 绩效沟通意识淡薄及沟通制度缺失

有 85％的员工认为，绩效考核出现协调和沟通问题主要原因是以下两点：

第一，NS 银行的管理者不够重视绩效沟通工作，对绩效沟通价值认识上存在误区。现代企业管理者普遍认为，沟通是管理的核心手段与要素之一，从问卷的调查结果上看，NS 银行的管理者受经验管理思维影响，缺乏对绩效考核方案实施过程中沟通的正确理解，而使绩效考核难以有效发挥作用。不少管理者简单地认为，制定绩效考核方案就是为了给员工工作表现和结果打分，给员工的反馈意见就是填写绩效考核表，或是将绩效沟通单一理解为发放员工绩效工资。因为他们认为沟通是可有可无的，绩效沟通浪费时间，对于经营业绩结果实际效用甚微，起不到什么作用。所以他们更倾向把时间分配在利润指标业务管理，淡化甚至忽略了绩效沟通，根本没有发挥绩效沟通在提高员工素质、改善绩效方面的作用。

第二，缺少健全的绩效沟通制度，未能有效确保上下级之间沟通畅通。作为沟通的一种特殊方式绩效沟通，要有相关制度进行规范，才能顺利开展绩效沟通工作，达到绩效考核方案的预期效果。调研显示，NS 银行就绩效考核方案问题上下级之间沟通次数较少，未能与不同岗位的员工进行深入交谈，主要是没有规范的制度作为保障，没有形成沟通式管理习惯，上级下达任务只关注指令性的指标任务和工作要求。另外，也相应地缺乏反馈员工工作业绩的渠道，考核期结束后，员工得不到有效反馈与指导，没能及时查找工作的问题，更加无法改进自身工作效率和业绩。绩效沟通制度的缺乏和不完善，没有制度作为保障的上下级沟通，必然导致绩效沟通的不畅通、不到位。

4 NS 银行沈河支行员工绩效考核方案的优化

通过对 NS 银行人力资源现状的分析和对 2013 年度员工绩效考核方案的深入剖析，以及对现有绩效考核方案存在的问题及其成因的分析得出，该行要想在金融市场中取得一席之地，实现 NS 银行的战略目标，就必须在现有资源的基础上，结合该行工作特色，优化现有员工绩效考核方案。绩效考核方案必须具有明确的优化目标、优化原则和优化思路，并且对不同岗位的员工绩效考核指标及权重进行重新构建，使之能够充分激发员工的潜力，发挥考核的激励作用。

4.1 绩效考核方案优化的目标、原则、思路

4.1.1 绩效考核方案优化目标

（1）提高管理质量和工作效率。现有的绩效考核方案仅仅考核银行的财务指标，而关于学习成长、客户服务等方面的非财务指标并没有明显的促进效应。要想促进 NS 银行本身的长远发展，就必须在新的绩效考核方案中，合理应用先进、科学的绩效考核方法，综合考虑财务指标和非财务指标，从而把握银行整体经营情况。银行管理者通过考核不同岗位员工完成各项考核指标的具体情况来更好地了解总行和支行的整体运营情况，然后按照 NS 银行沈河支行实际情况，提出相应的运营整改意见，不断促进并提高银行整体的管理质量和工作效率。

（2）实现总行战略目标。顺利实现 NS 银行的整体发展战略目标是制定绩效考核方案的主要目标。在优化绩效考核方案的过程中，通过逐级分解总体目标，在体现财务指标的同时要能够及时地反映出非财务指标，不但要积极配合银行总体发展战略目标，还要在考核指标的设计上重视其延续性，制订一套符合 NS 银行发展战略情况的绩效考核方案。

（3）激励性目标。绩效考核方案的指标设定要能起到激励作用，激发员工工作热情，使员工充分发挥主观能动性，创造性。所以进行考核可以与 NS 银行的制度相结合，参照考核的结果对员工进行奖励或是惩罚、升职或是降级等，这样也对其他各项制度的实际操作产生一定的约束机制。

4.1.2 绩效考核方案优化原则

一是必须要坚持公开、公平与公正，做到对岗而不对人。制订绩效考核方案者不能掺杂主观因素，对待上级、下级、同级同事，要始终坚持客观与公正的原则，绩效方案的考核者，必须在考核前及时公布考核工作的意义、期望达到的目标、采用的考核方法、实施的流程、考核周期及考核指标等相关事项。待考核结束后，考核结果的反馈、沟通、申述等事宜也必须做到公正、公开。

二是要做到灵活性与可持续性的兼顾。因为绩效考核目的是实现企业的远景目标，所以绩效考核方案的目标和考核的标准要结合外界经营环境、自身发展、当前利益与长远利益、短期目标与长远目标等因素变化，适时做出调整。考核方案的制订者应该做到时刻都留有余地，要有弹性的概念，能够根据实际情况不断地调整相关内容，促进银行经营的可持续性发展，要防止目光短浅与短视行为。

三是优化设计出的绩效考核方案要符合 NS 银行整体战略目标。为充分发挥支行的总体任务的驱动作用，优化后的各项指标及总体思路要必须紧密结合沈河支行实际情况，分解支行的战略目标和总体任务要做到细致、有层次。优化的方案要能有效地推动、促进各项经营工作，同时指导不同岗位的员工与支行的工作目标保持高度一致，提高全行核心竞争力。

四是实用性原则。在保证可持续性、公正性的前提下，优化设计的绩效考核指标和权重必须易于操作，考核工作所需要的基础数据必须便于获取，考核方法要简单易于掌握，绩效考核工作的各项成本不应太高。

4.1.3 绩效考核方案优化思路

第一，确定考核的主体并进行岗位分析。考核主体包括被考核者和考核者，其中被考核者分别为二级支行行长、分理处主任、综合柜员、客户经理，考核者包括其上级、同级、下属及自身。同时，对二级支行行长、分理处主任、综合柜员、客户经理四个进行岗位分析。

第二，强化考核力度，结合工作岗位实际情况，层层分解指标任务，优化设计员工绩效考核指标及权重值。员工自己的本职工作和 NS 银行的总体效益得到了有效结合，从而使全行各层级员工形成共同的利益观念。

第三，综合运用几种绩效考核方法。为了充分发挥不同考核方法的优势，避免其劣势，综合运用几种考核方法是一种比较有效的途径。本文主要采用平衡记分卡法和关键绩效指标法来优化 NS 银行员工绩效考核方案。

第四，规定不同被考核者的考核周期。绩效考核周期一般分为按月度考核、按季度考核和按年度考核。制订考核周期是为了更有效地考核员工的绩效完成情况，以及更好地激励员工、纠正工作偏差、控制运营过程。绩效考核的周期通常可以根据企业的具体情况做出调整，使绩效考核方案的效力达到最大。优化后的绩效考核周期调整为对二级支行行长和分理处主任按季度进行考核，对综合柜员、客户经理均以月为考核周期。

第五，考核者要与被考核者进行持续沟通，并及时反馈绩效结果，使被考核者都能随时查阅自己的业绩，测算出自己的绩效工资。

4.2　NS 银行沈河支行员工绩效考核指标及权重的重新构建

4.2.1　员工岗位分析

绩效考核的目的是考核员工在工作中的绩效，其前提条件是要明确员工的具体工作内容，这样对员工的绩效考核才能做到客观。如果制定绩效考核指标、确定考核方法和考核主体时缺少完善的岗位分析，就无法达到绩效考核的预期目的。因为岗位是构成一个员工全部工作安排的任务和责任的集合，岗位分析则包含不同岗位的职责、工作目标、准入所需的能力、岗位基本常识，是确定和报告与一个岗位有关联信息的过程，所以应以岗位分析结果为依据，确定员工绩效考核的指标、绩效考核的方法及绩效考核的具体事项。

岗位分析一般有三种方法。一是观察法。这种方法对岗位分析人员的资格要求比较高，因为岗位分析人员要仔细观察并详尽记录不同岗位上每一员工的工作情况，包括工作内容、完成一项工作所需的时间、使用的办公工具等。二是访谈法。这种方法就是岗位分析人员根据事先确定的提问内容对某个岗位的一名或若干名员工进行谈话交流，从而掌握不同岗位的各项任务和职责情况。三是问卷法。这种方法可以同时从许多员工中获取信息，具有范围大、时效性高的特点。岗位分析人员只要设计出岗位分析问卷，包含所需了解的多项问题，由该岗位的多名员工进行填写，然后交由该岗位负责人进行核查，最后返给岗位分析人员进行岗位分析的归纳整理。

4.2.2 考核指标及权重的确定步骤

（1）考核指标的确定步骤。首先，明确 NS 银行的发展战略目标，这是设计考核指标的基础，然后利用平衡计分卡法把战略目标分解为四个维护，即财务绩效维度体现提高利用资金获利能力的相关指标；客户维度体现以客户为中心，增加优质客户的数量和比重的相关指标；内部过程维度体现提高经营效率、促进经营成效的相关指标；学习与创新维度体现增强学习能力，保障组织健康成长的相关指标。其次，分别对人力资源现状和 2013 年度员工绩效考核方案进行剖析，运用客观数据来找到对实现总行战略目标起决定性因素的关键绩效指标，同时结合岗位分析，制定出不同岗位的关键绩效指标。最后，对关键绩效指标进行审核和筛选，在建立的过程中，要审核选出的关键绩效指标的总和是否包含被考核者 80％以上的工作任务目标，这样选出的关键绩效指标才能全面，同时真实地反映被考核者的绩效结果，并且具有可操作性，然后制定出各岗位的关键绩效指标考核表。

（2）指标权重的确定步骤。指标权重是用来区分绩效指标的相对重要性程度的。不同岗位上员工即使在同一个考核周期内，其绩效指标的重要程度是不同的，对于同一个员工在不同的考核周期内，其考核指标根据总行的战略不同，重要性程度也不尽相同。指标权重的设定会对 NS 银行二级支行行长工作重心产生直接影响，从而间接影响分理处主任的工作方向。所以，指标权重对员工行为具有引导的作用。通常来讲，在设定绩效考核指标的权重时，制定者需要考虑组织目标、岗位特征、员工认可度，同时分析历史指标和现在指标、权衡同工种之间的工作和其他特殊情况。

指标权重的确定方法有经验判断法、按重要性排序法、对偶比较法、三维确定法等。但为了便于设置，本文采用主观经验法确定指标权重值，即依据指标在实际工作目标中的重要性、NS 银行的战略规划和历年数据，通过组织 9 名专家和银行高管咨询后，对指标权重进行调整，最终确定 NS 银行员工绩效考核方案指标的权重值。

　　4.2.3　不同岗位员工绩效考核指标及权重构建

　　（1）二级支行行长绩效考核指标及权重构建。首先对其进行岗位分析，二级支行行长是 NS 银行沈河支行的经营管理者，既要落实总行对其支行的发展战略，又要结合自身机构情况，提升辖内分理处及员工的整体经营效益。二级支行行长负责支行的全面工作，对支行的发展速度、资产质量、经营管理负责，其工作重点体现在狠抓经营管理，对外负责组织支行重点客户的营销、维护和管理，对内加强制度的执行力建设和队伍建设。其次确定其关键绩效考核指标，财务维度指标包括中间业务收入目标完成率、存款增长率、净利润计划完成率；客户维度指标包括新增法人优质客户数系统内排名和客户渗透率；工作过程维度指标包括内部控制与合规经营和服务模式转变与业务发展创新；学习与创新维度指标包括培训计划完成率和人力资本投资回报率。最后要赋予关键绩效考核指标适当的权重值，考核二级支行行长的四个维度指标的相关权重值分别为 50％、20％、20％、10％。绩效考核指标及权重设计如表 4－1 所示。

表 4－1　　　　　　　　　支行行长绩效考核指标及权重

考核维度	KPI 指标	指标权重	目标值	计分方法	实际完成值	考核得分
财务维度	中间业务收入目标完成率	15％	100％	得分＝权重×完成率×100 说明：最低得分为 0，最高得分不超过"权重×150"		
	存款增长率	25％	30％	◇30％及以上，得分＝权重×100 ◇20％（含）～30％，得分＝权重×90 ◇10％（含）～20％，得分＝权重×80 ◇10％以下，得分为 0		
	净利润计划完成率	10％	100％	得分＝权重×完成率×100 说明：最低得分为 0，最高得分不超过"权重×150		

考核维度	KPI指标	指标权重	目标值	计分方法	实际完成值	考核得分
客户维度	新增法人优质客户数系统内排名	10%	前五名	◇1～5名，得分＝权重×100 ◇6～10名，得分＝权重×75 ◇11～15名，得分＝权重×50 ◇16名以后，得分＝权重×25		
	客户渗透率	10%	95%	◇95%及以上，得分＝权重×100 ◇85%（含）～95%，得分＝权重×85 ◇70%（含）～85%，得分＝权重×75 ◇55%（含）～70%，得分＝权重×60 ◇55%以下，得分为0		
工作过程维度	内部控制与合规经营	10%	明显超出标准	根据相关管理规定，采用等级评定法评分，评价标准如下： ◇明显超出标准，得分＝权重×100 ◇完成绩效目标，得分＝权重×85 ◇绩效需要改进，得分＝权重×70 ◇距目标差距大，得分＝权重×50		
	服务模式转变与业务发展创新	10%	明显超出标准	根据相关管理规定，采用等级评定法评分，评价标准如下： ◇明显超出标准，得分＝权重×100 ◇完成绩效目标，得分＝权重×85 ◇绩效需要改进，得分＝权重×70 ◇距目标差距大，得分＝权重×50		

续表

考核维度	KPI指标	指标权重	目标值	计分方法	实际完成值	考核得分
学习与创新维度	培训计划完成率	5%	100%	得分＝权重×完成率×100 说明：最低得分为0，最高得分不超过"权重×150"		
	人力资本投资回报率	5%	300%	◇投资回报率≥300%，得分＝权重×100 ◇0≤投资回报率＜300%，得分＝权重×80 ◇投资回报率＜0，得分＝权重×20		

二级支行行长作为一个机构的经营管理者，对本机构经营发展和下属的成长负有管理责任，不但要完成总行的战略目标及总体目标，还要有市场风险、操作风险、声誉风险等风险管控意识。因此，出现下列情形之一者，无论经营指标完成与否，相关责任人都要调离原岗位，并进行严肃处理：一是严重违规经营、发生金融案件或严重结算事故等，负有重大责任者；二是发生安全保卫责任事故，造成重大财产损失或人员伤亡者；三是行为不当，被媒体曝光，对我行社会形象造成重大损害者；四是出现其他按相关规定应该解聘职务的。

年末考核时，对于经营业绩表现出色的二级支行行长给予特殊奖励，对经营指标完成好、综合管理得分高的二级支行将有资格参加全行年度优质文明服务示范单位评选，对于年末未完成主要经营指标或是连续3个月经营指标负增长的，对其进行末位淘汰。

（2）分理处主任绩效考核指标及权重构建。分理处主任的主要职责如下：负责会计核算质量的检查和管理，定期对重要空白凭证进行检查；负责业务印章管理；对柜员业务操作进行合规性检查，加强柜台监督，做好事中风险控制；做好网点内控工作，确保各项内控制度的贯彻执行；加强对在岗人员的管理，合理安排各岗位人员，对各岗位职责履职情况进行检查；做好培训工作，提升柜员的业务水平和服务水平。因此，其财务维度指标为挂钩指标，即网点整体绩效考核结果得分率；客户维度指标包括银企对账完成情况、网点主任对其履职评价得分率和二级支行行长对其履职评价得分率；工作过程维度指标包括相关专业条线检查情况、案件防查落实情况、资金清算会计核算完成情况，以及事后监督差错率；学习与创新维度指标包括培训计划完成率，上述四个维度指标的权重值分别为10%、40%、40%、10%。分理处主任绩效考核指标及权重设计如表4-2所示。

表 4-2   **分理处主任绩效考核指标及权重**

考核维度及 指标类别		KPI指标	指标 权重	目标值	计分方法	实际 完成值	考核 得分
财务 维度	挂钩 指标	网点整体绩效考 核结果得分率	10%	100%	得分=权重×得分率×100		
客户 维度	银企 对账	银企对账工作完 成情况	20%	100%	根据相关管理规定，将各考 核项得分相加并换算为得 分率： ◇100%，得分=权重×100 ◇85%（含）～100%，得 分=权重×90 ◇75%（含）～85%，得分 =权重×80 ◇75%以下，得分为0		
客户 维度	满意度 评价	网点主任对其履职 情况评价得分率	10%	100%	得分=权重×得分率×100		
		二级支行行长对 其履职情况评价 得分率	10%	100%	得分=权重×得分率×100		
工作过程维度		相关专业条线 检查	10%	无差错	◇无差错，得分=权重 ×100% ◇未及时报送整改报告，每 逾期一天，扣0.3分 ◇整改报告或整改台账不完 整，每漏1个问题，扣 0.5分 说明：最低得分为0		
		事后监督差错率	10%	低于 全辖 平均 值	◇差错率低于全辖平均值， 每低0.1个万分点，加 0.5分 ◇差错率高于全辖平均值， 每高0.1个万分点扣0.8分 说明：差错率考核最高得分 为15分，最低得分为8分		

续表

考核维度及指标类别	KPI 指标	指标权重	目标值	计分方法	实际完成值	考核得分
工作过程维度	案件防查落实情况	10%	明显超出标准	根据相关管理规定，采用等级评定法评分，评价标准如下： ◇明显超出标准，得分＝权重×100 ◇完成绩效目标，得分＝权重×85 ◇绩效需要改进，得分＝权重×70 ◇距目标差距大，得分＝权重×50		
	资金清算会计核算完成情况	10%	无差错	◇无差错，得分＝权重×100% ◇因业务处理差错或延误每笔扣 0.5 分 ◇被总行通报批评，视情节每次扣 1～5 分 ◇系统运行方面被人行通报，每次扣 2 分 说明：最低得分为 0		
学习与创新维度	培训计划完成率	10%	100%	得分＝权重×完成率×100 说明：最低得分为 0，最高得分不超过"权重×150"		

（3）综合柜员绩效考核指标及权重构建。综合柜员岗位主要工作职责如下：准确、高效地办理柜面现金业务交易，提升客户满意度；负责调整分配整个网点的现金量和零钞量；在业务权限内受理公司、个人、中间等各项业务，处理日常现金收付业务，完成储蓄、会计、出纳等各项操作；办理企业法人客户的开户、销户、变更和申报业务；办理对公客户存取款、转账等各类柜面业务；搜集日常客户信息，建立、维护与对公客户的关系，发现客户销售机

会，做好销售和销售推荐工作。因此，在选择具体的考核指标时，以可行性、数据可获得性为原则选择了如下具体指标，其财务维度指标主要考核存款增长率和中间业务收入目标完成率；客户维度指标主要考核客户满意度得分和新增个人有效客户数计划完成率；工作过程维度指标主要考核日均处理业务笔数和客户服务水平提升情况；学习与创新维度指标仅考核培训计划完成率。上述四个维度指标的权重值分别为30％、40％、25％、5％。综合柜员绩效考核指标及权重如表4－3所示。

表4－3　　　　　　　　综合柜员绩效考核指标及权重

考核维度	KPI指标	指标权重	目标值	计分方法	实际完成值	考核得分
财务维度	存款增长率	15％	30％	◇30％及以上，得分＝权重×100 ◇20％（含）～30％，得分＝权重×90 ◇10％（含）～20％，得分＝权重×80 ◇10％以下，得分为0		
	中间业务收入目标完成率	15％	100％	得分＝权重×完成率×100 说明：最低得分为0，最高得分不超过"权重×150"		
客户维度	客户满意度得分数	20％	明显超出标准	根据相关管理规定，采用等级评定法评分，标准如下： ◇明显超出标准，得分＝权重×100 ◇完成绩效目标，得分＝权重×85 ◇绩效需要改进，得分＝权重×70 ◇距目标差距大，得分＝权重×50		

考核维度	KPI 指标	指标权重	目标值	计分方法	实际完成值	考核得分
客户维度	新增个人有效客户数计划完成率	20%	95%	◇95％及以上，得分＝权重×100 ◇80％（含）～95％，得分＝权重×90 ◇65％（含）～80％，得分＝权重×80 ◇50％（含）～65％，得分＝权重×60 ◇50％以下，得分为0		
工作过程维度	日均处理业务笔数	15%	150	◇200≤日均处理业务笔数，得分＝权重×120 ◇150≤日均处理业务笔数＜200，得分＝权重×100 ◇100≤日均处理业务笔数＜150，得分＝权重×85 ◇50≤日均处理业务笔数＜100，得分＝权重×70 ◇0≤日均处理业务笔数＜50，得分为0		
	客户服务水平提升情况	10%	明显超出标准	根据相关管理规定，采用等级评定法评分，评价标准如下 ◇明显超出标准，得分＝权重×100◇完成绩效目标，得分＝权重×85 ◇绩效需要改进，得分＝权重×70 ◇距目标差距大，得分＝权重×50		
学习与创新维度	培训计划完成率	5%	100%	得分＝权重×完成率×100 说明：最低得分为0，最高得分不超过"权重×150"		

（3）客户经理绩效考核指标及权重构建。客户经理岗位的主要职责是发展和维护网点客户；负责网点业务的市场拓展及营销工作；积极同企业及政府机构客户联系，积极与个人客户进行沟通，了解客户需求及意见，并提供与之相适应的金融产品；保留并提升与高端客户的关系，搜集客户对金融产品的意见和建议，提供适合的金融产品及服务；通过不断建立、保留并深化客户关系，给银行创造更大的利润。客户经理是支行利润的主要创造者，考核更为关注的是其工作结果，因而其财务维度指标主要考核存款增长率、贷款利息收入增长率和中间业务收入目标完成率；客户维度指标包括有效客户数系统内排名和新增有效网银客户数计划完成率；工作过程维度指标主要考核客户服务水平提升情况；学习与创新维度指标包括培训计划完成率。上述四个维度指标的权重值分别为40％、30％、20％、10％。其绩效考核指标如表4－4所示。

表4－4　　　　　　　　　　　客户经理绩效考核指标及权重

考核维度	KPI指标	指标权重	目标值	计分方法	实际完成值	考核得分
财务维度	存款增长率	15％	30％	◇30％及以上，得分＝权重×100 ◇20％（含）～30％，得分＝权重×80 ◇10％（含）～20％，得分＝权重×60 ◇10％以下，得分为0		
	贷款利息收入增长率	15％	30％	◇30％及以上，得分＝权重×100 ◇20％（含）～30％，得分＝权重×80 ◇10％（含）～20％，得分＝权重×60 ◇10％以下，得分为0		
	中间业务收入目标完成率	10％	100％	得分＝权重×完成率×100 说明：最低得分为0，最高得分不超过"权重×150"		

续表

考核维度	KPI 指标	指标权重	目标值	计分方法	实际完成值	考核得分
客户维度	有效客户数系统内排名	15%	前五名	◇1～5名，得分＝权重×100 ◇6～10名，得分＝权重×75 ◇11～15名，得分＝权重×50 ◇16名以后，得分＝权重×25		
	业务拓展客户数计划完成率	15%	95%	◇95%及以上，得分＝权重×100 ◇85%（含）～95%，得分＝权重×85 ◇70%（含）～85%，得分＝权重×75 ◇55%（含）～70%，得分＝权重×60 ◇55%以下，得分为0		
工作过程维度	客户服务水平提升情况	20%	明显超出标准	根据相关管理规定，采用等级评定法评分，评价标准如下： ◇明显超出标准，得分＝权重×100 ◇完成绩效目标，得分＝权重×85 ◇绩效需要改进，得分＝权重×70 ◇距目标差距大，得分＝权重×50		
学习与创新维度	培训计划完成率	10%	100%	得分＝权重×完成率×100 说明：最低得分为0，最高得分不超过"权重×150"		

  对客户经理的考核结果要与个人绩效工资分配等级升降挂钩，每月结束后，由公司业务部和个人金融业务部对客户经理的业绩进行计算并公示，形成书面材料经公司业务部和个人金融业务部经理签字确认并对其真实性负责。对于完成指标任务情况较好的，给予奖励和晋升；对于不能很好履职完成指标任务的，给予降级和下调工资系数，连续6个月未完成指标任务的调离客户经理

岗位。

5 NS银行沈河支行员工绩效考核方案的实施及保障措施

5.1 员工绩效考核优化方案的实施

绩效考核方案的实施是绩效考核工作的关键，是连接各项经营工作的纽带，在完成绩效考核方案的优化之后，绩效考核方案就将步入实施阶段，此阶段工作在一定程度上决定了整个考核方案的成败。

5.5.1 绩效考核方案的组织与领导

第一，成立绩效考核的领导小组。明确各自工作职责，将具体工作任务落实到位。组长由NS银行行长担任，副组长由NS银行副行长担任，负责安排开展考核工作。组员有各部室经理和二级支行行长担任，根据总行的整体战略目标，设定NS银行的总体目标，层级分解任务，确定被考核者在考核周期内应该完成的工作计划；根据岗位不同，设定不同的考核指标及其权重，确认被考核者的考核结果以及受理绩效考核的申述。

第二，成立绩效考核工作小组。绩效考核工作小组下设办公室，办公室设在计划财务部，办公室主任由计划财务部经理兼任，成员有计财部员工组成。绩效考核工作小组成员的主要职责是：一是起草员工绩效考核方案；二是根据会议内容，形成会议纪要并公布；三是及时汇报绩效考核方案的执行情况；四是统计及整理数据，依据考核的结果，提出整改意见。同时，制定考核结果兑现制度，比如岗位调整、员工技能培训、职务升迁、奖励发放等。

5.5.2 考核方案实施的流程

NS银行沈河支行员工绩效考核方案的实施流程，此项工作主要由绩效考核领导小组和工作小组成员负责。包括制定、审核、考核、公布考核指标计划及任务，贯彻落实考核指标计划，反馈、确认和总结考核结果，有效运用考核结果和再次改进调整考核指标计划及任务等阶段。绩效考核方案实施流程图如图5-1所示。

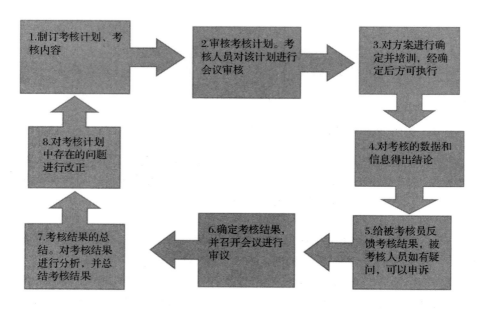

图 5－1　绩效考核方案实施流程图

5.5.3　绩效考核结果的回馈

绩效考核结果的回馈包括两方面的内容：一是将考核结果反馈给考核者，明确指出在考核中存在的问题，帮助他们提高考核的综合能力，改善绩效机制，提升绩效水平，以便在今后的考核工作中得到有效的成果。二是将考核结果向被考核者反馈，使其了解自身的优点及不足，提高自身职业道德修养与自身价值，促使自己的不断进步并且向更高的绩效水平努力。

本文主要采用的回馈方式有三种：一是绩效考核工作小组采取面对面沟通交流。这是 NS 银行绩效考核回馈的重要方式之一，被考核者可以通过与考核小组成员的交流，直接表达自己的工作设想，工作需求。考核者也可以直接了解被考核者绩效指标完成情况，帮助其深刻了解和熟悉掌握考核的意义、内容和方法，帮助其分析工作中的表现。考核小组成员之间还可以相互交流绩效考核工作经验，以期进一步提高工作的成效。二是考核领导小组审核确认考核结果，然后把绩效考核结果回馈表发放给被考核者，同时给予员工咨询的空间，提出意见和建议。三是 NS 银行绩效考核小组成员及每个部门的被考核者都可以利用自己的 OA 电子内网邮箱就考核相关事宜进行相互反馈。首先通过电子邮箱系统把考核结果发送给被考核者，然后被考核者通过此方式进行咨询，最后再把有建设性的意见发送给 NS 银行绩效考核小组成员。

5.5.4 绩效考核结果的应用

第一，绩效考核结果运用于薪酬调整。以员工绩效考核的结果为依据，对员工的薪酬进行调整，包括增加或减少员工当期岗位津贴，充分运用薪酬的激励作用。为使员工更加安心努力工作，获得更加优异的经营业绩，可以通过适当的物质方面奖励措施，让员工产生强烈归属感，营造家园文化。同时，还可以通过绩效方案的考核结果，有计划、有目的对工资进行定期调整。

第二，绩效考核结果运用于岗位调换和职位晋升。对人员进行岗位调整和职务升迁要严格以绩效考核的结果为基础，一般通过绩效考核结果可以看出员工的整体工作水平，以及在哪些方面表现出色，发掘出德才兼备的员工，委以重任。反之，通过不同期间绩效考核结果，可以看出有哪些员工工作状态及成绩与其岗位不匹配，就需要上级领导帮其查找原因，调整工作方向，如果还是不合适的话就要进行岗位调换，把适合的人放在最适合的岗位，让员工的潜能得到发挥。要切合实际运用竞争机制，实行多种方式进行岗位调整和人员任命，同时要逐步完善岗位设置、聘任管理、任期考核、竞争上岗等配套措施，提倡通过竞争上岗的方式择优进行聘用领导干部，倡导规范、合理、科学的员工激励机制。

第三，绩效考核结果运用于培训和选拔。在业务方面，员工的培训作为银行人力资源的基石，要根据员工的需求，加强理论知识的学习及实际操作的培训，不断加强员工的综合能力和综合素质。在绩效考核结果中，帮助低绩效员工分析考核结果，查找不足从而找到下步工作技能培训重点任务。这有助于对低绩效员工进行符合自身特点的培训。通过分析高绩效员工绩效考核的结果，让高绩效员工将其成功经验分享给其他员工，带动低绩效员工的工作热情。如果绩效有了明显的效果，就肯定培训的成果。培训的效果可以从各方面体现出来，如何判断结果的有效性，主要看所挑选的优秀人才的绩效考核结果的好坏。所挑选的优秀人才的绩效考核结果确实很好，则说明结果的有效性；相反，如果优秀的人才没能选拔出来则选拔不够有效，或许是绩效考核自身存在问题。

5.2 员工绩效考核优化方案的实施保障

5.2.1 完善绩效考核的管理制度

（1）完善绩效辅导、沟通与反馈机制。在绩效考核方案正式下发之后，在完成绩效考核任务的过程中，都需要各级管理者及相关职能部门履行职责做好辅导、沟通，使员工清楚明白考核的内容，指导员工如何开展工作，减少考核方案在执行过程中的偏差。管理者通过有效的辅导与沟通，促进员工绩效目标的顺利完成。而对于员工对考核方案理解不到位的情况，管理者要认真做好解释工作，帮助其找到正确的绩效提升途径和措施。在绩效考核结束后，要将考核结果进行公示，二级支行行长及分理处主任要与辖内绩效目标完成情况比较差或排名比较靠后的员工进行沟通，了解谈话，对考核中的有关情况、存在的问题及时向员工说明，帮助这些员工制订和改进下一阶段的工作计划，并提出整改意见，确保考核方案的实施效果。

（2）构建绩效管理培训体制。首先，正如彼得·圣吉所说的"未来成功的企业必将是学习型组织"。当今社会已进入知识经济时代，NS 银行沈河支行构建学习型组织是必然选择，也是考核方案获得最佳效果的重要保证。其次，对考核者进行培训。在培训过程中，可以详细讲解人事制度和考核基本知识，详尽说明员工绩效考核方案的意义和目的，使其熟悉并掌握员工绩效考核方案的内容及流程，争取避开考核中经常出现的如首因效应、晕轮效应、从众心理等误区，制订出正确的考核方案。最后，对全体员工进行培训。员工作为绩效考核的主要对象，对其进行培训至关重要。在培训过程中，使每一个员工懂得考核的目的和作用，考核的指标及权重值，让员工积极参与到绩效考核方案的制订中来，使其思想与沈河支行的总体目标一致，与总行的战略目标一致，有利促进考核工作的顺利实施。

（3）建立绩效考核申诉机制。员工如果对考核结果存有异议，可以通过书面形式向绩效考核工作领导小组提交申诉书。申诉书要写明申诉人姓名和所在机构，填写时申诉的事项要简明扼要，申诉的理由要充分客观。员工考核申诉的最终机构是绩效考核领导小组，在收到员工的申诉书后，由绩效考核领导小组办公室对员工所申诉的内容与其所在部门的负责人进行沟通，协调解决。绩效考核领导小组原则上在三个工作日内做出受理的回复，需要强调的是只有主观申诉没有客观事实的将不予受理。绩效考核领导小组在接到申诉书后，进行相关资料的整理，形成工作记录，原则上在十个工作日内就申诉的内容组织审核，将结果通知申诉人。对于不能解决的申诉，要将具体情况报给上级处理，同时告知申诉人事情的进展情况，逐步形成受理申诉请求—协调解决申诉—告知结果的绩效考核申诉机制。

5.2.2 塑造无缝沟通的企业文化

商业银行要想不断提升核心竞争力就必须将先进的企业文化作为内核和基石，商业银行在其发展过程及经营实践中形成了其独特的企业文化、经意理念和价值观念，企业文化建设的价值导向要以绩效考核方案为依托，并与其绩效考核方案紧密结合起来，在绩效考核方案制定的全过程始终坚持沟通文化。如果在设定绩效目标、实施指标达成计划、考核指标完成结果等过程中，没能与被考核者进行充分的交流沟通，绩效考核的效果势必受到影响，银行的战略目标将难以实现。因此，要塑造无缝沟通的企业文化。

第一，为使 NS 银行沈河支行上下级之间、考核者与被考核者之间就绩效考核方案问题形成统一意见，就得在确定员工考核指标之前，进行沟通交流。然后，在员工业绩表现突出时要给予及时的赞许和鼓励，让员工知道自己的工作得到认可，同时强化员工的积极表现，以增强正面行为所带来的积极影响。在员工业绩表现欠缺或未能按时保量完成工作任务时，也要客观地提出问题并予以指引，提醒员工及时改进。这对 NS 银行绩效考核的执行者可能不太愿意做，对其工作水平是一个挑战。但必须这样做，否则将会影响绩效考核的实施效果。

第二，NS 银行高层领导应该身体力行，养成主动沟通的好习惯。对于现代管理者来说，养成与员工沟通的习惯并且指导下属改进业绩，是一种职业道德修养和责任。NS 银行高层领导作为企业文化的制定者和传播者，其言行举止将直接影响下级对文化的认同以及工作行为，所以高层管理者应该多深入基层，进行走访调研，多与中层和基层主管进行沟通。前通用总裁韦尔奇曾经说过这样一段话：抽出些时间到你"大厦"的建筑现场去看一看那些辛勤工作的"工人们"，慰问一下他们，并适时地传播你的文化，"沟通、沟通、再沟通"，这对提高工作效率非常有效。高层领导要定期进行沟通并且制度化，因为沟通交流贵在坚持，这样才能促进无缝沟通的企业文化的形成和发扬。

第三，从三个方面工作着手，使 NS 银行中层和基层管理者认同这种无缝沟通的文化。一是通过开展卓有成效的培训，使员工清楚沟通意义所在。二是对有关沟通方面的知识和技巧进行培训，灵活运用多种沟通交流的方式，防止沟通不顺畅。三是巧妙利用绩效考核方案，通过设置这方面的考核指标，进一步强化和引导管理人员对沟通工作的重视，使其在自己的日常经营管理工作中能够灵活运用。

5.2.3　建立促进绩效考核激励效果的长效机制

哈佛大学的威廉·詹姆斯教授发现：对于一位没有接受激励的员工一般仅发挥 20%～30% 的能力，以保住工作而不被解雇；受到充分的激励，则员工的能力可以发挥 80%～90%，这其中 50%～60% 的差距竟是激励所致，其中的绩效差距不言而喻。为此，要通过有效的激励最大限度地调动员工的工作激情和创造性，从而使其不断地提高工作效率，实现绩效考核目标的同时实现战略目标。

NS 银行沈河支行应该采用多种手段，建立科学的员工激励机制，实现绩效考核结果的科学运用。不同的激励会产生不同的效果，最常见的激励手段是物质激励，此外还有优秀员工宣传、树立标杆、正面引导员工的努力方向等。另外，随着 NS 银行不断的成长发展，NS 银行可以运用股权激励员工的方式，这样员工与股东的身份重合，就会彻底改变员工传统的价值观念与工作方法，银行经营的好坏既与员工完成指标的好坏有关，又与其切身利益有关。因此，员工会在工作中更加关注银行的经营发展，关心财产安全，对本职工作高度投入，自觉的为银行的经营管理活动出谋献策，这样将更加有效地调动员工的工作积极性和主动性，增强银行的凝聚力和向心力。

结 束 语

随着银行业全面对外开放时代的到来，我国企业越来越多地加入到全球化的进程中，给我国银行业的发展带来了机遇与挑战。资银行在华经营范围的不断扩大，也加剧了我国金融市场的竞争程度。我国商业银行在如此激烈的竞争环境中，人力资源绩效考核体系面临着巨大的挑战。要想保持长期竞争优势，就需要制定长期战略目标，培养核心竞争力，那么改进绩效考核体系就成了当务之急。因为通过建立和完善绩效考核体系，可以使管理者和员工对企业的发展战略目标有所了解，能够改变管理者只重视财务指标，而忽视非财务指标的考核观念，避免出现短视行为。所以必须建立科学有效的员工绩效考核方案，激发员工工作激情、主观能动性和敬业精神，这有利于保持对员工的有效回馈，从而促进企业战略目标的实现，进而实现可持续发展。

本文以 NS 银行沈河支行为例，研究如何构建一套有效的员工绩效考核方案。在构建优化的过程中，基于银行战略目标顺利实现的思想，站在现代企业经营管理的角度，同时从绩效考核的基本理论出发，分析了 NS 银行沈河支行原有考核方案存在的问题及其成因，对 NS 银行沈河支行员工绩效考核方案进行了优化，重新构建了考核指标，确定了考核指标权重值，改进考核周期和对考核结果加以应用，使其能更加合理、行之有效。同时，提出了绩效考核方案的组织实施以及保障措施，以确保 NS 银行在市场竞争中处于优势地位，平衡长期利益与短期利益，从而充分调动全体干部员工的工作热情和积极性，吸引优秀人才，进而促进该银行的快速、健康发展，实现客户、员工和银行三方面的共赢。

参考文献

［1］ Baird l S. performance appraisal sourcebook ［M］. HRD Press，1982.

［2］ Fernando Martín－Alcázar，Pedro M. Romero－Fernández，Gonzalo Sánchez－Gardey. Transforming Human Resource Management Systems to Cope with Diversity ［J］. Journal of Business Ethics，2012，1074.

［3］ Francesco A M，Gold B A. International organizational behavior ［M］. Prentice hall，1998.

［4］ Laurie Bassi，Daniel Mcmurrer. Developing measurement systems for managing in the Knowledge Era ［J］. Organizational Dynamics，2006（2）.

［5］ Robert Kaplan，David Norton. The Balanced Scorecard—measures that drive performance. Harvard Business . 1992.

［6］ 陈全兴. 关于我国商业银行绩效评价主体的思考 ［J］. 会计之友（中旬刊），2010（12）：50－51.

［7］ 李成业. 商业银行绩效考核的问题及建议 ［J］. 中国农村金融，2011（11）：82.

［8］ 李宋岚，刘嫦娥. 基于平衡计分卡的商业银行绩效考核分析 ［J］. 财经问题研究，2010（04）：76－79.

［9］ 廖世红. 浅谈平衡计分卡在商业银行绩效考核中的应用 ［J］. 经营管理者，2011（2）：188.

［10］ 刘慧隽. 试析商业银行绩效考核工作常见误区及其应对措施 ［J］. 财经界（学术版），2012（5）：288.

［11］ 刘健，李柏秋. 对推进基层商业银行绩效考核机制建设的思考 ［J］. 吉林金融研究，2012（11）：37－40.

［12］ 秦晓辉. 关于加强商业银行绩效考核的思考 ［J］. 中小企业管理与科技（下旬刊），2012（2）：68－69.

［13］ 邱伟. 论商业银行绩效考核系统建设 ［J］. 经济论坛，2013（7）：61－62.

［14］ 上官永清，牟卿. 商业银行公司业务考核指标设计研究 ［J］. 经济与管理研究，2013（3）：88－93.

［15］四川银监局课题组，王泽平．四川主要商业银行绩效考核体系调研分析［J］．西南金融，2010（6）：37－38.

［16］孙玲．银行网点团队建设与绩效管理［J］．金融经济，2013（8）：181－182.

［17］孙艳丽．完善我国国有商业银行绩效考核机制的思考［J］．科学之友，2011（1）：111－112.

［18］王洪波．国外商业银行绩效考核及其借鉴［J］．南方论刊，2010（7）：44－45.

［19］王敏．对我国商业银行绩效考核机制的思考与探讨［J］．时代金融，2013（17）：173－174.

［20］吴周洲．关于商业银行基层行绩效考核体系的几点思考［J］．时代金融，2011（33）：84－85.

［21］徐艳梅．浅析商业银行绩效考核的现状与策略［J］．中国总会计师，2012（11）：92－93.

［22］杨宁．完善商业银行绩效考评体系的思考［J］．金融与经济，2012（6）：67－69.

［23］杨子怡．国有银行绩效考核存在的问题与对策［J］．时代金融，2011（24）：85.

［24］姚亚文．完善国有商业银行绩效考核体系浅探［J］．财经界（学术版），2011（9）：48－49.

［25］詹志斌．商业银行绩效评价方法及评价体系研究［J］．财会通讯，2011（33）：102－104.

［26］张茂林，陈小琼．对商业银行绩效考核的冷思考［J］．湖北师范学院学报（哲学社会科学版），2010（5）：116－139.

［27］张兆玺．如何加强我国商业银行绩效考核机制［J］．中外企业家，2013（19）：31－32.

［28］赵俊民．商业银行绩效考核体系的完善［J］．金融理论与实践，2010（5）：111－113.

［29］郑淞，温晓兰．我国商业银行绩效考核评价指标体系研究［J］．合作经济与科技，2011（8）：60－61.

［30］中国工商银行镇江市分行课题组，周乃，庄钧，刘凯，唐镇，阎锦鸣．商业银行二级分行绩效考评机制探讨［J］．金融论坛，2010（4）：75－80.

［31］朱佳，申凯，侯志才．国有商业银行绩效考核指标体系设计［J］.

财会通讯，2012（32）：69－70.

[32] 朱圣妍. 基层银行业机构绩效考核情况调查及政策建议［J］. 时代金融，2012（9）：127－128.

附 录

绩效管理调查问卷

一、调查问卷说明

本次调查的目的在于对 NS 银行绩效考核体系的运作状况有一个总体的认识和把握，为今后制定政策与优化管理提供依据。调查面向银行各个岗位，我们承诺：您的答卷将得到严格保密。参加调查的人将有机会表达您个人对本行绩效考核现状的看法、希望和建设性的意见。

问卷填写要求：

（1）本问卷分为个人信息和问卷两部分。请仔细地阅读问卷的每一个问题，并把您个人的意见用"√"标在相应的答案上。

（2）当有超过 50％的题目不作回答或没有完成个人信息时，问卷将作无效处理，请您仔细阅读，认真作答。

（3）问卷匿名填写。但由于我们要对调查结果进行分类统计处理，请您务必把您的个人基本情况直接在相应处填写。

所有的问题都没有对错和好坏之分，只是表达了您个人对 NS 银行绩效考核现状的意见和看法，不必有什么顾虑。为了 NS 银行沈河支行的健康成长，也为了您个人的发展，请如实作答。

二、个人信息

1. 您所在的部门： 　　　　2. 您的职务类别：

3. 您的年龄： 　　　　　　4. 您的学历：

三、问卷内容

1. 您认为本行考核和绩效管理制度是（　　）。

　　A. 促进员工努力工作并提升企业绩效的激励制度

　　B. 分配制度

　　C. 不确定

　　D. 奖惩制

　　E. 不信任员工的一种监控制度

2. 您觉得本行的考核和绩效管理机制（　　）。

　　A. 从根本上来说是绝对公平、公正和公开的

  B. 基本上公平、公正和公开

  C. 不确定

  D. 在公平、公正和公开性方面，做得较差

  E. 在公平、公正和公开性方面，做得非常差

3. 本行在考核和绩效管理制度的建设上（   ）。

  A. 非常完善   B. 大多数需要的制度都有

  C. 不确定   D. 规章制度较少

4. 员工个人考核方案中，您认为存在哪些缺陷或不足？（可多选）（   ）

  A. 同事或上级碍于情面，不能做出准确的绩效判断

  B. 工作性质和工作量的差异，考核指标设计不合理

  C. 绩效考核缺乏有效协调和沟通

  D. 考核目标与战略目标脱离

  E. 绩效考核的周期或时间安排不合理

  F. 绩效考核结果运用的不够充分

  G. 其他＿＿＿＿＿＿＿＿＿＿＿＿＿＿＿＿＿＿＿＿

5. 员工个人考核方案中，您认为存在上诉问题的原因是什么？（可多选）（   ）

  A. 绩效考核目的定位缺乏战略导向

  B. 企业文化不健全

  C. 领导者文化理念落后

  D. 单纯追求利润指标

  E. 绩效沟通机制缺失

  F. 其他＿＿＿＿＿＿＿＿＿＿＿＿＿＿＿＿＿＿＿＿

6. 当绩效考核取得突出成绩时，您获得了单位/部门的物质或精神的奖励？（   ）

  A. 获得   B. 有一定程度地奖励

  C. 没有奖励   D. 无法评价

7. 您单位所有人的考核结果都与奖励分配相挂钩？（   ）

  A. 所有人   B. 个别领导未参与

  C. 部分职工未参与   D. 均未参与

8. 您单位的奖惩分配力度如何？（   ）

  A. 很大   B. 一般

  C. 微弱   D. 没有奖惩

9. 您希望单位绩效考核应用的范围拓展到哪些？（   ）

A. 与奖励分配挂钩　　　　　B. 与职工评优评先挂钩

C. 与职工晋升、晋级挂钩　　D. 与职工培训、进修等机会挂钩

E 其他：_____

10. 您认为，绩效奖励分配中有哪些不足？（　　　）

A. 奖励分配无法真正体现实际绩效表现

B. 奖励分配未全面覆盖，公平性欠缺

C. 奖惩分配力度不足

D. 其他：_____

四、您对今后绩效考核工作还有哪些要求？

KF 药业公司薪酬体系优化设计研究
Research on the Optimization Design of the Compensation System of KF Pharmaceutical Company

作者：王楠　指导教师：王海光　教授

摘　要

随着知识经济时代的到来，各企业间的竞争变得愈加激烈。近年来，医药行业随着经济的不断发展也面临着更多的竞争，而医药行业医疗制度的不断改革，在为众多医药企业带来巨大压力的同时，也为医药企业带来了更为广阔的发展空间，那么只有企业更快地适应这种变化，跟上经济发展的步伐，才能在激烈的竞争市场中获得一席之地，并得到更好的发展。企业要想在激烈的竞争中前进就需要具备企业自身的核心竞争力，而竞争的根本归根结底就是人才的竞争，因而如何建立一套科学合理的薪酬体系，以吸引更多的人才，对人才进行培养和激励并留住人才则成为了企业目前需要更多关注的问题，这也是企业能够获得更好发展的基础保障。

本文以沈阳科丰药业公司（以下简称 KF 药业公司）薪酬体系为研究对象，通过对公司中现运行薪酬体系的了解与分析，发现薪酬体系运行过程中所存在的问题，并分析其问题的成因。笔者搜集国内外薪酬体系相关文献，整理了薪酬体系优化的基础理论，同时对 KF 药业公司中员工进行了大量调查与访谈，掌握了员工第一手资料，根据访谈及调查结果建立相应数据库，并进行定量分析。根据公司的实际情况并结合前沿的薪酬体系管理思想对 KF 药业公司现有薪酬体系进行优化设计，使之满足于公司快速发展的需要。

本文首先对薪酬管理的相关理论进行阐述并对 KF 药业公司现有薪酬体系进行介绍，随后对 KF 药业公司现有薪酬体系中所存在的主要问题和成因进行了分析，并在明确设计目标的基础上，对岗位进行了分析与评价，最后进行薪酬体系的优化设计。本文的研究，不但解决了 KF 药业公司原有薪酬制度中的诸多弊病，也为同行业的薪酬体系设计提供了重要的借鉴。

关键词： 人力资源管理　薪酬管理　薪酬体系

ABSTRACT

The era of Knowledge economy is approaching，the competition among the enterprises has become increasingly fierce. In recent years，the pharmaceutical industry is also facing more competition. Meanwhile，the medical system reform in the pharmaceutical industry has brought enormous pressure，at the same time which also has provided chances to expand its development. Quick adaptation to this challenge and rapid economic development is the key for the enterprise to survive in the fierce competition and get a better development. To advance in the competition，the enterprise has to arm itself with the core competitiveness. Actually，the core competitiveness falls on the competition of talents. Therefore，how to establish a scientific and reasonable salary system to attract，train，motivate and retain talents should be put in the top priority and basic security for a better development for the enterprises.

Through the understanding and analysis of the compensation system of Shenyang KefengPharmaceutical Company（hereinafter referred to as the "KF Company"），this paper analyzed the deficiencies and causes of the present compensation system of KF Company. After collecting domestic and foreign documents and restructuring the fundamental theories about compensation system，then following by a large amount of survey and interview to the company staff to gain the first hand materials and establish the relevant database，the quantitative analysis was carried out on the results. According to the actual situation and the forefront thesis of the salary system management，this paper has optimized the existing salary system of KF pharmaceutical company to meet the needs of the rapid development.

After the introduction of the relevant theories of compensation management and the compensation system of KF pharmaceutical company，this paper analyzed the existing problems and causes in the compensation system of KFCompany，and optimized the design of the compensation system based on clear goal，position analysis and evaluation. This study，not only solved the problems of the original compensation system of KF Pharmaceutical Company，but also provided the important references for the design of compensation system of the same industry.

Key Words：Human resources management　Compensation management Compensation system

绪　论

0.1　研究背景

随着信息化时代的到来和经济的全球化发展，各企业对人才的重视已经达到了空前的高度。企业对未来发展道路关注的已经不再仅仅是产品的成本、产品的质量、企业需要多少资金等问题，而是更加关注人，是能够为企业带来新知识、新技能、拥有发明和创造能力的人才，这是关系到企业能否长远发展的根本。因此，如何获得优秀的人才，让企业的员工对企业达到更高的满意度，从而降低流失率，是企业需要关注的问题。所以，建立一套良好的、适合企业员工及企业发展的薪酬体系，让员工在工作中得到更好的激励具有重要的意义。

近年来，随着社会的大发展和经济水平的逐步提高，医药行业作为一个特殊的行业在我国已经得到了快速的发展。在整个医药行业的大市场中，竞争也逐渐变得愈加激烈，不断变化的市场环境为建立规范的市场原则提供了基础和保障。因此，医药行业企业要想在越来越规范且竞争越来越激烈的市场上能够得到更好的发展，就需要建立自己企业的核心竞争力，让企业不断地进步。而企业也不断地认识到，行业的竞争和企业的竞争究其根本，其实就是人才的竞争，只有具有足够的适合自己企业发展的人才，才能保持企业的长久发展。

目前，越来越多的国外医药企业也在不断地进军中国医药市场，这使得原本就竞争激烈的市场变得更加复杂。国外医药企业进军中国市场后同样需要将企业员工本土化，因而国内的医药企业必将比以往更加关注人才的培养与发展。只有把握住人才，才能更好地服务企业。而医药行业的这种发展趋势必将为人才提供发展空间，也为他们提供更多展示自己的机会。在人力资源管理体系中，薪酬体系在实现企业与员工的有效结合中发挥着重要的作用。因此，建立一套适应时代发展要求，以及与企业自身现状发展相适应的薪酬体系对于

KF 药业公司在未来的发展具有重要的意义。而到目前为止，KF 药业公司已在不断发展的过程中总结并逐步形成了一套自己的企业管理规章制度，在日常企业的工作中能够起到保障企业各项工作正常有序的进行与经营。然而，它的不足之处在于，尽管规章制度能够确保工作的正常进展，但由于规章制度并没有经过针对性的规划，对企业的长远发展存在着制约作用，在薪酬与激励方面尤为突出。首先，员工的薪酬与员工个人在企业中的职业生涯发展规划没有挂钩，相互独立，在工作中不能起到激励作用；其次，员工的薪酬与个人在企业安排工作中的工作绩效也没有进行相关联，致使员工缺乏竞争意识；再次，员工工作存在"吃大锅饭"现象，员工往往面对的现实是干多干少一个样，在薪酬上没有任何体现。长此以往就会造成员工工作产生情绪化，出规工作不稳定、队伍不团结、工作积极性不高、工作效率低下等不良现象，这对企业未来的发展产生重大影响。

因此，对于目前的 KF 药业公司来说，及时建立一套科学、合理、公平、公正、具有很好激励作用的薪酬体系是必要的。这也是本论文写作的主要原因所在。本文根据 KF 药业公司现有的薪酬体系现状，参阅了国内外相关参考文献，在以企业现状调查的基础上，吸收了部分国内外比较前沿的薪酬理论，对 KF 药业公司的薪酬体系进行了改进设计研究。这一设计研究在解决了 KF 药业公司目前在薪酬体系中存在的主要问题的同时，也为企业团结稳定、队伍建设提供了帮助，并对医药行业在薪酬体系的建设方面提供了借鉴。

0.2　研究意义

目前，我国医药企业数量非常庞大，已达到十万余家，而这么多的医药企业多以中小型医药企业为主，大部分企业缺少竞争的核心。随着市场发展和行业间竞争的加剧，医药行业在市场中的管理更加规范，也使得更多的中小型药企面临着利润空间集聚缩小的局面。因此，如何在这种宏观的条件下，让企业更加快速的适应市场的变化，是每个企业所要面临的问题。那么如何在这种经济形势下做好企业经营及管理的变革，企业在哪方面的改变能够吸引更多的医药人才，让企业在未来的发展中尽快做大做强是每个企业需要着手面对及解决的重大问题。

与其他行业同等级的人员相比较，在医药行业从事工作的人员在工资上每年的增长率相对是较大的，为了适应行业的发展，KF 药业公司也在不断地对企业人才的选拔与任用进行研究，然而公司薪酬体制改革的速度终究没能跟上体制的变化，同时公司在分配机制上还显得很不合理，计划经济的烙印仍然存在，这使得很多具有过硬专业技术的员工在公司中得不到更好的发挥。这也是公司薪酬体系存在的弊端，影响对员工吸引力的原因之一。

一个企业中人力资源配置的作用发挥的好与坏在很大程度上会影响企业效率的高低。而要想实现人力资源的合理配置，薪酬激励是重要手段之一。合理的薪酬体制能够更好地激发员工工作的积极性，为企业创造更高的效益，薪酬的激励作用会通过在平衡的供求关系中薪酬水平的不同来调节人力资源的配置。相反，如果薪酬体系设置的不够合理，员工普遍对薪酬体制的设置不认可，那么薪酬体系也就会失去相对的激励作用，从而造成人才的引进、培养与发展上的困难。因此，建立科学、合理，建立具有一定吸引力的薪酬体系对于 KF 药业公司来说有着重大的意义。

0.3 研究内容与方法

0.3.1 研究内容

本文以 KF 药业公司员工为研究对象，通过文献分析，以及对各层员工的问卷调查和访谈等方式，对 KF 药业公司现有的薪酬体系进行了解、分析及研究。同时也探讨了 KF 药业公司员工对现有薪酬的结构是否满意、薪酬的总体水平与同行业相比是否合理，以及对薪酬满意程度等问题。通过访谈、问卷调查总结后发现现有薪酬体系所存在的主要问题及原因，并结合同行业其他企业薪酬体系构建及使用的先进经验，针对本公司的具体情况构建了一套适合公司目前运营状态的薪酬体系，从而增强 KF 药业公司在药业行业中的市场竞争力。

本文主要内容具体分为以下几部分：第一部分是理论基础；第二部分是 KF 药业公司薪酬体系的现状，对 KF 药业公司和现有薪酬体系进行了介绍；第三部分是 KF 药业公司薪酬体系存在的主要问题及原因，对 KF 药业公司现有薪酬体系中所存在的主要问题进行了介绍，同时对所存在问题的原因进行了分析；第四部分是薪酬体系优化设计，在明确了设计目标的基础上，对岗位进行了分析与评价，最后进行了薪酬体系的优化设计；第五部分是 KF 药业公司薪酬体系实施保障。

0.3.2 研究方法

本文在研究的过程中主要用到了以下几种研究方法：文献分析法，笔者阅读了大量的与薪酬体系研究相关的国内外研究，同时在网络上也搜查了相关医药行业的国内外信息动态；问卷调查法，笔者在相对了解了 KF 药业公司的人员结构、部分问题后，有针对性的做了问卷，对企业各层级的员工进行了问卷的发放，通过回收的有效问卷，对问卷的答案进行了整理、分析，从而为薪酬体系方案的优化提供依据；访谈法，笔者对 KF 药业公司相关各层人员进行逐一的访谈。

第一，文献分析法。文献分析法是被诸多学者最为广泛使用的一种研究方法，主要是在具体的研究目的基础上，通过相关文献的阅读，理清论文研究的总体思路。本文在写作前和写作过程中查阅了大量的国内外薪酬体系研究的相关文章，尤其是医药行业薪酬体系研究的相关资料，通过对相关搜集材料的整理的归纳，积累了对薪酬体系设计研究的相关知识，从而为 KF 药业公司薪酬体系设计研究奠定了基础。

第二，问卷调查法。问卷调查法同样也是较为常见的一种研究方法，相对于文献分析法，问卷调查法具有一定的针对性，它是一种有明确目的，对所要研究的对象具有针对性的、系统的提出相关的问题。本文的调查问卷是在前人问卷研究的基础上，结合 KF 药业公司薪酬体系现状做了部分调整后所发放的问卷，使得调查的结果更具有针对性和实用性。

第三，访谈法。这种研究方法所收集到的资料一般比较零散，不太容易记录。但是通过访谈所获取的资料具有最直观的感受，具有客观性，个人的偏见性很小，资料准确性高，所得出的结果具有一定的代表性，因而笔者对 KF 药业公司相关各层人员进行了访谈。

1 理论基础

1.1 薪酬管理理论

1.1.1 工资差别理论

工资差别理论是由古典经济学的创始人亚当·斯密所提出的，他认为员工间的工资是应该有差异的。这种理论认为主要有两种原因造成了工资差异性的存在。第一是职业性质上的差异，在职业性质上产生工资差异主要有五方面的原因：（1）员工对于不同职业性质工作的感受是不一样的，有些性质的工作他们会欣然接受，而有些性质的工作是他们所不愿意面对的；（2）不同职业性质的工作所需要掌握的难易程度是不相同的，有些职业的工作对于员工来说很容易学会，而有些工作是很难上手的；（3）不同职业的员工在工作中的安全系数是不相同的，有些职业死亡率非常高，而有些职业基本不存在任何风险；（4）不同职业工作的员工所承担的工作职责是不同的，有些职业就需要员工对工作事无巨细，往往承担很多的责任，而有些职业却很少；（5）在不同职业工作的员工获得成功的难易程度也是不相同的，有些职业很容易就能获得成功，而有些职业却非常难。显然对于那些工作起来具有良好的感受、工作的内容相对容易学习、工作中安全系数较高、工作中承担的责任不大、没有太多压力和工作内容容易获得成功的性质工作所获得的工资就会相对较低，而反之则会获得较高的薪酬回报。第二个造成工资差异性的原因在于工资政策。例如，政府的工资政策，他们对人员之间的竞争具有巨大的限制政策，这种政策缺乏优胜劣汰的工资机制，具有较强的垄断性，让劳动力在市场间的自由流动受到了极大的限制，从而造成工资的极大差异。

1.1.2 战略薪酬理论

在企业的常规管理中，对员工薪酬的分配制度往往被定性为较低层次的管理，对员工工作中的薪酬设计与企业长远的发展战略不能很好地结合在一起。目前企业已经认识到合理的薪酬体系对企业目标的实现至关重要，因而如何做好战略性薪酬规划也就成为了现代企业制定设计薪酬体系的根本出发点。战略薪酬体系必须能够向员工传达一种信息，员工在企业的总体战略目标中应该如何实现自己的价值？自己都应该做哪方面的工作，以及怎么去做工作？在这样的工作中，为总体战略目标完成的过程中自己能够学到什么？得到什么？而企业恰恰需要充分运用这种薪酬激励来引导员工把企业总体战略目标的实现与个人发展相结合，做到充分调动员工工作积极性。

战略性薪酬的设计有着自身的特点，主要表现在两个方面：一是战略性薪酬制度是根据企业自身的实际情况，包括组织的机构、人员特征、行业的特性、企业自身的发展战略、发展目标和市场的宏观环境等多重因素来设计制定的。二是企业的薪酬设计还需要充分考虑到员工个人特点及需求，因为不同员工的个人特点、个人偏好、自身的行为和目标价值都存在着不同。高级管理人才和技术型人才一般除了外在薪酬的激励外，他们更多的会表现出对内在薪酬的期望，而普通员工更多的关注于外在薪酬，对基本工资和日常福利待遇具有更大的需求，所以对不同员工的薪酬方案需进行针对性设计。另外，在条件允许的情况下最好能够根据不同员工的需求，设计出多种薪酬方案将其进行自由组合，这也是未来薪酬方案的一个发展趋势。

1.1.3 宽带薪酬理论

传统的薪酬理论多以不同等级、垂直结构类型的薪酬为主，这种薪酬结构更能适应层次分类复杂的组织结构，同时能够满足组织分工较为详细的组织结构。但是到了20世纪90年代，传统的多层次薪酬结构逐渐被扁平化的组织结构所代替，企业也逐步倾向于依靠员工的素质、专业技术的高低、创新能力的强弱和团队合作能力了，更加注重人的重要性，将更多的关注投向于个人的发展与企业发展相结合。因此，宽带薪酬理论随之产生。

宽带薪酬理论的要点在于有效地将多等级制度的薪酬体系进行相互组合，将层次复杂、等级多变、幅度较窄的薪酬体系进行压缩，压缩后的薪酬体系等级层次都相对较少，而薪酬变动的幅度却变得相对较宽。这样的薪酬制度加大了部门主管的薪酬支配权力，主管领导可以根据部门员工的绩效考核情况合理调配薪酬的分配。宽带薪酬与以往的薪酬制度相比能够根据灵活的变化，更好地对员工起到激励效果，打破常规薪酬体系的层次等级结构森严、制约员工主动性发挥的规章制度，形成了一种全新的薪酬管理体系。

1.2 薪酬体系

1.2.1 薪酬体系的概念

薪酬体系是一个企业人力资源的重要构成部分，由企业中各个层级员工的不同薪酬（包括内在薪酬和外在薪酬）所结合在一起的交叉网状结构。薪酬体系反映了企业中对不同层级员工在薪酬分配上合理与否的情况，对员工工作起到激励调节作用，同时又对管理层人员起到约束作用，是对员工薪酬分配过程中所关系到相关要素的综合体。

薪酬体系主要分为以下几部分：一是基本工资，基本工资一般是依照企业中相应的职务设定相应的工资范围，而在这一工资范围中通过业绩分析、工作完成情况、工作表现等方法评出优秀人员，在此工资范围内制定相应的差别薪酬；二是职务工资，这部分薪酬是参照同行业的薪酬水平，对于企业内员工工资较低的进行一定额度的补给；三是绩效，这部分工资是在职务工资范围的基础上，根据个人的绩效考核成绩对优秀者进行一定额度的奖励；四是津贴，这部分工资一般是固定的，主要是根据员工工作的时间差异、工作内容上的差异和工作环境上的差异等进行补贴的，而补贴额度的大小与职务高低具有一定比例关系；五是福利，这部分内容相对随意性较大，主要以企业经营状况进行界定，也有很多企业对这部分奖励是非常关注的；六是分红，这部分是指企业根据股票持有的额度及企业经营业绩共同决定的；七是还有一部分特殊奖励。

1.2.2 薪酬体系的分类

（1）岗位薪酬体系。岗位薪酬体系的确定主要依据于公司中这一职务本身，公司对特定的职务所需要承担的工作做出客观评价，以此为基础确定薪酬额度，而凡是适合这一职务的个人均会获得相应额度的薪酬。

岗位薪酬体系对岗不对人，即薪酬的多少取决职位本身，而与谁在这一职位上无关，这也是岗位薪酬体系中最为突出的一个特点。在岗位薪酬体系中员工想要获得更高的薪酬，只有通过职位的晋升才能够实现，无论个人专业技术能力有多强，只要是同一职位的员工所获得的薪酬就是相同的，他不受业绩和个人技能的影响。

岗位薪酬体系有其优点同样也存在着弊端，其优点在于岗位的统一，在企业中薪酬获得的途径是统一的，而想要获得更高的薪酬途径也是相同的，有利于员工之间的公平、公正，对员工具有更好的激励作用，使其努力工作以达到更高的岗位。其弊端在于该薪酬体系缺乏灵活性、弹性小，同岗位之间无法衡量员工工作业绩的好坏，在薪酬上无法体现。

（2）技能薪酬体系。技能薪酬体系主要是以员工个人所具有的专业技能、知识结构、知识水平，以及与所从事工作相关能力的因素为基础进行制定的，这种薪酬体系对于激发员工的专业能力的进步具有显著效果，有利于企业技术的不断创新。技能薪酬体系主要考核员工的是专业知识技能，他们只关注员工的哪些专业技能能够为企业带来回报，对于员工所从事的工作的不同并没有给予过多关注。

技能薪酬体系的优点在于能够有效地对员工追求知识技能提升起到激励作用，因为技能的提升能够给员工带来薪酬上的回报。正是因为员工不断的追求知识技能，使得员工在企业间会获得多种企业所需要技能，那么在工作的过程中不同的员工之间进行岗位轮换的条件就更加充裕，在员工之间进行岗位配置也就更加容易了。而员工之间不断的岗位轮换也能够使得更多的员工熟悉企业间所有的工作流程，使其了解企业总体运营的程序，在岗位轮换过程中让员工体会到不同岗位间的配合的重要性，更加有利于打造团队。技能薪酬体系能够改变以往的仅仅依靠职位不同才能获得不同薪酬待遇的问题，使员工不在将所有的精力只专注于岗位的提升，让员工能够更加用心地去研究专业技能，提升专业技能知识，长此以往能够打造具有较强专业技能的队伍，让企业做得更加精细化。

技能薪酬体系的弊端在于要想员工具有更加过硬的专业技能，光靠员工自己的摸索和自身的悟性是远远不够的。它需要企业提供大量的相关培训，只有给出员工企业所需要的技能，员工才能掌握技能发展方向。而这一培训工作就需要企业提供大量的资金、人力、物力等，同时还要确保培训需求的公平性，否则很容易因为某些人接受了培训，另外一些人却没有得到培训的机会，从而造成员工的不满、感到不公平，进而在工作中带来情绪化，影响工作积极性。

（3）绩效薪酬体系。绩效薪酬体系与岗位薪酬体系和技能薪酬体系都有所不同，它主要是以员工在工作中的表现为依据，即便是在同一岗位的员工，由于其在工作中对企业所做出的贡献不同也会获得不同的薪酬回报。绩效薪酬体系会根据员工在企业工作中的不同表现给予不同的绩效报酬，它与企业的绩效是相互挂钩的。尽管企业付给员工的薪酬包括正常的基本工资和奖金部分，但他们之间已经不再是单独存在的个体，而是相互关联的一种薪酬制度。

绩效薪酬的优点在于薪酬的多少并不是固定不变的，他是根据企业的业绩和员工个人的绩效而定的，那么这种可变的薪酬体系就能够根据企业的经营状况作出灵活的调整，对成本的控制上具有主动权。同时，绩效的奖励也能够激励员工为更好地获得绩效报酬而不断调整自身的工作，使其适合于企业的发展。

绩效薪酬体系的弊端在于员工为了获得更好的报酬都会尽自己最大努力去争取最有利于自己的绩效计划，而在绩效计划的制订过程中就会出现讨价还价的现象，造成相关人员之间的摩擦，不利于团结。另外绩效薪酬体系一定会慢慢提高员工的工作进度，而工作效率的提高会进一步加大企业对员工所制订的绩效计划，在不断增高的绩效标准下，员工会产生"自掘坟墓"的感觉，从而使得企业间工作出现不和谐的氛围。绩效薪酬体系中往往是对员工个人绩效的变化进行奖励，而一旦当企业需要团队协作来完成某一任务时，很可能出现员工因竞争而不能很好合作的局面，从而对企业造成负面的影响。

2　KF 药业公司薪酬体系现状

2.1　KF 药业公司简介

2.1.1　KF 药业公司基本情况

沈阳科丰牧业科技（集团）有限公司创立于 2001 年 3 月，2009 年 8 月成为集团公司，是中国农科院、沈阳农业大学实践基地，是一家集动植物、微生物产品的研制、开发、生产、销售，以及农牧业咨询服务为一体的现代化高科技集团企业。自成立以来，KF 药业公司先后同中国农科院、中国农业大学、沈阳农业大学等单位建立了紧密的科研合作关系，并定期接受行业专家指导，在产品研发上取得了丰硕成绩。另外，公司从初创到现在，在科技研发上总计取得 25 项具有自主知识产权的专利技术，拥有科丰、百立丰、金倍素等七个注册商标和产品品牌。①

2.1.2　KF 药业公司人力资源现状

KF 药业公司是一家大型农牧药业公司，他包含了动物保健产品、科技服

---

① 科峰，沈阳科丰牧业有限公司. http：//shop. zhue. com. cn/shop/？ uname＝sykfsy，2013－03－01/2014－04－24

务等的研发、生产和销售。公司的业务种类也比较繁多，有动物保健品、农牧生物技术的研发，动物微生态制剂，农牧服务技术等。其组织架构如图 2—1 所示。

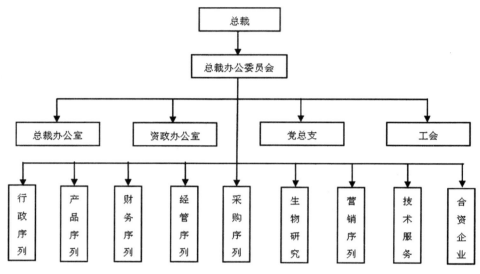

图 2—1　组织架构图

截至 2013 年 5 月，KF 药业公司共有员工 495 人，其中 313 人为销售人员，82 人为管理人员，其他 100 人作为公司的辅助部门人员。

KF 药业公司人员年龄结构如图 2—2 所示。

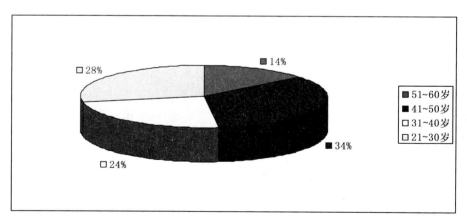

图 2—2　KF 药业公司人员年龄结构

KF 药业公司在近 3 年新引进的人才数量如表 2—1 所示：

表 2－1   **KF 药业公司新进员工统计表**   （单位：人）

入职时间	入职人数	学历					
		初中及以下	高中	中专	大专	本科	研究生及以上
2011 年	32	3	6	5	8	9	1
2012 年	39	0	2	7	14	14	2
2013 年	41	0	0	2	14	20	5
三年合计	112	3	8	14	36	43	8

KF 药业公司近 3 年新进人才学历结构分别如图 2－3、图 2－4、图 2－5 所示。

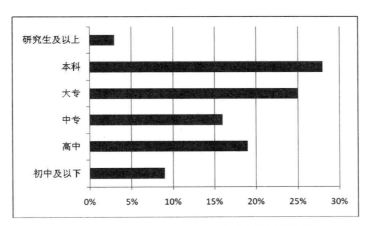

图 2－3 KF 药业公司 2011 人才引进学历结构图

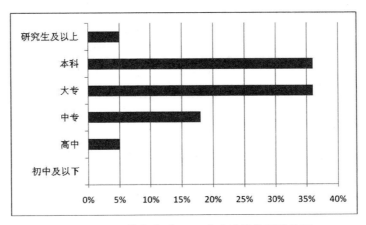

图 2－4 KF 药业公司 2012 人才引进学历结构图

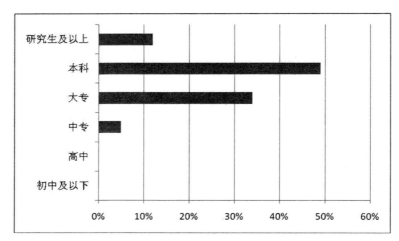

图 2－5　KF 药业公司 2013 人才引进学历结构图

由图 2－2 得出，公司目前员工的构成比较合理。公司中青年的数量达到员工总数的 80％以上，完全符合高新技术产业员工结构的条件，这有利于企业未来的发展，可以对企业的上升发展起到支撑作用。由表 2－1、图 2－3、图 2－4 和图 2－5 得出，员工的学历水平呈逐年上升的趋势，同时员工的入职人数也随着学历水平上涨，企业在人力资源储备方面充足，企业发展潜力大；员工的学历主要由本科生和大专生构成，本科生的比例还在增长，企业人才的知识储备逐年增长。

通过上述数据和表格的支撑，从年龄的构成、学历的获得、文化层次的划分几个方面综合分析，得出 KF 药业公司员工的结构组成相对较合理，对企业未来的发展能够储备和提供充足的人力资源保障。所以，针对公司的未来发展，对人才的充分利用和调动，就需要一个合理、科学的薪酬体系了。

2.2　KF 药业公司薪酬现状

2.2.1　公司员工薪酬结构

KF 药业公司目前员工薪酬结构中主要包含：基本工资、级别工资、岗位工资、职称工资、学历工资、工龄工资和其他工资。

（1）基本工资。目前公司所有员工，包括领导层的基本工资均为 600 元，无任何差别。

（2）级别工资。员工的每一次晋升都会伴随着级别的上升，而不同级别的员工相应的会获得不同的薪酬，这就是所指的级别工资。

目前，KF 药业公司中员工级别从基层员工到总监共分为 20 级。其中 20

级与 19 级为普通员工试用、中专试用、普通员工，这两个级别只设立一个分档，员工级别工资标准分别为 0 元，50 元；9～18 级员工在每一级别中分别设立三个分档，同一级别的三个分档间级别工资相同，从 18 级至 9 级的级别工资分别为 100 元、200 元、300 元、400 元、600 元、800 元、1000 元、1200元、1400 元、1600 元；1～8 级之间每级只设立一个分档，其级别工资从 8 级到 1 级分别为 1900 元、2400 元、2900 元、3400 元、4400 元、5400 元、7400元、9400 元。

（3）岗位工资。公司内部岗位工资根据级别而定，其中营销经理岗位工资有所不同，营销事业部经理岗位工资（月）＝（当年年任务量－上年度年回款量）×3.5％/12。

（4）职称工资。公司给予拥有职称人员的补贴。其标准为：初级（助理）50 元/月、中级 100 元/月、副高级 150 元/月、正高级 200 元/月。

（5）学历工资。公司为了鼓励公司员工考取更高一层的学历，给予的相应学历补助。其标准为：高中（中专）50 元/月、大专 100 元/月、本科 150 元/月、硕士 300 元/月、博士 500 元/月。

（6）工龄工资。公司员工入职满一年后，开始享受工龄工资，工龄每增加一年，每月增加 30 元工龄工资。工龄上限为 10 年，即工龄工资最高 300 元。

（7）其他工资。其他工资主要包含以下几个部分：①补差工资，根据岗位、个人能力设置补差工资；特殊情况下，因级别较低，工资总额不能达到公司与个人约定的总额，通过补差津贴达到约定总额。在级别提高后，补差津贴逐渐减少或取消。②特殊补贴，保管员 100 元、通勤司机 100 元、生产车间班长 100 元、配药出料 100 元、门卫清洁 100 元、聚农保管员餐补 300 元、夜间门卫 300 元、生产部锅炉 400 元、公司水处理 100 元、采购兼司机 800 元。③电话补助，总监级 100 元、GMP 经理 30 元、人力经理 50 元、行政后勤经理50 元、行政对外联络 50 元、司机 50 元、人力保险专员 30 元、出纳 50 元、税务会计 50 元、采购人员 88 元、物流经理 88 元、营办经理 50 元。④车补，公司经理级以上人员，主要是技术营销人员，为其在市场期间能够更有效率地服务市场，享受车补。其中里程补助为（期末里程－起初里程－自用里程）×0.7 元/公里，事业部经理里程不超过 4500 公里，开车业务员 800～1200 元/月，乘车业务员不超过 700 元/月。⑤加班费，基本工资总计/30 天为日加班费，生产工人加班费为 40 元/天，基础工资总计＝基本工资＋级别工资＋岗位工资＋职称工资＋学历工资＋工龄工资＋补差工资＋特殊补贴。

2.2.2 公司员工薪酬标准

KF 药业公司员工级别及岗位工资标准如表 2-2 所示：

表 2－2　　　　　　　**KF 药业公司员工薪酬水平表**　　　　　　（单位：元）

级别	级别名称	基本工资	级别工资	岗位工资	合计
1 级	总裁	600	9400	10000	20000
2 级	总裁、执行董事	600	7400	6000	14000
3 级	副总裁、总经理、执行董事、董事会秘书	600	5400	5000	11000
4 级	副总裁、总经理、总监、董事会秘书、董事	600	4400	4000	9000
5 级	总经理、总监、总裁特助	600	3400	3000	7000
6 级	总经理、总监、副总监、总裁特助	600	2900	2500	6000
7 级	总监、副总经理、副总监、总裁特助	600	2400	2200	5200
8 级	总监、副总经理、副总监、经理、总裁特助	600	1900	1900	4400
9＋级		600	1600	1800	4000
9 级	总监、副总经理、副总监、经理	600	1600	1600	3800
9－级		600	1600	1500	3700
10＋级		600	1400	1500	3500
10 级	副总监、经理	600	1400	1400	3400
10－级		600	1400	1300	3300
11＋级		600	1200	1300	3100
11 级	博士转正、经理、副经理	600	1200	1200	3000
11－级		600	1200	1100	2900
12＋级		600	1000	1100	2700
12 级	博士试用、经理、副经理、主任	600	1000	1000	2600
12－级		600	1000	900	2500
13＋级		600	800	900	2300
13 级	副经理、主任	600	800	800	2200
13－级		600	800	750	2150
14＋级		600	600	750	1950
14 级	硕士转正、主任	600	600	650	1850
14－级		600	600	600	1800
15＋级		600	400	600	1600

续表

级别	级别名称	基本工资	级别工资	岗位工资	合计
15 级	硕士试用、主任、副主任	600	400	500	1500
15－级		600	400	450	1450
16＋级		600	300	450	1350
16 级	本科转正、副主任、技工	600	300	350	1250
16－级		600	300	300	1200
17＋级		600	200	300	1100
17 级	本科试用、专科转正、技工、副主任	600	200	250	1050
17－级		600	200	200	1000
18＋级		600	100	200	900
18 级	专科试用、中专转正、普通员工	600	100	150	850
18－级		600	100	100	800
19 级	中专试用、普通员工	600	50	50	700
20 级	普通员工试用	600	0	0	600

2.2.3 公司内部薪酬满意度调查

薪酬满意度是员工的一种心理状态,影响薪酬满意度的因素包括企业支付的经济性报酬和非经济性报酬。这两种报酬与员工所期望的报酬相符或者更高时,员工的满意度就相对较高。

本文基于员工对薪酬的满意度,从 KF 药业薪酬体系出发,对其进行深入研究,发现薪酬体系中存在的问题,并针对相关问题从员工的角度设计薪酬满意度调查问卷,对不同层次不同级别的员工进行发放。通过回收的调查问卷,进行相关的分析统计后得出以下结论:

(1) 问卷整体统计情况。对于 KF 药业公司员工薪酬满意度问卷调查整体统计如表 2－3 所示。

表 2－3　　　　KF 药业公司薪酬满意度问卷调查

发放问卷(份)	194
回收问卷(份)	181
有效问卷(份)	176
问卷有效率(%)	90.7

(2) 薪酬水平满意度问卷调查结果。对于"您对目前的薪酬水平是否满意?"这一问题通过对调查问卷的统计,结果如图 2－6 所示。

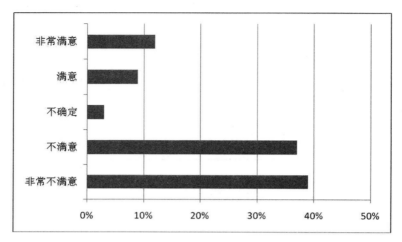

图 2-6　薪酬水平满意度调查

由图 2-6 可以看出，在对员工薪酬满意度调查的统计中员工对薪酬不满意总体达到了 80% 之多，其中非常不满意的员工就占到了近 40%，而对薪酬水平满意的员工仅仅只有不到 20%，由此也可以看出 KF 药业公司需要对薪酬制度做出相应调整，以满足员工的需求。

（3）薪酬结构满意度问卷调查结果。对于"您认为合理的薪酬结构中应该包括？"这一问题通过对调查问卷的统计，结果如图 2-7 所示。

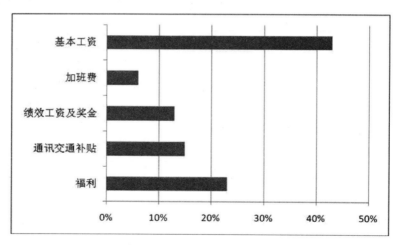

图 2-7　薪酬结构满意度调查

由图 2-7 可以看出，在对薪酬结构满意度调查的统计中大部分员工认为，合理的薪酬结构应该由员工的福利待遇、通信费用和交通费用的补贴，以及绩效工资和奖金等几部分组成。而还有部分员工认为，基本工资及加班费也是薪酬结构的组成部分。通过相关谈话笔者发现，公司中员工对于绩效工资和奖金部分薪酬分配有所不满，员工普遍认为公司中这部分薪酬透明度不高，薪酬的发放主观性太强，同时这部分薪酬发放很多时候都有所延迟，所以在员工心中存有疑问。

（4）薪酬公平性问卷调查结果。

①薪酬内部公平性调查。对于"与单位内其他同类人员相比，您的薪酬被公平对待了吗？"这一问题通过对调查问卷的统计，结果如图 2－8 所示。

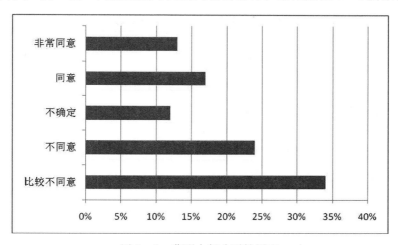

图 2－8　薪酬内部公平性调查

由图 2－8 可以看出，在对薪酬内部公平性调查的统计中有 24％的员工选择了不同意，34％的员工选择了比较不同意。这也就是说被调查总体中有58％的员工认为自己的薪酬缺乏内部公平性，自己的薪酬在资历相同的员工或者不同部门之间的员工中并没有得到公平的对待。

②薪酬外部公平性调查。对于"与行业内其他单位人员相比，您的薪酬被公平对待了吗？"这一问题通过对调查问卷的统计，结果如图 2－9 所示。

由图 2－9 可以看出，在对薪酬外部公平性调查的统计中有 38％的员工选择了不同意，24％的员工选择了比较不同意。这也就是说被调查总体中有62％的员工认为公司薪酬缺乏公平性。大多数员工认为薪酬水平与同行业的其他单位员工相比还是有所差距，总体水平偏低，对员工吸引力度不大。

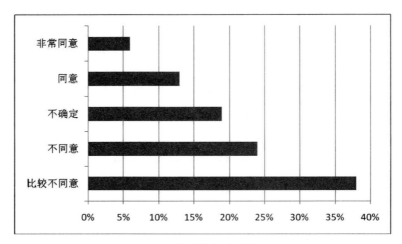

图 2－9　薪酬外部公平性调查

（5）业绩奖励期望形式问卷调查结果。对于"您最希望用什么方法奖励业绩？"这一问题通过对调查问卷的统计，结果如图 2－10 所示。

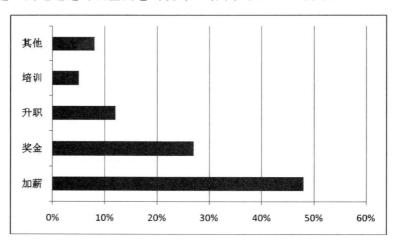

图 2－10　业绩奖励期望形式调查

由图 2－10 可以看出，在对业绩奖励期望形式问卷调查的统计中选择最多的一项就是加薪，达到总数量的 48％，更多的员工认为业绩突出的最好奖励办法就是加薪，而 27％的员工选择了奖金的形式进行业绩奖励，也有 12％的员工认为业绩奖励可以通过升职来体现。另外有一部分员工认为，可以用其他形式对员工业绩进行奖励，比如培训、旅游等。

3 KF 药业公司薪酬体系存在的主要问题及原因

3.1 薪酬体系所存在的主要问题

3.1.1 缺乏规范化的薪酬制度

本文对 KF 药业公司做了大量的访谈及调查工作，通过访谈、问卷调查等方式笔者了解到：目前 KF 药业公司在薪酬制度上缺乏规范化的薪酬标准，在日常执行中的薪酬办法都是相对比较零散的文件组合。KF 药业公司的薪酬制度主要由高层管理者来进行指导决定，其中中基层员工的薪酬发放形式和分配方式没有太多变化，只是依照基本的分配方式来进行发放。在公司中员工无论是薪酬的增长、调整，还是奖励都没有明确的执行标准，随意性很大，员工无从根据相关制度来落实自己的薪酬。KF 药业公司中所有岗位的基本工资都是一个标准，在同一个岗位工作的员工，无论是技术上有多大的差别、资历上是老是新，在薪酬上都不能得到体现，只要岗位相同无论优秀与否他们的薪酬都是相同的。而在某些比较关键的岗位上，员工的薪酬也没有同岗位职责相关联，这就对人才的稳定具有重大的影响。另外在部门内部当员工获得巨大成果时也会得到奖励，但是奖励的方案和奖金的发放都不透明，基本由部门相关负责人一人决定，这部分奖励的发放是否与员工的绩效相挂钩也无从得知。

因此，对于目前的 KF 药业公司来说，尽快建立一套科学、合理、完善的薪酬体系是工作中的重中之重。这也是有效解决薪酬体系中所存在问题的最好办法。

3.1.2 缺乏系统的岗位技能标准

目前，国内的诸多企业对员工薪酬的发放都采用了岗位绩效薪酬制，而这种岗位绩效薪酬制是以对员工工作岗位的价值评价为基础的。企业对不同岗位进行价值评价，在价值评价的过程中得分较高的则给予相应高的薪酬，反之则薪酬较低。而目前的 KF 药业公司中并没有完整的岗位评价系统，也没有详细的岗位序列及技能标准，对岗位职责的描述还停留在刚刚建企时期的简单描述，缺乏对不同岗位的相关职责、工作权限、任职资格等信息的详细说明。

另外，通过上一章节对 KF 药业公司薪酬结构的介绍知道，目前 KF 药业公司员工的薪酬结构中并不包含绩效工资这一部分，这对许多超额完成企业任务的员工来说是极为不利的，无论工作中多么优秀，员工在薪酬上并不能得到体现。因此，公司中员工的岗位薪酬多少一般都是由相关负责人根据个人主观意识和自身的价值观，对在自己眼中表现较好的员工和那些职务相对较高人员给予更高的薪酬。那么按照这种原则很多岗位薪酬的高与低并不能真实地反映这一岗位人员能力的高低，这也会造成更多员工对企业内部薪酬、奖励发放产生不公平感。而企业薪酬体系设计的基础就是要做好岗位技能标准，只有当企业中各个岗位的技能标准都能够系统化、规范化，企业薪酬体系设计才能更加科学、合理。

3.1.3 管理不透明、薪酬结构单一

调查及访谈结果显示，KF 药业公司中员工对薪酬满意度相对较低，其中对于公司中薪酬管理透明度不够高是造成员工不满意的原因之一。另外，在薪酬管理的整个运作过程中，公司忽视了对员工个人情感上的关心，与员工进行的沟通较少。当企业忽视对员工沟通这项工作时，很可能会对企业造成极为不利的影响。这员工会失去对薪酬公平性的信任。而员工的这种心理状态对工作一定会产生负面影响，这也导致了薪酬失去了他应有的意义，不透明的管理制度容易造成信息传递不到位，使员工产生猜疑心理，一方面会对员工产生信用危机，同时也会对员工情感上造成伤害，使员工无法获得薪酬的基本安全感，无法得到保障。同时员工还认为，尽管不同岗位之间薪酬是应该具有一定差距的，但不同岗位间性质相差较少，责任差别不大时薪酬不应该出现过大差距。KF 药业公司中的高层管理人员与其他层级的管理人员之间薪酬差距明显，让员工觉得公司中存在等级差异，这也导致了员工对内部薪酬公平性的质疑。

在 KF 药业公司中薪酬结构比较单一，公司各个层级的人员激励方式基本上都是大同小异。他们对薪酬结构和薪酬分配的理解不够深刻。例如，工资应该以岗位职责作为依据，奖金应该与员工工作业绩和绩效考核成绩相挂钩，员工福利应当以员工对公司所做出的历史贡献相关，而股利的分配要以员工在企业未来的发展中所做出的贡献相关。KF 药业公司中的薪酬政策和激励方式实际上是对不同岗位不同工作的雷同化，这对员工工作积极性具有非常不利的影响。高级别人员看不到薪酬上的与众不同，看不到与别人不同的激励政策，因而往往会对公司产生失望。KF 药业公司在薪酬的确定上，最大的关注点只是在于员工的工作业绩，比较单一，这也完全失去了薪酬应有的各种激励作用。

3.2 薪酬体系所存在的主要问题的原因分析

3.2.1 对薪酬管理理念认识不足

KF 药业公司目前实行的薪酬制度已跟不上时代发展的步伐。他们仍然尊崇老的薪酬制度，同时受到公司领导人和国家相关环境政策的影响，加之个人观念、个人意识等因素，公司目前没有建立起科学、合理的薪酬制度，这对公

司的发展具有极为不利的影响。一个企业能否获得长远的发展，甚至是一个企业的存亡，人力资源能否有效发挥作用是关键所在。良好的人力资源能够有效地将企业中的现有资源加以整合，对工作起到事半功倍的效果。此外，企业在发展的过程中也需要用总体战略规划来促进员工薪酬观的形成，使员工的薪酬观念与企业发展的总体战略相辅相成。

但是 KF 药业公司由于受到传统薪酬制度及薪酬观念的影响，没有把对人力资源的认识提到一定的高度，由于公司对其认识不够充分，就一直没能将其作为公司的战略性问题加以对待。目前，公司在人力资源部门所执行的所有条例，仍然是原有的条例。而在薪酬制度方面主要分为两部分在执行，其中员工层面的人员主要是以计件以及提成为主，而管理层人员多数是以总经理对薪酬相关的口头约定来执行薪酬办法。因此，目前所执行的薪酬制度与公司的总体经营战略基本没有直接联系，或者相关联性非常小，企业是否得到发展，员工是否得到进步并不能在薪酬上有所体现，这也在很大程度上影响了公司的发展，甚至是阻碍了公司的快速发展。

3.2.2 薪酬制度针对性不足

KF 药业公司由于受到了计划经济因素的长期影响，所以缺乏对薪酬制度的改革和创新，尽管公司在长期的运作过程中也对制度进行了现代化的改革，但由于各种因素影响，以及复杂的环境变化，改革并没有取得应有的成果。目前 KF 药业公司薪酬制度的不合理还在于针对性不强，员工在工作中所付出的努力多少、获得成果的大小并不能在薪酬上完全体现。同时，目前薪酬制度的执行也缺乏科学合理的支撑体系，公司的绩效考核体系缺失，没有针对具体岗位、具体工作性质进行岗位的相关考核。尽管企业现有的岗位已经明确了相应的岗位职责，但岗位职责也仅仅是根据日常工作中所出现的情况做随时的更改，并没有形成一整套适合企业整体发展战略目标的岗位职责体系。同时，对于不同的岗位所需要的不同专业技能也没有形成详细的说明，岗位评价和绩效考核等也都没有准确的执行流程，执行过程中都比较随意，对于薪酬方案的合理性不能起到保证作用。

3.2.3 薪酬体系设计缺乏科学性

KF 药业公司在薪酬体系设计上缺乏科学性，没有系统化、精确化的计算和量化，在目前执行的薪酬体系中，员工薪酬的调整和职位的晋升不能够有效地实现与工作业绩和工作效率的完全挂钩，公司中员工对于薪酬调整和职位的晋升并没有系统的参考标准，没有明确变化的依据，员工对公司整体的经营状况也就没有更高的关注度，薪酬方面激励的缺失也使得员工在工作上很难提高积极性。

KF 药业公司目前所执行的薪酬分配方案还是以过去形成的经验式的方案为主，除了销售人员，其他员工工资都以月薪计算。目前员工的薪酬构成种类相对较多，但缺乏对员工最具有吸引力的绩效工资，而绩效工资恰恰是能够对员工起到激励作用的薪酬构成，有效的绩效激励能够促使员工充分发挥自己的特长，为实现目标做出更大努力。同时，绩效工资体系的设立也能够有效提升员工晋升的积极性，从而全面提高员工自身素质。目前企业中还具有学历津贴、电话补助、车补等其他薪资构成部分，但这部分薪资只有少部分人员能够获得。同时，公司的福利政策也是非常单一，一般均为年节的购物卡，而更多员工所需要的带薪休息、培训、学习等福利形式一般没有。

总之，KF 药业公司目前所拥有的薪酬体系还是沿袭了传统的计划经济模式时代的薪酬体系，总体上只是一种中规中矩薪酬制度，缺乏对员工的激励作用。因此，公司要想在未来获得良好的发展就需要打破现有的传统薪酬体系，建立一套适应现代企业发展的、对 KF 药业公司具有针对性的薪酬体系，从而来适应企业的发展。

4 KF 药业公司薪酬体系优化设计

4.1 薪酬体系设计的目标、原则及思路

4.1.1 薪酬体系设计的目标

KF 药业公司现有的薪酬体系已经严重影响了公司的发展，因而为了能够让薪酬体系更好地服务于公司，适应公司未来发展的战略，本文对薪酬体系进行了系统的设计。薪酬体系设计需要实现以下目标：

（1）对外具有竞争性。随着 KF 药业公司的不断发展和壮大，公司中人员正在逐渐增多，在未来的发展过程中也同样需要增加更多的技术型人才和管理型人才。为了更好地适应企业的发展壮大和企业目标的实现，对人才的需求将更加迫切，如何能够吸引更多的优秀人才并且留住企业原有的优秀人才就变得尤为重要了。而在 KF 药业公司现行的薪酬体系中，对员工起到激励作用的薪酬部分仅仅是基本工资，其余奖励方面的激励是少之又少，对员工起不到吸引作用。因此，本次薪酬体系的设计将对 KF 药业公司薪酬进行多方面的考虑，让薪酬对外具有足够的竞争性，对员工具有足够的吸引力，从而满足企业的正常发展需求。

（2）对内对外具有公平性。薪酬体系的设计不仅要保证薪酬对外具有竞争

性，同时还要兼顾对内对外的公平性。即便薪酬竞争性较强，但当员工认为自己在公司内部在薪酬上得不到公平的对待时，员工的不满情绪将更加激烈。同一行业在整个竞争市场中不管职位间还是岗位间是否具有很大差别，薪酬待遇都存在着巨大的差异，为了能够让员工在具有竞争的薪酬条件下感受到公平感，本次薪酬体系的设计将充分考虑行业发展水平、不同职位、不同岗位的差异性，以达到薪酬的公平性。

（3）激励与保健均衡性。薪酬的作用不仅在于吸引和留住人才，也需要在工作过程中不断地对员工起到激励作用，让员工更加努力地工作，提高工作效率。企业工作效率的提高、企业绩效的提升显然要以企业中员工队伍的稳定团结为基础，而 KF 药业公司中现行的薪酬体系不能很好地对员工起到激励作用，因而在薪酬体系的设计上就应该更加关注激励与保健性的薪酬体系。

4.1.2 薪酬体系设计的原则

企业薪酬体系的设计一般是要遵循以下五点原则：

（1）物质激励与精神激励相结合的原则。物质激励与精神激励对员工产生的影响是相辅相成，是缺一不可、共同作用。物质方面的激励一般多为满足员工基本生活上的物质需要，是最基本层次上的需要，而更多的员工在满足物质需要的基础上对精神层面的需求更加强烈，这就要求薪酬体系的设计更深层次的去挖掘员工在精神层面的需求，从而将二者有机地结合在一起，达到更好的激励效果。

（2）薪酬奖励与薪酬约束并重的原则。薪酬体系设计的好坏在很大程度上会影响员工的积极性，因而企业在薪酬体系设计上要关注于薪酬的激励因素，但薪酬的约束作用同样不可忽视。在企业运营过程中如果薪酬体系缺乏约束机制，很可能会造成公司经济利益的直接损失。另外，如果缺乏薪酬约束机制，即便是对员工在薪酬上的激励也会在效果上有明显的减小，有奖有惩才能达到一种平衡。因此，薪酬约束机制必须建立，一定程度的惩罚不但不会使员工产生抵触情绪，反而员工会觉得企业具有公平感和在薪酬体系的设计上具有科学性。

（3）薪酬结构设置的多样化原则。每个企业中的员工不同，其特点也相互迥异，不同的性格特点在企业工作中发挥着不同的作用，因而员工需求的多样化因素在薪酬设计中就需要有所体现，针对不同部分的员工设置不同的薪酬结构，以达到全面激励效果。例如，在企业中可以将加薪、奖励、福利、带薪休假、职位晋升、培训、名誉等多种要素进行不同的组合，以满足不同员工的最大需求。因此，企业在薪酬结构设置时要充分考虑员工需求的多样性，因人而异，让薪酬更好地发挥自身的激励作用，让员工更好地服务于企业。

（4）员工全面参与的原则。以往的薪酬体系设计基本上都是由企业高层管理人员互相商定，根据企业领导人的总体思路进行细化设计的。员工基本不会参与到薪酬体系设计之中，对于薪酬体系员工仅仅是被动的接受者，没有话语权。这样即便员工有自己的想法，对薪酬体系部分不满意也无法表达，很可能对企业产生抵触情绪。因此，本文在薪酬体系设计中考虑了这方面因素，发动员工全员参与，充分借鉴员工对薪酬体系设计的意见。这样实施的优点在于员工参与当中可以有效提高员工的积极性，同时员工能够感受到企业对自身的重视，让员工感受到归属感。因此，员工能够更加容易接受薪酬体系的设计方案，并在后期薪酬方案的实施过程中得到很好的支持。

（5）薪酬设计的可操作原则。薪酬体系的设计要充分考虑和调查企业内部因素、行业水平，以及社会经济环境因素，要深入分析员工的个人需求以及企业需求，同时将多种因素进行综合考虑，进而设计出可操作性强的薪酬体系方案。只有保证薪酬体系的可操作性，才能真正地使薪酬体系得到更好的执行，从而完成企业的总体战略目标。

4.1.3 薪酬体系设计思路

根据薪酬体系设计的基本原则，薪酬的设计需要：一是遵循国家的各项法律法规及相关政策；二是薪酬设计要具有相对的公平性，统筹兼顾。对内部员工要相对公平，遵循多劳多得，少劳少得，按劳分配；从企业角度而言要具有竞争力，让薪酬发挥最大的激励作用，将公司的人力资本最大化。针对以上两点内容，KF 药业公司的薪酬体系有以下设计思路：

首先，本着"按劳分配，统筹兼顾，效率优先"的基本原则，对企业的岗位价值进行重新评估，根据岗位的实际差异，确定岗位的劳动强度、工作量大小、责任轻重等因素，对岗位的权责进行梳理和分析，可以通过问卷调查、员工谈话的方法，兼顾内部的公平；其次，要兼顾整个医药行业的市场需求和行业的平均薪酬水平，不要让员工感觉有落差，要让员工有社会存在感和价值观；再次，利用绩效考核制度做辅助，让绩效考核直接参与到薪酬的分配当中，依据绩效的动态进行薪资调整，优胜劣汰；最后，要保证薪酬体系实施的平稳过渡，要保证改革后的薪酬总额不能低于原来的薪酬总额。

4.2 岗位分析与评价

4.2.1 岗位分析

岗位分析也被称之为工作分析，是对于岗位工作相关的信息进行全面搜集并进行相关分析的一种工具，主要是通过以下几个维度对工作岗位进行系统的分析：工作内容、岗位、人、时间、工作原因、如何工作。只有对员工工作岗位进行科学的分析，才能保证人力资源在运行过程中能够更好地发挥自身的选人、用人、培训和职位调整等工作职能。

（1）岗位分类。根据 KF 药业公司的实际情况、公司发展战略和公司的组织架构，本文将 KF 药业公司的岗位分为以下几大类：行政管理序列、技术管理序列、销售序列。

（2）编制岗位说明书。在本文的写作过程中，笔者与公司人力资源部门相关人员对各个岗位进行了详细的分析与统计，并抽调人力资源部门部分工作人员组成工作小组，专门对各个岗位的职能进行研究，最后经过统计整理编制成说明书。其中，对岗位说明书具体内容主要包括以下内容：工作内容综述、工作执行程序、工作客观条件、工作环境、工作考核标准、工作上岗具备条件、工作职能范围等。

4.2.2　岗位评价

岗位评价是岗位薪酬执行标准的基础，本文在对岗位进行相关分析后则要对岗位进行评价，岗位评价的内容主要包括：工作难易程度、责任大小、技术知识需求程度。岗位评价可以区分出不同岗位之间的价值大小，从而制定相应的岗位薪酬标准。公司中员工也可以根据岗位评价的内容，对自身所具备的岗位条件进行衡量，从而对自己有个比较准确的定位。

岗位评价一般有四种方法，排级法、套级法、评价法、要素比较法。本文根据 KF 药业公司的实际情况，采用了美式的海氏三要素评价法。从以下几个因素对目前岗位进行整体评价，如表 4-1 所示。

表 4-1　　　　　　　　　KF 药业公司岗位评价表

因素		付酬因素释义	子因素
A	知识水平技能技巧	要使工作绩效达到可接受的水平所必需的专门知识及相应的实际运作技能的总和	专业知识技能（1～8）
			管理技巧（1～5）
			人际关系技巧（1～3）
B	解决问题的能力	在工作中发现问题、分析诊断问题，权衡与评价对策、做出决策等的能力	思维环境（1～8）
			思维难度（1～5）
C	承担的职务责任	指职务行使者的行动对工作最终结果可能造成的影响及承担责任的大小	行动的自由度（1～9）
			职务对后果形成所起的作用（1～4）
			财务责任（1～4）
总分＝A＋A×B＋C			

4.2.3 岗位层级

KF 药业公司根据岗位评价的原则及评价因素对公司现有岗位分别进行定级，公司特聘请专家组对岗位进行评价打分，从而确定岗位级别。对于 KF 药业公司调整后的薪酬体系对岗位总体分为 8 个级别，分别为 A、B、C、D、E、F、G、H，在每个级别中分别设立的 8 个档级，分别为 A1、A2、A3、A4、A5、A6、A7、A8 到 H1、H2、H3、H4、H5、H6、H7、H8。以人力资源部门为例对公司岗位级别进行确定，其他部门岗位级别的确定与此相同，其详细内容如表 4－2 所示。

表 4－2　　　　　　　　　人力资源部门岗位级别确定

因素		A			B		C			总分
		知识水平技能技巧			解决问题的能力		承担的职务责任			
付酬因素释义		要使工作绩效达到可接受的水平所必需的专门知识及相应的实际运作技能的总和			在工作中发现问题、分析诊断问题、权衡与评价对策、做出决策等的能力		指职务行使者的行动对工作最终结果可能造成的影响及承担责任的大小			
子因素		专业知识技能(1～8)	管理技巧(1～5)	人际关系技巧(1～3)	思维环境(1～8)	思维难度(1～5)	行动的自由度(1～9)	职务对后果形成所起的作用(1～4)	财务责任(1～4)	
人力资源总监	评价	7	5	3	6	2	8	主	3	2384 F3
	得分	1056			50%		800			
培训发展经理	评价	6	3	3	3	4	4	主	2	662 C5
	得分	460			19%		115			
人事管理经理	评价	6	3	3	4	4	5	主	2	736 C6
	得分	460			22%		175			
翻译	评价	6	1	1	4	4	1	辅	1	258 B4
	得分	200			22%		14			

因素		A			B		C			总分
		知识水平技能技巧			解决问题的能力		承担的职务责任			
付酬因素释义		要使工作绩效达到可接受的水平所必需的专门知识及相应的实际运作技能的总和			在工作中发现问题、分析诊断问题、权衡与评价对策、做出决策等的能力		指职务行使者的行动对工作最终结果可能造成的影响及承担责任的大小			总分
子因素		专业知识技能(1~8)	管理技巧(1~5)	人际关系技巧(1~3)	思维环境(1~8)	思维难度(1~5)	行动的自由度(1~9)	职务对后果形成所起的作用(1~4)	财务责任(1~4)	
培训专员	评价	3	1	2	2	4	3	辅	1	149 A7
	得分	100			16％		33			
企业文化专员	评价	3	1	2	2	4	3	辅	1	149 A7
	得分	100			16％		33			
绩效考核专员	评价	3	1	2	2	4	3	辅	1	149 A7
	得分	100			16％		33			
薪酬管理专员	评价	3	1	2	2	4	3	辅	1	149 A7
	得分	100			16％		33			
人才招聘专员	评价	3	1	2	2	4	3	辅	1	149 A7
	得分	100			16％		33			
人事档案专员	评价	3	1	2	2	4	3	辅	1	149 A7
	得分	100			16％		33			

　　根据专家组对 KF 药业公司员工岗位评价结果绘制部门岗位层级对应表，同样以人力资源部门为例，岗位级别对应表见附录 5 人力资源部门岗位级别对应表。

4.3 薪酬体系优化设计

4.3.1 薪酬体系结构

本文根据 KF 药业公司实际情况结合对员工需求的分析，对员工薪酬体系进行优化设计，对于员工薪酬体系中绩效工资部分的缺失进行补充，对整体结构进行调整，将公司中原有的基本工资、级别工资、岗位工资统一调整为岗位工资，优化原薪酬结构中基本工资全员一致的不合理问题。调整后的工资结构如图 4－1 所示。

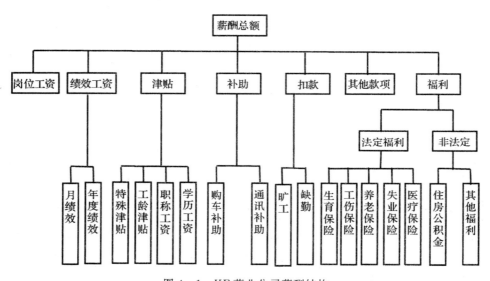

图 4－1　KF 药业公司薪酬结构

4.3.2 薪酬水平的确定

（1）外部薪酬调查。针对 KF 药业公司薪酬体系的优化设计思路，首先需要明确公司整体的薪酬构成和水平。薪酬水平的确定需要具有一定的依据和标准，这就要充分对同行业的其他企业和地域性的整体薪酬水平进行调研分析，在此基础上，使薪酬水平的调查形成一套完整的系统化体系，主要是对市场中不同职位进行分类，并通过统计分析进行最终汇总，形成薪酬水平改革依据报告，为薪酬体系改革作参考。

为了便于企业进行薪酬等级水平与社会相近企业的比较，本文通过咨询对 8 家省内相近企业雇员薪酬情况进行了调查，并选出典型的企业作为分析的比较对象，为薪酬水平的确定提供基础数据。详细结果如表 4－3 所示。

表 4—3　　　　**2013 年对 KF 相近企业雇员薪酬情况调查表**　　　（单位：元）

序号	薪酬级别	标准	企业1	企业2	企业3	企业4	企业5	企业6	企业7	企业8
8	总裁									
7	副总裁									
6	总监	年薪	70000	110000	100000	140000	160000	80000	110000	60000
5	副总监	年薪	50000	60000	50000	110000	110000	50000	70000	50000
4	经理	月薪	4500	3800	3200	4200	5000	4000	3900	3000
3	副经理	月薪	3200	3000	2800	3400	4100	3500	3100	2800
2	主管	月薪	2400	2600	2100	2300	2500	2300	2200	2600
1	职员	月薪	2200	1800	1600	1800	2100	1900	1800	2300

　　其中，企业 1、2、3 属于同行业中同类型的中小型企业，企业 4、5、6 属于相近企业，企业 7、8 属于相关企业。

　　（2）企业薪酬水平确定。薪酬水平的确定要充分考虑内、外部公平性，并根据目前所掌握的行业薪酬水平情况，本文对 KF 药业公司的薪酬水平进行了适当的调整，公司调整后的行政管理序列与技术管理序列员工薪酬水平如表 4—4、表 4—5 所示：

表 4—4　　　　　**行政管理序列薪酬水平调整表**　　　　（工资单位：元）

岗位名称	所在级层	海氏评价分	岗位工资	级差	比例	绩效工资	岗位+绩效
总裁	H8	5531～5792	11500	500	50%：50%	11500	23000
	H7	5251～5530	11000	500	50%：50%	11000	22000
	H6	4981～5250	10500	500	50%：50%	10500	21000
	H5	4701～4980	10000	500	50%：50%	10000	20000
	H4	4451～4700	9500	500	50%：50%	9500	19000
	H3	4256～4450	9000	500	50%：50%	9000	18000
	H2	4066～4255	8600	400	50%：50%	8600	17200
	H1	3881～4065	8300	300	50%：50%	8300	16600

续表

岗位名称	所在级层	海氏评价分	岗位工资	级差	比例	绩效工资	岗位＋绩效
副总裁	G8	4066～4255	8600	300	50％：50％	8600	17200
	G7	3881～4065	8300	300	50％：50％	8300	16600
	G6	3701～3880	8000	300	50％：50％	8000	16000
	G5	3526～3700	7700	300	50％：50％	7700	15400
	G4	3356～3525	7400	300	50％：50％	7400	14800
	G3	3191～3355	7100	300	50％：50％	7100	14200
	G2	3031～3190	6800	300	50％：50％	6800	13600
	G1	2871～3030	6500	300	50％：50％	6500	13000
总监	F8	3031～3190	6700	200	60％：40％	4467	11167
	F7	2871～3030	6500	200	60％：40％	4333	10833
	F6	2716～2870	6300	200	60％：40％	4200	10500
	F5	2566～2715	6100	200	60％：40％	4067	10167
	F4	2421～2565	5900	200	60％：40％	3933	9833
	F3	2281～2420	5700	200	60％：40％	3800	9500
	F2	2146～2280	5500	200	60％：40％	3667	9167
	F1	2016～2145	5300	200	60％：40％	3533	8833
副总监	E8	2146～2280	5500	200	60％：40％	3667	9167
	E7	2016～2145	5300	200	60％：40％	3533	8833
	E6	1891～2015	5100	200	60％：40％	3400	8500
	E5	1766～1890	4900	200	60％：40％	3267	8167
	E4	1646～1765	4700	200	60％：40％	3133	7833
	E3	1526～1645	4500	200	60％：40％	3000	7500
	E2	1416～1525	4300	200	60％：40％	2867	7167
	E1	1311～1415	4100	200	60％：40％	2733	6833

续表

岗位名称	所在级层	海氏评价分	岗位工资	级差	比例	绩效工资	岗位＋绩效
经理	D8	1416～1525	4300	200	70％：30％	1843	6143
	D7	1311～1415	4100	200	70％：30％	1757	5857
	D6	1211～1310	3900	200	70％：30％	1671	5571
	D5	1106～1210	3700	200	70％：30％	1586	5286
	D4	1006～1105	3500	200	70％：30％	1500	5000
	D3	911～1005	3300	200	70％：30％	1414	4714
	D2	826～910	3100	200	70％：30％	1329	4429
	D1	746～825	2900	200	70％：30％	1243	4143
副经理	C8	826～910	3000	100	80％：20％	750	3750
	C7	746～825	2900	100	80％：20％	725	3625
	C6	676～745	2800	100	80％：20％	700	3500
	C5	611～675	2700	100	80％：20％	675	3375
	C4	551～610	2600	100	80％：20％	650	3250
	C3	496～550	2500	100	80％：20％	625	3125
	C2	446～495	2400	100	80％：20％	600	3000
	C1	386～445	2300	100	80％：20％	575	2875
主管（含班长）	B8	446～495	2400	100	80％：20％	600	3000
	B7	386～445	2300	100	80％：20％	575	2875
	B6	336～385	2200	100	80％：20％	550	2750
	B5	291～335	2100	100	80％：20％	525	2625
	B4	251～290	2000	100	80％：20％	500	2500
	B3	216～250	1900	100	80％：20％	475	2375
	B2	186～215	1800	100	80％：20％	450	2250
	B1	165～185	1700	100	80％：20％	425	2125

续表

岗位名称	所在级层	海氏评价分	岗位工资	级差	比例	绩效工资	岗位＋绩效
职员/工人	A8	186～215	1800	100	90%：10%	200	2000
	A7	165～185	1700	100	90%：10%	189	1889
	A6	140～165	1600	100	90%：10%	178	1778
	A5	121～140	1500	100	90%：10%	167	1667
	A4	106～120	1400	100	90%：10%	156	1556
	A3	93～105	1300	100	90%：10%	144	1444
	A2	81～92	1200	100	90%：10%	133	1333
	A1	71～80	1100	100	90%：10%	122	1222
		65～70	1000		90%：10%	111	1111

在表4－4中，津贴、补助、其他增项不包含在内。另外，月绩效和年绩效的分配比例：职工绩效只包含月绩效10%；主管、副经理及经理的绩效包含月绩效和年度绩效，比例分别为20%（月绩效10%，年绩效10%）；总监和副总监绩效包含月绩效和年绩效，分别为30%（月绩效20%，年绩效20%）；副总裁和总裁制包含年度绩效，比例为50%，下表同。

表4－5　　　　技术管理序列薪酬水平调整表　　　　（工资单位：元）

岗位名称	所在层级	海氏评价分	岗位工资	极差	比例	绩效工资	岗位＋绩效
总工程师	F8	3031～3190	6700	200	60%：40%	4467	11167
	F7	2871～3030	6500	200	60%：40%	4333	10833
	F6	2716～2870	6300	200	60%：40%	4200	10500
	F5	2566～2715	6100	200	60%：40%	4067	10167
	F4	2421～2565	5900	200	60%：40%	3933	9833
	F3	2281～2420	5700	200	60%：40%	3800	9500
	F2	2146～2280	5500	200	60%：40%	3667	9167
	F1	2016～2145	5300	200	60%：40%	3533	8833

岗位名称	所在层级	海氏评价分	岗位工资	极差	比例	绩效工资	岗位＋绩效
高级工程师	E8	2146～2280	5500	200	60%：40%	3667	9167
	E7	2016～2145	5300	200	60%：40%	3533	8833
	E6	1891～2015	5100	200	60%：40%	3400	8500
	E5	1766～1890	4900	200	60%：40%	3267	8167
	E4	1646～1765	4700	200	60%：40%	3133	7833
	E3	1526～1645	4500	200	60%：40%	3000	7500
	E2	1416～1525	4300	200	60%：40%	2867	7167
	E1	1311～1415	4100	200	60%：40%	2733	6833
副高级工程师	D8	1416～1525	4300	200	70%：30%	1843	6143
	D7	1311～1415	4100	200	70%：30%	1757	5857
	D6	1211～1310	3900	200	70%：30%	1671	5571
	D5	1106～1210	3700	200	70%：30%	1586	5286
	D4	1006～1105	3500	200	70%：30%	1500	5000
	D3	911～1005	3300	200	70%：30%	1414	4714
	D2	826～910	3100	200	70%：30%	1329	4429
	D1	746～825	2900	200	70%：30%	1243	4143
工程师	C8	826～910	3000	100	80%：20%	750	3750
	C7	746～825	2900	100	80%：20%	725	3625
	C6	676～745	2800	100	80%：20%	700	3500
	C5	611～675	2700	100	80%：20%	675	3375
	C4	551～610	2600	100	80%：20%	650	3250
	C3	496～550	2500	100	80%：20%	625	3125
	C2	446～495	2400	100	80%：20%	600	3000
	C1	386～445	2300	100	80%：20%	575	2875

续表

岗位名称	所在层级	海氏评价分	岗位工资	极差	比例	绩效工资	岗位＋绩效
助理工程师	B8	446～495	2400	100	80％：20％	600	3000
	B7	386～445	2300	100	80％：20％	575	2875
	B6	336～385	2200	100	80％：20％	550	2750
	B5	291～335	2100	100	80％：20％	525	2625
	B4	251～290	2000	100	80％：20％	500	2500
	B3	216～250	1900	100	80％：20％	475	2375
	B2	186～215	1800	100	80％：20％	450	2250
	B1	165～185	1700	100	80％：20％	425	2125
职员/工人	A8	186～215	1800	100	90％：10％	200	2000
	A7	165～185	1700	100	90％：10％	189	1889
	A6	140～165	1600	100	90％：10％	178	1778
	A5	121～140	1500	100	90％：10％	167	1667
	A4	106～120	1400	100	90％：10％	156	1556
	A3	93～105	1300	100	90％：10％	144	1444
	A2	81～92	1200	100	90％：10％	133	1333
	A1	71～80	1100	100	90％：10％	122	1222
		65～70	1000		90％：10％	111	1111

尽管调整后的薪酬水平与调整前相比总体上有所提高，增加了公司部分成本，但依据今年 KF 药业公司销售额度，调整后的薪酬总额尽管有所增加，却在适当调控范围之内，因而薪酬水平计划是可行的。

4.3.3 薪酬内部结构设计

本次调整后的薪酬体系及管理制度适用于本公司所有员工。调整后公司的薪酬结构包括岗位工资、绩效奖金、津贴、补助、扣罚、其他增项、福利七大部分。如图 4—1 所示。

（1）薪酬总额的产生。薪酬总额的产生需要撰写《本年度薪酬预算报告》，KF 药业公司人力资源部在每年 1 月 30 日前对上一年度的薪酬发放实施情况进行总结分析，在此基础上完成该年度的预算报告，完成后提交给总裁办公会议讨论审批。

（2）岗位工资。岗位工资是根据本企业岗位劳动责任、劳动强度、劳动条件等评价要素确定的支付工资报酬的根据，如表4－2、表4－3所示。

（3）绩效工资。绩效工资是根据公司、部门和员工业绩效计付的工资，一般实行公司全员参与。绩效工资一般分两部分，包括月度绩效工资和年度绩效工资。月度绩效工资一般是针对普通员工享有的，B1级以上级员工可享有年度绩效奖金。不同岗位的绩效考核方式不同，所以绩效工资的标准也有所不同。绩效奖金计算公式为：

月绩效奖金额＝绩效奖金标准×月考核等级比例

年度绩效奖金额＝绩效奖金标准×12个月×年考核等级比例

（4）员工薪酬层级的调整/标准年薪确定。

①员工每年不定期最多调整2次，由上一级主管提出，参加统一绩效考核合格后，经部门经理审批报人力资源部备案。

②薪酬层级的调整包括层级上升、层级不变、层级降低三种。人力资源部调控三种层级变化比例为30：60：10左右。

③员工可跨层级晋升，在试用期的员工享受该岗位适用期设定的薪酬；转正后，由所在部门和人力资源部针对其试用期表现进行定级。

④被降职的员工，人力资源部根据降职后的新岗位进行重新评估，薪酬层级重新确定。

⑤新入职的员工，在适用期间其薪酬标准为《岗位级层关系图》中该岗位最低层级的薪酬，转正后由人力资源部按照员工能力素质模型进行评估定级。

⑥因工作关系发生平调工作岗位的员工，其薪酬层级采取就高不就低的原则。

⑦因不称职发生平调工作岗位的员工，人力资源部将按照员工能力素质模型进行重新评估定级。

（5）岗位津贴。岗位津贴是作为员工标准薪资补充的一系列津贴的总和。津贴项目有工龄津贴、职称津贴、学历津贴、特殊津贴等。

①工龄津贴是根据员工工作年限计付的补充性工资。工龄津贴标准每年30元，十年以上年资不再增加，即工龄工资最高为300元。公司员工都享有工龄津贴，工龄津贴从加入公司之日起开始计算，从加入公司第二年开始支付。离开本公司后又回本公司工作的员工，工龄津贴按重新加入公司之日起计算。

②职称津贴是根据员工的技术职称资格计付的补充性津贴。员工取得的职称必须与所从事的岗位密切相关，员工职称津贴标准如表4－6所示。

表 4－6   **员工职称津贴标准**   （单位：元）

职称等级	标准
助理	50
中级职称	100
副高级职称	150
高级职称	200
其他	总裁办公委员会确定

③学历津贴是根据员工的学历情况而计付的补充性工资，是对人力成本的回报。取得的学历必须与所从事的岗位密切相关，员工学历津贴标准如表 4－7 所示。

表 4－7   **员工学历津贴标准**   （单位：元）

学历	标准
大学专科	100
大学本科	150
硕士研究生	300
博士	500

④特殊津贴是指，员工对公司有特殊贡献或需要公司给予特殊津贴补助等情况，由公司总裁提议经总裁办公委员会或经营班子研究通过津贴的发放形式，其不受工资范围的约束，上不封顶。

（6）补助。补助也是员工标准薪资补充的一系列补助的总和。补助项目有车补、通讯补助。

①车补是公司经理级以上人员，主要是技术营销人员，在市场期间能够更有效率的服务市场，享受的补助。

②通信补助是指，公司部门经理（含）以上人员、司机、特殊岗位或因工作需要享受的补助，员工通信补助标准如表 4－8 所示。

表 4－8   **员工通信补助标准**   （单位：元）

级别	标准
总监	100
经理	50
司机、出纳	50
税务会计、物流经理	88
人力保险专员	30

（7）扣罚。

①出勤情况。

②未完成额定工作量。

③工作中出现不可挽回的错误。

④法定个人承担的保险。

⑤法定个人所得税。

（8）试用期员工与实习学生薪酬。

①试用期员工在公司工作满第一个月的，公司按整月计算薪酬，工作未满一个月的，与下个月一同发放。

②本制度的薪酬标准不适用于实习学生，实习学生的薪酬标准另定。

（9）薪酬发放时间。

①薪酬发放时间为每月 10 日左右，采用当月考勤，次月发放的方式，未按《劳动合同》规定的期限提前通知公司，且未办理离职手续擅自离职的，按劳动合同规定的相关条款扣发该月薪酬。

②员工退职时，以该月实际出勤考核情况计算当月薪酬。

③员工加班工资按以下规定执行。

根据《劳动法》结合公司实际情况结算加班工资。

计算公式：延长工作时间加班工资＝实际加班时间×合同规定工资/月工作天数×150％

休息日时间加班工资＝实际加班时间×合同规定工资/月工作天数×200％

法定节假日加班时间＝实际加班时间×合同规定工资/月工作天数×300％

（10）薪酬的保密性规定。

①本公司薪酬制度本着公开、公正的原则欢迎广大员工提出宝贵意见。

②员工薪酬保密，员工应自觉保守个人薪酬秘密并不得打探他人薪酬。

③任何人员不得对企业员工薪酬信息进行相互打探，否则根据实际情况对员工从重处罚。

（11）福利制度。

①本公司在保险公司为员工保存了一笔预期收入，用来提供员工的各种安全保障。由于这是国家法律规定的强制性保险项目，所以任何人不能提前提取现金。

②保险是指，公司按照国家规定为员工交纳的各类社会保险。公司目前为员工办理的保险有失业保险、养老保险、女职工生育保险和医疗保险和工伤保险。保险不计入员工个人薪酬总额。全员享受国家法定假日带薪休假待遇。

5 KF 药业公司优化薪酬体系实施保障

5.1 优化薪酬体系实施的基础保障

薪酬体系的有效实施需要全员参与，并且严格按照企业相关的规章制度去实行，每一个环节都不能轻易放过。KF 药业公司的薪酬体系在实施过程中要对基础性的保障工作做到万无一失，同时在实施过程中做好实时监控，对出现的问题及时发现并加以解决。

（1）做好培训宣传。首先，薪酬体系优化设计要对各个部门做好培训工作，尤其是人力资源管理部门，只有做好培训工作，优化后的薪酬体系才能被企业各个部门所熟悉掌握，从而使得员工能够很好地接受优化后的薪酬体系，并在工作中加快新的薪酬体系的实施。只有这样薪酬体系优化设计组的工作人员才能够科学的对员工所在岗位进行分析和评价，从而制定公司人员结构及数量，员工岗位性质等问题。其次，薪酬体系的优化离不开员工的大力宣传，薪酬体系优化的科学性是员工宣传的基础要素，薪酬体系的每一次变革都是员工利益分配的一次重组，只有做到薪酬体系优化的科学合理才能满足更多员工的实际需求，也能够更好地让员工对其进行宣传，从而加快优化后的薪酬体系实行的脚步。

（2）完善薪酬管理制度。公司要对薪酬体系实施进行高度关注，建立薪酬工作相关工作组，保障薪酬体系顺利实施。人力资源部门是薪酬体系实施的主体部门，但需要公司高层管理者的全力支持。工作小组负责各方面的事务，既要对薪酬体系的实施做足宣传工作，同时还需要动员公司全体员工参与到薪酬体系设计中来，使员工充分感受到主人翁的地位，增强员工对企业的归属感和信任感，这样在薪酬体系的实施过程中会减少很多不必要的麻烦。同时相关部门需尽快出台相关薪酬管理规范及相应政策。

（3）建立沟通反馈机制。任何一项制度或规定的建立都需要进行不断地适应及修改过程，发现不足及时改正，这就需要公司及时建立有效的沟通反馈机制。在新的薪酬体系运行的过程中同样会出现这样或那样的问题，员工对此会产生不同的声音，如果得不到及时解决则很可能造成员工对新的薪酬体系失去信心，认为薪酬体系损害了员工的个人利益，对公司产生不满从而影响薪酬体系的运行。因此，公司必须建立一套有效的沟通反馈机制，让员工的意见能够及时反映到相关执行和管理部门，相关部门根据实际情况做出对薪酬体系不足之处的相应调整和改善，尽可能完善员工和公司的整体利益，达到员工满意，这也能够让员工更多地感受到公司对其意见的重视度。同时，这种沟通反馈机制的运行也能够有效地将企业的总体战略目标与员工个人形成一定联系，从而提高公司的竞争力。

5.2 制定相配套的绩效考核体系

5.2.1 相关绩效考核指标

（1）管理及相关人员绩效考核指标。KF 药业公司中不同层级、不同性质的员工，其考核方案与考核指标有所不同。其中，管理人员等一般采用月考核方式，而考核指标的选取需要充分考虑员工工作性质、工作内容等多方面因素。过多的指标设定会造成考核体系的繁琐化，加大员工工作量，并造成被考核人员的心理负担。相反，如果考核指标过少，则很难确保考核的有效性。因此，要掌握好指标选取间的权重问题，从而使薪酬考核更具公平性。笔者认为，对管理人员的考核指标主要包含以下几部分内容：工作业绩，对工作的完成情况；工作表现，对待工作认真程度；工作能力，对专业知识的掌握程度，沟通协调的能力等。

（2）销售人员绩效考核指标。销售人员的绩效考核指标与管理人员会有所区别，对于销售人员的考核不但要对其销售过程进行考核，同时还要对销售的结果和销售完成后客户的满意度等指标进行考核，单一方面的考核对销售人员有失公平，也缺乏公平合理性。笔者认为，对 KF 药业公司销售人员的考核指标主要包含以下几个方面：销售数量，涵盖款项的到账率和坏账率；产品销售的毛利率；月均销售数量；客户维护程度；新客户开发数量和顾客满意度等。

5.2.2 绩效考核方法

根据 KF 药业公司目前实际情况，本文对员工绩效考核采用了 360 度绩效考核方法。360 度绩效考核方法顾名思义，就是通过全方位的对被考核员工进行了解，从而确定其绩效成绩。一方面被考核员工对自己进行评价，同时通过被考核员工的领导、同事和顾客等对其的评价来对其进行全方位考核。

360 度绩效考核方法的实施首先要确定绩效考核的指标，再根据指标划分不同的指标层级，由被考核员工对自身的工作等进行评价，并由主管领导及各部门分管领导对其进行评价打分，最终由人力资源管理部门对总得分进行加权平均，获得员工的考评结果。

结　论

本文主要是对 KF 药业公司薪酬体系进行研究，通过国内外相关文献和公司实际情况，发现了公司中薪酬体系所存在的相关问题，笔者以此为基础，提出了对 KF 药业公司薪酬体系优化设计的总体思路。同时，对公司中相关的岗位进行分析与评价，对同行业的其他部分具有代表性的企业的薪酬水平进行了了解，进而设计了一套适应于 KF 药业公司目前及一定时期内发展的薪酬体系。在整个研究设计的过程中主要做了以下几个方面的工作：

（1）在论文写作之初阐明了论文研究的背景，明确了研究目的，同时确定了研究方法。

（2）对国内外有关薪酬体系研究的资料进行了大量的阅读，并结合本文整理出了薪酬体系相关的发展理论，同时对薪酬体系进行了概括。为薪酬体系的优化设计奠定了理论基础。

（3）在论文写作过程中，笔者多次对 KF 药业公司相关部门人员进行了访谈，同时对人力资源等相关部门提供的资料进行详细整理，发现了 KF 药业公司中所存在的问题，并对存在问题的原因进行深一步的分析，从而找到解决问题的对策。

（4）根据分析中发现的问题，确定了 KF 药业公司薪酬体系优化设计的总体目标及原则，通过对公司中不同岗位的评价与分析，以及对同行业薪酬水平的调查，明确了 KF 药业公司的薪酬标准，并对不同人员的薪酬结构及薪酬水平进行相应调整。虽然调整后薪酬整体有所增加，但却在公司可调控范围之内。在加大了对员工激励的同时，也增强了员工对公司的满意度。

（5）对于优化后的薪酬体系实施了保障制度，确保优化后薪酬体系有效运行。

由于笔者知识水平有限，同时所能够获得的资料也很有限，所以在论文整个研究中会存在部分不足。在以后的学习和研究过程中，笔者将会从多个角度对论文中所未涉及的问题及不足之处进行深入分析，努力完善 KF 药业公司薪酬体系。

参考文献

［1］ D. J. Cira，E. R. Benjiamin. Competency－based pay：a concept in evolution. Compensation and Benefit－Review ［J］. 1998，30 (5)：21－28.

［2］ McGuire J. W，Chin J. S. Y，Elbeing A. O. Executive income，sales，and Profits ［J］. American Economic Review，1962.

［3］ Robert M. Solow. Alternative Approaches to Macroeconomic Theory：A Partial View. Journal of Economic ［J］. Canadian Economics Association，1979，12 (3)：339－54.

［4］ Strauss F. W.，Baker W. S. American corporations and their executives：a statistical inquiry ［J］. Quarterly journal of Economics，1925.

［5］ William，P. A. Strategic Human Resource Management ［M］. NewYork：The Dry Press，2000：118.

［6］［美］托马斯·J. 伯格曼，维达·占尔比纳斯·斯卡佩罗. 薪酬决策 ［M］. 北京：中信出版社，2007：21.

［7］ 威廉. 配第. 赋税论 ［M］. 北京：中国社会科学出版社，2010 (4).

［8］ 约翰·M. 伊凡瑟维奇著. 人力资源管理 ［M］. 北京：机械工业出版社，2008：23－61.

［9］ 索普（Thorpe R.），霍曼（Homan G.）. 企业薪酬体系设计与实施 ［M］. 北京：电子工业出版社，2003 (4)：25－27.

［10］ 米尔科维奇. 薪酬管理 ［M］. 北京：中国人民大学出版社，2002：3－15.

［11］ 熊敏鹏. 公司薪酬设计与管理 ［M］. 北京：机械工业出版社，2006，96－97.

［12］ 康士勇. 薪酬设计与薪酬管理 ［M］. 北京：中国劳动社会保障出版社，2007.

［13］ 戴昌均，许为民. 企业薪酬福利 ［M］. 天津：南开大学出版社，2008：23－25.

［14］ 杜胜利. 企业经营业绩评价 ［M］. 北京：经济科学出版社，2008：22－44.

［15］ 朱飞. 绩效激励与薪酬激励 ［M］. 北京：企业管理出版社，2010：35－36.

[16] 张小兵. 人力资源管理 [M]. 北京：机械工业出版社，2010：44—48.

[17] 王淑珍，王铜安. 现代人力资源培训与开发 [M]. 北京：清华大学出版社，2010：33—38.

[18] 刘银花. 薪酬管理 [M]. 大连：东北财经大学出版社，2011：55—56.

[19] 秦杨勇. 企业薪酬设计方法与工具 [M]. 北京：电子工业出版社，2011：41—43.

[20] 解进强，史春祥. 薪酬管理实务（第二版）[M]. 北京：机械工业出版社，2011：37—39.

[21] 吴东梅. 人力资源管理案例分析（第 2 版）[M]. 北京：机械工业出版社，2011：35—36.

[22] 刘爱军. 薪酬涵义辨析 [J]. 当代财经，2009（4）.

[23] 王凤竹. 薪酬体系研究：企业管理的重要组成部分 [J]. 现代商贸工业，2010（1）：15—18.

[24] 曹美云. 新形势下的薪酬激励机制探讨 [J]. 人力资源管理，2010.

[25] 孙建坤，李元卿. 薪酬水平的设计方法 [J]. 中国人力资源开发，2010（11）：39—42.

[26] 娄鸣. 宽带薪酬体系在企业中的应用 [J]. 河南科技，2010（9）：25—27.

[27] 乔文丽. 浅析 AB 公司薪酬结构设置 [J]. 人口与经济，2010（SI）：53—54.

[28] 刘喜怀. 我国中小型企业薪酬定位存在的问题及对策 [J]. 企业经济，2013（02）.

[29] 洪琛明. 企业薪酬管理问题研究 [J]. 现代商业，2013（21）.

[30] 屈华. 加强企业薪酬管理的策略探析 [J]. 中外企业文化，2014（01）.

[31] 魏蓉. YW 公司管理人员薪酬管理体系再设计 [D]. 广东工业大学，2011.

[32] 黄健. A 钢铁公司薪酬体系优化研究 [D]. 北京邮电大学，2012.

[33] 杨小玉. LK 销售公司薪酬体系设计 [D]. 河南科技大学，2012.

[34] 林驰. L 公司薪酬体系优化设计 [D]. 首都经济贸易大学，2013.

附　录

薪酬满意度调查问卷

调查说明：

本问卷调查为匿名调查，请您按实际情况在相应的选项上打"√"。以下题目除非特别说明，均为单项选择题，限选 1 项。

您的性别：　　　　　　年龄：　　　　　　学历程度：

1. 您目前的月收入如何？（单位：元/月）

　　A. 1000 元以下　　　　B. 1000～1500 元　　　　C. 1501～2000 元

　　D. 2001～3000 元　　　E. 3001～5000 元　　　　F. 5001 元以上

2. 您对目前的薪酬水平是否感到满意？

　　A. 非常满意　　　　　B. 满意　　　　　　　　C. 非常不满意

　　D. 不满意　　　　　　E. 不确定

3. 您认为合理的薪酬结构应该包括？

　　A. 基本工资　　　　　B. 绩效工资及奖金　　　C. 福利

　　D. 加班费　　　　　　E. 通讯交通补贴

4. 在目前公司的薪酬标准中，主要是依据什么来定的？（最多选 3 项）

　　A. 技能　　　　　　　B. 学历　　　　　　　　C. 在公司的工作年限

　　D. 参加工作年限　　　E. 岗位　　　　　　　　F. 公司与员工协商

　　G. 市场行情　　　　　H. 工作业绩　　　　　　I. 其他

5. 您认为合理的薪酬标准应该依据什么进行确定的？（最多选 3 项）

　　A. 技能　　　　　　　B. 学历　　　　　　　　C. 在公司的工作年限

　　D. 工作业绩　　　　　E. 岗位　　　　　　　　F. 公司与员工协商

　　G. 市场行情　　　　　H. 其他

6. 您认为公司的固定工资部分在薪酬中的比重多少为宜？

　　A. 20％以下　　　　　B. 20％～40％　　　　　C. 40％～60％

　　D. 60％～80％　　　　E. 80％以上

7. 与单位内同类人员相比，您的薪酬被公平对待？

　　A. 非常同意　　　　　B. 同意　　　　　　　　C. 基本同意

　　D. 不同意　　　　　　E. 比较不同意

8. 与行业内其他单位人员比起来，您的薪酬被公平对待？

    A. 非常同意   B. 同意   C. 基本同意

    D. 不同意   E. 比较不同意

9. 您最希望公司用什么方法奖励您的业绩？

    A. 加薪   B. 奖金   C. 休假

    D. 表扬   E. 升职   F. 培训

    G. 更多的权力   H. 更丰富的工作   I. 其他

10. 您对公司现有薪酬制度是否满意？

    A. 满意   B. 一般   C. 不满意

    D. 不明确

如果您对公司的薪酬体系有好的意见或建议，请写到下面：

_____

_____

2. 知识水平和技能水平

人际关系技能（3）1—3		管理技巧（2）1—5														
		起码的—1			相关的—2			多样的—3			广博的—4			全面的—5		
		基本的—1	重要的—2	关键的—3	基本的—1	重要的—2	关键的—3	基本的—1	重要的—2	关键的—3	基本的—1	重要的—2	关键的—3	基本的—1	重要的—2	关键的—3
专业知识技能（1）1—8	基本的1	50	57	66	66	76	87	87	100	115	115	132	152	152	175	200
		57	66	76	76	87	100	100	115	132	132	152	175	175	200	230
		66	76	87	87	100	115	115	132	152	152	175	200	200	230	264
	初等业务的2	66	76	87	87	100	115	115	132	152	152	175	200	200	230	264
		76	87	100	100	115	132	132	152	175	175	200	230	230	264	304
		87	100	115	115	132	152	152	175	200	200	230	264	264	304	350
	中等业务的3	87	100	115	115	132	152	152	175	200	200	230	264	264	304	350
		100	115	132	132	152	175	175	200	230	230	264	304	304	350	400
		115	132	152	152	175	200	200	230	264	264	304	350	350	400	460
	高等业务的4	115	132	152	152	175	200	200	230	264	264	304	350	350	400	460
		132	152	175	175	200	230	230	264	304	304	350	400	400	460	528
		152	175	200	200	230	264	264	304	350	350	400	460	460	528	608

人际关系技能 (3) 1—3		管理技巧（2）1—5														
		起码的—1			相关的—2			多样的—3			广博的—4			全面的—5		
		基本的—1	重要的—2	关键的—3	基本的—1	重要的—2	关键的—3	基本的—1	重要的—2	关键的—3	基本的—1	重要的—2	关键的—3	基本的—1	重要的—2	关键的—3
专业知识技能 (1) 1—8	基本专门技术5	152	175	200	200	230	264	264	304	350	350	400	460	460	528	608
		175	200	230	230	264	304	304	350	400	400	460	528	528	608	700
		200	230	264	264	304	350	350	400	460	460	528	608	608	700	800
	熟练专门技术6	200	230	264	264	304	350	350	400	460	460	528	608	608	700	800
		230	264	304	304	350	400	400	460	528	528	608	700	700	800	920
		264	304	350	350	400	460	460	528	608	608	700	800	800	920	1056
	精通专门技术7	264	304	350	350	400	460	460	528	608	608	700	800	800	920	1056
		304	350	400	400	460	528	528	608	700	700	800	920	920	1056	1216
		350	400	460	460	528	608	608	700	800	800	920	1056	1056	1216	1400
	权威专门技术8	350	400	460	460	528	608	608	700	800	800	920	1056	1056	1216	1400
		400	460	528	528	608	700	700	800	920	920	1056	1216	1216	1400	1600
		460	528	608	608	700	800	800	920	1056	1056	1216	1400	1400	1600	1840

3. 解决问题的能力（单位:％）

思维环境 (1)		思维难度（2）				
		重复性的5	模式化的4	中间型的3	适应性的2	无先例的1
	高度常规性的1	10	14	19	25	33
		12	16	22	29	38
	常规性的2	12	16	22	29	38
		14	19	25	33	43
	半常规性的3	14	19	25	33	43
		16	22	29	38	50
	标准化的4	16	22	29	38	50
		19	25	33	43	57
	明确规定的5	19	25	33	43	57
		22	29	38	50	66

续表

		思维难度（2）				
		重复性的5	模式化的4	中间型的3	适应性的2	无先例的1
思维环境（1）	广泛规定的6	22	29	38	50	66
		25	33	43	57	76
	一般规定的7	25	33	43	57	76
		29	38	50	66	87
	抽象规定的8	29	38	50	66	87
		38	43	57	76	100

4. 承担的责任

职务责任	等级高低 财务责任3	微小1 0~1000				少量2 1000~10000				中量3 10000~100000				大量4 100000以上			
职务对后果形成的作用（2）		间接			直接	间接			直接	间接			直接	间接			直接
行动的自由度（1）		后勤	辅助	分摊	主要	后勤	辅助	分摊	主要	后勤	辅助	分摊	主要	后勤	辅助	分摊	主要
	有规定的1	10	14	19	25	14	19	25	33	19	25	33	43	25	33	43	57
		12	16	22	29	16	22	29	38	22	29	38	50	29	38	50	66
		14	19	25	33	19	25	33	43	25	33	43	57	33	43	57	76
	受控制的2	16	22	29	38	22	29	38	50	29	38	50	66	38	50	66	87
		19	25	33	43	25	33	43	57	33	43	57	76	43	57	76	100
		22	29	38	50	29	38	50	66	38	50	66	87	50	66	87	115
	标准化的3	25	33	43	57	33	43	57	76	43	57	76	100	57	76	100	132
		29	38	50	66	38	50	66	87	50	66	87	115	66	87	115	152
		33	43	57	76	43	57	76	100	57	76	100	132	76	100	132	175
	一般性规范的4	38	50	66	87	50	66	87	115	66	87	115	152	87	115	152	200
		43	57	76	100	57	76	100	132	76	100	132	175	100	132	175	230
		50	66	87	115	66	87	115	152	87	115	152	200	115	152	200	264
	有指导的5	57	76	100	132	76	100	132	175	100	132	175	230	132	175	230	304
		66	87	115	152	87	115	152	200	115	152	200	264	152	200	264	350
		76	100	132	175	100	132	175	230	132	175	230	304	175	230	304	400

续表

职务责任	等级高低	微小 1				少量 2				中量 3				大量 4			
	财务责任 3	0~1000				1000~10000				10000~100000				100000 以上			
职务对后果形成的作用（2）		间接		直接		间接		直接		间接		直接		间接		直接	
		后勤	辅助	分摊	主要	后勤	辅助	分摊	主要	后勤	辅助	分摊	主要	后勤	辅助	分摊	主要
行动的自由度（1）	方向性指导的 6	87	115	152	200	115	152	200	264	152	200	264	350	200	264	350	460
		100	132	175	230	132	175	230	304	175	230	304	400	230	304	400	528
		115	152	200	264	152	200	264	350	200	264	350	460	264	350	460	608
	广泛性指导的 7	132	175	230	304	175	230	304	400	230	304	400	528	304	400	528	700
		152	200	264	350	200	264	350	460	264	350	460	608	350	460	608	800
		175	230	304	400	230	304	400	528	304	400	528	700	400	528	700	920
	战略性指引的 8	200	264	350	460	264	350	460	608	350	460	608	800	460	608	800	1056
		230	304	400	528	304	400	528	700	400	528	700	920	528	700	920	1216
		264	350	460	608	350	460	608	800	460	608	800	1056	608	800	1056	1400
	一般性无指引的 9	304	400	528	700	400	528	700	920	528	700	920	1216	700	920	1216	1600
		350	460	608	800	460	608	800	1056	608	800	1056	1400	800	1056	1400	1840
		400	528	700	920	528	700	920	1216	700	920	1216	1600	920	1216	1600	2112

5. 人力资源部门岗位级别对应表

所在级层	人力资源部									
	人力资源部总监	培训发展经理	人事管理经理	翻译	培训专员	企业文化专员	绩效考核专员	薪酬管理专员	人才招聘专员	人事档案专员
H8										
H7										
H6										
H5										
H4										
H3										
H2										
H1										
G8										

续表

所在级层	人力资源部									
	人力资源部总监	培训发展经理	人事管理经理	翻译	培训专员	企业文化专员	绩效考核专员	薪酬管理专员	人才招聘专员	人事档案专员
G7										
G6										
G5										
G4										
G3										
G2										
G1										
F8										
F7										
F6										
F5										
F4										
F3										
F2										
F1										
E8										
E7										
E6										
E5										
E4										
E3										
E2										
E1										
D8										
D7										

续表

所在级层	人力资源部									
	人力资源部总监	培训发展经理	人事管理经理	翻译	培训专员	企业文化专员	绩效考核专员	薪酬管理专员	人才招聘专员	人事档案专员
D6										
D5										
D4										
D3										
D2										
D1										
C8										
C7										
C6			■							
C5		■								
C4										
C3										
C2										
C1										
B8										
B7										
B6										
B5										
B4				■						
B3										
B2										
B1										
A8										
A7					■	■	■	■	■	■
A6										

续表

所在级层	人力资源部									
	人力资源部总监	培训发展经理	人事管理经理	翻译	培训专员	企业文化专员	绩效考核专员	薪酬管理专员	人才招聘专员	人事档案专员
A5										
A4										
A3										
A2										
A1										

XQ 煤矿安全管理案例研究
Case Study on Safety Management of XQ Coal Mine

作者：纪永刚　　指导教师：樊玉臣　　副教授

摘　要

　　煤矿安全管理是煤矿日常管理工作中一个重要的组成部分，煤矿安全管理能够保障煤矿的正常运行。煤矿安全事故频发，不仅影响我国煤炭企业的正常运行，更严重的是造成重大的人员伤亡。所以煤矿安全管理是非常重要的，提高煤矿安全也成为当前我国社会关注的问题。

　　本论文以 XQ 煤矿的 N_1E 七层回风上山斜巷跑车事故、W_2722 切眼冒顶事故，以及 S_1701 运输顺槽煤与瓦斯突出事故三个典型事故案例为研究对象，通过查阅《矿工不安全行为分析及对策》《煤矿职工安全意识教育研究》《煤矿典型事故案例剖析》《煤矿事故调查技术与案例分析》等相关文献资料，采用文献研究法、案例分析法和现场调查法等分析方法，运用事故频发倾向论、事故因果连锁理论、能量意外释放理论、人因失信分析理论等研究方法，从研究设计、理论论述、案例列举、原因分析和防范对策等层面，对事故发生的根本原因进行了深入的调查、研究和剖析，并对当前煤矿安全管理存在的普遍问题进行了系统性总结，论证了人的不安全行为、物的不安全状态、管理的不安全因素是造成煤矿安全事故发生的关键性因素。并在此基础上，以人的不安全行为、物的不安全状态、管理的不安全因素为切入点，针对预防煤矿安全事故发生应当采取的防范措施和管理对策，阐述了相应观点。最后，论文从人、物、管理三个方面着手，提出了强化安全思想教育、加强安全技术培训、建立安全诚信档案、提高矿井安全质量标准化水平、实行安全管理目标责任制，以及强化《岗位作业标准》在生产现场的落实等能够增强煤矿安全管理效能，防范煤矿安全事故的发生。

　　关键词： 煤矿事故　案例分析　安全管理

ABSTRACT

Coal mine safety management is an important part of the daily management work of coal mine, which can ensure the normal operation of coal mine. The frequent occurrence of security incidents has not only influenced the normal operation of domestic coal enterprises but also caused mass casualties. Therefore, the coal mine safety management is very vital and then the improvement of coal mine safety has been a social concern in China.

This paper takes the "roadster accident of N_1E inclined seven-stair air-return rise roadway", "W_2722 cuts roof fall accident" and "S_1701 coal and gas outburst accident of the transportation roadway" of XQ coal mine which subordinates to the Teifa Coal Group as the objects of study. Moreover, after reading relevant documents such as Analyses and Countermeasures on the Unsafe Behavior of Miners, Research on the Education of Employee Security Awareness, Analyses on the Typical Accident Cases in Coal Mine and Technique Investigation and Case Analysis of Coal mine Accidents, this paper carries out further investigation, researches and analyses on the root cause of these accidents and makes a systematic conclusion of the general problems existing in the coal mine safety management on the levels of research design, theoretical discussion, case listing, cause analysis and prevention measures, based on accident proneness theory, accident causation and sequence theory, accidental energy release theory and analysis on promise — breaking behavior caused by human factors theory through relevant analysis methods such as literature study, case analysis and on-site investigation. Besides, it demonstrates that the unsafe behavior of people, the unsafe physical conditions and the unsafe elements of management are the vital elements which have caused those security incidents. And based on this, this paper presents the corresponding points of taking some prevention and management measures to prevent the unsafe behavior of people, the unsafe physical conditions and the unsafe elements of management. At last, in the light of the "people", "physical conditions" and "management" these three aspects, this paper put forwards a series of measures and countermeasures which is conductive to improve the management efficiency of the coal mines and prevent the occurrence security incidents，such as strengthening the education of security awareness and the training of security techniques，establishing integrity files of security，improving the level of safety quality standardization of coal mines，implementing the target responsible system of security management and enforcing the on-site implement Standards of Post Tasks.

Key Words：Coal mine accidents　Case analysis　Security management

绪　论

0.1　研究背景和意义

我国是一个"富煤、贫油、少气"的国家，煤炭一直是我国的能源支柱，占能源消耗比例的 70％以上。近两年，煤炭企业经济效益大幅下滑，但煤炭年产量始终保持在高位。这对当前我省国有重点煤矿安全生产是十分严峻的考验。当前煤矿企业销售困难、资金紧张，安全生产、矿区稳定的矛盾越来越突出。国有煤矿企业呈现出"三下降、三不稳"，即经济效益下降、职工工资下降、安全投入下降。一线职工队伍不稳定、技术人员队伍不稳定、管理队伍不稳定，增加了发生事故的风险。违章指挥、违章作业、松劲懈怠、管理弱化现象有所抬头。井下作业人员安全意识和自我保安能力有所降低，煤矿中层干部对作业人员存在的违章行为不能及时制止甚至默许，出现群体违章。违章人员的侥幸心理、惰性心理、麻痹心理往往是造成事故的直接根源。另外，企业急于摆脱困境，超能力、超强度、超定员、拼设备、拼人力、抢时间组织生产。这样做极易出现安全工程滞后问题，再加上国有大部分矿老井深、系统复杂、灾害严重，任何一个环节出了问题都可能酿成重大事故。

党中央、国务院高度重视安全生产工作，党的十八大以来，习近平同志三次主持政治局常委会听取安全生产汇报，研究安全生产重大问题，发表重要讲话，要求强化"红线"意识，强化企业安全生产主体责任。人民群众和社会舆论对安全生产的期望值和关注度也越来越高。如今，绝不能拿过去对安全生产工作的认识、过去的思维方式看待今天的安全生产工作。特别是在当前的经济环境下，发生事故特别是重特大事故，将给企业的生存、发展造成严重的冲击，我们对此务必保持清醒的认识，务必始终把安全生产作为头等大事来抓。这既是对组织负责、对矿工兄弟负责，也是对自己负责。在此大环境下，我们必须创新思维，钻研、拓展适应煤矿安全管理的新思路和新方法，为我国煤矿实现安全生产形势持续稳定好转提供重要抓手，找到最根本的出路，煤矿安全管理永远都是一项值得所有煤矿安全管理者去深入研究的重大课题。

0.2　研究思路及方法

0.2.1　研究思路

本文选取 XQ 煤矿的三个典型案例题材，运用事故频发倾向论、连锁理论和能量意外释放理论，以及人因失信分析理论，以选取案例为切入点，分析案例产生的原因，得出麻痹松懈的思想根源、制定的规程措施不够详细、现场管理不到位、监督检查不严格是 XQ 煤矿事故的综合原因。事故的发生究其根本既有可能是人的不安全行为造成的，也有可能是物的不安全状态造成的，还有可能是管理制度上的缺陷造成的，最终达到给出煤矿安全管理的对策与建议的目的。

0.2.2　研究方法

本论文采用案例分析法和现场调查法等研究方法。

案例分析法：以典型的事故案例为题材，紧密结合研究对象，深入了解事故发生的时间、地点和经过，运用事故倾向论、连锁论、能量意外释放理论和与人诚信相关的人因失信分析理论，具体剖析事故产生的真正原因，从而建立真实的感受，从更加科学的角度寻求解决问题的优化措施。

现场调查法：通常应用于一定范围，通过深入现场、实地调查和与人面对面的交流，使调查者对研究对象的理解更加深刻。此种方法可以揭露一些无法通过其他调查研究方法获知的、细微的、用于分析研究的基础资料。

0.3　研究的主要内容

（1）绪论。主要介绍论文的研究背景和目的意义，研究思路及方法。

（2）案例描述。简要介绍 XQ 煤矿基本情况和安全管理概况。

（3）案例分析。运用事故倾向论、连锁论、能量意外释放理论以及关于人诚信方面的理论做依据，分别对 XQ 煤矿 N_1E 七层回风上山斜巷跑车、W_2 722 切眼冒顶、S_1701 运输顺槽煤与瓦斯突出三起典型事故进行分析，找出产生事故的真正原因，从而得出 XQ 煤矿发生事故的根本原因所在。

（4）对策与建议。针对 XQ 煤矿三起典型事故案例的分析情况和对 XQ 煤矿发生事故的根本原因的总结，运用本文第二章的选用的理论依据，提出预防和控制事故有针对性的对策与建议。

0.4 论文的研究框架

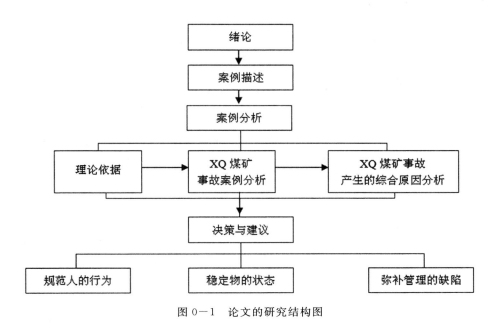

图 0—1 论文的研究结构图

1 案例描述

1.1 XQ 煤矿简介

铁法煤业（集团）有限责任公司位于辽宁省北部调兵山市境内，是一个以煤炭生产为主的多元化发展的能源企业，是辽宁省百强企业之一。XQ 煤矿是铁煤集团八大生产矿井之一，位于铁法煤田的中东部，核定生产能力为 250 万吨/年，井田面积为 37.32 平方千米，矿区铁路及公路横贯其中，交通十分便利。XQ 煤矿属瓦斯突出矿井的通风方式为两翼对角抽出式。煤层发火期 3～6 个月，煤尘具有爆炸危险性。煤质牌号以长焰煤为主，发热量为 3500～4700 千卡/千克，是适宜动力用煤和民用煤。矿井采用竖井、两水平、集中运输大巷、采区上、下山开拓方式。采煤方法为长壁式，顶板管理方式为自然垮落。中厚煤层采用综合机械化开采，薄煤层采用刨煤机开采。现有员工 3572 人。

近年来，XQ 煤矿牢固树立"以人为本，科学发展，安全发展"的理念，始终把安全管理工作摆在其他工作之首，坚持"增强安全管理效能，打造本质安全矿井"的安全工作思路，为矿井的持续、健康、稳定发展、经济效益连年攀升，科技创新硕果丰盈，提供了有力保障。特别是在创新安全管理模式方面，XQ 煤矿通过不断加大理论研发人力、物力、财力投入，加强专业技术人才队伍的培养，不断钻研安全管理体制机制和方式方法，使矿井的安全保障能力和安全管理水平不断提升，并先后荣获了全煤系统企业文化示范矿、全国文明煤矿、全煤特级标准化矿井、全国科技十佳矿井、全煤现代化矿井、全煤优秀企业金石奖、全煤安全高效矿井、辽宁省学习型组织标兵单位、辽宁省思想政治工作先进单位等多项殊荣。XQ 煤矿矿井呈现出安全发展、持续发展、和谐发展、绿色发展的喜人局面。

1.2 XQ 煤矿安全管理概况

多年来，XQ 煤矿认真贯彻党和国家领导人关于安全生产的重要指示，以及上级部门相关的文件、会议精神，坚持"以管理保安全，以安全促发展"的理念，时刻把保护矿工生命安全作为第一要务，认真吸取煤炭行业的事故教训，不断增强安全生产"底线"思维和"红线"意识。以安全生产为中心，对照新《安全生产法》，不断完善各级各类安全生产责任制，深入开展安全确认体系建设和习惯性"三违"整治教育活动，安全生产工作基本稳定，但在安全管理方面也存在不足，有待提高。在对 XQ 煤矿 2010 年 1 月 1 日到 2015 年 5 月 1 日隐患调查的过程中发现，5 年中全矿查出隐患共计 194572 条，其中机电类 39205 条，顶板类 35659 条，运输类 19853 条，"一通三防类"19253 条，其他 80602 条，如图 1-1 所示。

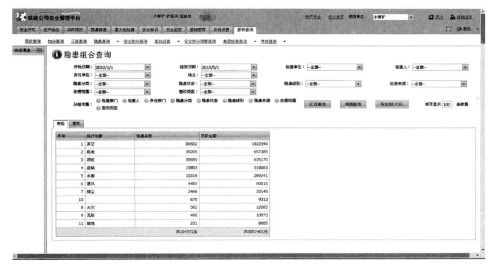

图 1-1　安全管理平台

　　近 5 年来，XQ 煤矿发生的事故共计 414 起，运输类 109 起，机电类 35
起，机械类 22 起，"一通三防"类 27 起，顶板类 29 起，交通 2 起，其他 194
起。有 69 起导致人身伤害事故，其中，发生重伤事故 2 起，其他 67 起均为轻
伤事故，如表 1-1 所示。

表 1-1　　　　　　　　　　XQ 煤矿事故统计表

年份	数量	类型			性质		
		轻伤	重伤	亡人	人的不安全行为	物的不稳定状态	制度上的缺陷
2010	14	12	0	2	11	1	2
2011	14	13	1	0	12	2	0
2012	10	10	0	0	8	1	1
2013	8	8	0	0	7	1	0
2014	20	20	0	0	18	1	1
2015	3	3	0	0	2	1	0
合计	69	66	1	2	58	7	4

　　调查时发现事故的发生 84.1% 是由于人的不安全行为，10.4% 是由于物
的不稳定状态，还有 4.2% 是管理制度上的缺陷所造成的。人、物、管三个方
面是造成事故的主要因素，事故的发生正是由于人、物、制度三者在不同时空

领域相互碰撞的结果，三者不同的相互组合方式，形成不同的事故原因。

1.3　XQ 煤矿安全管理的潜在"危机"

1.3.1　N_1E 七层回风上山斜巷跑车事故

XQ 煤矿安装队主要负责该矿井采煤工作面的安装和拆除工作。2010 年 6 月 13 日，安装队在 N_1E 七层回风上山拉放车，当班跟班干部为丁某、班长为张某，在入井前的班前会薄弱人员排查时就发现刘某和鲁某两人精神状态欠佳，跟班干部丁某询问两人昨天晚上是否喝酒了没休息好？两个人都一口否定。其实两个人心里都清楚昨天晚上他们看球、喝酒直至深夜。休息不好工作时怎能有好的精神状态，干活时就会经常打瞌睡走神。下午 13 时 10 分，午饭刚刚结束，跟班干部丁某、班长张某带领绞车司机鲁某、杜某和把钩工刘某来到 N_1E 七层回风上山准备进行拉放车作业。具体工作是放两车综采工作面刮板输送机中部槽到山下，两个大平板（1.5 吨/车）各装 4 块中部槽（1 吨/块），总重量 11 吨。山上 JD—55 绞车由绞车司机杜某操作，变坡点 JD—11.4 绞车由绞车司机鲁某操作，把钩工刘某在 JD—55 绞车前 8 米处，将 JD—55 绞车钩头挂在两车中部槽车尾，杜某将 JD—11.4 绞车钩头挂在车前，确认无误后回到 JD—11.4 绞车硐室，刘某喊杜某打点打车，鲁某开始要点，杜某回点，绞车启动，车行至风动阻车器时，鲁某打 5 点并开启挡车器，当见第一个车进入下坡段时，打停点，并将 JD—11.4 绞车钩头摘下。回到 JD—11.4 绞车硐室。此时把钩工刘某发现，后车中部槽捆绑不紧，既没有打停点又没有与绞车司机联系就上车拧紧拉紧器。鲁某因昨晚休息不好注意力很不集中，根本没有发现刘某还在车上作业，于是就打了 5 个点放车，并打开上部挡车器，当前车刚过硐室门口，才发现刘某站在车上，马上打停点。杜某松开工作闸，拉紧制动闸，但车未停，又加力将制动闸拉到底，但车仍未停，闸带处冒烟，立即按下按钮，放下保险闸，但因保险闸动作过于迟缓而未起作用，车跑向山下。车行至下部挡车器上方 16 米处，刘某跳下，2 重车撞坏下部挡车器，造成挡车器横梁铰接处各焊接点开焊，各构件随被撞得扭曲严重的横梁飞落在距立柱向下 4 米地点，靠顺铁道方向平放。跑到下部车场 JD—11.4 绞车处，停住，车未掉道。刘某从车上跳下跌倒。总医院诊断为：左臂尺、桡骨骨折，左腿距骨骨折，踝骨错位，需住院治疗。

1.3.2　W_2722 切眼冒顶事故

W_2722 工作面切眼在贯通前分别由 XQ 煤矿的掘进一队和掘进二队进行掘进，当距离 30 米时掘进二队停止掘进，由掘进一队负责贯通。由于综掘二队施工回顺侧切眼时没有按照地测部门给定的层位施工，工程地测大队日常检查没有及时发现，导致切眼贯通层位不一，工程地测大队要求掘进一队在贯通时需要调整切眼掘进层位。综掘一队张队长汇报生产科和掘进副总工程师冯总，同意后留顶施工。张队几次在班前会上强调："此次 W_2722 工作面掘进贯通，由于掘进二队的失误致使贯通的层位发生了变化，我队要高度重视此次的贯通工作，各班组要认真贯彻措施，施工要特别注意顶板，缩小顶板的空顶距离，加强工作面顶板支护，锚杆的预紧力强度要够，锚索要跟到位，并及时与矿压观测部门沟通，定时做好拉拔试验，保证安全施工。"可×技术员偏偏不信这个邪，制定措施时不根据现场的变化情况，没有修改技术参数，仍然按以往的贯通措施进行编写。而且作为技术人员在 1 月 26 日零点班前会上贯彻贯通的措施时只是简单地说了说，规程措施要求的重点、注意事项只是"蜻蜓点水"，班组的员工都没有听清楚。下井的路上他还跟工人讲："咱们井下的顶板状态多好啊，至于队长大会小会的强调吗，大家放心干吧，我担保没事。"零点 30 分，生产班组刚刚施工一排锚杆，待继续施工时，负责看综掘机转载人员张某发现顶板有声响并伴有掉渣，及时通知在工作面准备割刀的综掘机司机侯某和副司机林某，侯某随即领二人及时撤离该区域，同时与当班跟班干部江某和安检员许某观察顶板情况后，立即将所有人员撤离开切眼区域，5～6 分钟后工作面顶板逐步缓慢下沉并最后全断面垮落，冒顶长度 10 米，高度 5 米，没有造成人员伤害，为重大死亡未遂事故，属一级非伤亡列级事故，此时的苗技术员可真是傻眼了。

1.3.3　S_1701 运输顺槽煤与瓦斯突出事故

XQ 煤矿 S_1701 采煤工作面于 2010 年 2 月 3 日正式回采，截至 7 月 28 日，S_1701 采煤工作面已推进 293 米，由于工作面着火，矿对该面进行封闭。经修改设计，矿决定将 S_1701 采煤工作面长度由原来的 189 米缩为 95 米。8 月 23 日，开始施工新运顺。该掘进工作面采用综合机械化掘进施工，其设计长度 486 米，截止事故发生时已经施工 414 米，剩余 72 米与原 S_1701 工作面开切眼贯通。巷道断面为拱形面，宽度为 5 米，高度为 3.5 米，采用锚杆锚网联合支护形式。掘进过程中实见一厚度为 0.7～1.2 米的火成岩岩床和大量不规则火成岩侵入体，局部煤层变质较严重。为了加快施工进度，掘进三队经常有员工不参加班前会直接入井工作。2010 年 9 月 29 日白班，生产班齐某和往常一样没有参加班前会直接带领本班的 5 人下井，分别是生产班班长齐某、综掘机司机刘某、钳工班班长王某、掘进工人马某、赵某 5 人。到达 S_1701 工作面后，在没有进行安全确认，未经瓦斯检查员、安监员、班组长进行安全确认的情况下，直接进行掘进作业。马某负责看帮，刘某负责开综掘机，齐某负责看皮带转载机，然后开始打超前探眼，工人为加快施工进度，没有按要求施工超前探测钻孔，3 次超前探测钻孔深度均未达到 10 米的要求。钻孔深度没达到要求，属违章进行掘进作业。打完探眼后，约 8 时 20 分，开始正常切割。大约 17 分钟后，发生煤与瓦斯突出①，在装载机附近的齐某、赵某及在运顺入口 20 米的王某 3 人脱险，马某、刘某失踪，9 月 29 日 2 时 35 分才将刘某和马某从煤矸中扒出来，不幸的是二人均停止了呼吸。

2 案例分析

2.1 理论依据

2.1.1 事故频发倾向论

1919 年，英国的格林伍德（M. Greenwood）和伍兹（H. Woods）对一些工厂的伤亡事故数据中的事故发生次数及概率按不同的统计分布进行了检验，结果发现，工厂中的某些工人比其他工人更易出现事故。后来，查姆勃（Chamber）和法默（Famer）在 1939 年针对这一结果又进行了更详尽的补充，并由此明确提出了"事故频发倾向论"（Accident Proneness Theory）。所谓事故频发倾向，是指个别人导致事故发生的内在倾向。

海因里希事故因果连锁理论。

20 世纪二三十年代，美国的海因里希（W. H. Heinrich）对当时美国工业安全实际状况进行总结和概括，在升华为理论的同时，并提出事故连锁理论（Accident Causation Sequence Theory），用以阐述说明导致伤亡的各种原因、因素以及这些原因、因素与事故、伤害之间的关系。海因里希把工业事故的发生、发展过程描述为具有如下因果关系的事件的连锁：事故的发生是由于人的不安全行为或物及环境的不安全状态所导致的；人的不安全行为、物和环境的不安全状态是由于人的缺点造成的；人的缺点是由于不良环境诱发的，或者是由于先天的遗传因素造成的。于是，海因里希提出的事故因果连锁过程包括遗传及场所环境、人的缺点、人的不安全行为或人的不安全状态、事故、损害或伤害 5 种因素（如表 2—1 所示）。

---

① 煤与瓦斯突出：在地应力和瓦斯的共同作用下，破碎的煤和瓦斯由煤体内突然向采掘空间抛出异常的动力现象。

2.1.2 事故因果连锁理论

表 2-1   **海因里希的事故因果连锁过程**

序号	连锁因素	表现形式
1	遗传及场所环境	遗传因素及场所环境是造成人形成缺点的直接原因。遗传因素可能使人具有蛮干、固执、大意等对安全危害的因素与性格;场所及社会环境可能影响人的安全素质培养与提高,从而使不良性格形成和滋长。因此,这种因素是因果链上的最基本的因素
2	人的缺点	由于遗传因素和场所及社会环境因素所造成的人的缺点。而人的缺点是产生不安全行为或造成物的不安全状态的直接原因。这些缺点包括诸如行动鲁莽、决策固执、行为过激、心理浮躁、情绪烦躁、神经质弱、轻率任意等性格上的缺陷,同时也包括缺乏安全生产知识和操作技能、操作标准、岗位操作规程等诸多的后天不足
3	人的不安全行为或物的不安全状态	所谓人的不安全行为或物的不安全状态,是指那些曾经引起事故,或可能引起事故的人的行为,或机械、物质的状态,它们是造成事故的直接原因。海因里希认为,人的不安全行为是由于人的自身缺点而产生的,是造成事故的主要原因
4	事故	事故是由于物体、物质、人或放射线等的作用或反作用,使人员受到或可能受到不同程度的伤害、出乎意料、失去控制所发生的事件
5	损害或伤害	直接由事故导致的财物损坏或人身伤害

海因里希连锁理论的连锁关系与多米诺骨牌现象非常相似,如果骨牌当中的第一块先倒下(即出现事故的第一个原因),其他的骨牌将发生连锁反应,第一块后面的骨牌会相继倾倒。最后的那一块骨牌即为伤害。所以,我们把这种连锁理论也称为多米诺骨牌理论(Domino Theory)(如图 2-1 所示)。

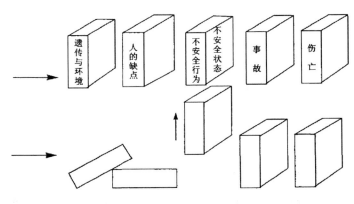

图 2-1　多米诺骨牌事故连锁

博德事故因果连锁理论。

博德（Jr. Bird）在海因里希事故因果连锁理论的基础上，提出了反映现代安全管理理念的事故因果连锁理论。博德认为，尽管人的不安全行为和物的不安全状态是导致事故的重要原因。但只不过是其背后原因的一种，是一种表面现象。他认为事故的本质原因是安全管理不到位所造成的缺陷。博德的事故因果连锁过程控制不足、基本原因、直接原因、事故、受伤、损坏 5 个因素如表 2－2 所示。

表 2－2   博德的事故因果连锁过程

序号	连锁因素	延伸	表现形式
1	控制不足	管理	事故因果连锁中一个最重要的因素就是安全管理不到位，导致对安全生产缺少控制力。只有不断完善和强化安全管理，才能有效防止事故的发生
2	基本原因	起源论	为真正防止、杜绝事故发生，就必须查明事故产生的原因并采取有针对性的防范措施。事故产生的原因包括两个方面，即个人及工作条件方面的原因。个人原因包括缺乏安全知识或专业技能，操作行为规范，身体上或精神上出现问题。工作条件方面的原因包括安全操作规程不完善、不健全，设备、工作场所、环境状况（容易滑倒的地面、障碍物、不可靠支撑物、有危险的物体）等环境因素。只要找到事故预发因素并加以控制，才能实现有效的控制
3	直接原因	征兆	人的不安全行为或物的不安全状态是导致事故发生的直接原因。但这仅是一种表现现象，在安全管理工作中，管理者不能只看这一表面现象，更要注重研究其安全管理上的缺陷，积极采取预防措施，把各类事故消灭在萌芽之中
4	事故	接触	博德从能量的观点把事故看作是人的身体或构筑物、设备与超过其阈值的能量的接触，或人体与妨碍正常生理活动的物质的接触。为防止、杜绝故事的出现，就要积极科学地改进材料、工艺、设施、设备及场所环境等，以及强化员工安全培训，提高工人识别和回避危险的意识，同时要配发、佩戴个人防护用品，保证实现安全
5	受伤、损坏	损失	人员伤害和财物损坏统称为损失。一般情况下，要积极采取科学、合理的应急、急救、抢险、救援等处理措施，真正把事故损伤、损失降低到最小和最低程度

2.1.3 能量意外释放理论

哈登（W. Hadden）认为，事故是一种不正常的或不被希望的能量转移，各种形式的能量构成了伤害的直接原因。如果意外释放的能量转移到人体，并且其能量超过了人体的承受能力，则人体将受到伤害。吉布森和哈登从能量的观点出发，指出人受到伤害的原因只能是某种能量向人体的转移并远远超过了人体自身的承受量，而事故正是一种能量的异常或意外的释放。因此，应该通过控制能量源，或者切断能量转移的路径和载体，或帮助能量接受者采取防范措施来规避对异常能量的接受，能量意外释放事故因果连锁如图2-2所示。

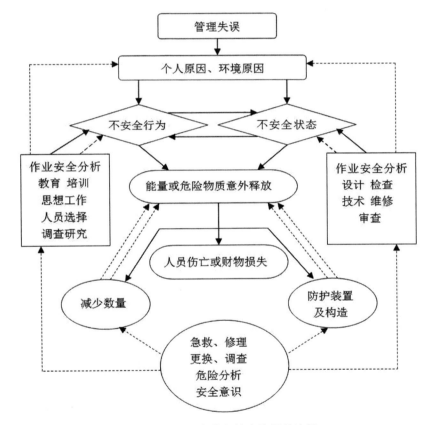

图2-2 能量意外释放事故因果连锁

2.1.4 人因失信分析理论

失信即违背协议或诺言，丧失信用。具体到煤矿企业中，失信的涵盖范围比较广，可以有操作者失信、管理者失信、设备的失信等。皮特（Peters）定义人失误是人的行为明显偏离规定的、要求的或希望的标准，它直接导致出现不希望的拖延、困难、问题、麻烦、误动作、意外事件或事故。里格比（Rigby）认为，所谓人失误，是指人的行为的结果超出了某种可能接受的界限。人因失信分析可分为组织管理失信、安全监督行为失信、组织行为失信和操作者行为失信四个层次，如表2－3所示。

表 2－3　　　　　　　　　　　人因失信分析表

层次		内容	表现形式
组织管理失信		资源管理的失信	人力资源管理不到位、设备资源管理不到位、资金预算管理不到位、过度削减成本
		组织过程执行的失信	不安全的生产程序、不良的组织习惯、不良的组织规则
		运行程序的失信	运行节奏不合理、时间压力大、过度强调进度
安全监督行为失信		安全监管的失信	未提供专业的指导监督、未提供恰当的培训、缺少专业的操作程序
		安全法规执行的失信	未执行现有的规章制度
		事故责任调查的失信	未按照事故调查要求进行事故责任调查，瞒报、漏报
组织行为失信	班组部门间失信	班组分工	各班组职能分工明确、安全
		班组沟通合作	缺少团队合作、部门间沟通不畅
	班组建设失信	人员搭配	未按照人员职能进行合理的岗位分工
		值班安排	工作量大、班组未提供合理的休息时间导致疲劳作业
	班组人员准备状态失信	心理状态	长期从事高危行业，导致职工心理压力大
		身体状态	安全意识不强、身体疲劳、思想意识不集中
操作者行为失信	技术能力失信	程序操作失误	漏掉程序步骤、遗漏检查单上的项目
		隐患排查不到位	未按照规程进行隐患排查、设备检修不到位、缺少安全防护设备
	决策能力失信	紧急情况处理不当	遇到突发事件未进行合理处理、经验不足
		危害辨别失误	对危险、突发安全事故的辨别失误
	知觉能力失信	环境判断失误	错误判断周围地理、物理环境导致判断失误
		视觉判断失误	视觉错觉、视觉局限导致的判断失误

2.2 XQ 煤矿事故案例分析

2.2.1 N_1E 七层回风上山斜巷跑车事故案例分析

事故因果连锁论认为，所有伤亡事故的出现都不是一个简单的孤立事件，而是多种原因导致的结果，任何伤害都与事故发生的原因之间存在着密切的连锁关系。

直接原因：物的不稳定状态，安全监督行为的失信是造成跑车事故的直接原因。JD－55 绞车端盘漏油，油浸入闸带、闸盘，对着闸带前后各有一条 4 米长油线，闸制动时打滑，达不到设计制动效果。

重要原因：管理制度上的缺陷，管理组织失信是造成跑车事故的重要原因。JD－55 绞车检修不到位，司机带病作业。制动闸间隙大，工作闸松到最前端，制动闸拉至最后端，保险闸落下，保险闸重锤一块，保险闸试验，提起需时 38 秒，下落需时 70 秒，远大于《煤矿安全规程》第 431 条规定的 0.6 秒。保险闸工作介质严重变质，油泵拆开时，见泵内工作介质严重不合格，介质呈浑黑稀泥状，黏度大，使介质流动缓慢。锤拉杆弯曲，制动闸松开后，单手用力可拉至最后端。导致保险闸动作过于缓慢，无法及时制动。

主要原因：人的不安全行为，操作者行为的失信是造成跑车事故的主要原因。把钩工刘某挂钩前不认真检查大件捆绑状况，而在拉放车过程中且车处于悬吊状态下，未与绞车司机取得联系，私自上车作业，严重违章作业。绞车司机鲁某对红灯区内有人作业不知道，打点拉放车未认真瞭望，属违章操作。鲁某和刘某不诚信，在班前会的薄弱人员排查时不向跟班干部说出自身状态。

2.2.2 W_2722 切眼冒顶事故案例分析

事故频发倾向论认为，相同的工作、相同的作业环境，总有那么一部分的人比其他人更容易出现事故，这部分人就是事故倾向者，他们的存在是造成事故的主要原因。如果能事先了解作业人员的性格特点，身体情况，区分选择地安排人员工作，就可以尽可能避免事故的发生。

重要原因：该综掘队施工回顺侧切眼时没有按照地测部门给定的层位施工，导致切眼贯通层位不一，贯通前调整层位。

直接原因：综掘二队施工回顺侧切眼时没有按照地测部门给定的层位施工，导致切眼贯通层位不一，贯通前调整层位；工作面施工留顶 0.97 米后，忽视了顶板复合层增厚达到 5.38 米这一地质条件，仍使用 5.2 米锚索，没有打在稳定岩层中，没有起到悬吊作用，随着工作面掘进，压力增大，支护失效，导致巷道冒顶，是这起事故发生的直接原因。

间接原因：工作面施工到距回顺侧切眼贯通剩余 13 米时，压力比较集中，而且工作面拉门掘进时坡度为 11 度，留顶后工作面坡度增加，达到 16 度，致使工作面顶板向下应力增大。职能科室和施工单位对顶板管理重视程度不够，技术管理上有漏洞，在围岩赋存状态发生变化，顶板复合层增厚的情况下，没有及时变更支护参数，增加锚索长度。施工单位留顶后，锚索终孔没有打在稳定岩层中，对这一现象没有汇报，导致支护参数没有修改，是事故发生的间接原因。

2.2.3 S₁701 运输顺槽煤与瓦斯突出事故案例分析

能量意外释放理论认为，能量的每次改变必须具备三个条件：能量的源头、传播路径和能量的接受者，这三者缺一不可。

直接原因：该次事故的能量源头就是 S_1701 运输顺槽掘进工作面白班作业人员不执行《防治煤与瓦斯突出规定》和《S_1701 运输顺槽煤巷掘进工作面专项防突设计》，在未施工超前探测钻孔的情况下违章作业。

间接原因：安全思想麻痹，安全意识不强。矿有关领导和各级管理人员对防突工作重视程度不够，执行防突措施不严格，对新掘进工作面出现火成岩侵入、瓦斯涌出异常情况没有引起重视。不认真执行《防治煤与瓦斯突出规定》和矿编制的《S_1701 运输顺槽掘进工作面专项防突设计》。XQ 煤矿防突组不严格按规定测定防突指标，2010 年 9 月 27 日未按照要求进行第二次区域验证的情况下，综掘三队违章掘进作业；工人为加快施工进度，长期不按要求超前探测钻孔施工，少打钻孔或钻孔深度达不到要求，9 月 28 日零点班，当班 3 次超前探测钻孔深度均未达到 10 米的要求，仍进行掘进作业。事故当班，工人未打超前探测钻孔的情况下违章进行掘进作业。安全技术措施编制有漏洞，审批把关不严。防突组编制的《S_1701 运输顺槽掘进工作面专项防突设计》中，区域验证时间与掘进工作面的推进距离不符合《防治煤与瓦斯突出规定》。现场安全管理不到位。综掘三队为加快施工进度，不严格执行班前会制度，经常安排部分人员不用参加班前会直接入井，不严格执行安全确认制度，工人在未经瓦斯检查员、安监员、班组长进行安全确认的情况下，直接进行掘进作业。防治煤与瓦斯突出知识培训不到位。部分防突管理人员学习《防治煤与瓦斯突出规定》不深、不透，对防突规定理解不全，对煤与瓦斯突出预兆不敏感。当 S_1701 运输顺槽掘进出现火成岩侵入、瓦斯涌出异常等明显的突出预兆时，没有及时发现及采取措施。

2.3 XQ 煤矿事故产生的综合原因分析

2.3.1 麻痹松懈的思想根源

当安全生产形势趋于稳定时，极易使个别员工产生麻痹、松懈情绪，滋生厌战心理。部分员工和管理人员在思想上缺乏对安全生产长期性、复杂性、艰巨性和极端重要性的认识，忽视危险因素的隐蔽性、潜伏性和意外性，导致安全生产意识淡化，行动上简化作业程序，粗心大意，甚至违章蛮干。一些作业人员贪方便、图省事、怕麻烦、走捷径，工作时总想投机取巧，置规程于不顾，随意削减安全措施，在不采取安全措施或措施不全的情况下冒险作业，习惯性"三违"行为。还有一部分员工在工作中带有侥幸大意心理，矿井装备虽然先进，如果疏于安全管理，有章不循，照样会出事故；矿井开采条件虽然好，如果不按章作业，同样要出事故。很多人有撞大运的错误心理，明知一些行为是违章的，但以为自己"艺高胆大"，"以前也这么干过"，抱着"不会那么巧"的侥幸心理，想再碰一次"运气"。这是麻木不仁、司空见惯、摆老资格的表现。尽管这些人经验丰富，如果碰运气，凭侥幸，必然出事故。甚至有时虽然事故发生，但自认为是偶然现象，不从思想上、管理上、技术上找原因，未真正吸取教训，未采取有效整改措施，继续"带病"进行生产，靠"撞大运"组织生产，这必然导致悲剧再次发生。

2.3.2 制定不细的规程措施

作业规程和安全措施制定的不科学、不合理，执行性和可操作性不强。有的明知道编制的规程违反了《煤矿安全规程》的规定，却依然一意孤行，不做任何调整与预防，导致了事故的发生。还有一些工程技术人员素质低、能力差，法制意识、责任意识淡漠，企业培训力度不够等，都是隐形存在的事故危险因素。再加上有关规定制度执行不严格，一些管理人员习惯性违章指挥，生产作业人员习惯性违章作业，且长期得不到整治，主要表现在：在没有安全做保障的前提下，安排或指挥员工进行生产作业的；隐患没有根除或未采取安全技术措施的；安排未持有效证件的人员从事特殊工种岗位作业的；工作现场出现事故征兆，有发生事故可能，仍安排职工继续进行生产作业的；设备已经出现故障，仍安排职工继续使用的等。

2.3.3 现场管理不到位

现场管理薄弱。现场管理人员不负责，瞎指挥，管理人员职责不明确，培训不到位，尤其是重点工种、重点人员的培训混乱，对井下电气作业、煤矿瓦斯检查作业、煤矿井下爆破作业、绞车司机（信号把钩工）、井下输送机司机等关键、重要岗位作业人员的培训不到位，没有将"安全生产法、岗位作业标准、作业全过程安全确认标准、危险辨识、危险预控措施、事故案例警示教育"的主要内容贯彻到位。同时，对提高操作人员岗位危险源自我辨识与控制及各种灾害危险因素排查处理能力的认识不足，特别是针对新员工、转岗员工培训，没有把好培训质量关。另外，应急处置混乱。主要问题是出现瓦斯超限征兆后不撤人，抓瓦斯第一项就是抓监测、监控系统是否正常运转，在这个前提下抓零超限制度的落实，超限就要停电、撤人停产来分析，超限继续作业的就要依法追究。这项制度既治标又治本，就是通过倒逼机制，完善通风系统，完善排风量，要落实抽采的措施，超限首先看系统风量是不是合适，合适的话就是抽采不达标，所以必须从抽采入手，落实先抽后采、先抽后建。还有一个原因就是安全投入下降，安全保障能力降低。由于资金紧张，许多煤矿已很少购进新设备、新材料，采取吃库存、修修补补的办法，使得一些机电设备"带病"运行，应当施工的安全工程也取消了。由于经济原因导致巷道支护标准下降，舍不得花钱更换必要的设备和材料，增加了安全隐患。

2.3.4　监督检查不严格

属地监管不落实。事故反映出地方属地监管落实不到位，开展煤矿"打非治违"工作不深入，对隐患大排查工作流于形式，不敢碰硬，规避矛盾，导致一些非法、违法行为长期存在、反复发生。没有严格规范检查、整改隐患，对安全生产检查程序、检查文书手续，督查、检查、自查、复查没有检查记录及相关文书。检查方式单一，没有采取全面督查、重点检查、专项检查、联合检查、跟踪检查、突击抽查、交叉检查等多种方式。对检查中发现的违规违章行为，没有严格落实"四个一律"措施，对所有排查出的隐患、检查出的问题，没有立即整改，不能做到责任、资金、措施、时限和应急预案"五落实"。没有在狠抓事故预防上下工夫，监察的重心必须放在预防事故上，要控制一般事故，遏制较大事故，坚决杜绝重特大生产安全事故。另外，监察执法不严格，一些驻地煤矿安全监察机构存在煤矿安全状况连年好转情况下的麻木松懈情绪和长期高压态势下的应付心理，认为现阶段是煤矿事故多发期、易发期，发生一些事故也是在所难免，因而没有树立事故可防、可控的思想，在主动预防上下工夫不够，对一些长期亏损包袱较重的国有重点煤矿存在同情心理，失之于宽、失之于软。上述这些问题主要是煤矿企业安全发展意识不牢固、主体责任不落实等原因造成的，这也暴露出一些监察部门作风不深入、执法不严格的问题。

3　对策与建议

结合前文对 XQ 煤矿几起典型事故案例的描述和分析,以及对选取的四个案例分析理论依据的阐述,我们大体上找到了导致事故发生的本质原因。这原因既有人的行为因素,也有物体状态因素还有管理不到位的因素。本文就以这三方面内容为切入点,探究防范煤矿安全事故发生的对策。

3.1　规范"人"的行为

行为规范是个人在参与社会活动中所遵循的规则、准则的总称,是具有约束力的行为标准。从煤矿安全管理的角度说,无规矩不成方圆,没有规范就没有秩序。规范、标准缺失,不仅会冲击正常的生产工作秩序,使员工无所适从,乱了分寸,还会影响到煤矿的安全生产。特别是现代化矿井的各种生产活动都是建立在分工协作的基础上的,没有分工协作,也就没有现代化煤矿的安全高效生产。那么怎样才能实现煤矿安全生产呢?这就需要规范"人"的行为。

3.1.1　强化安全思想教育

煤矿必须服从"安全第一"的原则,只有把效益建立在安全的基础之上,才能使矿井效益最大化,才能实现企业的可持续发展。纵观国家煤矿安全事故的发生,除一些无法预判的天然灾害以外,大部分事故都是因为人的违章作业酿成的。思想决定行为,违章是事故的祸根。因此,加强煤矿安全思想教育工作必须与时俱进,要注重针对性、主动性和实效性。

(1)保证安全思想教育形式的多样性。安全思想教育工作主要包括引导教育职工深刻认识安全生产的重要意义,组织全员学习并掌握安全知识,使员工清楚什么是正确操作、为什么要安全操作。什么是违章行为、违章行为的危害性;安全究竟为了谁等,这是安全思想教育的主要内容和解决的关键问题。安全思想可以通过培训学习、安全会议、板报、简讯、广播电视、网络视频、知识竞赛、演讲比赛等多种形式进行潜移默化、寓教于乐进行宣传教育,以强化职工的安全生产意识。通过坚持每年一次安全宣誓暨签名承诺、每年一次全员安全知识竞赛、每年一次事故案例图片展、每年一次安全主题演讲、一次安全送温暖活动等创新样式、丰富形式的活动,营造舆论宣传和浓厚的安全氛围,使安全理念不断深入人心。

同时加强班前会环节的安全思想教育,做好班前会 PPT 课件——《班前安全教育信息系统》的设计、完善和推广工作（如图 3—1 所示），形成科学、实用、管用的班前安全思想教育平台，使该系统具备"亲情激励促进、多元排查预防、特别关注导行、以案说教警示、立体网络培训、正向激励检验、岗位达标指导"七大功能。通过以上途径，提升干部职工的安全意识，增强"行为规范化、操作标准化"的自觉性和主动性，使员工实现从"要我安全"到"我要安全"的转变，从思想上夯实安全生产的基础，为煤矿的安全生产提供稳定的思想保证。

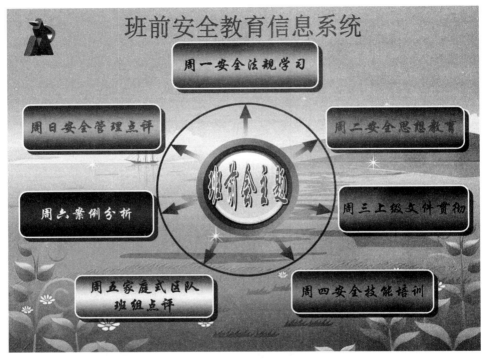

图 3—1　班前安全教育信息系统

（2）利用正反两面增强安全思想教育的实效性。一方面，要坚持以正面教育为主。发挥好模范示范带头作用。全面培养安全技术拔尖人才，树立安全典范，营造良好浓厚的安全生产氛围。在重视领导干部以身作则、做好表率的同时，要坚持利用季度安全总结和年终表彰，大张旗鼓地宣传、表扬、奖励在煤矿安全管理工作中做出成绩的优秀干部职工，逐步形成"人人讲安全、人人重视安全"的良好氛围。另一方面，是注意利用已有的反面教材，在实际生产中，将会收到出其不意的教育目的。此外，还可以充分利用演讲比赛、现身说法等方式，邀请有经验的老职工亲自进行事故教训说教，充分应用身边或本岗位发生的事故，讲述安全在生产中的重要性。

（3）全方位、立体化的开展安全思想教育。从 XQ 煤矿发生的安全事故来看，事故的发生存在偶然性和特殊性，事故者本人在日常工作中遵规守纪，但在某一特定的时间段，可能是身体原因，也可能家庭原因，还有可能是休息不足等情况，造成个人情绪低迷，无法全身心地投入到工作当中，致使发生悲剧。因此，煤矿安全思想教育工作开展要多层次、宽领域、全方位，形成齐抓共管的立体化安全教育体系。要从考虑保证员工安全的角度，关心关爱员工的工作和生活，要为员工群众排忧解难，从化解矛盾入手，绝不能简单粗暴地以罚代管，用"冷面孔""下狠招"的办法来对待、解决安全管理中遇到的问题，否则会适得其反，可谓欲速则不达。

要深入基层，了解员工疾苦，倾听员工呼声，摸清员工对安全生产的意见和建议，使职工群众的后顾之忧得到妥善解决。要对违章员工进行耐心细致的学习帮教，使这些同志从思想上真正认识违章的危害性、严重性，使他们对"安全为了谁"的问题有了深刻的认识，从而提高了他们远离违章、抵制违章的积极性和主动性。要把"抓安全"与"注真情"有机地结合起来，使安全思想教育融入亲情化、人性化管理，这样更能入脑入心，不失为新形势下抓企业安全管理的一种有效方法。

3.1.2 加强安全技术培训

安全技术培训对保证煤矿安全生产所发挥的作用毋庸置疑，XQ 煤矿的培训工作从传统培训向"三功两素"转变，全面提升员工的综合素质，实现员工的本质安全。

（1）加强班组长培训，全面推进"家庭式区队班组建设"。强化全矿班组长培训，不断提升现场安全管理，提高班组长的法律、法规意识，做到依法依规生产，充分发挥"兵头将尾"的作用，确保班组安全。

（2）加强重点工种、重点人员的培训，抓住安全确认的落实。具体方法如下：一是突出抓好煤矿井下电气作业、煤矿瓦斯检查作业、煤矿井下爆破作业、绞车司机（信号把钩工）、井下输送机司机等重要岗位作业人员的培训，将"安全生产法、岗位作业标准、作业全过程安全确认标准、危险辨识、危险预控措施、事故案例警示教育"作为培训的主要内容，各工种要熟练掌握《岗位标准》《作业全过程安全确认标准》，并与实际工作紧密结合，把安全确认作为一切工作的行动准则，不断提高操作人员岗位危险源自我辨识与控制及各种灾害危险因素排查处理能力；二是加强新员工、转岗员工培训，严格执行"先培训，后就业""先培训，后上岗"的原则，发挥好"以师带徒"的"传、帮、带"作用，严把培训质量关，确保 100% 持证上岗；三是加强对病、事假复工、"三违"及班前排查出的不安全人员的培训，重点加强本岗位作业危险预知与预防措施、岗位危险源自我辨识与控制、事故案例的培训，并针对其"三违"行为和违章条款进行座谈讨论；四是抓好青年工人的培养工作，为青年工人成长进步创造条件、搭建平台，引导他们努力钻研技术，脚踏实地工作，做有理想、有能力、有道德的人；五是加大初、复训特种作业人员的实际操作考核力度，特种作业人员培训结束回本单位后，由本单位主任工程师或技术员和培训中心教师到工作现场，采取手指口述、安全确认的形式对照实物逐一进行"双全"安全确认，进行"三项制度"、"四预"、岗位危险源自我辨识与控制的考核，切实提高员工安全意识和操作技能。

（3）加强员工一职多能培训，培养复合型人才。利用脱产培训、班前会、安全技能特训等形式，继续扎实做好"一职多能"型员工培养工作，加快员工操作技能从"单一型"向"复合型"的转变，充分发挥职能科室专业人员、各单位技术负责人、首席员工、技术比武获奖者、技术专项特长者的能人作用，让他们当先生、做老师，带出更多优秀的员工。

（4）加强员工安全技能特训，提高特殊工种、重要岗位人员安全操作技能。紧紧围绕公司、矿不同时期的工作重点，由矿副总以上领导利用班前时间或到生产现场对员工进行有针对性地安全技能特训，以促进员工操作技能的提升和行为规范的养成。

（5）开展技能大赛、岗位练兵活动，提高员工操作技能。积极开展技能大赛、岗位练兵活动。在全矿倡导尊重劳动、崇尚技能、崇尚科学、鼓励创造的良好氛围；引导广大员工立足岗位、钻研业务、提高技能；培养和造就更多门类齐全、技艺精湛、勇于创新的本质安全型员工；全力打造学习型企业，不断提升员工队伍整体素质，促进企业创新发展。

（6）充分利用网络平台，有针对性的进行培训。完善矿内多媒体、电子教室等培训网络平台，及时上传和更新培训资源，充分发挥培训网络平台的作用。

表 3－1 所示为 2014 年 3 月中旬员工培训计划的一部分。

表 3—1 　　　　　　　　　　　　　　**员工培训计划**

2014 年 3 月

培训时间	3 月 12—15 日			培训教师	贺巍		
培训单位	培训工种	人数	培训地点	培训课时	培训层级	培训方式	培训内容
综采队	液压支架工	2	培训中心	32h	三级	脱产	①法律法规教育②安全基础知识③安全技术法规④信息通信技⑤工种专业知识⑥事故案例分析
刨煤队	液压支架工	2	培训中心	32h	三级	脱产	
安装队	矿井维修钳工	4	培训中心	32h	三级	脱产	
维修队	矿井维修钳工	3	培训中心	32h	三级	脱产	
601 队	局部通风机工	3	培训中心	32h	三级	脱产	
605 队	局部通风机工	2	培训中心	32h	三级	脱产	
运转队	主副井信号	3	培训中心	32h	三级	脱产	
运输队	主副井信号	5	培训中心	32h	三级	脱产	

3.1.3 形成有效的约束和激励机制

为加强煤矿的安全管理，XQ 煤矿在常规抓好安全生产的同时，引入市场机制，实行隐患商品化。隐患付费制度的实施使员工懂得制造隐患有代价，发现隐患有奖励，处理隐患有报酬。隐患付费办法的实施为管理者和操作者对事故、隐患和危险源的持续发现和整改提供了不断的动力，是满足和引导员工的优势需要，成为调动员工的自觉行动，使"我无隐患，我查隐患，我除隐患"成为全体员工的自觉行为。这种创新的安全管理方式将永远使员工处于充满活力的状态中，对有效消除隐患，实现安全生产，不断延长矿井的安全生产周期有着积极的促进作用。

隐患排查实行积分制，按隐患付费标准进行积分。矿每月从安全奖中提取一部分作为隐患排查奖，隐患排查奖按积分进行考核兑现。隐患付费运作方式为现场有作业人员，隐患发现者将隐患记录在检查手册中，由现场负责人签字，并标注签字时间，以签字人时间为准，同一隐患在整改期内不许重复查处。现场无作业人员，隐患发现者将隐患记录在检查手册中，并注明检查时间。检查记录内容填写清楚，隐患级别、价格、责任主体、跟班干部、班长、安检员。每月中旬由仲裁委员会对隐患登记进行审定，裁定隐患级别、价格、有效性，然后实施奖罚。

3.1.4 建立安全诚信档案

（1）全面推进安全诚信建设，实行安全诚信报告制度。矿内各单位必须建立员工安全诚信档案，安全生产承诺书（每年一份）。安全诚信档案由员工所在单位集中保管。员工工作单位变更，诚信档案履行移交手续。安全诚信积分管理由安监处统一负责。信息站负责将安全诚信信息录入安全诚信管理系统。实行安全警戒线制，对达到警戒线的个人、班组或单位立即通报并采取相应措施。安全警戒线分五个层次：一是年度内安全失信积分累计达到 100 分定为"薄弱人物"，由所在单位党政正职进行谈话教育后，方可上岗；二是年度内安全失信积分累计达到 150 分定为"危险人物"，要对其停止工作，离岗培训 3 天，方可上岗；三是年度内安全失信积分累计达到 200 分定为"直接危及安全人物"，要对其停止工作，离岗培训一个月，方可上岗；四是年度内安全失信积分达到 500 分的班组，该班组定为"安全不放心班组"，由安监处给予黄牌警告，并下达"安全不放心班组"通知单，单位队长、支部书记签名，安监处指定一名干部和所在队的队长、支部书记对其重点监控，对"安全不放心班组"实施安全管理述职，即每月向安监处汇报一次本班组的安全情况；五是年度内安全失信积分达到 2000 分的单位，该单位定为"不安全单位"，由安监处给予黄牌警告，并下达"不安全单位"通知单，由矿分管领导签名，对"不安全单位"实施安全管理述职，即队长、书记每月向安监处长及矿分管领导汇报一次本单位的安全情况。

（2）深化区队和班组的安全自主管理，严格执行安全诚信考核奖惩制度。一是安全诚信实行积分考核，作为提拔任用班组长、区队长以上管理人员，以及中级以上技术职称聘用的依据之一。在员工晋升技术职称、干部提拔任用时，要查阅诚信档案。在条件相同时，诚信度高的优先晋升和提拔，对于有二次不诚信事实的，以最后一次时间为基点，二年内不得晋升和提拔。二是安全诚信积分作为授予先进个人和先进集体等各类荣誉称号的依据之一。凡一年内有一次不诚信事实记录的单位和个人当年不得授予先进个人或先进集体等荣誉称号。三是安全诚信积分作为员工个人和单位诚信程度评价的依据。对诚信度排在后三名的员工，诚信档案管理部门书面通知其所在单位，所在单位要以一定的方式对本人进行教育；对诚信度排在后三名的单位，单位有关成员要深刻反思，剖析原因，制订措施，并以书面形式报送诚信档案管理部门。四是安全诚信积分对季度内排在前三位的单位或个人，提出表扬或适当奖励。员工安全诚信档案信息如表 3－2 所示。

表 3－2　　　　　　　　　员工安全诚信档案信息表

年　月　　　NO：

姓　名	性　别	民　族	出生日期	年龄	文化程度	政治面貌	婚否	电话

毕业院校		所学专业		
家庭住址		身份证号		
参加工作 时间		参加工作 单位		

主要家庭成员及社会关系								
姓名	性别	年龄	出生日期	民族	文化程度	工作单位	婚否	关系

主工种	培训级别	培训时间	考核结果	证号		培训内容	
兼工种	培训级别	培训时间	考核结果	证号		培训内容	

工作 简历	何年月	至	何年月	何部门	何职务
		——			
		——			

3.2　稳定"物"的状态

3.2.1　掌握"物"的性质和客观规律

任何物质的存在都是具有能量的。类别不同，在突然释放时，对人体伤害程度也不同，必将造成各种不同类型的事故。伤害程度完全取决于作用在人体身上能量的大小。发生能量意外释放的根本原因，就是人对能量正常流动与转换的失控，究其原因是人而不是能量本身。能量一旦突然释放，触及人身体的某个部位又超过人体的承受能力，必然会酿成伤害事故。有效的预防措施是采取信息屏蔽和物理屏蔽，阻止人进入流动渠道，只有这样才能够有效减轻伤害的机会和严重程度。在能量正常流动与转换的同时，应考虑非正常时的处理，及早采取时空与物理屏蔽措施。

3.2.2　提高矿井安全质量标准化水平

质量标准化是煤矿抓好安全工作的基础工程，也是煤矿企业的效益工程，是实现煤矿安全生产长效机制的重要举措，是推动煤矿安全发展的有效手段和根本途径。XQ 煤矿以安全生产为中心，以公司和矿质量标准化规定和标准为规范，以"阶段推进、全面提升"为思路，打好质量标准化攻坚战，实现员工操作标准、质量标准和作业环境的全面提升。并阶段性地在全矿范围开展"安全质量标准化提升月"等活动。认真安排、认真落实，全面提高 XQ 煤矿安全质量标准化管理水平，建立自上而下、全面覆盖的质量标准化管理体系。

（1）搞好宣传发动，提高安全质量标准化思想认识。要统一思想，明确安全质量标准化工作的努力方向和奋斗目标。正确处理好质量标准化与安全、生产和效益的关系，实现质量标准化意识由被动接受向主动认识的自我转变。抓好标准化工作要强化四种意识：一是强化责任意识，突出标准化对抓好煤矿安全生产的重要性，增强全员抓好标准化建设的责任感；二是强化标准意识，任何工程施工措施、操作行为都要以相关技术标准为依据；三是强化质量意识，突出"抓质量、保安全"的指导方针；四是强化创新意识，为安全质量标准化建设注入生机和活力。

（2）把握关键环节，抓住管理重点。要抓住工程质量这个关键。坚持"安全第一、质量为本"的方针，狠抓工程质量责任追究制度的落实，大力开展工程质量样板工程建设。要抓住标准操作这个关键，以技术标准、规程措施为依据，增强员工标准意识，规范员工操作行为，达到安全、精准、高效的目的。要保障设备完好这个关键，严格执行煤矿机电设备完好标准的相关规定，重视机电设备预防性检修，加强机电设备防护设施、防爆性能、冷却润滑、跑冒滴漏等方面的管理，确保设备安全高效运行。

（3）狠抓动态达标。严格按五定原则，定地点、定工程项目、定标准、定工期，定责任人，组织落实标准化施工的各项工作。突出过程控制，真正实现全过程、全方位、全时段的安全质量标准化管理的提升，实现静态高标准、动态不走样的双向达标，确保标准化工作有序开展，取得实效。

3.2.3 坚持技术创新引进先进的技术装备

科技创新的思路是以科学发展观统领科技与技术创新工作，以公司科技创新发展规划为指导，紧扣公司发展主题，充分发挥科技的先导带头作用，依靠科技进步与管理创新，解决企业发展过程中迫切需要解决的安全生产、经营管理问题，推动企业综合实力的提升，实现科学发展。主要原则是自主研制与应用新设备、新技术同步，技术创新与管理创新并重，结合实际、突出重点、破解难题、实用有效。

（1）提高重视程度，成立组织机构，明晰科技创新职责。成立由矿长、矿党委书记担任主任，矿总工程师担任副主任，矿副总以上领导担任主任委员的

"XQ 煤矿科技创新委员会"。委员会不仅要对全矿的科技创新工作进行管理、监督，还要对全矿的工程技术人员进行年度考核。同时，在涉及安全生产和技术攻关的科技项目中，往往身先士卒在现场进行调研，掌握第一手材料，保证科技项目的可实施性和严谨性，成为全矿工程技术人员学习的榜样。明确责任，奖惩分明。成立采矿、机电、通风、地测防治水、选煤、安全、企管财会、计算机八个专业学组，由分管领导任组长，主管科室负责人任副主任，相关单位的技术管理人员任组员，每个专业学组每季度至少要完成两篇科技论文，其中至少要有一篇科技论文具备参加优秀科技论文评选资格；每半年至少要有两项科技创新项目；每年至少要有一项科技创新项目获得科技进步奖奖项。由科技创新委员会及科技创新办公室每季度对各专业学组进行监督考核，考核结果为"优"和"差"的专业学组将根据相关规定进行奖惩。

（2）依靠科技进步，应用先进装备，提升硬件建设水平。在安全保障方面，配齐 XQ 煤矿防突实验室设备，满足煤与瓦斯突出预测敏感指标测试和确定的需要。积极探索定向钻孔取代瓦斯巷道技术，力争在瓦斯治理成本的降低方面有所突破。要引进 CO_2 凝胶防火装置和技术。要筹建冲击地压预测实验，为解决科学防治冲击地压创造条件。在开采装备方面，要对一米以下的薄煤层安全高效开采装备实施技术攻关。引进德国 DBT 公司生产的全自动化刨煤机，积极探索无人值守的全自动化开采新方式。要攻克 XQ 煤矿深井软岩综放开采的矿压大、地温高、顶板破碎等技术难题。众所周知，煤矿安全生产条件的好与坏，除了受井下地质条件和开采的特殊性限制，很大程度上是受到装备水平和工艺水平的制约。所以，依靠科技创新来加强技术管理是确保煤矿安全生产的动力源泉。

（3）提高人员综合素质，强化技术培训，努力改善井下的作业环境。一是加强技术员以上管理人员的培训，强化依法管理水平。坚持每月对全矿技术员以上管理人员的培训和考试，连续三次不及格免职的制度。不断强化他们的法制意识、责任意识，使他们做到学法、懂法、守法，依法从业，依法生产。二是加强工程技术人员培训，为安全生产提供技术保障。全矿工程技术人员每季度按专业进行一次编制规程、安全技术措施考试，考试成绩 70 分以下的，由总工程师和副总工程师对其进行诫勉谈话并视为专业考核不达标，对其进行离岗培训。三是加强对新工艺、新技术、新设备、新材料的培训。要根据生产、安全实际需要，邀请省内外及大学研究部门的专家讲课，答疑解惑，促进问题解决。聘请生产厂家工程技术人员及时对引进的新工艺、新技术、新设备、新材料进行培训和现场实际操作演练，并对授课过程进行全程录像，制作成多媒体课件。四是营造创新氛围，培养优秀人才。要注重营造科技创新和科技人才的环境，大力宣传技术专家、学科带头人和专业技术人才的先进事迹及取得的成果，带动全矿科技工作的发展，形成一个学技术、搞创新、提建议、著论文、增本领的氛围，要让科技工作者、技术尖子得到广大员工的尊重。要发挥网络信息平台作用，给科技人员和外面的专家学者"穿针引线"，提供学习、提高的机会。

3.3 弥补"制度"的缺陷

3.3.1 实行安全管理目标责任制

（1）制定安全管理目标。要依据责任状的相关内容，制定考核细则，考核量化打分、奖惩兑现要规定清楚。抓好新《安全生产法》的贯彻落实。生命红线不可逾越，法律底线不可突破，这是安全生产工作的准则。新安法的各项规定就是法律的底线，所以我们必须学好、用好、落实好新安法，只有学法、懂法，才能守法、用法，才会保证考核时有依据，执行起来有章可循。要完善安全生产的考核机制，要从矿山的实际出发，制定完善的实施考核办法，使考核与工资待遇紧密相关，考核结果和考核的整个过程必须做到完全公开、完全公平、完全公正，确实发挥作用。

（2）签订安全生产责任状。基层单位的党政正职是安全生产的第一责任者，必须强化安全生产的忧患意识和责任意识，要逐级签订，牢牢把握住安全生产的每道关口，要真正地抓出成效。党、政、工、青要齐抓共管，形成人人管安全、人人保安全的良好格局。党政一把手要亲自主持召开安全办公会议，要时刻认识到虽然问题出现在现场，但是根源还是在管理。这就需要各系统、各单位的管理人员进一步牢固树立"凡事安全先、万事安全大"的理念，依靠有效的管理举措、正确的施工方案、严谨的工作态度抓好安全生产，保障矿井安全形势的持续稳定。

（3）抓好责任的落实。通过对每一起事故原因分析发现，间接原因都有责任落实不到位或责任不落实。如果这一问题不解决，事故很难杜绝。这就需要：一要落实隐患整改的责任。要建立隐患排查整改清单制度，清单格式要规范，查出的隐患谁来整改、什么时间整改，验收人签字。隐患整改的责任就是闭环管理，谁负责谁签字。对上级、集团公司、矿、区队、班组查出的隐患都要列出清单，明确整改负责人、时间，整改完成后，责任人签字，存档备查，出了事故，能够做到有案可查。二是落实安全投入的责任。《安全生产法》第20条规定"生产经营单位应当具备的安全生产条件所必需的资金投入，由生产经营单位的决策机构、主要负责人或者个人经营的投资人予以保证，并对由于安全生产所必需的资金投入不足导致的后果承担责任"。法定职责必须为，该得罪人的时候必须得罪人。三是要落实反"三违"的责任。每起事故都是"三违"造成的，有的时候是一个人违章，有的时候是群体违章，作为领导没有制止，就是违章指挥，一定要把"三违"的责任落实下去，特别是把习惯性"三违"和群体违章作为重点。建立"三违"连带责任制度，一人违章，整改班组都要承担连带责任，这样才能制止他的违章行为。

（4）日常监督检查到位。充分发挥职能科室作用，强调落实管理人员岗位责任制，从人、机、物、环等方面抓好井下现场的日常检查工作。尤其要加强安监部门队伍建设，提高安全监管能力，对重点工程、项目实行重点盯防，严防死守，及时有效地预防各类事故的发生。同时，发挥党群组织力量，设立党员安全责任区，安排党员值岗，开展党员"三无"竞赛，即要求党员做到身边无"三违"、无隐患、无事故。积极组织群监员、青安岗员上岗检查，开展"零点行动"。通过密织安全网，推动实现安全岗。另外，要强化安全隐患整改闭合管理。一方面，业务科室要发挥好组织协调、监督管理的职能作用，对于每一条隐患都要拿捏好轻重缓急和主次顺序，分级别、分先后、分时限的安排处理；另一方面，处理隐患要讲求闭合，对安全隐患要坚持"定工期、定标准、定整改措施、定整改期限、定责任人"的"五定原则"，实行闭合管理。

（5）防范遏制重特大事故。坚决防治煤矿瓦斯等重大灾害，一是要确保煤矿安全监测监控系统运行稳定可靠。监测监控系统不能正常运行的煤矿必须停产整顿，加快监测监控系统升级改造，推广使用监控系统的检查分析工具。二是要严格瓦斯零超限目标管理，赋予和落实调度员、瓦检员、班组长等紧急情况停电撤人权利，落实瓦斯超限必须停电撤人、停产分析整改、依法追究责任等三项制度。瓦斯超限不停电、不撤人、不分析、不处理的必须停产整顿直至关闭。三要强力推进瓦斯抽采，积极推进煤与瓦斯突出和高瓦斯矿井的"先抽后建"，生产矿井必须安排合理的抽、掘、采接续。确保瓦斯抽采有足够的空间和时间，做到先抽后布置、先抽后掘、先抽后采。四是要在瓦斯综合防治措施落实上下功夫。国家局将出台《强化煤矿瓦斯防治工作的规定》，坚决落实两个"四位一体"措施，实现瓦斯抽采达标，确保保护层开采、区域预抽、揭煤管理等重点工作落实到位。五是加大隐蔽致灾因素的普查治理力度。

（6）严肃查处事故。一是用事故教训推动工作。煤矿的事故教训极其深刻，必须引起我们高度警觉和深刻反思，要把别人的事故当成自己的事故看待，吸取教训，举一反三，真正做到"一人出事故、全矿受教育"。各煤矿要针对煤矿事故开展案例警示教育，进行大讨论，对照事故原因，深入查找自身管理上的漏洞，真正把安全生产责任落实到一线管理层和操作层。二是依照新《安全法》，严肃事故查处。新《安全法》提高了对事故责任单位的罚款金额，要按照新的规定，严格事故经济处罚。对已经提出限期整改，仍不彻底整改隐患而导致事故发生的，要加大处罚力度。对于没有按新《安全法》要求履行职责，导致事故发生的相关责任人要给予处分，全面推进各岗位安全生产责任制落实。按要求从今年起较大事故全文公开。三是按规定及时上报事故。特别重大事故、重大事故、重大涉险事故信息，须在事故发生后 3 小时内逐级上报。

3.3.2　强化岗位作业标准在生产现场的落实

制定和推行煤矿各工种岗位是锻造一支高素质职工队伍的需要，是创建本质安全型矿井的需求，更是煤矿职工维护自己生命安全的保障。XQ 煤矿推行安全管理岗位达标和工程技术人员专业达标考核制度。以基层工程技术人员达标为核心，不断提高管理人员的管理能力，从而增进员工的操作技能，实现岗位作业标准化。

（1）落实企业责任，规范岗位达标。一是管理人员岗位达标。以公司"安全素质提升年"为主线，以加强员工素质提升为重点，建立管理人员岗位达标的长效机制和"能上能下、能进能出"的用人机制；建立对管理人员的客观评价体系，及时对管理人员的工作给予评估和肯定；建立一支精干高效、团结协作、廉洁自律、素质过硬的管理人员队伍；实现管理岗位的优化配置，促进人才资源开发、管理和使用。考核内容包括职业道德（德）、工作能力（能）、工作态度（勤）、工作绩效（绩）。二是工程技术人员专业达标。为进一步提升工程技术人员的专业能力，增强工程技术人员的事业心和责任心，促进工作效率的提高和各项工作任务的完成，要对工程技术人员的专业进行考核，考核内容包括专业素质考试、措施现场考核、专业素质训练、绩效考核、工作业绩五方面内容。专业素质考试是指，每月技术员以上管理人员进行的专业知识考试。措施现场考核是指，参考人员每季度到现场根据现场实际编制措施考试。专业素质训练指每季度初由各考核组按专业给参考人员预留一篇规程、措施，必须本人手工抄写，每季度末按要求交培训中心，由培训中心组织考核组按专业对其进行评审打分。

（2）制定奖罚措施，促进岗位达标。XQ 煤矿要建立并完善企业岗位达标工作的激励和约束机制，岗位达标与职工薪酬福利挂钩，是员工职位晋升、评先评优的重要手段。管理人员岗位达标考核结果的运用，可以对岗位达标考核结果提供反馈。考核和公示，让管理人员了解自己的工作情况，从而改进工作中由个人原因造成的缺陷与不足。为人事决策提供重要依据，人事从而能够正确做出决策，合理调配工作岗位或决定工资报酬的升降幅度。分析研究不断补充完善岗位达标考核的标准，能够充分激发、挖掘管理人员的工作积极性和潜力。管理人员岗位达标考核成绩与家庭式区队班组竞赛排名挂钩。工程技术人员专业达标，将参考人员在管理人员岗位达标中的综合测评考核情况和在矿、集团公司和上级部门规程、措施评比、论文、技术革新项目、专利获奖情况作为工程技术人员的绩效考核。总成绩 90 分以上为优秀，80～90 分为达标，70～80 分为基本达标，70 分以下为不达标。通过开展管理人员岗位达标和工程技术人员专业达标活动树立典型示范，能够鼓励全体员工互帮互学，从而进一步推动和促进全矿范围的岗位达标。

3.3.3 深化干部走动巡查管理考核办法

实行走动式管理是岗位作业精细管理的重要组成部分，是直接掌控作业现场管理效能的有力手段。其核心内容是查找问题、发现问题和解决问题。不巡查走动，很难及早发现问题，就会耽搁处置问题隐患的最佳时机；不巡查走动，对职工的思想和工作情况将置若罔闻，就没有强有力的针对性措施。实行走动式管理，能够对生产过程、作业现场中出现的各种变化进行全方位的检查、控制、协调和反馈，对实现现场管理的科学化、规范化、程序化起着十分重要的作用。不但能有效地解决井下现场的管理盲区，而且能促进管理人员尽职履责的能力，从而全面促进管理效能。实行走动式管理是转变干部工作作风，提高现场解决问题能力的重要手段。同时，还可以使管理人员把有效精力投入作业现场，与职工的心理距离拉得更近，这也丰富了各管理人员的现场管理实践能力，推动了管理行为、理念的创新。

走动巡查管理的原则。一方面，走动巡查坚持全方位、全要素的闭环管理原则。要保证巡查路线、时间、地点，确保每个班都有人员进行现场检查，不留空当；从走动区域上，要覆盖井上下所有作业地点和厂房，不留死角；从巡查内容上，要以安全生产为中心全面细致的对作业现场进行巡查。巡查要坚持双向控制的原则。巡查人员不仅要检查工作，发现问题，也要督促基层单位处理隐患，还应该将走动管理的全过程，置身于员工的广泛监督之下，真正做到双向控制、互相监督。另一方面，走动巡查管理还要坚持严检查、重闭环，做到日事日毕。走动式闭环管理流程如图3-2所示。

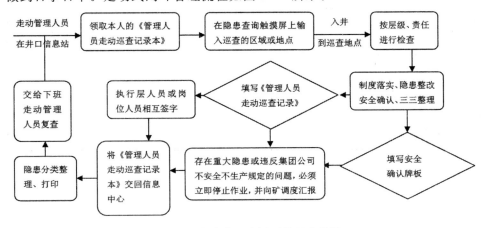

图3-2　走动式巡查闭环管理流程图

（1）推广安全确认标准。为进一步规范员工操作行为，夯实安全精细管理基础，推进安全确认标准在生产现场的落实。员工通过对本岗位的"人机物环管"进行时时处处确认，是员工保证安全作业的有效途径，也是提升员工安全操作技能，能够逐步提高岗位作业本质安全水平，从而增强员工的安全意识，促进安全行为的养成，进而达到本质安全的重要手段之一。在全面落实公司"三项制度"的基础上，按照新版《岗位作业标准》，借鉴传统中医"望、闻、问、切"的确认方法，按照突出看、听、查等肢体动作，经过各部门的深入细致研究、梳理，认真对全矿现有的工种安全确认内容进行整合、提炼，编制成顺口溜，汇编成具有特色的《员工安全确认内容汇编》。它汇集了全矿 15 个系统（单位）的 117 个工种的安全确认内容，不仅简单实用、通俗易懂、便于记忆、朗朗上口，而且易于员工理解和操作，具有极强的实用性和操作指导性，更为全矿员工提高安全技能、按章操作提供了厚重的理论基础。

（2）坚持"九定""十查""三带"的走动式管理方法。"九定"即定路线、定区域、定次数、定时间、定分工、定程序、定责任、定考核、定通报；"十查"即查"三违"、查隐患、查设备运行、查工程质量、查规程措施落实、查工序衔接配合、查作业环境文明化、查成本物耗情况、查应知应会、查"三项制度"落实；"三带"即带有关资料、带检测工具、带《走动巡查管理手册》（如表 3－3 所示），走动巡查管理计划表（如表 3－4 所示）。

表 3－3　　　　　　　　　　走动巡查管理手册

入井时间		升井时间		走动巡查路线：			
存在问题及处理意见			单位	责任人签字	扣罚	整改情况	
1							
2							
3							
4							
操作规程考核情况：							
领导签阅：							

表 3－4　　　　　　　　　　走动巡查管理计划

层级	职务	走动次数	走动区域	走动内容	走动时间(小时)	罚款标准(元)	隐患排查	操作规程	确认牌板
决策层	矿长	10	对采掘安拆工作面、其他重点施工地点、主要通风、防火系统每月巡查至少1次；对大型设备的岗位、井下各变电所和矿井主要运输系统，每两个月巡查至少1次	九定十查三带	2	100	每次入井至少1条	每次入井考核至少2人次	每次入井填写至少2块
	书记	10	各地点巡查		2	50			
	生产矿长生产副总	20	负责回采工作面、安拆工作面、矿井主要运输系统和井下火药库，每月巡查至少3次；对掘进工作面（生产矿长）、其他施工地点，每月巡查至少2次		2	100			
	总工程师	15	负责对采掘安拆工作面、主要通风系统、重点（采区）工程、主要通防设施和防治水地点每月巡查至少2次；其他地点及系统每月巡查至少1次		2	100			
	通风副总	20			2	100			
	掘进副总	20	每月对各掘进工作面巡查至少5次		2	100			
	机电矿长	15	负责对大型设备的岗位、井下各变电所、矿井主要运输系统每月巡查至少3次；对采掘安拆工作面每月巡查至少2次		2	100			
	安监处长	20	负责对采掘安拆工作面、主要通风系统和井下火药库每月巡查至少2次；对大型设备岗位、井下各变电所、矿井主要运输系统和其他施工地点，每月巡查至少1次		2	100			
	其他领导	6	各地点巡查		2	20			

续表

层级	职务	走动次数	走动区域	走动内容	走动时间(小时)	罚款标准(元)	隐患排查	操作规程	确认牌板
管理层	生产科调度室	20	分管系统涉及范围，每周覆盖一次	九定十查三带	3	150	每次入井至少3条	每次入井考核至少2人次	分管或负责岗位填写认牌板
	机电科	20	分管系统涉及范围，每周覆盖一次		3	150			
	安监系统	20	承包区域每周至少覆盖一次		3	300			
	安检员	至少3/班	作业区每周至少巡查5次，其他责任承包区域每周至少3次		8	200			
执行层	基层单位正职	20	当班责任区域		4	50			
	跟班人员	至少3/班	本单位施工作业区域		8				

结束语

本文从 XQ 煤矿安全管理过程出现的事故为切入点，通过文中选取的理论为指导，结合 XQ 煤矿的实际情况，分析出现事故的具体原因，从而提出预防事故发生的对策。主要结论有：

（1）要规范"人"的行为。人是安全生产的决定因素，因而要想实现安全生产，就必须牢固树立以人为本的观念，关注安全，关爱生命，坚持不懈地把安全生产工作抓实抓好。从煤矿安全管理的角度说，无规矩不成方圆，没有规范就没有秩序。如果规范、标准缺失，不仅会冲击正常的生产工作秩序，使员工无所适从，乱了分寸，还会影响到煤矿的安全生产。特别是现代化矿井的各种生产活动都是建立在分工协作的基础上的，没有分工协作，也就没有现代化煤矿的安全高效生产。要提高员工的安全生产意识，自觉做到"不伤害别人，不被别人伤害"。要坚持"以人为本"抓素质，通过各种行之有效的培训方法来提高员工的业务水平和操作技能，使员工真正做到"一职多能"；要坚持"以人为本"抓落实，必须牢固树立"红线意识"和"底线思维"，通过严格管理和责任落实来实现安全生产。

（2）要稳定"物"的状态。在煤矿生产过程中，离不开设备、设施和原材料。而这些设备、设施和原材料，因为种种原因，可能存在着各种各样的不稳定因素和安全隐患，必须通过"人"的控制来加以消除。因此，煤矿日常安全管理就要把判断"物"的状态是否安全作为一项重要工作，加强对机电设备、防护设施、物资材料、巷道顶板、"一通三防"等方面"物"的检查维护，正确判断造成"物"不安全状态的具体原因，及时采取措施控制不安全状态继续发展，对于预防和消除煤矿事故隐患有直接的现实意义。首先就是要建立精密的设备、实施管理制度，制定符合生产实际的设备和技术操作规范。同时，要培养员工的规范操作能力，使员工能够规范操作，杜绝违章。再有就是认真做好设备的检修和维护保养工作，保证设备的开机率。要通过"人机对话"，实现"人"与"物"之间的协调统一。

（3）要弥补"制度"的缺陷。煤矿生产是高危行业，不仅作业环境恶劣，而且点多、面广、战线长，为了消除安全隐患，保证安全生产，就必须"立安思危"，扎实有效地做好安全管理工作。煤炭企业要想降低安全事故率就需要不断弥补安全管理制度的缺陷，找出安全管理的重点、难点，制定针对性预防措施，落实各级管理人员安全生产责任制，克服管理过程中重布置、轻落实、有安排、无反馈、有总结、无整改的行为，构建安全管理工作布置、落实、检查、反馈、总结、整改的闭环管理体系。要建立健全隐患排查、治理、报告制度，完善矿井灾害预防措施，定期组织开展安全隐患大排查活动。要通过堵塞漏洞，消除安全隐患，规范煤矿安全管理。

希望本文的研究能对 XQ 煤矿的安全管理的改进，员工安全意识的增强，煤矿安全运行的提高，起到一定的促进作用。由于本人学识尚浅，研究的观点有待于进一步深化；改进安全管理的对策，需要在企业管理实践中进一步地验证和完善。恳请各位教授和专业人士给予批评和帮助。

参考文献

［1］Hirofumi Furukawa，Bingrui Li，Shinji Tomita. Prevention of explosion in coal mine and management of coal mine gas［J］. Journal of Coal Science and Engineering（China）. 2009（2）.

［2］Contrucci，E. Klein，P. Bigarré，A. Lizeur，A. Lomax，M. Bennani. Management of Post－mining Large－scale Ground Failures：Blast Swarms Field Experiment for Calibration of Permanent Microseismic Early－warning Systems［J］. Pure and Applied Geophysics . 2010（1）.

［3］David Laurence. Safety rules and regulations on mine sites - The problem and a solution ［J］. Journal of Safety Research . 2005（1）.

［4］Michael G. Lenné，Paul M. Salmon，Charles C. Liu，Margaret Trotter. A systems approach to accident causation in mining：An application of the HFACS method ［J］. Accident Analysis and Prevention . 2011.

［5］Jessica M. Patterson，Scott A. Shappell. Operator error and system deficiencies：Analysis of 508 mining incidents and accidents from Queensland，Australia using HFACS ［J］. Accident Analysis and Prevention . 2010（04）.

［6］陈振林. 我国煤矿安全事故致因及对策探讨 ［J］. 科技与企业，2012（13）.

［7］刘勇强. "手指口述"夯实安全基础 ［J］. 中国煤炭工业，2009（12）.

［8］乔新明. 标准化作业在煤化工企业安全生产中运用 ［J］. 科技传播，2009（09）.

［9］崔娟娟. 煤矿职工安全意识教育研究 ［D］. 山西财经大学，2011.

［10］赵剑. 以塑造本质安全人为核心的煤矿安全管理研究及实践 ［D］. 西安科技大学，2013.

［11］陈静，曹庆贵，刘音. 煤矿事故人失误致因模型构建及团队建设安全对策分析 ［J］. 山东科技大学学报（自然科学版），2010（04）.

［12］赵娜. 煤矿安全事故人因失信分析与分类系统研究 ［D］. 太原科技大学，2014（06）.

［13］栗继祖，张韶红. 煤矿安全人为事故预防关键技术 ［J］. 西安科技大学学报，2008（02）.

［14］陈宝智，吴敏. 事故致因理论与安全理念 ［J］. 中国安全生产科学技术，2008（01）.

［15］曾建荣，刘萍，刘勇. 制度、执行、遵守：煤矿安全管理分析 ［J］. 煤炭技术，2009（05）.

［16］贺凌城. 煤矿安全行为技术及其在东山煤矿的应用研究 ［D］. 太原理工大学，2014.

［17］宋三胜，刘强. 浅谈煤矿"十五找安全确认法"及其运用 ［J］. 工程与建设，2010（01）.

［18］尤国兴. 浅谈煤矿安全培训的重要性 ［J］. 职业，2012（15）.

［19］宋泽阳，任建伟，程红伟，齐文字，贾宁. 煤矿安全管理体系缺失和不安全行为研究 ［J］. 中国安全科学学报，2011（11）.

［20］胡军山. 加强安全培训管理，保证生产顺利进行 ［J］. 职业，2010（06）.

［21］郝贵．安全生产应急管理强制规范与工作指南［M］．北京：团结出版社，2011．

［22］金磊夫．煤矿安全风险管控管理体系［M］．北京：煤炭工业出版社，2012．

［23］谢德林．煤矿安全程度评估与安全事故防范实务全书［M］．哈尔滨：黑龙江出版社，2003．

［24］张明林．最新安全管理心理学与案例分析实用手册［M］．哈尔滨：黑龙江省教育音像出版社，2005．

［25］郑厚发．我国煤炭行业标准化的发展现状及对策［J］．煤矿安全，2014（01）．

［26］满慎刚．矿工不安全行为分析及对策［J］．煤矿安全，2013（12）．

［27］张寅，张谷若，柳川艳．分析的力量［M］．北京：中信出版社出版，2015．

［28］刘建民，李宝堂．煤矿典型事故案例剖析［M］．北京：煤炭工业出版社，2011．

［29］史宗保．煤矿事故调查技术与案例分析［M］．北京：煤炭工业出版社，2009．

［30］中国煤炭工业协会．全国煤炭行业两化深度融合型智能矿山现场会议论文集［C］．煤炭工业出版社，2014（05）．

［31］周明弘．XQ 煤矿管理制度汇编［C］．2014（01）．

雨润地产集团运营模式问题研究
Study on the Operation Mode problems of Yurun Real Estate Group

作者：孙洪阳　指导教师：刘力钢　教授

摘　要

雨润地产集团成立于 2002 年，开发项目遍布华东、东北、中西部近 40 个城市，雨润地产已成为雨润控股集团下设的七大业务板块中的重要一环。雨润旗下其他板块，如物流、旅游、金融保险、建设也与房地产行业发展息息相关。

自 2014 年全球经济下行的趋势引导下，房地产行业低迷，房产环境发生巨变，行业竞争日益紧张，竞争激烈程度今非昔比，地产行业的黄金时代俨然已成过去。这给从食品行业起家，地产专业性不足，正在逐步探索不断发展壮大的雨润地产集团带来前所未有的挑战。

面对严峻的国际、行业形势，针对多项目、多业态的管理布局，半路出家的雨润地产集团必须对集团现有情况进行全面审视，深入深化改革，利用科学管理方法论，结合企业实际情况，从房产开发、计划运营各流程的有效串联等方面进行改革，实现企业的顺畅、可持续发展。

本文重在对雨润地产集团的行业竞争环境进行分析，以及对现有运行模式的深入研究，结合运营管理理论知识，对现有运营模式存在的问题进行详细剖析，侧重了解束缚企业发展的症结所在，结合行业内知名企业的成功经验，提出多业态运营管理模式的管理理念及后续有针对性的实施对策。借此，希望给行业内其他多元化业务企业的发展提供可借鉴经验。

关键词：雨润地产集团　多业态　运营模式　研究

ABSTRACT

YurunReal Estate Group was established in 2002. The projects developed and constructed have been spreading in nearly 40 cities throughout the East, Northeast and the Midwest in China. Since then, Yurun Real Estate has become one of the seven important business segments in Yurun Holdings Group. Yurun's other sectors, logistics, tourism, finance and insurance, construction are also closely related to the development of the real estate industry.

Since the real estate downturn in 2014and the global economic downturn trend, the real estate environment changes, and competition is becoming increasingly intense. It is presumed that the golden age of the real estate industry seems to have become a thing of the past. All of this brings unprecedented challenges to Yurun Real Estate Group which starts from the food industry, lacks professional real estate and is gradually exploring in the continuous development and expansion.

In the face of the severe international and industry situation, YurunReal Estate Group, starting up business halfway, must evaluate carefully the current multi — project and multi — format layout management, conduct a comprehensive review, and deepen the reform further. It needs to apply scientific management methodologies to the actual situation of enterprises from the real estate opening up to project plan and to effective operation process in a row so that the enterprises can accomplish the smooth and sustainable development.

This paper analyses thereal estate industry competition environment of Yurun Real Estate Group. Based on the operation management theories, the paper conducts in — depth research on its current operation mode. The problems existing have been studied in details, the obstacles which hinder the developing of the enterprise have been put across, and the multi — format operation and management philosophy and subsequent measures to implement have been proposed with the help of the successful experiences of other well— known enterprises in the industry. Thereby, the paper can provide helpful experiences and valuable references for the development of the industry in other diversified business enterprises.

Key Words：Yurun Real Estate Group　Multi－format　Operation mode Resear

绪　论

0.1　研究背景及意义

2014 年全球经济下行，房地产行业低迷，房产环境发生巨变，行业竞争日益紧张，竞争激烈程度今非昔比，地产行业的黄金时代俨然已成过去。这给对于从食品行业起家，地产专业性不足，正在逐步探索发展的雨润地产集团带来前所未有的挑战。

雨润地产自 2002 年成立至今，伴随着全国化布局的战略方针，迅速在江浙沪皖、东北等城乡各地完成战线布局。截至今年，全国有 60 个地产在建项目，包括物流地产、住宅、商业、旅游投资地产等多种业态模式，员工人数近 3000 人。近年来，随着地产行业经济泡沫的破灭，地产形势越来越严峻。而 2002 年进入地产行业的雨润集团，经过十几年的运作，地产经验尤显不足，虽在全国完成规模化布局，但规模化操作模式仍未形成，至今未形成一套规范有序的运营管理模式，更无企业核心竞争力和品牌化运作能力。

房地产是一个资金、人力、资源集中的行业。若不集中资源，很难获得竞争优势。纵观近年来房地产行业的白热化进程，我们不难发现，在当今经济下行的整体形势下，加强企业自身规范化、模块化管理，整合企业资源，规范化运作业务流程，打造企业独有的品牌特征，形成核心竞争力是房企唯一的出路。而房地产运营管理作为企业管理职能的一个重要方面，是企业创造价值、获取利润的重要环节。因此，要想培养企业的核心竞争力，必须实现规范有效的企业运营管理，这就需要企业通过运营管理过程中各环节的协同配合，达到整合资源、降低成本、降低或规避运营风险的目的，从而从根本上提升企业的核心竞争力。

针对多项目多业态的管理布局，雨润地产集团目前采取的模式是"百花齐放"的"多而广"的战略格局，力争在全国三四线城市全面打造一个集生活、娱乐、商务于一体的一站式雨润广场，创建一个城市新中心。然而，在地产专业经验不足的情况下，要想实现上述目标显然十分吃力。在行业竞争日益激烈的大环境下，雨润地产的发展已捉襟见肘，内部流程不畅，人员专业度不够，企业制度化、流程化管理能力欠缺，雨润地产的发展已到了瓶颈期，雨润地产亟须进行改革。雨润地产的掌权者也已充分认识到这点，因而通过各种方法从各知名企业中招聘大批专业人才，力求通过专业人才的加入，能够力挽狂澜，给雨润地产注入无限生机。然而，经过一段时间的运作，专业人才的加入并没有实现预期效果，反而因新老接替不畅，多种思想碰撞，激发了内部矛盾，造成人员不断离职，成效甚微。

面对艰难境地，雨润地产怎样应付这些挑战，怎样在逆境中求生存，怎样实现利润率，是目前雨润地产集团的一项重要任务。雨润地产集团亟须进行一场内部改革，亟须通过规范化的运营管理模式打造一个畅通有序的运作管理方式，从而实现预期目标。

本文中，本人通过对雨润集团多项目多业态的地产运营模式进行详细分析与研究，针对企业实际情况，有针对性地提出了切合雨润地产集团使用且可供其他同行企业借鉴的策略方法，以便能够使雨润地产集团走出现有困境，获得持续发展。而且，日后将有越来越多的企业进入多元化运作，本文的策略方法也能使更多的中国企业能够像雨润集团一样，找到一条适合自身发展的管理之路，从而为中国民营企业和经济建设发展做出贡献。同时，多业态模式下的运营管理，是现代企业管理中的一项重要课题及发展方向，对企业运营管理下业务流程的搭建、整体模块化研究、管理制度体系的建立，以及贯彻这三者间的调控关系，具有切实可行的实际意义。

0.2　研究内容

本论文根据雨润地产集团现状与特点，对中国房地产市场环境进行分析，总结并阐述了雨润地产集团在中国房地产市场所取得的成绩，同时也指出了雨润地产集团存在的问题与面临的挑战。本人通过上述问题和现状分析，详细剖析了雨润地产集团的目标市场定位，确定了雨润地产集团的运营管理模式和下一步改革发展方向。

0.3　研究方法

本论文主要依据地产运营管理方法论，根据科学管理理念和雨润地产运营管理实践案例，理论联系实际，从雨润地产集团现有的运营管理模式现状及存在的问题入手，通过对房地产开发过程中的区位、价值链、开发运营顺序等理论知识的研究，结合房地产行业和雨润地产集团实际情况，系统分析了现有运营模式存在问题的原因，从战略管理、制度流程建设、财务管理、业务管理、信息化管理共五个方面，详细阐述了雨润地产集团多业态运营模式改革实施要点和具体的实施方案。通过上述理论联系实际的研究方法得出的结论，能够切实符合企业发展改革需要，解决企业发展难题。

另外，本文还通过对雨润地产集团相关数据分析，通过运用综合计划管控工具，搭建企业运营管理流程，制订符合企业自身发展特点的运营管理方案，实现定性与定量分析相结合的研究方法。

0.4 研究框架

本文的研究框架如图0-1：

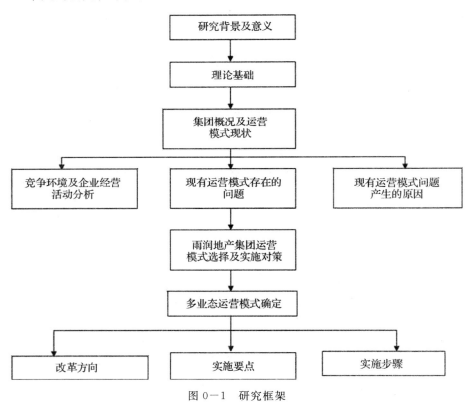

图0-1 研究框架

本文以雨润地产集团多业态运营管控模式为研究对象，针对商业地产开发企业在运营管控过程中存在的问题进行研究，通过理论联系实际，定性与定量相结合的研究方法，认真分析了雨润地产集团多业态运营模式现状存在的问题及原因，从而发现并制订雨润地产多业态运营模式实施对策，通过对改革方向、实施要点及实施步骤的详细论述，建立风险防范及保障机制，从而实现雨润地产快速、高效发展，实现预期经济效益。

本论文由绪论、理论基础、运营模式现状、竞争环境及企业经营活动分析、运营模式存在的问题、存在问题的原因、运营模式选择及实施对策共七个部分组成。第一部分主要介绍本论文研究的背景与意义，就企业运营管理业务流程搭建、运营模块化研究、企业制度体系建设三者间的调控关系进行具体阐述，理论联系实际，分析本文的研究意义；第二部分重点介绍区位、价值链、逆向开发运营理论，为后续运营管理模式研究奠定理论基础；第三部分对雨润地产集团现有运营模式进行详细介绍，认真分析了集团各种业态的特征及各种业态现有的运营管控模式；第四部分对企业面临的竞争环境及挑战进行分析，通过对内外部竞争环境和自身面临的不足进行阐述，进而引出本文的主体部分，也就是第五、第六部分，分析现有运营模式存在的问题和产生这些问题的原因，从集团战略定位、资源整合能力、核心竞争力把控、企业融资能力、经营管理理念、人才培养能力等几个方面综合进行分析，针对企业现有状况及运营管理理论得出雨润地产集团改革实施方向、原则及实施步骤，最后得出本文结论，认为通过本次研究，不但可以帮助雨润地产集团加深和正确实施企业内部改革，获得期望的经济利益，实现企业运营管理与企业发展改革同步匹配的目的，同时对其他多元化发展企业的运营管理工作具有推广和借鉴意义，给中国特色的多业态房地产开发企业的可持续发展带来深远影响。

1 理论基础

1.1 区位理论

人类日常工作生活的活动过程，往往因为自身的活动需要有很多的行为活动空间。在活动过程中形成的空间分布和在空间活动中相互影响、相互产生的关系即形成了现代科学中的"区位"。在日常生活中，随着不同的地理位置、空间位置的选择，以及这些选择的优化组合，反映并形成不同的自然地理位置、经济活动圈，从而产生一个或多个人员聚集、活动频率高、相互交往频繁的一些特定的点或商圈，这些点往往是这一区域的中心地。这些中心地的发展，往往取决于此地区人口密集程度、活动服务范围的大小、人员需求的满足程度和服务种类等。就一个城市而言，简单来讲，区位研究就是对人类活动空间大小及活动密集程度的研究。研究重点在于活动主题的活动范围、活动之间的相互关系，以及二者有机集合的整体关联度、关联成本。就研究者来说，自然地理位置的选择、经济活动的聚集程度和交通便利程度等因素的最优组合极易形成城市区位。

对于中心地区发展情况来看，大城市发展快速，产品种类多并且齐全，中等城市次之，小城市则更次之，往往只能维持基本水平。这就是商区辐射范围的不断扩散，因而对于经济活动和商业活动而言，辐射范围越广、服务品种越全越容易形成中心地，也就更容易引导人员聚集形成活动中心地。

另外，在人类现代活动中，往往因为某些或特定的社会经济活动的需要，聚集或集中到某一地理区域，进行一些商业活动或相互之间的资源共享。久而久之，长期持久的此类活动的产生和形成则慢慢引导着人类的生活习惯、居住范围，形成一个或多个特定的圈子，也就是我们所谓的商圈（消费圈）。此类活动的辐射半径也会由于人类生产、经营活动的需要而不断扩大或相互交叉，特定圈子中所销售的产品的种类、服务的质量优劣也同步影响着商圈（消费圈）的发展程度。因此，地理位置的选择、销售产品类别和服务质量与商业活动繁荣与否息息相关。

在现代经济理论里，商业主要是通过人员聚集，共同或相互之间发生经济交易，实现公共设施间的资源共享，降低社会费用支出达到降低生活（消费成本）的一种经营活动。商业活动的营运，主要是在一定的限定规则内，通过上述活动产生一定的经济效益，实现互惠互利、共同发展。就城市管理规划来讲，能够促使商业营运者在城市规划范围内，按照社会管理理论，在某些特定区域因为人员的聚集和共同的活动需要，逐步发展并形成一个或多个特定的商圈，并根据服务范围、种类、消费需求的不同进而相互渗透、影响，扩大辐射范围，实现更多的利益需求，通过相互间比较，降低消费成本。同时，在这类特定区域内，还可以因消费活动的影响催生更多的休闲体验类活动，实现更多、更深层次的人员需求。

就商业活动而言，商业项目选择必须定位在目前已经形成或即将形成的商业圈（消费圈）内，这样才能因目前的消费客群影响或带动新的消费客群，不断扩大商业项目的辐射半径，才能带动经济活动的持续开展，实现项目的投资回报和经营收益。

就上述理论而言，人类社会经济活动过程中的人员分布、相互关系等形成了一定的自然地理位置，也就是所谓的区位。这些自然地理位置同时又因为人员密集程度、人类活动的需求等形成一个又一个城市，更加密切而深入地影响和带动着城市中的人类行为活动的开展。随着时间推移，人类经济活动的聚集和自身消费选择的需要，在城市区位范围内发展形成一个又一个商圈，进而将人类的消费活动进行相互之间的交叉发展和不断扩散和辐射。自此，商业活动发展日益繁荣。对于商业运营者而言，要想建立商业项目，城市区位的选择即选址非常重要。商业选址决定项目的成败，决定项目能否满足区位地址上消费客户的消费需求。对此，商业运营者可以通过城市区位理论知识，判断商业选址正确与否，判断日后生产经营活动的主力方向。

1.2　价值链理论

根据现代企业管理理论，企业经营活动的影响因素有很多种，企业经营效益的产生主要是通过提供超越或优于竞争对手的产品与服务而获得的。也就是说，企业要想获得经营效益即经营价值，必须提供一系列有竞争能力，能为消费者提供更好的服务或使用价值的经营活动，也就是提供一系列价值链，通过这些价值链形成一个持续有效的价值体系。

企业产生经营效益的影响因素主要有生产、营销、物流、服务、采购、后勤、人才等多方面内容，对于不同的企业，上述各项内容侧重点各有不同。对于企业经营发展而言，要想实现企业价值，获得经营效益，必须具备核心竞争力，也就是能够抓住企业在发展管理过程中的最关键的因素。企业通过核心竞争力决定企业的战略发展方针和发展方向。对此，企业管理者必须了解企业战略发展的关键环节，通过对战略关键发展环节进行重点控制，从而可以保持核心竞争力；对于非关键性业务环节，可以通过多种方法进行资源整合，优化成本，提高企业营运能力。

商业地产开发主要是跟人类商业经济活动有关的地产开发，主要涉及的产品是用作商业用途的房屋。在商业地产的开发过程中，根据涉及的环节不同，也同步形成了商业地产的价值体系。一个商业地产要想成功开发，必须在其开发建设过程中形成一条价值链，将土地的规划设计定位、工程施工、资金、生产计划等多种因素有机结合，根据市场分析、成本控制、工程监控、客户管理等多种方法和手段，生产出让客户满意的产品，通过广告宣传和营销推广手段等方式，促进产品销售收益，实现商业地产开发的产品价值。

商业地产的功能重点在于为消费者提供一个满意的商业服务场所或者一个经济活动交往的空间，以及上述商业活动过程中所需要的服务。这就要求商业地产开发商在开发产品时除了考虑商业设施产品的销售情况外，还需考虑商业设施后期的运营管理。商业产品及商铺的选址、后续经营势必影响商业地产开发的产品价值，也就是商业地产的产品利润。从这点可以看出，商业地产开发价值与商业地产运营价值链产生融合和交互。

商业地产开发运营过程中涉及多个利益个体。商业产品或服务的消费者是商业经营的首要利益个体，商业开发者通过出售商业产品或服务获得经济收入；商业产品的投资者、经营者是商业经营的直接利益个体；从经营者手中购买产品或服务的终端消费者是商业地产开发的间接利益个体。首要利益个体、直接利益个体和间接利益个体共同构成商业开发运营的利益团体。在这个利益团体中，每个利益团体关注的焦点各不相同。开发商关注产品销售利润，投资者关心项目投资收益率，经营者关注经营回报，终端消费者关注消费成本和消费舒适度。

在上述经营活动过程中，商业地产开发商将开发的商业产品销售或租赁给经营者、投资者，从而回收资金，获得开发利润；投资者、经营者通过购买商业产品产权获得收入（利润）或未来的物业增值；终端消费者向商业经营者支付货币获得产品的使用价值或消费体验。

商业地产开发运营链由商业地产开发价值链和商业运营价值链共同组成，并相互发生关系，通过商业开发者、经营者、投资者和终端消费者等利益群体的经济活动，相互穿插在整个商业地产开发运营管理过程中。从价值链角度分析，商业地产开发运营价值链需要商业地产开发商与商业运营价值共同整合，贯穿各个利益个体的价值理念，只有这样，才能形成一个系统有效的商业地产开发运营价值链，才能获得商业地产开发运营管理的成功。

1.3 逆向开发运营理论

一个成功的商业地产开发运营过程除了工程竣工以外，还涵盖项目招商及后续的运营管理，其中对于商业项目成功与否的最终评判标准是项目的后续运营管理情况。商业项目需要通过科学的运营管理实现商业地产长效持久的收益和物业价值，吸引众多的终端消费者前来消费，让投资者获得最大的利益保障。然而，现实情况下，很多房地产开发商往往因为项目开发周期、运营管理能力薄弱等原因，在项目建成前后没有制订一套行之有效的运营管理计划，从而导致运营管理失败。

商业地产开发兴起初期，商业地产开发商主要按照住宅的开发思路来发展商业地产，对生产出来的商铺进行分割销售，在产品生产周期结束后通过大幅广告宣传完成销售任务，待项目销售结束后则转战其他地方，对于后续的商业运营不予关注，甚至不闻不问。这样做的直接后果是损害投资者和经营者的利益，也影响商业地产开发商的开发声誉。商业地产项目极易因无序的运营管理导致商铺等空置率居高不下。

近几年，随着社会经济高速发展和居民消费水平的不断提高，商业市场竞争活动日趋激烈。商业投资者和经营者更加关注各自的切身利益，对商业物业选择更加细致认真，更加理性关注自身的投资回报率。这种情形迫使商业地产开发商必须关注商业地产后续运营管理，甚至在拿地时就需将后续商业运营管理融入前期规划设计定位过程中，将逆向思考思维纳入商业地产开发运营过程。

商业地产逆向开发经营理论是通过从后往前反向思考研究来解决问题的一种开发经营模式。它的主要内容是从商业项目的终端消费者和商业运营管理者入手，根据城市地理区位情况、消费者的消费习惯及要求进行分析研究，制订后续运营管理方案，明确商业业态要求，并将其纳入商业地产前期的开发运营定位和规划设计方案中，确定商业地产开发运营流程。在开发运营过程中贯穿后续运营管理要求，从整体开发运营管理的角度看待和解决问题，实现商业地产开发运营过程中的开发商、投资者、经营者、终端消费者的利益整合，形成一个系统的价值链，关注价值链中各利益个体的综合利益，实现价值链的最大价值，促使商业开发项目持续、稳定和长效发展。

在商业地产逆向开发运营理念里，项目业态分布及后续运营管理是在项目土地定位、规划设计之前确定的，这样能够让开发商站在项目全局的角度对项目开发运营管理进行理性和全面的决策定位，避免后续运营管理与项目开发定位脱节。这极大地降低了开发运营风险，同时能够缩短工期，节约运营成本，实现双赢。

2 集团概况及运营模式现状

2.1 集团概况

雨润集团是一家集食品、物流、商贸、旅游、房地产、金融和建设七大产业于一体的多元化企业集团。多年来，雨润集团通过全面整合经营资源，打造物流、百货、旅游和地产无缝结合的体系从而不断发展壮大。

雨润地产集团成立于 2002 年 5 月，是雨润集团利用食品业的强有力的启动资金支持创建的旗下第一家房企——江苏地华，之后改名为雨润地产。雨润地产以做食品的严谨态度和道德理念来开发地产，始终坚持高质量、高标准、高品位的战略定位，开创性地提出五星级建筑品质和五星级管家服务的"双五星"标准，不断推出高端地产项目，缔造值得臻藏的传世精品。目前，雨润地产开发的项目已遍布华东、东北、中西部近 40 个城市，是一个商业综合体、精品住宅、物流地产和旅游养老地产等多种业态相融合的多元化地产集团。雨润地产致力于打造一个包括住宅、办公、购物、娱乐、休闲、运动、学习等一站式的生活模式，呈现一种全新的人居模式，真正满足老百姓一站式生活需求。

传承雨润品质，构筑地产精品。目前，雨润地产已通过南京雨润星雨华府1号作品，成功立足南京，承载起雨润地产人的梦想与荣耀，担当起历史使命和品牌壮志，并迅速在江苏、安徽、上海、山东、河北、浙江、湖北、海南、黑龙江、辽宁、吉林等省市完成战略布局。

随着住宅开发逐渐成熟，雨润地产于 2009 年正式控股"南京中商"，开始进军商业地产领域，深化城市综合体项目建设，推进住宅地产销售。历经十三载砥节砺行，厚积薄发，创新裂变，雨润地产现已成为雨润控股集团下设七大业务板块中的重要一环，开发地域现已覆盖全国 60 个城市，集团员工近三千人，与传统的雨润食品（1068.HK）和百年老店中央商场（600280）并驾齐驱。雨润旗下另四大板块（物流，旅游，金融保险，建设）也无一不和房地产息息相关。其中，依托于农产品物流园区发展地产的模式，更是雨润地产手中的一张王牌，通过商业、物流、住宅等多方面开发为集团获得更稳定的回报及收入，让一个根植于"多元化"中的地产公司呈现出不同的味道。2013 年，雨润进入开发房企综合实力 50 强、发展速度 10 强。截至年底，雨润地产土地储备可开发建设面积 6000 多万平方米，销售净利率平均 10%～15%，详细数据见表 2-1：

表 2-1 雨润地产 2013 年年底土地储备、销售经营收益各类综合数据

序号	数据类别	数值
1	土地储备可开发建设面积	6000 多万平方米
2	在建面积	1230 万平方米
3	竣工面积	约 325 万平方米
4	城市布局	在 40～50 个城市内布局，80 多个项目
5	团队人数	约 3000 人
6	存货	405 亿元
7	销售收入	156 亿元
8	项目销售均价	8000 元/平方米
9	项目销售净利润率	平均 10%～15%

雨润地产集团联合景观、规划、设计等方面世界顶级大师，在城市新中心缔造三大顶级产品系——城市综合体"雨润国际广场/雨润城"、城市景观豪宅"星雨华府"及超五星级酒店"涵月楼"，同时拥有国家一级资质物业——嘉润

物业。至此，雨润地产现已成为国内房地产开发行业中，集住宅、商业、物流、旅游投资等多业态于一体的综合性地产企业，成为最具行业价值链整合能力的企业之一。2014 年，雨润地产位居"中国房地产开发企业 500 强"第 49 位，更是在 2015 年第一季度中国房地产企业销售 TOP100 排行榜中销售金额排名第 35 名，销售总面积排名第 27 名。雨润地产发展迅速，规模持续壮大中。

2.2　集团运营模式现状

雨润地产自 2002 年成立以来，借势雨润食品与雨润物流，利用物流产业的配套开发，采取"招拍挂"的方式，在二三四线城市或省会城市近郊获取了大量的低成本土地，以自有资金扶持、土地抵押、销售回款等方式获得项目可持续开发。项目选址标准倾向于传统意义上的市中心，或者是未来的市中心，以期确保自身产品在当地城市的绝对商圈内，并通过弱竞争的产品线的方式实现高溢价能力，降低风险。

2014 年年初，雨润又和美国梦工厂开展文化娱乐战略合作。产品线上，以城市综合体雨润广场/雨润城、精品住宅星雨华府、物流地产和旅游投资地产四大产品线为主要产品，全面铺排贯彻"以销定产"，对存货水平高度关注，注重存货比例，强调资金回笼和周转率。

从品牌产品线 DNA 的角度分析雨润地产的运作模式，主要如下：

雨润国际广场/雨润城：商业综合体领导者，集购物中心、高端酒店公寓、星级酒店、甲级写字楼、高端住宅等多种业态于一体的城市综合体，致力于打造城市新地标式中心，包括住宅、办公、购物、娱乐、休闲、运动、学习等一站式生活模式。目前，其已建成项目还停留在跑点式的消费模式，后续成功运营将呈现一种全新的人居模式，真正满足老百姓一站式生活需求。雨润国际广场/雨润城是由雨润地产自主规划设计、开发建造，通过大部分自持物业或出售返租，沿街商铺和住宅底商出售的形式由商管公司统一运营，获得稳定持久租金收益的一种多元化业态运营管理模式。

星雨华府：以服务和品质的双五星豪宅缔造标准，缔造城市豪宅新地标、城市人居新标杆、居住价值制高点。星雨华府只做精品住宅的开发理念，即使在三四线城市也是牺牲成本保证品质，从而开发成本高是不争的事实。但雨润的房子从来不将就，从每个细节体现一个地产商对用户的诚意，与雨润合作的一定是全国或地区知名的设计方、供应商与施工方，住宅的品质对比周边一定是最高的，但价格一定是亲民的。通过住宅去化快、循环周期短的特点，迅速回笼资金，为商业城市综合体提供恒久稳定的现金流支撑。

涵月楼：旅游地产典范之作，旅游、养生、投资的不二选择，通过长线投资的方式，作为后续企业战略转型的一大助力产业。

物流地产：通过农产品全球采购中心的建设和附属一系列配套设施（数百亩的雨润物流园大多位于市郊，物流园需要解决数百名管理人员、数千户商户、数万人流动人口的吃穿住行）的设立，凭借物流园和开业经营产生的人流，物流和现金流，要求物流地产自身具备较高的配套设施，另外按照房地产中心理论和商圈理论，物流园区本身一定是当地交通最便利的节点，随着时间的推移和城市化进程加快，后期将和城市中心的亲切度越来越高。在此基础上，还凭借物流园附近的商铺和住宅的投资、自住两相宜的价值体现，将吸引大批的消费客群，提倡"价廉物美有未来"的宜居生活，从而将土地的价值最大化。例如，雨润的物流园减少了农产品的物流成本，带动农民增收，带动了地方的就业。雨润农产品全球采购中心不能简单地想象成蔬菜、副食品交易大棚，冷库，加工区，而是适当融合了农产品加工、交易、娱乐、商业、居住于一体的综合性农产品交易区项目，并依托雨润农产品、农副产品，深入了解供货商及客户，长期持续地使市场产生效应，获取与政府最大的"议价"能力，为后续商业地产的长期运作提供稳定持久的现金流支撑和利润支持。

嘉润物业：国家一级资质物业，以优质服务为核心产品体系提供服务保障，提升业主服务满意度，创造良好口碑，缔造雨润地产品牌。

"千亿雨润，百亿造城"是雨润的核心理念，希望通过商业、物流、住宅等多方面开发为集团获得更稳定的回报及收入。然而作为一个半路出家的地产企业，在实际操作中，因起步较晚、房地产开发专业能力不够、基础积累较弱、前期定位不准、资金来源不足、战略管理理念不强等多种原因，雨润地产仅仅通过单一的运作模式、三四线城市的全面复制，单单利用自身销售和土地抵押支撑实现企业整体运营要求，简单地以住宅的理念来运作商业地产，不能完全实现商业地产的价值链理论，从而造成雨润的运营模式与实际操作至今仍存在较大的差距，未能按照最初运营理念实现资金、利润的可持续运转，甚至至今没有拿出叫得响的品牌作品，没有找到适合企业自身发展的道路。目前，雨润地产仍属于向其他名企学习的状态，与位列 500 强第 49 位的"大地产商"身份并不匹配。在此诸多问题困扰之下，雨润地产貌似陷入了"推不动，走不动"的死循环，短时期内无法实现更大奇迹。

在地产经济不断下行，利润率日渐降低的现有艰巨形势下，改革突破是唯一的办法。自 2013 年起，雨润即建立"标杆学习"制度，通过"走出去，引进来"的方式大量吸引知名房企优秀高管，为雨润地产的下一步发展助力，希望能够创造雨润地产的发展奇迹。因此，在雨润地产这个"小学生"身上，可以看到在雨润地产运营管理模式的探索之路上发现好多名企的"身影",比如碧桂园的拓客方式、万达的标准化和执行力、龙湖的景观和体验式卖场、恒大的标准化开发模式、万科的配套建设等。雨润地产致力于向成功企业的学习和模仿,期望通过学习型组织的方式实现多方经验下的融会贯通。

3 竞争环境及企业经营活动分析

3.1 竞争环境分析

雨润地产作为一个经营活动主体,不可避免地受到来自各方面的竞争和挑战。根据 SWOT 分析模型,现对雨润地产集团发展的宏观环境和行业环境进行分析。

3.1.1 宏观环境分析

中国房地产市场发展到今天已明显过剩。按照人均居住面积来看,2013年中国城镇登记人口的人均居住面积是 37 平方米,同期水平下,日本 35 平方米,英国 33 平方米。

按照目前的发展趋势,一线城市房产价格持续上升,而二、三、四线城市房产价格则持续下跌。对此,我们将发现,供给过剩的问题主要是在中小型城市,一、二线城市的房地产开发面积在全国住房在建和销售比例中占比很少,更多的在剩余的三、四线城市之中。

在中国实际情况下,房地产市场因过度投资已经俨然成为市场经济增长的主要驱动力,如果房地产市场发展陡然减缓,中国将没有其他明显的替代品来支撑经济的持续增长,这将成为中国经济的第一大风险。

然而,从城市化进程来看,商业地产开发总量将遇到另一个发展的机遇。

中国的城市化率虽然在近几年高速发展,但发展水平依然较低。在目前城镇发展不具备规模性经济的情况下,受城市化进程的影响,城市人口逐年增加,形成一个又一个新的城市群,城市群的发展将逐步推进并改革将来的房地产开发格局,从而带动中小型城市的经济发展,引领并形成新的消费风尚,如珠三角城市群、长三角城市群、环渤海城市群、中部地区的长株潭城市群,以及以武汉为中心的产业城市群、以郑州为中心的中原城市群等,城市群的商业机会将主要发生在城市之中并不断放大。

综上所述,中国将迎来新一轮房地产"危机"。所谓"危机",即危险中蕴含着机会,对于现今持续下行的经济形势来看,房地产的发展前景喜忧参半。

能否在大环境下取得可持续发展，是众多房地产企业正在面临的一个重要课题，这势必要求各房地产企业从自身实际情况出发，加强深化改革或是战略转型，要进一步培养自身核心竞争力，只有这样才能在市场经济大潮中立于不败之地。

3.1.2 行业竞争环境分析

近几年，中国经济发展形态不断升级，逐渐演变成更细致复杂的社会分工和合理有序的结构分配。随着房地产市场的深化调整，房地产市场发展正逐步回归到以市场调控为主体，发展到不断变革和创新的一个更新的发展阶段。2014 年的房地产市场变革给房地产企业带来更大的挑战，同时也酝酿了更多的机遇。中国的城市化进程、"两化"工作还未完成，房地产行业仍有市场，但发展的趋势是整体统一发展。中国经济的快速发展和消费者持续增长的需求水平与跳跃式、层次化、多元化发展趋势的消费追求，将直接推动商业地产的发展。

2015 年，国家政策层面利好不断出台，但是市场反弹低于预期，市场逐渐饱和，地产行业黄金时代已经过去，地产行业下行趋势越来越明显，房企销售业绩不甚理想，销售规模普遍下滑，房企淡化销售目标，对规模增长不再那么执着，质量增长取而代之。在"有质量的增长"需求推动之下，房企纷纷走上转型之路，远洋、绿城、万达等众多知名房企都将转型作为重要发展方向，房企转型呈现全面爆发态势，外界压力越来越大。2015 年，楼市回暖已基本确立，市场消费不断细分，多样化需求越来越重要，但行业分化调整的格局未变。

3.2 企业经营活动分析

在房地产市场越来越低迷的今天，雨润地产的发展已到了内忧外患的地步。外部来讲，经济形势不断下行，这给雨润地产的开发运营带来极大的挑战。内部来讲，雨润地产开发专业性不足，基础积累薄弱，对商业发展规律还处于摸索探索状态，无现成成功的案例可供参考，企业开发定位模糊。在发展初期，雨润地产只是简单地借鉴食品的运作模式来操盘地产项目。随着项目开发的不断深入和运营实践的总结，现在是用低端的管理模式来尝试运作一流的项目开发。项目定位不准，自身思考不够深入，直接导致企业产品线核心竞争力不明晰，管理理念错位，企业的基础管理远远跟不上开发节奏，招商工作后置，导致业态组合不合理，影响了整体商业规划方案，从而直接影响商业开发节奏，增加了开发成本，占用了企业投资资金，造成了计划与开发严重脱节、杂乱无序，影响了后续投资经营收益。

3.2.1　整体运营理念分析

按照地产运营管理理论，运营管理主要是定位于服务企业的内部管理，是建设管理思想的改变，需要通过系统的运营操作工具，建立标准和流程，确定系统化计划体系，按标准化流程拟定计划，并对计划进行协同推进。简而言之，就是让企业在合适的时间，用合适的方法、合适的资金做合适的事，从而达到预期的标准和目的，满足相关干系人的期望。

对于企业管理来说，运营管理工作建立在企业确定组织架构和企业发展战略的基础上，在通过项目整体操盘，以全局观念来保证项目按时按点、保质保量完成工作。

针对房地产企业的运营管理，从运营理念来说，应该对项目的前期、设计、成本、招商、工程等各环节都有系统的计划安排，同时涵盖资金、人力、风险等相关管理计划，编制明细的节点计划，分级管理，监督执行，建立风险管控，通过现代化的管理方法实现企业运转的流程化和制度化。

纵观雨润地产发展历程，管控层面分为集团总部－区域公司－城市/项目公司三级管控模式。项目的开发节奏、运营计划编制缺乏系统性、严肃性，无风险管控和责任人机制，整体运营理念与计划编制体系不对称，缺乏自上而下的计划系统性。

3.2.2　资金链分析

雨润地产早期的资金来源，主要分为两部分，一部分是董事长祝义财的个人自有资金，另一部分依靠农产品物流集团，在全国以农副产品采购中心或者农副产品物流配送中心的名义，采用"招拍挂"的方式向政府获取土地，在地产开发建设过程中，通过手头的土地资源储备向银行获得土地抵押贷款，利用土地抵押贷款持续房地产开发建设。

雨润地产就物流园区建设及园区建设所需的配套设施等事宜与政府谈判，获得优惠土地，一方面用于园区的建设，另一方面，无疑也给自己的房地产开发建设获得了一部分空间，这甚至是解决资金来源的主要途径。在开发建设过程中，土地抵押给银行可以获得大量现金流，以用于满足开发建设所需的资金。

就房地产开发来讲，因为开发周期长，资金投入巨大，尤其是商业地产，因为牵涉到后续的运营管理，所以需耗费占用的资金更大。而资金来源过度依赖于银行贷款，自有资金投入太低的情况下，因为银行贷款往往很容易受整体经济形势等外部环境影响，同时还牵涉到企业内部因素，资金链很不稳固，若其中任何一点因素发生变化，极容易导致因银行贷款发放因素造成资金链断裂。另外，就商业地产开发运营来讲，投资回报来源重点在后续的营运管理，在开发建设前期不能获得稳定持久的现金回款，不足以应付项目开发施工建设，长久的投资回报周期，更容易成为压垮企业资金链的最后一根稻草。

另外，对于外部因素来讲，目前雨润地产的资金大部分来源于项目融资，而在市场大环境不利的趋势引导下，雨润地产的产品市场反应冷淡，尤其是办公楼公寓系列，万一政府方面因某一方面原因对项目支持力度减弱，雨润地产的融资就将陷入死循环，银行还贷压力将非常巨大。

内部因素方面，从目前销售情况来看，雨润地产的利润率相对其他房产企业来讲是偏低的，原因是雨润地产居高不下的成本支出。除了一味追究质量外，内部管理耗费的成本也非常巨大。

对此，综合内外方面因素，雨润地产的资金链很不稳定，内外因素其中一方都会导致现有资金链短缺的风险。

3.2.3 定位分析

商业地产项目的开发建设，必须结合城市地理位置、市场消费需求、企业核心竞争力等多方面的因素，谨慎而详细地进行市场调研，就商业开发项目营运效果逆向推理到前期规划设计定位，形成一套行之有序、详尽准确的市场决策文件，才能对商业地产项目做理性而准确的决策，而不是拍脑门一竿子决策，否则极易因前后市场定位不准导致项目运作失败。

雨润地产集团的前期市场调研与后期的运作管理是独立分开的，前期投资拓展人员通过市场调研形成调研报告报上级部门审批，获批后完成土地拍卖程序后即全部移交项目运作班子。这将造成市场调研团队与项目运作团队之间没有交集，信息失衡不对称，在市场调研过程中任何一些细节失误或不准确将造成后期项目运作困难；或者难以有效沟通协调，造成市场定位不准；项目后期运作失败或者不断更改项目方案设计，造成资源浪费和成本持续上升，影响项目整体利润率。

3.2.4 人才储备分析

雨润地产集团是雨润集团旗下子集团，雨润集团前身主要是做食品起家，在地产开发建设方面专业性不足。为了更好地促进地产项目投资建设和开发，较快获得营销收益，雨润地产内部进行一系列深化改革，在快速扩张的同时，大力进行人员招聘，从碧桂园、恒大、龙湖、万科等知名地产企业中招徕成熟人员，以期通过成熟人员的引进，体现团队间的 PK，建立竞争态势，获得良好的营销效益。然而，实际结果往往不尽如人意。新招聘的高管团队，往往因文化、体系、制度等多方面的融合因素不够，不能深刻融入团队体系，而团队体系中的原有员工，与新来的成熟人才往往因思路想法不一致而产生摩擦冲突。这就需要雨润地产一方面要加强内部改革，另一方面要固守原先的制度理念体系。

对于团队建设来说，一个稳定持续发展的团队，离不开团队成员的相互理解和支持，离不开团队成员间的相互融合。需要通过企业文化建设、团队建设等一系列工作，让团队成员有共同的思想理念和高度一致的团队认同感，才能促进团队的高效合作，共同进步。而雨润地产集团在这方面做得难免差强人意，自身没有足够的地产开发成熟人才，内部培养的人员结构又不足以应付如此大手笔的地产项目开发建设，人才储备不足，企业内部产生了人才短板。而新引进的人员又因公司理念、企业文化熏陶等力度不够，极易造成新老员工矛盾冲突，纠纷升级，这很大程度上逐渐加深了企业人才短板的产生，阻碍了企业的发展。

4　集团现有运营模式存在的问题

4.1　经营业务过于分散

雨润地产旗下产品线有商业地产、物流地产、旅游投资地产、高端住宅、别墅群及地产相应配套设施，在全国范围内复制布局，目前无成功运作的品牌价值体系，尤其是城市新中心的主打产品"雨润广场"，是自 2010 年以后才投资建设的新产品，目前还未有成功运作案例。而且商业地产、物流地产、旅游地产、住宅别墅群等多种产品集中运作，在没有获得专业的开发经验之下同时多地区多地域运营多种品类的项目，战线铺排较长，资金周转周期较长，雨润地产的商业综合体项目占地产开发项目品类的比例达到 70％以上，大型的商业综合体占用资金巨大，周转周期非常之长，造成市场运作风险较高，容易深陷城市循环。

4.2　产业核心资源优势不突显

雨润地产现辖产品运作方式属于全面铺排，布局城市均为重点项目，产品之间无轻重先后比较，无法形成强有力的竞争力和品牌效应，以致无法体现利润最大化。

对于市场来讲，复制的滥用往往导致一个结果：恶性模仿、残酷竞底、行业饱和继而猥琐。有人习惯于一哄而上，也有人深谙另辟蹊径的道理。对于追求卓越的管理者而言，企业管理目标不应该是盲目复制，而应该是求同存异。当商业普遍具备个性色彩的时候，市场才是健康可持续的。

就雨润地产集团而言，在刚进入房地产行业初期，手头资源和资本比较单一而有限，多种产品同时发展的话，不但要耗费大量的人力、物力进行钻研、研究专业技术、基础管理工作，最重要的是还涉及资金怎么分配的问题。对于房地产来讲，属于高资金投入行业，一旦发生资金链短缺，项目运作则无法正常进行。另外，在房地产市场日渐饱和的现有形势下，如何发挥自身企业所长，开发出具备企业核心理念、具有独特竞争力的产品是地产企业可持续发展的唯一途径。

管理学理念中，客户选择产品有自己的价值倾向。一个很简单的道理就是：房地产企业那么多，人们为什么选择你公司的产品？客户考虑的价值是什么？客户选择的直接原因就是，你公司的产品符合客户的价值预期，而且你公司不会将后续的服务置于脑后。

中国的房地产业因为容易赚钱，所以在经营管理上一直比较粗放，对售后服务、信誉不太重视，并没有解决产品的问题，即生产何种产品的问题。但是当一个行业赚钱变难的时候，它就开始进步了。雨润地产集团正是在这个行业开始进步的时候迈进的，伴随着行业经济的不断发展，行业竞争越来越白热化。对此，雨润地产必须从内部夯实自身基础，以客户为导向，以产品为中心，生产适合这个行业发展方向，能够符合客户价值理念和价值预期的产品，发展成独一无二或比别人高端的核心竞争力，形成让竞争对手无法企及或无法超越的核心力量，这样才是行业激烈竞争中的生存之道。

4.3 内部资源整合不足

房地产是一个资金、人力、资源集中的行业。若不集中资源，很难获得竞争优势。这就需要雨润地产对非核心业务进行调整，对在建项目进行合理评估，否则将无法获得持续发展能力。企业管理过程需要认真对待、仔细研究，需要通过对企业内部价值链和产业行业竞争价值链进行分析比较，了解企业自身的核心竞争优势，找出企业营运管理过程中的"关键业务点"和"非关键业务点"，从而进行有针对性的业务活动管控，掌握企业经营活动的价值点，了解企业在行业中所处的位置和地位，并通过内外部的共同管控，实现企业经营效益的提升。

雨润地产集团下属各产业相互之间关联较少，各自为政，就雨润地产集团来讲，无核心价值链或核心产品线。

雨润地产的多项目业态各不相同，但是有其相似之处。目前现有状况是各成体系，各自发展，无系统化、集成化。

另外，对于商业地产来讲，运作成功的关键因素在于招商。就目前状况下，雨润集团的招商团队没有形成一个系统化管理，没有针对各类商家形成一个品牌资源库，这直接导致了雨润地产的商业运营存在诸多困难。另外，商业地产最核心的是将来的经营和发展，绝不是开业大吉。商业地产的开业，不是顺利的开始，而是麻烦的开始。商业地产运营过程中店铺的调整、租金的收取、资产增值等一系列管理问题，有了核心的运营管理竞争能力，才可以有获利盈利的空间。按照集团的现有战略，在全国各地域全面复制模式的理念下，和多少有竞争力的商家签订战略合作协议，手头有多少目标资源客户，这是决定是否具备复制能力的关键因素。

商业地产项目的开发和运营的最终结果是经济效益，也就是产业价值。项目营运结果没有产生经济效益，则没有产生营运价值。价值是人类经营活动的最终结果和经济效益最直接的体现。从开发顺序及各业态利用整合的现状来看，雨润地产集团各产业间的资源没有有效整合，没有形成清晰的产品线特征，甚至往往建成之后或者建到中期才进行商业招商，这势必出现为了招商而招商，偏离了正常的商业地产运作轨道。根据现有在建项目或开业项目的招商运营来看前期的管理，也直接证实了上述论证。

4.4 资金供应短缺

对于任何一个企业，资本规划都是企业生存不可或缺的。如果一个新企业能未雨绸缪地提前3年规划其资本需求和资本结构，一般情况下，都能按时获得所需资金而不会陷入困局。按此理论，企业必须规划管理增长所需的财务体制。对于雨润来讲，刚进入房地产行业时，处于大幅增长期，拥有出色的产品，领先的市场地位，无限广阔的发展前景。然而，随着战线拉长，很有可能忽然之间一切失去控制，包括应收账款、库存、制造成本、管理成本、服务、分销等不一而足。一旦某一个领域失去控制，则所有领域都会接连失控，雨润地产将迅速进入不可控的状态。

对于房地产项目而言，尤其是需要大量资金投入且周转周期较长的商业地产项目，资金流的正常运转尤为重要，资金流应该事先封闭运转。各个项目公司实行目标责任制，按预定计划和额度使用资金计划，项目之间不允许相互调用资金，避免差的公司将好的公司拖死。雨润地产自成立以来，资金调拨统一由集团总部进行分配，统筹使用，造成项目公司内部资金无法自由掌控，项目开发进度和周期受制于集团的资金状况，项目与项目，项目与集团总部之间的资金不定期流转，没有合理完善的预期计划，无法及时满足项目开发需求，导致项目开发周期无形中拉长很多，资金压力资金缺口变大，这间接恶化了各个项目的开发建设进展。就房地产开发企业而言，开发周期越长，资金的需求量就越大，投入资金的占用时间就越长，长此以往，将进一步导致开发节点不能按期完成，企业诚信度降低，销售不畅。时间拉长还将造成资金的成本利息持续增长，极易造成企业形成高负债率，造成资金链脆弱紧绷，利润率降低，形成恶性循环。

对此情况，企业要想规避失控，首先必须仔细考虑企业的要害领域，即产品的质量、服务、应收账款、库存和生产成本。所以，为了保持增长，企业必须提前 3 年建立关键范围的控制制度。企业管理层必须注意到这些重要范围，并时刻保持谨慎。唯有如此，一旦情况需要，方可采取第一步行动，只有对这些关键范围给予了足够的重视，才可避免混乱的发生。

4.5 企业管理高度集权

在雨润地产内部，董事长是最大股东，基本是一言堂，事无巨细，亲力亲为，高度集权的现象直接导致管理者精力不足，职业团队人员自主决策空间不足，诸如总经理级转正、员工最基础的晋升均需董事长亲自批准等。长而久之，将极大地影响项目经营决策，不能充分发挥职业经理人的工作积极性和主观能动性，懈怠、懒散现象将会层出不穷，员工职业忠诚度下降，甚至会造成人员流失。

按照现代管理理念，结合各知名企业管控经验，董事长应该只管不确定的事，就是说董事长负责决策，总经理负责执行董事长的决策，这样企业的人事管理风险才能可控。这样的工作分工可以减少公司的管理层过度依赖某一个人，同时还可以将公司未来长远发展的人事风险降低，从而有利于人事管理规范化的建设。一个企业要想长远地发展下去，靠的不仅仅是几个头脑聪明的领导人，而是一套行之有效的管理制度。

企业管理不是不允许集权，企业集权的真正意义是让高层管理者掌握容易失控的内容，而不是事无巨细、亲力亲为。企业管理的最终要素是管理人，而人是有私心的。优秀的企业管理，是在员工内部形成一个向心力，让员工自发自觉地心往一处想，力往一处使，这也是任何一个大企业都致力于企业文化建设的原因。良好的企业文化，是能够深入员工内心的，能够在员工内部形成持久高效的凝聚力，让员工愿意跟随或者尽力让企业的明天更美好。然而从现实情况来看，雨润集团的企业文化并未深入人心，员工个人利益保障与职业发展未能有效实施，这导致了居高不下的离职率，进而引发了内外部人士对雨润的管理体制颇有微词。

5 雨润地产集团运营模式问题产生的原因

5.1 企业战略定位模糊

商业城市综合体的市场定位，要求在特定的服务范围内，具备一系列批量的不同业态的零售商，以及提供服务性、体验性的服务设施，要求按照一定的排列规则和系统化的经营管理而形成的完整有序的一套运作模式。按照市场类型，可以是一个社区，一个邻里中心，甚至一个区域中心等多种形式。

综上所述，在商业城市综合体的定位中，依据中心理论和商圈理论，商业综合体定位的城市（硬件）因素应该由政策、经济、交通、人口构成，开发商（软件）因素应该由资金、运营等因素构成。一个商业地产开发项目要想实现其完整的内部功能和齐全完善的外部配套设施，必须在一个高速通达的地理区域范围内，投入巨资，建立一个巨大的体量规模、高度密集的建筑设施，通过一个长久的周期循环，实现销售收入和投资收益的互补，这样才能算是一个成功运作、良性发展的商业地产项目。

在了解了市场定位具备的必备因素外，其次要考虑的是市场定位思路，即项目业态定位建议。通过对写字楼、酒店、住宅等多种业态的细化分析，分清相互之间的利弊关系后，结合企业财务现状和市场行情才能最终综合判定开发建设哪种业态类型的产品。

就雨润地产来讲，其目标定位在三四线城市，利用投资物流园区获得大批土地储备的战略方针决定了大部分土地在城市的市郊和城乡接合处，虽然拿地成本极低，甚至"0"地价，但是三四线城市消费客群有限，在中小城市采用现有的不成熟的开发运作团队来开发建设大型商业地产，按照城市中心理论和区位理论，就配套设施的住宅、交流中心来讲，后续的销售营运很成问题。另外，雨润地产定位于做大做全，在三四线城市全面复制和铺排，各种业态项目均做独一无二的精品工程，然而，"大而全"的定位思路最直接的结果就是"会而不精"，这与雨润期初目标是相矛盾的。

5.2 运营开发流程倒置

根据商业地产开发运营逆向管理理论，成熟的商业地产开发应该从后续的运营管理逆向推理到前期的市场定位决策，如图5-1所示：

项目选择→融资→土地获取→项目规划→项目设计→项目招商→项目施工→开业经营

图 5-1 成熟商业地产开发流程

然而相比之下，雨润商业地产开发的基本流程如图 5-2 所示：

获取土地→项目设计→项目施工→项目贷款→项目销售/招商→开业经营

图 5-2 雨润商业地产开发流程

根据上述对比不难发现，雨润商业地产的开发流程是倒置的。开发计划的倒置将直接导致各项计划节点运营排布的不合理和难操作性，同时因为开发计划倒置，容易造成后续招商对接信息失衡，形成商业运营与地产开发严重脱节的现象，从而进一步将影响房产企业多个产品线之间资源整合、协调能力，无法形成稳定持续的资金流，无法为商业地产项目开发建设提供长期稳健的资金支持，不能形成循环往复的核心价值效益。

5.3 融资渠道过窄

雨润地产目前的资金大多数来源于银行贷款，融资渠道单一，再加上普遍存在的开发过程中的建筑商垫资，这就造成雨润地产的资产负债率居高不下。雨润地产自 2010 年起即酝酿上市，至今未能成功，这就造成企业融资只能通过银行，而无法通过股票市场进行融资开发。目前，针对国内房地产市场而言，上市企业的资产负债率平均为 60%，而非上市企业的资产负债率高达80%，甚至以上。对于房地产企业来讲，房地产开发属于资金密集型行业，需要巨大的资金支持，如果不能拥有多条合理的融资渠道，不能及时提供资金支持，单一的融资渠道中任何一点异动都将导致资金链的断裂。对于任何一个企业来讲，资产负债不得超出企业财务能力和预算范围，这才是稳定的财务政策。面对严峻的经济形势，必须要有居安思危、储备资金的风险防范意识，采用多种融资形式才是务实之举。

5.4 经营理念滞后企业发展

5.4.1 管理缺乏标准化

雨润地产开发走的是跨区域多项目集中开发，规模性复制的路线。然而，在大规模建设开发过程中，其内部基础性管理能力缺失，基础管理缺乏标准化，跟不上规模复制性路线的发展要求，主要集中在以下几个方面：

第一，公司组织架构中部门设置不一致，业务层级等次不同，无规范统一的业务组织机构设置。

第二，项目内部部门、岗位设置不统一，部门职责界定不清，没有一个系统有序的部门角色定位，无法判断一项工作具体由哪部门牵头负责，各部门的业务范围及具体职责不明，极易造成部门推诿、扯皮，产生内耗，严重制约组织管理效率。

第三，部门内岗位细分程度不够，岗位层级混乱，无细致有效的业务分工，往往存在"因人设岗"的现象产生，造成内部管理不明。

根据上述情况，企业要想规范内部基础管理，实现批量复制的工作目标，就必须进行组织结构流程标准化建设。这就需要从集团管理层到项目内部岗位，制定明确一致的组织架构图，集团公司、区域公司、业务条线设置行之有效的关联关系，明确各岗位设置，确定职责分配和业务范围，做到定人定岗，标准化、流程化配置，形成一套自上而下的有效沟通体系，对于部分的岗位、分工调整，不涉及整体组织架构、部门角色流程及业务分管权限的大规模调整，促进企业规范化管理程度，加强企业集中管控能力，提升员工适应能力，加强企业业务管理效率和整体组织的应对能力。

5.4.2　租售模式单一

雨润商业地产城市综合体，租售模式单一，整体返租或自己持有，这本无可厚非，但是根据地产逆向开发运营理论的观点，因招商对接、财务融资工作的开发倒置，以及招商品牌库的客户群体类型不足，容易造成招商商家品牌相互之间无差异化，甚至招商不满，无大型商家入驻等现象发生，长此以往，极大影响整个购物中心整体经营效益，无法形成有效的规模效应，商铺业主利润率无法保证。

5.5　人才培养能力欠缺

对于21世纪的企业管理者而言，人才甚至比企业战略本身还要重要。没有人才的支持，无论多么引人注目的企业战略，都无法真正实施，不能真正实现管理者应有的价值，也就不能取得最终的成功。现今社会，房地产行业竞争已日渐激烈，现有房地产发展商之间的竞争已主要由专业性和非专业性之间的竞争，慢慢向专业性和专业性之间的竞争转变。在这样的过渡阶段中，雨润地产作为一个非房地产专业的企业，如果不能尽快成熟，则必然会被淘汰。最终的专业性之间的竞争靠的是什么？靠理念、技巧、实力，其实归根结底还是靠人才。

就企业发展而言，人才储备是企业长久顺利发展的稳定保障。任何企业的人员招聘和储备，就是寻找并邀请与公司具有共同的理念，能够与公司同进退、共同努力发展的业务合作伙伴。一个优良的企业，应该在企业发展的每一个重要阶段，都不间断对合适优秀人才进行引进和储备。在招聘过程中，不仅仅要看应聘者的才能，更要关注未来的成长价值和发展潜力，邀请他们参与公司的成长，这样才能长期持久的保证企业具备额外的组织成长能力，才可以随时应对外部，诸如市场等方面的新的调整和挑战。

5.5.1 缺乏长期持久的培训机制

人才是企业中最活跃的分子。优秀人才能够带动企业不断发展和进步。所以企业要想长久发展，必须不断培育人才，采用合适的方法招人、选人、育人、留人，形成持续有效的人才培养机制，带动企业持续不断的发展。

雨润集团目前的培训主要涵盖两方面，新员工培训和专业技能培训。在雨润集团的企业文化构成中，培训的比例几乎不存在。除新员工培训工作由总部人力资源部统一组织或间接参与外，专业技能培训工作主要由各部门自由组织，培训内容、培训方案由各部门自行决定，甚至经常出现为了一阶段的工作需要临时组织部分人员进行培训，培训后续跟踪及培训结果反馈工作无人落实，发生"临时抱佛脚"式的"头痛医头，脚痛医脚"的培训工作现象，无整体培训计划和培训目标，无专业培训老师和固定的培训课程，员工的技能培养提升主要来源于实际工作中的同事、领导的业务教导。

新员工培训方面，雨润集团每年会从高校选录很大一部分应届毕业生进入企业工作，在入职时，会进行统一的新员工培训，主要涵盖集团的企业文化、工作要求、员工手册等内容，培训结束后将分派至各一线项目参加实际岗位的学习。在实际岗位学习过程中，主要由部门负责人带领新员工进行业务知识的学习，无具体的考核、学习目标和任务。这种放任式的管理，直接导致应届毕业生离职率居高不下，每年的大学生流失率高达60%，甚至70%，直接造成人力资源成本浪费和后续工作衔接不畅。

根据上述情况，雨润集团的人员培训工作几乎处于起点工作，在无系统培训体系的管理模式下，无论应届毕业生、社会中高端人才，均无法认识感知到雨润集团的规范的流程体系，不能产生企业共鸣，企业的稳定性和认同度大大降低，进而造成员工离职率持续上升。

5.5.2 企业内部存在人才短板

雨润集团人员储备主要来源于以下几方面，应届毕业生、社会人才、高级人才引进。雨润地产的人才选拔机制依托于雨润控股集团总部的人员选拔模式，选拔内容主要为"七个优选法"，即业绩、品德、经历、教育、记录、民意和竞聘共七个维度，通过对被选拔人进行全面、客观的考核和评价，强调和关注"人人有机会，个个有平台"的员工发展通道。然而，在实际操作中，此类机会少之又少。

首先，竞聘选拔工作由集团董事长最终拍板确定，这就造成竞聘选拔程序复杂、流程繁冗。员工竞聘选拔一年甚至两三年才举行一次，由总部人力资源部举行，选拔报名具有很多限制条件，非符合条件的不得参加选拔，且因任何一个人员，即使是普通员工向经理助理这一最小职位的干部人员的晋升均需董事长审批通过方可提拔，由此造成选拔通过率极低，往往一次竞聘，能报名者只有三五十人，竞聘成功者或许仅有三五人，甚至有无成功者的现象发生。此举导致很多员工往往在集团做了七八年还是一基础员工或临时主持工作，不能享受正职岗位的情况发生，直接造成员工职业空间狭小，无晋升空间。

其次，中高端人才往往通过外部招聘产生。外部招聘有利于招募到专业素质较高人员，能够带来企业管理中所谓的"鲶鱼效应"，但是外招人员与本企业文化理念、思维方式均不同，需较长时间的碰撞和融合，且中级管理人员由外部招聘，容易造成现有员工特别是能力较强的员工的不满和不配合，压制其工作积极性，对业务发展和工作开拓造成阻碍作用。

按照现有企业管理理论，外招人员和自主培养人员的比例应控制在1：10，基层员工和中层员工主要靠内部培养，高级管理人员和核心中层人员可以倾向于外部招聘，但须合理控制比例。目前，雨润集团的内外部人员的比例是失衡的，内部培养的员工因上升空间、职业发展规划缺失等原因，必然会选择离职，这也是雨润离职率持续居高的一个重要原因。

5.6 信息化管理系统薄弱

现代社会是信息化社会，在企业管理中，人的有效管理半径很小，靠人管理人肯定不行，靠制度管理人也很难，成功的企业管理离不开强有力的科技化手段，必须依靠科技手段才能有效管理。

纵观现有的知名企业，无一不具备高效全面的信息化管理系统，万达的计划模块管理、成本控制软件、万科的物业管控软件等。反观雨润地产集团，信息管控工作较知名企业差距甚大。雨润地产集团于2010年启用泛微办公软件，最初目的是实现全面无纸化办公，然而在实际开发使用过程中，因信息技术不足，至今仅实现考勤审批、费用报销等基础审批功能，对于员工信息管理、考勤排班、各类统计报表等仍然借助于传统的手工EXCEL报表等工作进行，导致人员配置无法减少，不能有效实现期初目标。为了增加业务类审批功能，在现有办公软件无法实现的情况下，雨润地产于2013年引入明源管理系统，然而现实运行结果仍是差强人意。也是仅仅实现基本的业务审批，无法针对雨润现有的组织架构、操作模式搭建行之有效的管理流程和审批节点，无法根据计划管控要求实现风险防范和规避提醒功能。究其原因，雨润地产应立足根本，加强信息系统化管理，增加研发力量，自主研发高效率且安全可靠的协同办公系统，降低人力、物力成本配置，降低运营成本，提升企业竞争能力。

6 雨润地产集团运营模式选择及实施对策

6.1 雨润地产集团运营模式选择

就目前经济形势和房地产发展方向来看，房地产行业日趋激烈的竞争态势逼迫各地产企业必须顺应经济形势发展，适应市场需求，满足消费者的需求，只有这样才能持续保证市场占有率或是维持企业经济效益。

6.1.1 一线知名企业运营模式借鉴

商业地产代表者万达集团，其开发运营模式由过去的单一模式转变为多种功能于一体的现代综合体开发模式，由集团化企业作为开发主体，将连锁经营的方式作为主流业务，发展优质商铺，依托稳定持久的租金收入，实现企业的整合并购，进而实现对外延伸和扩张，其重点在于其发现并创造了适合市场的订单式的商业地产运营模式。简单来讲，就是利用前置式正确合理的开发顺序，规范化的操作流程，发展运作优质经营商，获得稳定持久的资金收益。

住宅地产的代表者当推万科地产，其利用住宅地产流程单一、开发周期短等特点，结合企业自身情况，制定规范化运作模式，精准复制却又持续创新，在推陈出新的基础上不断发展自身的核心竞争力，创造一流的品牌和核心产品，形成住宅地产界独一无二的核心能力。

6.1.2 雨润地产集团多业态运营模式确定

就目前雨润地产发展现状来看，雨润地产采用多业态运营模式是其唯一选择，即在商业、物流、住宅、旅游养老等多种运作业态下，通过合理定位，多元化的产品类型，专业化的运营思路，先进的信息管理平台，稳定的资产依托，中长期的固定收益，同时借助清晰的产品线，培养自己的核心品牌竞争力；通过企业形象、实现就业、税收缴纳等多方面的宣传与打造，加大政府关系维护，发挥商业项目的这一强力优势，促使商业、物流、住宅等各业态良性有序运转，循环运作，实现后续长期、稳定发展的一种运营模式。

雨润地产集团目前的产品线主要是商业综合体和高端住宅，另外还有旅游地产、养老地产等。与上述万达、万科知名企业相比，雨润地产目前的发展情况仍处于初期摸索阶段，要想实现可持续、高速运转，必须向知名企业学习，尽快选择并确定一种切合其自身发展的运营模式。根据雨润地产集团目前商业、物流、住宅、旅游等多种发展业态并存，仅依靠单一的住宅开发运作流程，单一照搬万达或万科的运营模式远远不能实现雨润地产集团的期初发展目标。而是应该参照雨润地产实际情况，综合考虑商业、物流、旅游养老等各种业态间的关联和开发运营特点，确定并选择上述贴合雨润地产集团自身发展的多业态运营模式，才能实现企业良性运转并实现预期收益。

6.2　雨润地产集团多业态运营模式改革方向

在经济不断下行的现有趋势下，优质的产品，舒适的消费体验是当今市场消费的主流产品。就城市地域发展情况来说，在当今消费者越来越注重消费体验的市场实情下，二三线城市甚至三四线城市具有显著的人口导入特点，存在较大的潜在商机，未来发展十分值得期待。目前，一线城市已由最初的大批量开发逐渐向运营管理方向调整，二三线城市逐渐迎来商业地产开发建设的高峰期，商业地产企业已逐步由资产销售慢慢向资产经营方面转变，在目前的商业行情下，消费者将越来越关注并重视体验型消费的商业模式。商业地产开发的后续运营管理融合将进一步融合旅游地产投资、物业，以及商家共同的可持续发展，获取稳定长久的商铺租金和现金流。

在此运营模式基础下，雨润地产应通过优化管控流程，整合资源，逐步发展订单式地产运营，通过开发商与招商部门共同选址，从商业开发初期进行技术对接，根据地产逆向开发理论，在商业项目启动初期尽量完成商户确定，实现先租后建，若有异常可及时规避调整，避免后期因招商问题影响项目开业及后续的运营管理。雨润地产针对项目特点来讲，通过与政府方面高度的沟通合作，利用前期行之有效的计划实施步骤给政府部门以高度信心，寻求政府扶持政策，建立城市新地标新中心，树立企业良好信誉，打响雨润商业地产品牌知名度，从而实现市场运作效益，获得稳定持久的投资收益回报。另外，项目标准化复制可以形成良好的市场品牌效应，产生品牌价值，同时每个城市的每个具体项目在宏观层面上设置特定的主题，只有这样才能保证在多业态运营管理模式下，既有产品的同质性，又有产品的特定性和不可比拟性。只有这样，企业才可以算是具备了应对行业市场的核心竞争力和特征鲜明的产品品牌特征。

6.3　雨润地产集团多业态运营模式改革实施要点

6.3.1　构建计划管理体系

就商业地产开发项目而言，自选择项目开始，即需产生一系列过程管理要求来规范、监控整个项目开发建设进度。这种按照现代管理学的理念，称之为计划流程管理。对于房地产项目建设来讲，项目开发建设过程中的流程管理和计划管控是相辅相成的两个重要管控内容。

就雨润地产集团管理现状来看，雨润地产项目开发管理应该制定系统有序的计划流程管理体系，通过过程中的计划运营管理实现项目预期开发投资收益。

6.3.1.1　确定主项计划并重点关注

雨润地产集团在投资开发建设定位过程中，因开发建设流程倒置，导致项目各项工作衔接不畅。因此，要想在现有行情下成功实现项目多业态运营，必须对项目开发过程设置管控节点，确定主项计划，并重点关注实施。应按照主项计划进行分级管控，按照管理层的不同层级确定计划分级数量，实现重点关注。每个层级的管理者，在自己的管理幅度范围内，重点关注关键性计划指标，并层层落实，确保计划不偏离管控目标，这样可以通过循环往复性的常规性流程性的工作来固定每个人的业务工作，实现计划管理的有效执行。同时通过此项工作管理，也能够同步实现流程管理规范化，实现各业务部门工作之间的有效衔接。

6.3.1.2　制定关键性控制指标

确定了主项计划后，就需根据主项计划确定关键性控制指标，明确主项计划中的关键控制点的任务完成标准，从而确定业务审批流程中的节点控制标准。这样，计划管控过程中的各业务部门的工作职责、工作进展程度和审批流程要求等均可以明确实施。这样能够确定各部门的岗位职责、业务标准要求，进而可以建立流程可控的顺畅的运营计划管控体系，对于工期延误、节点超期等情况可以实现实时监控，及时调整，避免计划管控混乱无序的现象发生，从而保证项目开发建设能够按期、顺利开展。

6.3.1.3　定期召开运营管理会议

房地产项目工作涉及项目前期、规划设计、招商、成本核算、招采、工程施工、销售、客服等多个业务部门共同参与，根据主控计划管理体系，对于关键性控制指标，还将有业务职能条线加入，这样就需要有一个系统管控的模块形式来定期监控项目的计划执行情况、整体目标实现进展等。在运营管理中这种形式被归结为运营会议。运营会议主要目的是对项目整体经营管理服务，监控项目计划执行情况，关注整体经营结果，防止各业务条线忙于本职工作，偏离项目整体经营管理目标，起到监控纠偏，谋划实施下一阶段工作任务的职能。

召开运营管理会议过程，需要对阶段性工作进行工作检查和审视，需要对各业务条线进行工作经验交流、知识分享，对重点关键业务进行商议和研讨，推动阶段性工作任务顺利完成，实现关键节点目标，保持与项目经营管理目标相一致，防止项目阶段性工作偏离项目整体经营管理目标，从而更好地利用计划管控工具实现公司的发展意图和战略目标。

6.3.1.4　建立弹性计划管理体系

现阶段房产竞争程度日益激烈，市场情况瞬息万变。对此，房产企业经营者需要根据市场情况适时对企业的计划管控要求就城市布局、业态结构、户型比例、产销节奏等方面进行调整，制定整体节奏把控，实现产品和资产快速周转，以及与施工建设、销售回款、土地储备三方面的高度匹配。

建立弹性计划管理体系，主要在于根据市场环境的多变性，随时把握项目开发节奏快慢，关注生产、销售、资金结转等多个环节，做到紧密结合，产销匹配，实现整体高效的运营体系，实现房产项目开发预期目标和收益。建立弹性计划管理体系，主要有以下几个重点内容：

第一，做好项目开工节点管控。目前市场环境下，销售疲软，资金压力成为影响众多房产企业实现预期经营收益的关键因素。对于房产开发商来讲，项目开工，即意味着大规模的资金投入，大额资金消耗成为节流管控的第一要素，因而必须谨慎对待开工节点管控。要想做好开工节点管控和现金流管理，在房地产开发实践工作中，就要根据房地产逆向运营管控理论，应该提前做好项目开工筹备，针对规划设计方案、开发报建、招采等前期业务环节做好统筹管理，可以先行解决项目前期棘手问题，后续开工节点则根据市场大环境行情，因时而定，快速调整，这样能够有效降低项目开发管控风险，掌握主动权。

第二，对土地储备情况进行计划管理。前几年，是土地暴利的时代，各房地产开发商每年土地储备量大概是开发量的 3 倍左右，能够满足未来 3 年的施工开发需要。如今，房地产经济不断萎缩，市场暴利的年代一去不复返，这就需要房地产经营商加大资金持有，理性制订土地储备计划，根据市场行情适时调整，防止大量资金占用，影响企业经营管理效益。同时，在购买土地时，需要从战略性、收益性等多方面对土地进行可行性分析，需要参考资金持有能力来最终确定土地储备计划。

第三，进行合理的存货管理。存货是影响资金周转的重要因素，就房地产企业而言，主要表现在土地和商品上。项目开发建设过程中，通过开工建设可以消化土地库存，通过市场销售完成商品去化，实现资金来源。在现阶段情况下，房地产企业开发商高度重视现金流问题，因为如果没有现金流则失去了企业的生存能力。所以，在房地产运营管控过程中，必须关注存货，制定理性的存货管控体系。考核过程中，房地产企业应关注销售计划完成情况，同时做好去化率管控，快速消化存货，并结合市场行情与开工计划配合保持一致。

最后，重点关注交房成功率。在现有市场行情瞬息万变，房价持续波动的情况下，往往发生房地产商因某一环节失误引发重大客户投诉，或者不能正常交房影响项目资金收益的情况。由此可见，交付环节隐藏着重大风险，要想做成功的房地产企业开发商，必须关注一次交房成功率。在日常运营管理过程中，房地产企业应建立交房专项计划，企业内部提前进行质量检查和验房工作，保证交房质量符合客户要求，确保顺利交房，实现经营收入结转。

在现今市场调控不稳，市场周期性轮回的行情下，房地产企业的经营发展受到众多因素的制约和控制，稍有不慎，就容易导致经营不善甚至破产。在这个"机会与风险"并存的市场环境下，需要房地产开发商根据自身企业特点，合理谋划，建立弹性、有序的计划管理体系，能够随着市场环境的不断变化而及时进行"按需调整"，灵活对待，最终实现预期经营管理收益。

6.3.2 建立健全内部管理等各项保障机制

在房地产市场形势不断变化，全球经济持续下行的趋势下，只有规范管理，夯实基础，才能确保企业长久发展，应对未来市场的挑战。但到底如何实施，建立健全企业保障机制，是不少企业所困惑的问题。

雨润地产集团在其加速自身转型，提升专业度方面，可以说是做了很多努力。然而收效甚微，付出了大批人力、物力，高薪聘请了大批知名企业的高管组成高管领导班子，以期能够使用新的管理理念、方法建立系统、精细化的管控体系，实现雨润地产集团的高效运转，但实际情况是因管理理念和方式方法与现状方面存在诸多冲突，新旧体系交错运行不畅，导致了高薪聘请的管理团队及原有员工不断离职，企业管理整体效益反而日益下降。

上述情况总结来说主要还是存在权责关系不明、流程制度建设不符合公司现状、业绩为导向的实施方法错误等多方面原因。对此，要想解决企业内部管理问题，根据兰德咨询公司的"组织管控＋流程管控＋绩效管控"的三要素管控理念，雨润地产集团应从如下几方面予以重点关注和努力。

6.3.2.1 组织流程管控体系构建

任何一个企业，在搭建自身企业管理模式时，首先必须进行组织架构搭建。通过全面分析自身企业特点，根据企业发展定位，确定企业管理模式，设置合理的组织架构。在构建组织架构时，重点在于确定组织机构中各组织之间的上下左右级关系，也就是俗称的授权范围、权责分配和工作业务对接内容等。针对雨润地产实际情况来讲，现有的多级管控模式下，首先应明确各业务职能条线的管控方式、权责分配，还需明确各类机构设置的工作规则。

其次，还需指定各组织机构的业务流程规范。通俗来讲，就是根据行业特点结合企业特点就企业业务管理流程的精细化程度进行合理规定，该简则简，该细则精，做到简中有细，细中有简，合理把控力度和准则。一方面，要求员工具备主观能动性，另一方面，又不至于因精细化而墨守成规，不敢求新立异。实际操作中，需要组织流程构建者根据产业特点和价值链的属性，分清核心流程和普通流程，对核心流程进行精细化管理，而对于普通流程则进行简约化管理，这样既能够提高工作效率，也能够合理控制管控标准，避免工作任务过多影响执行。

最后，还需对组织流程进行标准化文件的编制，这样可以为新员工建立工作指引，使其能够快速融入团队，上手工作，实现工作的有序衔接。实际操作往往采用对关键工作要点进行详细说明的方式，形成流程指引、工作指南等标准化文件，形成组织机构培训教材，建立企业的培训知识库。通过对培训文件的统筹管理，可以促使新手能快速掌握岗位工作要求，更好更快完成企业管理要求，实现预期目标，并在实际过程中，结合自身学习能力，不断提升个人业务素质，实现企业和个人的共同发展，形成企业用人机制的良性循环。

6.3.2.2 构建正向引导的绩效考核机制

现代企业管理过程中，大部分企业都对员工进行绩效考核，期望达到考核员工工作努力程度，提升管理效率目的。然而大量事实实践表明，绝大多数的企业绩效管理都是流于形式，难以真正适应企业发展的需要。其实追根究底来说，企业绩效考核对于绩效管理来讲只是环节之一而不是全部，绩效考核主要对员工的工作业绩、工作结果进行量化管理。但是实际情况下，并不是说绩效考核能够涵盖绩效管理的全部内容，在实际操作中总会与预想有所偏差，甚至会有负面的刺激作用。对此，为了刺激员工工作积极性，提升工作业绩，需要对绩效管理的正副作用进行认真思考，需要针对企业战略方针、管理目标、员工工作实际内容等要素，建立起符合企业发展能够切实有效衡量员工工作业绩、给员工带来正向激励的绩效管理体系。

另外，任何一个企业管理制度建立实施之前，都要进行一至两次试行，通过员工实施反馈，就实施过程中产生的问题进行商讨修正，最大限度减少负激励的情况，提升员工接受和认可度。对于雨润地产来讲，企业自主培养的大学生和高薪聘请的高管团队是企业的主要人员构成，根据企业运作情况，定期组织系统化、集成化的培训内容，关注员工需求，规划职业方向，提供发展平台，建立健康适用、以正激励为主的绩效考核机制，对于减少甚至规避核心人员高离职率，提升企业整体管理水平有至关重要的作用。

6.3.2.3 建立科学有效的信息化管理体系

现代社会是科技突飞猛进的时代，"科学技术是第一生产力、科技创新是经济腾飞的原动力"，种种说法无一不在证明科学技术的重要性。就雨润集团来讲，其员工总数近 13 万人，下属子（分）公司 300 多家，遍布全国 30 个省直辖市和自治区。如此大的集团公司，唯有依靠科学有效的信息化管理体系才能实现企业的有效管理。

目前，雨润集团的信息化管理主要体现在泛微协同办公平台、明源地产运营管理系统、用友财务管理系统上。这几项科学技术目前的使用效能远远达不到信息化管理体系的要求，三项产品的使用性能仅仅开发极少的一部分，比如前面讲到的，办公系统只能实现考勤、费用报销、公告平台等基础使用。对此，要想科学有效实现企业基础管理水平，就必须培养企业的信息科技研发力量，将企业管理工作分大类，充分利用集团现有资源，分模块化研究、开发适合企业实际运营所需的信息使用平台，建立科学有效、安全实用的信息化管理体系，减少内耗，避免无谓的浪费，切实有效地提升企业工作效率，降低企业管理成本。

例如，针对运营管理的计划模块而言，可以通过将项目周期中的管控计划确定时间节点，编入信息系统，到期提醒、延误警告，实现风险防范管控体系，以有效监控落实运营计划节点实施情况，从而避免工期延误、项目进展受阻的情况发生，进而实现运营管理流程良性运转。

再如成本管理方面，可以编制从设计到施工全阶段的成本管理模块，根据项目实际情况，依据企业资源库及分级要求，按等级制定设计和建造标准，自动生成成本，从源头上实现成本控制，避免费用超标。

其他诸如商业项目/住宅物业的智能化管理、协同办公、各类监控工作等，均可依据实际情况，结合知名企业现行实施的信息管理流程，合理利用手头资源，开发拓展出适合雨润地产管理的信息化管理体系。同时，搭建的科学化信息管理系统，配合企业培训的资源库，能够做到不论新老员工，都可以有一套制度化、标准化流程可供学习，不理解的可以参照学习，这样能够避免企业因人员更替造成业务衔接不上的情况发生，从而培养源源不断的企业核心竞争力。另一方面来讲，雨润地产有了制度流程、文化建设和科技管控方法的融合，可以进一步实现企业高效的执行力，让每个员工做到"言必行、行必果"。

6.3.3 构建项目投资收益管理体系

对于房地产项目开发商来讲，项目开发的最终目的是获得项目利润，对于商业地产来说，主要体现在项目的投资收益。对此，任何一个房地产企业都应重点关注项目投资收益，在运营管理过程中重视影响项目投资收益的各类因素。就企业运营管理来讲，关注项目投资收益，必须从项目全局管理出发，对项目开发全周期过程中的各类经营指标进行量化考核，多部门就各自职责进行具体分工，刷新各关键节点和基础数据，对项目开发过程各业务节点实施动态管理，从而能够准确测算项目投资收益率和净现金流，监控项目投资收益结果，对于偏离或影响项目投资收益的环节，及时予以调整，降低利润损耗，提升项目收益。

就企业运营管理而言，建立投资收益体系，必须将项目运营管理全过程中的重点关键因素作为监控考核指标，比如项目开发进展因素、设计参数等，通过这些数据和信息的收集整理分析，形成资金来源分析表和资金使用表，也就是收支对比分析表，从而可以利用运营管理工具对项目开发进展各阶段进行收益测算，得出项目收益结果，并通过测算结果对各部门工作进行指导和反馈，督促各部门工作有机整合，共同运作实现企业投资收益。

建立了投资收益测算模型后，还需对企业的动态成本进行实时监控和管理。有了上述运营管理各监控关键点，就可以实时监控企业成本支出，实现企业预期利润，促使企业实现既定收益目标。

有了投资收益测算模型以及动态成本的实时监控，雨润地产集团根据运营管理工具，在项目管理过程中获得实时、精准的投资收益测算值，从而及时调整、纠偏下一步项目开发节奏，避免项目投资失败，减低项目投资运作风险。

有了上述各项测算模型的建立和各类管控工具，雨润地产集团可以根据各关键节点计算出经营投资收益的各类数据，包括项目经营指标收入、动态成本支出数据、规划设计参数等内容，逐步沉淀、建立自身企业的经验库，可以加强自身数据集成分析，从而提升项目收益测算准确度，准确判断项目投资运营效率，为后期新项目的开发提供更精准有力的决策依据，同时还可以通过现有数据对企业的业务标准、经营管理情况进行有效诊断和及时纠偏，就专项问题进行提升改进，实现企业管理规范化、标准化操作。

6.4 雨润地产集团多业态运营模式改革实施步骤

6.4.1 搭建雨润地产集团战略管控体系

前文中已经提到，战略定位是关乎企业成败的决定性因素，如果战略定位失误，则肯定无法实现企业预期经营目的。就企业管理来讲，战略定位正确与否取决于企业的战略管控体系，也就是针对企业实际情况因地制宜所制定的企业组织管控模式，战略管控体系涵盖企业领导能力、业务流程规划及保障机制等内容。根据本文前述各类论点，设置雨润地产集团战略管控体系如图 6－1 所示：

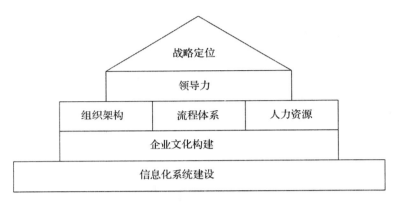

图 6－1　雨润地产集团战略管控体系

根据上图，雨润地产集团在后续管理过程中，首先应该根据集团长短期的企业战略目标和企业现有能力，做好市场定位，决定领导策略，然后进行组织架构梳理、业务流程体系建设和人才储备，在这期间同步进行企业文化构建和信息化系统建设，确保企业文化氛围和企业信息系统管控等辅助支持功能能够支撑企业长短期的战略发展需要。通过上述梳理和完善，能够明确集团的发展战略方向和目标，通过法人治理结构和企业领导班子科学决策机制，搭建规范、顺畅的业务工作流程和完善的制度体系，以及合理适度的人力资源储备，辅助以和谐的企业文化氛围与健全高效的信息化系统，从而圆满实现企业战略方针。

6.4.2　梳理和搭建合理适用的制度条例和运营流程

制度和流程体系建设是一个企业能否正常、高效运转的重要因素。在雨润地产集团现有管控体系下，制度繁冗、流程审批效率低下已成为共性问题。对此，在明确企业战略方针定位之后，即须着手进行企业的制度和流程梳理、重新搭建。首先，应该确定公司组织架构，在明确"集团—区域—项目"的组织管控模式下，明确各部门工作职责，规范工作权利范围，明确权力和义务。其次，梳理现有的管控流程体系，明确流程管控大类，以及流程审批路径和审批人的权责划分。按照本文 6.2.1 构建计划管理体系中讲述的内容确定关键业务流程，明确关键控制指标，就关键控制点进行业务流程的优化和整合，减少不必要的审批环节，加强对关键点的风险管控，实现运营管理过程可控并能及时纠偏，避免出现大的失误，影响整个项目的运营管理目标。最后，任何一项制度、流程体系的搭建必须确保有效施行，也就是领导层应通过自身领导力的管控确保各项制度和业务管控流程在企业内平稳、高效施行，否则企业的战略方针无法落地，企业的运营管控体系就成了纸上谈兵，空无一用。

6.4.3 构建良性运转的财务收益体系

企业的运营管控最终目的是实现企业的经济效益，经济效益的直接体现来源于财务数据。就房地产开发企业而言，项目运作是为了实现企业的预期的投资效益，根据本文 6.2.3 提到的项目投资收益测算模型来看，企业运营管控必须在项目整个生命周期过程中，通过全局化视野，实现项目投资收益管控体系的构建和成功运作。通过前期定位、设计、成本、营销等各类专业条线的协同运作，在项目投资的各个阶段，随时预测项目的"最终"收益，从而及时纠正调整，降低各专业领域间的利润损耗，实现项目投资收益最大化，主要分为如下几点。

第一，明确项目基础资料，包括用地面积、建筑密度、容积率等控制规划指标，设计参数、开工开盘竣工交付等开发节点指标，销售售价等市场信息，建安成本等成本信息，利息税费等财务指标，建立项目基础资料库。

第二，建立项目资金收支表，针对项目资金收入及运用形成收支表，计算项目整体投资收益。在项目资金使用过程中，重点关注对项目关键节点的动态成本管理和销售货值的管理，利用关键节点过程中得出的货值和动态成本数据，可以粗略计算出项目的总投资经营收益。同时，利用货值的不断更新能够对项目后期的销售售价进行指导，确定目标定价，从而实现对货值的动态管理，实时调整，以便充分实现货值的使用价值，获得项目最大的投资收益。

第三，基于上述关键控制节点，对现金流进行测算和检测，从而有效测算收支金额在项目开发时间节点上的变化情况。以一个完整项目的投资运作工作为例，怎么选择项目，项目资金需要额度，什么时候需要资金，项目投入什么时候能够产生效益产出，这些问题都需要对企业的现金流有合理准确地把控。在项目开发建设过程中，开工延迟、进度减慢、合同付款节奏改变等，任何一个工作项的变化，无一例外都会影响企业现金流的平衡。所以，项目运作者应该通过对关键控制节点的把控，将收支按项目开发建设时间轴的刻度进行合理分解，计算得出每个节点所需要的现金流额度，这样才算是合理使用现金流，从而能够保证现金流平衡使用，合理流通。在雨润地产这样多种业态多个项目同时运作的情况下，尤其能够实现现金流的互相补充，可以通过现金流的额度和使用情况，对各项目进行分析把握，合理安排开工建设，降低现金流流通中的资金风险，规避现金流受项目开工建设节奏的影响，更能避开项目建设进度对项目利润的影响。

第四，通过定时定点，各职能部门的合理分工，建立项目开发建设全过程中的动态收益测算。按照项目开发运作周期，建立年度、季度、月度计划，并针对项目关键节点测算企业的投资收益，根据测算结果进行项目决策调整。例如，在职能部门条线管理中，项目规划设计部提供此项目全部的技术基础数据，工程部提供项目开工建设节点数据，成本部提供项目建设过程中的关键节点的动态成本数据，营销部提供销售数据，财务部提供财务收入支出数据等。通过上述各类数据测算项目收益率和现金流，提供给项目运作团队进行合理决策。

6.4.4　创建企业信息资源库

雨润地产集团作为一个处于高速发展的多业态多项目同时运作的地产企业运营商，为了发展自身的核心竞争力，应该建立企业资源库，主要包括企业供应商资源库、企业信息资源库，主要涵盖项目开发建设过程中的供应商名单、财务数据、成本数据、规划设计模型、技术数据、政府审批取向、各类税费规定等数据指标，以及经验积累，从而能够通过前期项目运作经验积累，指导、提升后续项目运营效率，进而提高收益测算准确度，准确判断项目投资运营效率。同时还能够根据这些数据的掌控和判断，诊断企业各部门业务操作标准，对于存在的问题制订合适方案，进行针对性、专项改变，优化整合团队、制度流程和业务体系之间的交叉和融合。这就要求投资开发、规划设计、工程施工、成本合约等各部门的齐心协力和统筹配合。具体来说，要求企业在项目选择时，投资发展部就要跟设计部进行对接联系，对土地条件进行分析，避免因土地条件了解不足造成图纸设计缺陷进而影响图纸质量。在项目开工建设时，要推荐使用样板制度，通过样板制度，规避大规模施工对后续工程施工建设的工作量和施工成本的增加。在招标合约过程中，应事先就合同各项条款进行认真商讨研究，避免因约定不明导致项目进度停滞或施工偏差。通过上述各项关键控制点的把握和控制，能够企业不断完善运营业务标准和管理规范，提升企业持续营运能力，从而保证企业在项目开发建设过程中实现预期既定的经营策略和产品核心竞争力。

6.4.5　拓展信息化模块管控平台

信息化系统作为雨润地产集团辅助支持体系，在企业现状下，必须建立科学、高效管理平台，就现有的泛微协同办公平台、明源地产运营管理系统和用友财务管理系统而言，应该实现三个系统管控平台的有效对接和资源整合。通过对现有信息平台的支持模块进行细化研究，开发行政、人事信息集成模块，运营计划节点管控模块，项目工地现场管控模块，物业客服管控模块等功能，实现计划运营管控和财务收支管控模块的有效对接和实时在线管控，实现企业高效的执行力，实现运营管理良性运转。

结束语

雨润地产自食品转型，能够在短短的十几年的时间内完成全国二三线城市布局，其成绩可圈可点。在地产经济持续下行阶段，其应对市场最主要的问题是专业性不足。地产运营思路不准，保障体系缺失等一系列的问题深深禁锢着雨润地产的良性可持续发展。本文旨在通过对房地产运营管理理论、方法、适用条件等进行详细分析，结合雨润地产集团管理现状，致力于通过现代化的适合雨润地产集团后续发展的运营管理模式，给雨润地产注入新的管理理念和管理方法，促使其能够清晰认识到现有的不足和将来的深化改革方向。笔者力求采用合理的运营管理手段，借助科学的分析方法和运营管理信息系统管理模块，对企业的整体经营提供合理化建议，进行持续风险管控和临界点预警机制，从而促进内部深化改革，提升企业核心竞争能力，实现投入产出的效益最大化。

参考文献

［1］Andrew S · Grove. Only The Paranoid Survive ［M］. Beijing：CHINA CITIC PRESS, 2010：110－150.

［2］Carl Mc Daniel, Charles W. Lamb, Joseph F. Hair. Jr. Introduction to Marketing ［M］. Shanghai：Truth&Wisdom Press, 2013：18－45.

［3］Marcel van Assen, Gerben van den Berg, Paul Pietersma. Key Management Models ［M］. Beijing：Tsing Hua University Press, 2015：3－180.

［4］Peter F. Drucker, Innovation and entrepreneurship ［M］. Beijing：China Machine Press, 2009：30－108.

［5］Robert Steve Kaplan. What to Ask the Person in the Mirror：Critical Questions for Becoming a More Effective Leader and Reaching Your Potential ［M］. Beijing：CHINA CITIC PRESS, 2013：2－150.

［6］2015 中国房地产百强企业研究报告 ［J］. 中国商报, 2015－03－27.

［7］付腾. 项目管理办公室在大型房地产企业中的构建与运作 ［D］. 硕士学位论文, 中南大学, 2012.

［8］广州市王道策划机构. 商业地产项目失败原因分析［EB/J］. http：//blog. sina. com，2014.

［9］广州市王道策划机构. 商业地产项目失败原因分析［EB/J］. http：//wenku. baidu，2014.

［10］郭亮. 向万科学管理［M］. 浙江：浙江出版联合集团，浙江人民出版社，2011：5－150.

［11］金巍. 我国商业地产开发运营模式研究：以万达、瑞安房地产有限公司为例［D］. 硕士学位论文，华中师范大学，2012.

［12］李慧. 房地产集团跨区域战略选择与集团管控研究［D］. 硕士学位论文，天津大学，2011.

［13］李季. 企业运营管理［M］. 北京：首都经济贸易大学出版社，2010：10－28.

［14］李诗文. 会计中特殊的资产：人［J］. 中国市场报，2014：12－30.

［15］李帅达. 万科思维［M］. 湖北武汉：华中科技大学出版社，2012：2－200.

［16］李嵬. 我国大型地产开发企业业务运营模式研究［D］. 硕士学位论文，哈尔滨工业大学，2011.

［17］刘成忠. 中国商业地产运营模式研究［Z］，2013.11.

［18］刘少文. 商业地产销售运营模式与案例［M］. 北京：化学工业出版社，2014：5－15.

［19］明源地产研究院整理. 房地产项目运营最佳实践［M］. 北京：中国建筑工业出版社，2011：2－35.

［20］深圳市艺力文化发展有限公司. 房地产企业高效运营管理全案［M］. 大连：大连理工大学出版社，2012. 09.

［21］天火同人房地产研究中心. 房地产开发流程管理工具箱后期运营管理［M］. 北京：化学工业出版社，2013：4－58.

［22］天火同人工作室. 商业地产项目操盘指南［M］. 北京：化学工业出版社，2014：3－8.

［23］王健林. 万达哲学［M］. 北京：中信出版社，2015：2－250.

［24］王石. 我情愿给老板打工［J］. 中国商界，1999.

［25］王彦祥. 新理念下的戴尔文化—企业改革与管理［Z］，2003－8－20.

［26］严蕾. 房地产行业项目风险管理探索［D］. 硕士学位论文，西南财经大学，2011－5－1.

［27］雨润地产：深陷三四线城市死循环［J］. 中国经营报，2014－

05－05.

[28] 张凤勤，王石：在攀登中感悟 [J]. 金融时报，2006 (1)：4－7.

[29] 赵永刚. 房地产企业资本运营模式研究—以绿城集团为例 [D]. 硕士学位论文，华东师范大学，2011.

[30] 中选标准：如果我是招聘者 [Z]. 中国青年研究，2003－10－15.

[31] 祝助强. 城市土地增值及收益测算研究 [D]. 硕士学位论文，南京农业大学，2011.

[32] 房地产企业管理三要素：组织＋流程＋绩效＝高效运营 [EB/OL]. http：//www. 360doc. com，2015.

[33] 兰德咨询：房企管理解析之人力资源管理真相 [EB/OL]. http：//www. 360doc. com，2015.

[34] 领导者选才、育才、留才智慧大全（三） [EB/OL]. http：//www. 360doc. com，2015.

[35] 青岛明源. 应对重于决策，构建弹性经营计划管控体系 [EB/J]. http：//blog. sina. com，2013.

[36] 区位理论 [EB/J]. http：//wenku. baidu，2011.

[37] 商业地产运营 [EB/J]. http：//wenku. baidu，2012.

[38] 商业地产运营模式 [EB/J]. http：//wenku. baidu，2012.

[39] 商业地产运营模式研究 [EB/J]. http：//wenku. baidu，2012.

[40] 商业地产运营模式研究报告 [EB/J]. http：//wenku. baidu，2012.

[41] 郑州明源. 保卫利润：构建项目投资收益跟踪管理体系 [EB/J]. http：//blog. sina. com，2014.

[42] 郑州明源. 夯实项目主项计划房企集分权有效落地 [EB/J]. http：//blog. sina. com，2014.

[43] 郑州明源. 深度解析计划管理驱散项目运营迷雾 [EB/J]. http：//blog. sina. com，2014.

[44] 郑州明源. 组织与流程标准化给管理做减法 [EB/J]. http：//wenku. baidu，2012.

[45] 中南集团：2011 年中国商业地产运营模式研究 [EB/J]. http：//wenku. baidu，2012.

[46] 综合体商业项目规划要点 [EB/J]. http：//wenku. baidu，2012.

[47] 总裁研修培训房地产. 为何房地产是中国第一大风险 [EB/J]. http：//wenku. baidu，2014.

BP 公司海外项目中 HSE 管理体系应用问题研究
Researching on the Application of HSE
in the BP Overseas Projects

作者：关博　指导教师：王萍　教授

摘　要

HSE 管理体系是在 20 世纪 80 年代后期发展起来的围绕职业健康、生产安全和环境保护方面的体系方法。它采用系统分析方法，对企业生产过程中可能出现的风险通过计划、施行、考核和改进等四个阶段，进行评估和风险识别。该系统的管理具有程序性、结构性、系统性和全员参与性的特点，充分参与到整个过程的预防措施之中，进而得以消除各种事故隐患。我国的 HSE 第一个运用是在石油行业上，HSE 标准和大部分的经验也源自于中国石油石化企业。如今，愈来愈多的企业为了充分发挥自身优势和政策倾向而走出国门，与第三世界国家签署了很多重大项目。一个又一个项目在不同国家开展运行，一批又一批的技术和管理人才被输送到海外项目。随着海外项目的增多，企业如何与当地政府、当地业主和当地劳工，进行交流和协作？海外 HSE 管理体系应用的问题随之产生。

本文以 BP 公司为研究对象，以其纳米比亚、缅甸和刚果（金）三个具有规模、环境等代表意义的海外项目为例，来考察研究海外项目中 HSE 管理体系应用的问题。本论文首先从 HSE 体系概念特点及基本理论入手，结合 BP 公司已有的管理体系和办法，采用问卷调查和座谈的方式，收集了来自海外员工对 HSE 管理体系执行情况意见的一手资料，进行整理分析后得出海外 HSE 可能存在的问题和造成的诱因。在学习借鉴海内外优秀的管理理论和企业经验的基础上，提出有针对性的改善办法和对策。

国际上处于领先地位的行业公司都在陆续采纳 HSE 管理模式，其具备系统化、科学化、规范化、制度化的特质，是减少企业人员伤害、经济财产损失和环境破坏的一种行之有效的方法。其不仅可以卓越地提高安全性能，提升企业的 HSE 管理体系水平，还可以更好实现国内企业的经管水平与国际接轨，从而打造优秀的企业形象，进而为企业成功地在国际市场发展打下良好的根基。

关键词： 健康　安全　环境

ABSTRACT

The HSE management system is a system for health, safety and environment, which developed in the late 80's of the twenty-first Century. It uses systems analysis method, risk assessment and hazard identification for hidden danger of accidents that may occur in the process of enterprise production. Through four parts of planning, implementation, inspection and improvement, adopting the systematic, structured, procedures and the whole staff of management mode, take preventive measures by full participation and monitoring the whole process, to eliminate all potential causes of accidents in time. The HSE is mainly used in the oil industry, and the main HSE management system standards and experience come from the domestic oil chemical company. Now, more and more enterprises go abroad, with full superiority of its own and policy support, signed a lot of big projects in the third world countries. Projects carry out in different countries one after another. And a number of technical and management personnel are transported to the overseas projects, domestic enterprises have more and more exchanges and cooperation with the local government and local property owners and local labor. At the same time, the problem of the application of HSE management in the overseas comes, which provides us with a new perspective to study the application of HSE management system in overseas projects.

The research objects are three large scale and environment significance projects of BP Company, located in the Namibia, Burma and the Democratic Republic of the Congo (DRC) researching application problems in the HSE of overseas projects. Firstly beginning with the concept of the HSE system and basic theory, combine the existing management system and method of BP Company, by way of questionnaire and discussion, collecting opinions of overseas employees on HSE management implementation，analyzing existing problems and reasons of the HSE management system. On the basis of learning the excellent management theory and experience of the other enterprises，this study puts forward some improvement measures and countermeasures.

Key Words：HSE MS　Health　Safety　Environment

绪　论

0. 1　研究背景

HSE 体系是目前工程及化工危险行业最为普及通用的管理标准，H 表示"健康"，S 表示"安全"，E 表示"环境"，该系统标准基于职业健康、生产安全和环境保护这三个关键要素，在世界工业领域具有较强的通用性、指导性和权威性。

BP 公司坚持贯彻国家"安全第一、预防为主、综合治理"的方针，为明确并落实 BP 公司总部各部门、各分（子）公司、各项目部（以下简称"各二级单位"）的安全生产职责，保障劳动者在生产劳动过程中的职业健康和安全，保证对环保的执行力度，BP 公司特制定相关制度。BP 公司还要求各二级单位安全生产管理部门均应依据公司制度并结合实际，形成本单位的责任制，并认真贯彻执行。

海外项目作为公司业务发展的重中之重，其 HSE 管理工作尤其关键，对项目的有效管理和成功实施具有重要意义。而因海外项目的环境特殊性，比如地域文化差异、务工人员流动性和做工条件恶劣等因素，海外项目 HSE 管理体系将不同于国内已成型的 HSE 管理模式和内容，将存在诸多方面需要因地制宜、因势利导的改变，进而调整项目管理中的 HSE 管理体系建设。因此，本文以海外项目为研究对象更具有实践意义。

0. 2　研究目的及意义

0. 2. 1　研究目的

首先，爆破工程项目过程中的特点决定其是一种高风险行业，爆破工程涉及污染环境、危害安全和人体健康的潜在不定因素较多，往往安全、环境和健康风险同时发生。因此，爆破工程企业必须对生产作业中产生的健康、安全与环境问题进行规范化管理，建立完整的 HSE 管理体系，从而有效降低过程中的风险。

其次，现有的管理体系不能完全满足现代企业海外项目的管理需求。为创建现代化的爆破工程服务企业，必须建立和践行 HSE 管理体系。

最后，HSE 管理体系体现在大市场环境下的企业标准化作业，需要提高海外合作项目的 HSE 管理体系。在日趋竞争激烈的海外项目开拓的市场中，如能在海外合作的项目中竭尽完善 HSE 管理体系，使之适于国际市场接轨的需求，这也是企业在国际市场上竞争的基本必备条件之一。

0.2.2　研究意义

研究 HSE 应用问题的意旨，可以概括为三个方面。其一，提高 HSE 管理能有效地减少职业危险和健康危险，降低雇员工作风险。一个健康友善的工作环境可以为企业更好地减少人才流失，能够激发企业雇员的高绩效和归属感。其二，开展体系的安全管理，能有效地消减隐患问题和工作风险，降低企业活动可能出现的危险，用最少的投资来达到最佳的安全效益，从而提高企业的经济效益，进而加强国际竞争力，促进企业参与到国际合作之中。其三，优秀的环境保护意识和卓有成效的环境保护管理，可以改善企业与政府及公众的关系，一个具有良好形象的企业可以获得更多的关注，从而为企业的可持续发展创造条件。

研究 HSE 管理体系应用的意义对于国际合作日趋增多的传统国有企业尤其重要。对于 BP 公司和很多类似 BP 公司的传统行业中的国企，其国际业务正迎来发展期，同时合作及服务的对象又多为发展中国家。如果可以确实做到 HSE 体系建设在国外项目管理中的有机结合和有效实施，那将是公司继续保持高速发展的重要基础，这也对能否保证海外项目开展中与人、与社会乃至与自然的和谐共进具有重要意义。

0.3　研究方法与内容

0.3.1　研究方法

根据论文选题，本文主要的研究方法为定性研究方法、文献研究方法和调查研究方法。

本文通过搜索大量相关文献获得资料，了解 HSE 管理体系的内容和意义，然后与海外项目的管理实践相结合，引入相关 HSE 管理体系理论到海外项目管理中，进行验证与调整，使研究结论不仅具有理论上的支持，而且具有实际操作性；通过访问、问卷调查等方式收集第一手资料，通过总结已有的管理经验，结合海外项目的实际情况，不断完善 HSE 管理体系，从而更好地为项目生产和管理服务。此外，本文还对外海项目中 HSE 管理体系存在的问题进行系统的分析描述，不断摸索出解决问题的对策，达到管理工作目标。

0.3.2　研究内容

本文在 HSE 管理相关理论的基础上，以 BP 公司海外项目为研究对象，整理 BP 公司的管理情况和海外项目环境特点，结合问卷调查等研究方法，总结了 BP 公司海外项目中 HSE 管理体系现状，并发现了其中的问题，分析其问题出现的可能原因，结合 HSE 优秀经验和 BP 公司海外项目运作，提出了几点解决办法。

本文的研究框架如图 0－1 所示。

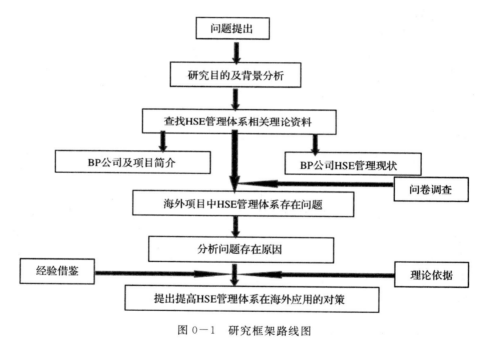

图 0－1　研究框架路线图

1　HSE 管理体系的概念界定及相关理论

1.1　HSE 管理体系概念及特点

1.1.1　HSE 管理体系概念

HSE 管理体系是健康、安全与环境管理体系的合称。它涉及卫生、安全

和环境管理的组织、标准、责任、实践和客观资源。简单地用 HSE MS①
表示。

健康（Health）是指一个人在身体、精神和社会等方面都处于积极的安稳
的状况。对于每一个劳动者而言，健康是最基本也是最终的要求，它是人类创
造物质文明和精神文明的基础。同时，伴随着生产力发展水平的不断进步，大
家对健康的标准也是越来越高。

安全（Safety）是指不处在威胁中，没有危险、危害或者损失。在生产过
程中，对于系统的运行状态可能对人、物及环境带来的危害，要控制在可以接
受的范围内，从而避免发生生产安全事故，确保生产在不伤害员工身体健康和
不损失公司财产的前提下开展。

环境（Environment）不仅包括水、空气等物质因素，而且还包括观念、
行为等非物质因素，既有自然因素，也有社会因素。对于不同的主体，其大小
和内容等也有所不同。

HSE 是集合了诸多国家同业成功管理方法和经验之精华，是近几年出现
的海内外产业通行的管理体系，彰显了现今企业在大城市环境下的规范运作。
HSE 的核心是突出预防、领导承诺、全员参与、不断完善改进和科学管理思
想，HSE 体系具有预防、先进、长期和可持续发展的特点。

1.1.2　HSE 管理体系特点

HSE 管理体系共有 7 个一级要素，28 个二级要素。HSE 管理体系的基本
要素见表 1—1。

表 1—1　　　　　　　　　　　HSE 管理体系基本要素

项目	主要内容
领导和承诺	领导和承诺是指企业自上而下的各级管理层的领导和承诺，是 HSE 管理体系的核心。高层管理者对健康、安全与环境的责任和管理，提供强有力的领导和明确的承诺，是实施 HSE 管理体系的前提。高层管理者要保证将领导和承诺转化为必要的资源，以建立、运行和保持 HSE 管理体系既定的方针和目标

———————————

①　HSE MS 是一种事前通过进行识别与评价，确定活动中可能存在的危害及后果的严重性，从
而采取有效的防范手段、控制措施和应急预案来防止事故的发生，或者把风险降低到最低程度，以减
少人员伤害、财产损失和环境污染的有效的管理办法。

续表

项目	主要内容
方针和战略目标	健康、安全与环境方针是组织建立与运行体系所应围绕的核心，它规定了组织在健康、安全与环境方面的发展方向和行动纲领，并通过将其要求在体系各要素中具体化，从而控制各类 HSE 管理风险，并实现绩效的持续改进
组织机构、资源与文件管理	组织机构是指企业管理系统肩负 HSE 管理责任的部门和人员的构成及职责，是企业 HSE 管理体系的具体管理机构组织状况。资源主要指可供使用的人力、财力、物力等内部资源，是 HSE 管理体系建立和运行的重要物质保障
评价和风险管理	防止事故发生，将危害及影响降低到可接受的最低程度是 HSE 管理体系运行的最直接目的，对风险的正确而科学地识别、评价和有效管理是达到此目的的关键所在。风险管理是一个不间断的过程，是所有 HSE 要素的基础，应定期检查危害的存在，并评估业务活动中的相关风险
规划（策划）	规划（策划）是落实 HSE 风险管理的重要内容，是实施 HSE 计划管理的重要方面。HSE 规划是公司整体规划的一部分，应分层次围绕 HSE 目标和表现准则，通过危害和影响管理程序确定降低危害的措施，落实专门资金、必要的设备和资源，形成具有可操作性的规划
实施和监测	实施和监测是 HSE 管理体系实施的关键。HSE 管理体系要求：员工和承包商在开始接触任何一项工作时，都必须熟悉相关的 HSE 控制措施，依据规划阶段所建立的程序、作业指南及相关的 HSE 政策实施工作，并进行监测
审核和评审	审核和评审是 HSE 管理体系的最后一环，是定期对 HSE 管理体系的表现、有效性和持续适用性所进行的评估，是体系持续改进的必要保证。HSE 管理体系要求：HSE 审核和评审是公司管理应履行的职责，所有现场和生产过程中实施的规范都应定期进行检查和审核，评价 HSE 管理标准和相关法规的遵守情况，提出持续改进的领域

HSE 具体是由七大因素构成的，这些因素之间是彼此相关联，并非独立的，与此同时，这七个要素又依循方针、计划、实施运行、检查纠正措施和评审的运转机制，HSE 通过连续审核、评价等活动，提高 HSE 在企业的管理水平，与传统的安全或环境管理的比较，HSE 管理体系克服了许多凭经验或者

感知认识处理安全等问题的不足。HSE 管理体系具备了四大特点：系统性、先进性、预防性和全过程控制。

（1）HSE 管理体系的系统性。

HSE 标准强调程序、文档和管理结构的关键性。

首先，它强调组织的系统性。要求在 HSE 管理中，在基层岗位到管理的最高层这个工作组织间要有一个完整的运作系统，且还应具备一个监控系统。企业管理人员可以依靠这两个系统来保证系统的有效运行。

其次，它强调了实施程序化管理的必要性，从而实现了系统控制管理过程的目标，这是极大的有别于过去依赖于管理者的主观能动性来进行企业管理和战略规划判断或是决策的方式。HSE 管理体系可以有效地避免管理的随意性，也可以避免部门之间、岗位之间责任互推、延误工作。

（2）HSE 管理体系的先进性。

按 HSE 标准所建立的管理体系，是改善企业管理架构的一种行之有效的手段。HSE 管理体系可以把企业组织活动中的工作按照一个系统的工程问题进行解剖和分析，从而确定影响该工作的因素。这个管理过程和控制措施都是基于科学的危害识别和风险评估的基础上的管理工具，对企业能否持续增进工作效率弥足重要。对于已经建立体系的企业，其组织必须严格遵守规定的管理程序办法，坚持"文件"＝"实施"的原则，方才能使企业的 HSE 管理行之有效。

（3）HSE 管理体系的预防性。

HSE 管理体系的预防性是通过将危害识别、风险评价与控制放在首位进而体现的。实施有效的危害识别评价与控制，可以实现对生产事故的预防。在评价企业的各阶段生产过程中，建立 HSE 规划的基础，对 HSE 作业文件的形成，各种危险因素的预测和控制，且对各种潜在的事故制定应急程序，起到降低损失的作用。企业如果要通过 HSE 标准审核，需要符合法律的要求，满足相关法规和其他要求。这样还可以把"三同时"制度①和"职业安全健康管理制度"作为组织建立和实施 HSE 标准的前提。因此，企业通过 HSE 管理体系标准的实施，将打开一个新的管理态度和理念，从法律法规的被动执行转变为主动遵守法律法规的要求，并从主观出发去发现和评估企业组织存在的健康安全环境等 HSE 管理问题，然后积极改进。这将是不同于以往的被动管理，HSE 管理体系的建立，使预防为主的管理目的得以实现。

---

① 新建、改建、扩建工程的劳动安全卫生设施，必须与主体工程同时设计、同时施工、同时投入生产和使用。

（4）HSE 管理体系的全过程控制。

HSE 管理体系要求的是全过程控制管理的实施，即将 HSE 管理作为一个系统工程来看待，其中发生的需要解决的关键性问题采用工程的分析方式或方法来系统地进行处理。在研究企业组织的活动、产品和服务对安全健康环境的影响时，一般把可能造成生产事故或者职业健康危害的因素分为两大类：一类是牵扯到组织管理层面，这类危险在通过建立管理体系、加强内部审核、管理评审和员工行为评价后，可以很大程度上降低或规避；另一类是对整个生产过程中的原材料、生产工艺、设备、产品和研发的过程，在管理和工程技术方面采取措施减少或消除。为了有效地控制生产过程中的风险因素，我们必须控制生产的全过程，采用先进的设备、先进的技术，并且企业全员参与，只有这样才能确保企业的安全健康环境得到质的改善。

1.2　HSE 管理体系的理论基础

1.2.1　事故防范理论

（1）事故是可以预防的。

事故①有自然事故②和人为事故③之分。因为事故是有一定规律和特点的，所以企业单位的事故可以事前预防。洞悉了事故所具有的这些属性，在企业管理中就应有针对可能遇见的事故的预判和对应的制度办法，进行事前预防，积极应变，这样可以在很大程度上为企业减少事故的发生，以及减少可能带来的损失。

在海外项目的 HSE 管理体系应用中，事故是对职业健康、生产安全和环境保护三个核心层面可以造成重要影响的最直接因素，通过了解企业中可能遇见的事故的成因和性质，以及相关理论的认识，可以有效地提高 HSE 管理体系应对事故的能力。

---

① 事故是指，人们在进行有目的活动过程中，突然发生违反人们意愿，并可能使有目的的活动发生暂时性或永久性终止，同时造成人员伤亡或财产损失的意外事件。
② 自然事故是指，由自然灾害造成的事故，比如地震、洪水、旱灾、山崩、滑坡、龙卷风等引起的事故。
③ 人为事故是指，由人为因素而造成的事故，这类事故既然是人为因素引起的就能够预防。

我们一般说的事故的三大特征，就是指因果性①、偶然性②和潜伏性③。

（2）伤亡事故致因理论。

①海因里希的事故法则。

海因里希（美国安全工程师）在五十多年前总结了大量的事故，根据这些数据总结分析从而得出的具有重大指导意义的一项结论。国际上把这一法则称之为事故法则④。如图 1-1 所示。

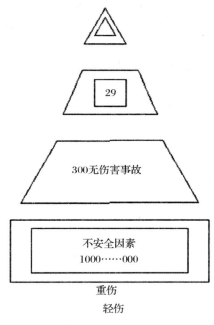

图 1-1　重伤的基础

---

①　因果性是指，一切事故的发生都是由于存在的各种危险因素相互作用的结果。生产中的人身伤害事故是由物和环境的不安全条件、人的不安全行为、管理缺陷和对突发的意外事件处理不当等原因引起的。

②　偶然性是指，事故的发生是随机的。偶然性寓于必然性之中。事故的随机性表明它服从统计规律，因而可用数理统计方法进行分析预测，找出事故发生、发展的规律，从而为预防事故提供依据。

③　事故的潜伏性是指，事故在尚未发生或还未造成后果之时，是不会显现出来的，好像一切都处在正常和平静状态。但是生产中的危险因素是客观存在的，只要这些危险因素未被消除，事故总会发生的。事故的这一特征要求人们消除盲目性和麻痹思想，人们要居安思危，常备不懈，在任何时候和情况下，都要把安全放在首位来考虑。要在事故发生之前充分识别潜在危险因素，事先采取措施进行控制，争取最大限度地防止危险因素转化为危险事故。

④　1941 年美国安全工程师海因里希统计了 55 万件机械事故，其中死亡、重伤事故 1666 件，轻伤 48334 件，其余则为无伤害事故。在机械事故中，死亡、重伤、轻伤和无伤事故的比例为 1：29：300，国际上把这一法则称之为事故法则。

对于不同企业组织活动中面对的事故类型不同，上述比例关系也会不尽相同，但上述的这一统计规律却为企业管理者敲响警钟，因而在展开同一项生产经营活动时，存在这样一条规律，即如果有无数的意外事件，那必将最后发生重大伤亡事件。所以，要阻止重大事故的出现，在日常管理中就应当消减和避免无伤害事故，重视未遂事件，将事故扼杀在摇篮之中，不然终将自食恶果。

②事故的因果连锁。

事故法则所表明的伤亡事故的发生是按照图 1-2 所示进行的。

通过图中第一排的五个因素①的顺序，说明了人身伤亡之所以发生，是这之前所列因素所导致的。这些因素之间的联系可以通过多米诺原理解释。

事故因果连锁告诉企业的管理原则，对生产安全管理的核心是消除企业运行中的机器或物质的不安全状态，从而使多米诺效应中断，进而就可以实现预防和规避安全事故发生的目的。

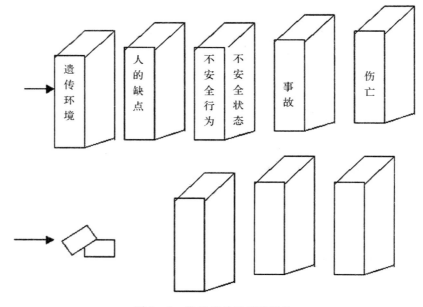

图 1-2　海因里希因果连锁论

---

① 五个因素是指：一是遗传及社会环境因素可能造成人的性格鲁莽、固执、贪婪。二是人的缺点，比如性格过激、暴躁、素养差，以及缺乏安全知识等先天或后天因素，是产生不安全行为或造成物的不安全状态的间接原因。三是不安全动作，以及促成机械或物的不安全状态，比如拆除安全防护装置，转动设备缺乏防护罩、照明不良等，这是引发事故的直接原因。四是事故由于不安全行为或不安全状态引起失去控制的事件。五是伤害事故造成人员伤害。

（3）轨迹交叉论。

这一理论表明，人的不安全行为和客观物质的不安全状况，是人机"双方并存"这一状态，这表明了两者在同一系统中存在的两个系列的能量逆流，其行为轨迹的相交点即构成了事故。这里将系统分成人与物两个连锁系统。

在人的链条中，不安全的行为是基于生理和心理等若干方面的，人们的行为是由遗传、教育和社会环境决定的。人的连锁系列展开如下。

①来自遗传，生长环境与工作环境的缺陷。

②后天的心理缺陷。

③人的不安全行为。

在客观物的链条中，企业生产经营的诸多环节和部分都会存在可能的安全隐患，进而引发安全问题，事故发生的连锁系列如下。

①设计错误或规划结构上存在缺陷，制造时使用不合规范的采购材料，操作方法不当或事物导致的机械、设备和其他产品有隐患。

②使用、维修和保养过程中不遵守规范，容易出现故障，维护保养不善和超负荷运转的机械设备性能可能会下降。

③设备的设计、制造、使用、维修和修理等问题的不安全状况，造成机械设备事故。

因为可知，在生产进程当中，人的活动轨迹①～②～③与客观物体的活动轨迹①～②～③，两条走向交叉之时，就是发生安全事故的"时空"，即人的不安全状态和物的不安全状态发生在同一时空，所以会发生意外。如果排除了源自于物的隐患，排除了人产生的差错，那么这两个链条的一系列动作轨迹都不能交叉，事故也就不会发生。

想要达到中断人的链条的目的，就需要加强职业健康、生产安全等的培训和指导，进行科学的安全管理，做好安全等培训。而要做到物的链条的中断，就要推广"失误—防护"系统①。

---

① "失误—防护"系统是指，在机械设备上安装安全防护设施，提高本质安全性，即使人操作失误，装置本身的安全防护系统全自动动作，从而可避免伤亡事故发生。

1.2.2 PDCA 循环法

PDCA 循环①是质量管理方面的代表人物戴明博士第一个提出的，故又称作戴明环，它是早期众多工程化工行业所主要参照的科学管理方法。

PDCA 循环是一个科学的程序，它遵循计划，实施的步骤，以检查和处理作为手段，然后这四个科学过程有机循环不断发生的一个周期。PDCA 循环有以下几个明显特点。

（1）PDCA 环中的 P、D、C、A 这几个部分不止发生一次，而是循环往复地不断推进。一个周期结束，可以解决问题的一部分，可能还有没得到解决的问题，或者有可能是一个新的问题涌现，这需要再打开一个周期，以此类推。

（2）组织或公司的整个系统的运行和各系统之间的关系，是大环带动小环的有机体的形式进行。

（3）PDCA 环不是长久处于一个水平的周期的体系，它相对解决问题的模型是一个阶梯式变化的模式，是逐步完善的行业管理流程，也是管理能力不断强化明确的过程。

PDCA 循环法的经典模式被称为"四阶段"② "八步骤"③，如表 1－2所示。

---

① PDCA：Plan（计划）包括方针和目标的确定和活动计划的制订；Do（执行）就是具体运作，实现计划中的内容；Check（检查）就是要总结执行计划的结果，分清哪些对了，哪些错了，明确效果，找出问题；Action（处理）对总结检查的结果进行处理，成功的经验加以肯定，并予以标准化，或制订作业指导书，便于以后工作时遵循，对于失败的教训也要总结，以免重现。对于没有解决的问题，应提到下一个 PDCA 循环中去解决。

② 四阶段就是 P、D、C、A

③ 八步骤是：分析现状，发现问题；分析质量问题中各种影响因素；分析影响质量问题的主要原因；针对主要原因，采取解决的措施；——为什么要制定这个措施？——达到什么目标？——在何处执行？——由谁负责完成？——什么时间完成？——怎样执行？执行，按措施计划的要求去做；检查，把执行结果与要求达到的目标进行对比；标准化，把成功的经验总结出来，制定相应的标准；把没有解决或新出现的问题转入下一个 PDCA 循环中去解决。

表 1—2   "四阶段"和"八步骤"

代号	序号	步骤	方法
P	1	找出存在问题	排列图、直方图、控制图
	2	分析存在问题的原因	因果分析图
	3	找出影响最大的一个或几个原因	排列图、相关图
	4	研究对策，制订计划	有针对性地制订和采取措施以求解决问题
D	5	实施计划，执行措施	按计划实施、完成
C	6	检查效果	排列图、直方图、控制图
A	7	巩固措施	制订标准化规范，或修改作业标准、检验标准或各种规程
	8	找出遗留问题	进入下一轮计划（从步骤 1 重新开始）

PDCA 也体现了企业管理思想的全面和普遍特点，这其中的逐个环节可以延伸到具体车间或部门，甚至公司的全体员工。

1.2.3 风险管理理论

风险管理①具体地说便是判别出体系中存在的风险因素，结合生产过程实际进行量化的分析，对发生风险的可能性和后果严重水平开展评估，依据评估结果，进行风险的控制与管理，及其对风险因素的影响和对策的确定。风险管理流程如图 1—3 所示。

---

① 风险管理是指，生产作业过程中对可能遇到的风险进行预测、识别、分析和评估，并在此基础上有效地应对风险，以最低成本实现最大的安全保障的科学管理方法和手段。实质就是以最经济合理的方式消除风险导致的各种灾害后果，过程包括风险识别、风险评估、风险控制、应急计划和恢复。

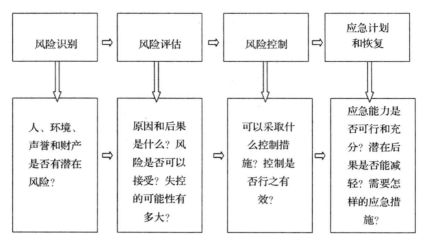

图 1-3 风险管理流程图

从图 1-3 中可看出，风险识别、风险评价、风险控制，以及应急计划和恢复构成了 HSE 的一条主线，是其体系的重点所在，它体现了风险识别与控制在整个体系的核心地位①。

风险管理是 HSE 体系的精髓所在，企业经营生产活动中的风险因素识别是风险管理工作的根本和前提，包括识别企业管理经营活动中的风险，在对其进行风险分析的基础上，与企业的实际情况相结合提出预防和控制措施，对企业活动进行科学的规划，以相应方针和战略方向为目标；在预防和控制措施的实施过程中，定期和不定期对企业活动的运行状况进行检测和纠错；了解企业管理经营中各环节存在的风险和风险的控制水平，实现体系的持续改进和不断完善的目的。

①　核心地位，即是指将风险识别的结果直接应用在目标和表现准则的制定上，为确保目标的实现，制定并实施风险削减措施；针对重大风险，预先制订应急计划，通过过程监测，及时发现上述过程中存在的不符合项，并采取纠正和预防措施。这样在风险管理上就形成了一个 PDCA 循环，实现了对事故的超前预防和生产作业的全过程控制，从而能有效实施 HSE 管理体系。

2 BP 公司海外项目中 HSE 管理体系应用现状

2.1 BP 公司简介

2.1.1 BP 公司基本情况

BFBP 公司（以下称 BP 公司）是一家集专业爆破和项目承包服务于一身的综合公司，它隶属于国家兵器部二级单位。BP 公司在 1997 年于北京正式注册成立，这是一家专门的爆破综合服务企业，由特能集团和北方工业股份有限公司联合投资，注册资本 2 亿元。北方爆破公司是兵器工业集团民爆产业的核心运营平台之一，是中国兵器军转民技术研发与应用的窗口，是我国国际工程爆破市场开拓的重要力量。

BP 公司参与了诸多在所属行业中的国家标准或行业标准的主要起草编制工作。公司拥有发明专利 11 项，软件版权 8 项，行业杂志发表学术论文 25 篇，主持编写行业标准 4 项。

BP 公司以"矿山爆破一体化服务"为发展方向，重点建设"三个平台"，即贸易及物流运营平台、爆破器材及装备运营平台、爆破工程运营平台；开展"五大业务"，即现场混装及爆破一体化服务、民爆产品生产经营、大宗原材料经销、起爆器材及装备制造业务、危险化学品经销及物流业务等，通过整合优势资源、升级技术和产品，BP 公司已发展成为国内规模领先、产业链完整、产研服务一体化的跨区域、跨国经营的大型民爆企业集团，在国内外设有多个生产科研基地和分支机构。

BP 公司是具有最完整爆破服务产业链的骨干企业之一，是爆破设计施工、爆破器材供应、钻孔、现场混装炸药为主体的爆破一体化服务的倡导者。公司与中煤集团、中水集团、万宝矿产、海螺集团、中冶集团、中国五矿、中国中铁、中国铁建等开展了紧密合作，工程爆破业务已涵盖西南、华北等四大区域，已形成主体立足华北，以西部作为龙头的国内市场格局，在全国同行业内具有较高影响力。BP 公司国际市场已成功进入非洲、中东、东南亚等国家和地区，预计到"十二五"末期，年爆破总量将达到 3 亿立方米。BP 公司产品分布如图 2-1 所示。

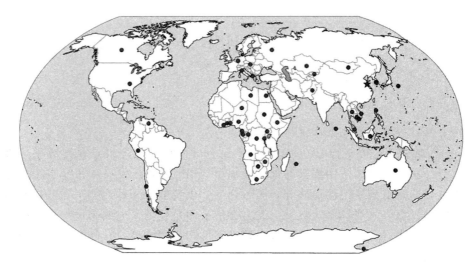

图 2-1　BP 公司产品分布图

　　BP 公司已经在多个海外国家签订了爆破服务合作，目前阶段以三个具有代表性的项目为例，分别是纳米比亚项目、缅甸项目、刚果（金）项目，其概况信息如表 2-1 所示：

表 2-1　　　　　　　　　　　　　项目概况信息

项目名称	纳米比亚湖山铀矿露天采剥项目	缅甸蒙育瓦铜矿项目	刚果（金）卡莫亚铜钴矿露天采剥工程
项目位置	位于纳米比亚中部和西部地区，纳米沙漠区	位于缅甸中部钦敦江西岸	位于刚果（金）丹加省利卡西市坎博韦县

项目名称	纳米比亚湖山铀矿露天采剥项目	缅甸蒙育瓦铜矿项目	刚果（金）卡莫亚铜钴矿露天采剥工程
项目概况	该矿资源总量达2860万吨，铀矿山共剥离期预计22年，炸药总量7259万吨。在其与BP公司签订的战略合作的第一阶段五年期的合同时间内，约产生爆破量为24亿立方米，爆炸量约2千万吨，总金额近18.2亿美元。	蒙育瓦铜矿由莱比塘铜矿、七星塘铜矿和萨比塘铜矿构成，设计年产阴极铜约1.4万吨。项目总投资约11亿美元，湿法炼铜生产能力极为可观。开采期为30年，年采剥总量约为5千万立方米	刚果（金）卡莫亚铜钴矿项目合同总金额9180万美元。总工程量为665.18万立方米，其中采矿36.36万立方米、剥离628.82万立方米。基建期工程量为267.68万立方米，包括采矿2.20万立方米、剥离265.48万立方米。一年生产期采矿量为34.16万立方米、剥离工程量为363.34万立方米。项目业主为科米卡矿业简易股份有限公司
项目特点	湖山铀矿是全球第三大铀矿，预计在完成2015年投产后，产量将跃居世界第二，该项目是我国在非洲的最大投资项目	缅甸蒙育瓦铜矿工程是中国与缅甸所达成合作的三个千亿项目之一，是在建的亚洲最大湿法炼铜项目	

2.1.2 HSE管理工作目标

HSE管理工作，尤其是其安全环保工作是当前国家对企业的重要考核内容之一，也是当前社会和谐的一个基础。HSE工作的成效关系到企业员工个人健康、家庭幸福，关系到一个企业的和谐稳定可持续发展，健康、安全和环保正逐步成为企业全员乃至全社会的愿景。

BP公司为实现HSE管理工作目标，实现最大化HSE管理成效，制定如下二级目标：

（1）轻伤及以上生产安全事故为零；职业病危害事故为零；环境污染事故、事件为零。

（2）无"三违"① "四超"② 事件，无安全生产非法违法行为。

（3）废水、废气、固体废物等污染物达标排放；有毒有害作业场所监测合格率需达到100％；参与有毒有害工种的雇员要求体检率需达到100％。

（4）万元可比价产值对应综合能耗、工业废水排放量、化学需氧量排放量、氮氧化物排放量的降低率≥3％；万元可比价产值工业新鲜用水量的降低率≥5％。

（5）事故隐患、环境隐患整改率应实现100％；在安全使用设备和环保设施优良率应实现100％；建设项目"三同时"履行率应实现100％。

（6）"四岗"③ 人员持证上岗率达到100％；工程爆破作业单位各类特殊职能人员持证上岗率达到100％（公安部门及建委要求）；全员、变换工种人员、复工人员等职业健康及生产安全教育培训合格率达到100％；环保培训合格率达到100％。

（7）公司项目部的安全性，达到100％的标准化；职业健康安全、环境管理体系运行有效，一次通过换证复审，不发生严重不符合项。

（8）安全环境报告及有关资料须及时呈交，准确率须为100％。

目标展开（分解）如表2－2所示。

表2－2　　　　　　　　　　　　　目标展开分解表

目标指标计划（责任部门）		办公室	人力资源部	市场与投资部	经营管理部	财务部	审计部	质量安全部	党群工作部	技术中心	工程部	特种工程部	国际工程部	国际贸易部	贸易公司	各分子公司	各项目部
1	轻伤及以上生产安全事故为零；职业病危害事故为零；环境污染事故、事件为零	▲	▲	▲	▲		▲	▲	▲	▲	▲	▲	▲	▲	▲	▲	▲
2	无"三违"或"四超"，无安全生产非法违法行为	▲	▲		▲		▲	▲	▲	▲	▲	▲		▲	▲		▲

---

① "三违"指，违章指挥、违章操作、违反劳动纪律。

② "四超"指，超员、超量、超时限、超能力。

③ "四岗"指，单位负责人、安全管理人员、特种作业人员、新入职员工。

续表

目标指标计划	责任部门	办公室	人力资源部	市场与投资部	经营管理部	财务部	审计部	质量安全部	党群工作部	技术中心	工程部	特种工程部	国际工程部	国际贸易部	贸易公司	各分子公司	各项目部
3	废水、废气、固体废物等污染物达标排放；环境监测合格率100％；有毒有害作业场所的监测合格率需达到100％；参与有毒有害工种的雇员要求体检率需达到100％	○	○	○	○	○	○	▲	○	▲	▲	○	○	○	○	▲	▲
4	万元可比价产值综合能耗、工业废水排放量、化学需氧量排放量、氮氧化物排放量的降低率≥3％；万元可比价产值工业新鲜用水量的降低率≥5％；辽阳分公司万元可比价产值二氧化硫排放量的降低率≥10％，其他单位万元可比价产值二氧化硫排放量的降低率≥3％	○	○	○	○	○	○	▲	○	▲	▲	○	○	○	○	▲	▲
5	事故危害，环境隐患整改率100％；在使用安全和环境保护设备和设施的良好状态100％；建设项目"三同时"履行率100％	○	○	▲	▲	○	▲	○	○	▲	▲	○	▲	○	▲	▲	▲

续表

目标指标计划 ＼ 责任部门		办公室	人力资源部	市场与投资部	经营管理部	财务部	审计部	质量安全部	党群工作部	技术中心	工程部	特种工程部	国际工程部	国际贸易部	贸易公司	各分子公司	各项目部
6	"四岗"人员持证上岗率 100%；工程爆破作业单位负责人、项目负责人、安全员持证上岗率 100%（建委要求）；工程爆破作业单位爆破员、安全员、保管员、押运员持证上岗率 100%（公安部门要求）；全员、变换工种人员、复工人员等安全教育培训合格率 100%；环保培训合格率 100%	○	▲	○	○	○	○	▲	○	○	▲	▲	○	○	▲	▲	▲
7	公司项目部的安全性，达到 100% 的标准化；职业健康安全、环境管理体系运行有效，一次通过换证复审，不发生严重不符合项	▲	▲	▲	▲	▲	▲	▲	▲	▲	▲	▲	▲	▲	▲	▲	▲
8	安全及环境报告及有关资料须及时呈交，准确率须为 100%	▲	○	○	○	○	○	▲	○	○	▲	▲	○	○	▲	▲	▲

注：表中的"▲"为主要责任部门；"○"为相关责任部门

2.2 海外项目中 HSE 管理体系应用的现状

2.2.1 HSE 管理的制度办法

BP 公司目前在海外项目中执行的 HSE 管理制度办法从职业健康管理、安全管理和节能环保管理三个方面展开，总计 55 项制度。

（1）职业健康管理制度。

职业健康管理制度共有 5 项，分别是：职业卫生管理体系办法；项目职业卫生管理办法；保健津贴、高温防暑管理办法；工伤保险实施细则；职业安全卫生法规及其他需求办法。

（2）安全管理制度。

安全管理制度共有 37 项，分别是：安全生产责任制度；质量、安全、环保工作责任追究办法；安全生产奖惩考核办法；安全生产检查工作管理制度；安全教育培训管理制度；安全生产风险抵押管理办法；安全生产承诺制度；安全生产事故隐患排查治理暂行办法；临时用电线路管理办法；三级危险点巡回检查制度；生产安全事故管理制度；危险作业审批制度；安全生产机构、人员及例会管理制度；劳动防护用品管理制度；质量、安全、节能、环保和社会责任的档案管理制度；危险化学品及剧毒物品管理制度；特种设备和特种设备操作人员安全管理制度；民用爆炸物品生产全过程安全管理制度；安全生产累进奖管理制度；危险化学品重大危险源管理制度；生产安全事故应急预案管理制度；安全生产费用管理制度；消防安全管理制度；班组安全管理制度；安全生产相关方管理制度；建筑物及生产设备避雷保护管理制度；安全技术措施项目管理制度；临时用工安全管理制度；建设项目安全生产"三同时"制度；安全生产"五同时"制度；道路交通安全管理制度；科研试验安全管理制度；危害辨识、风险评价和控制管理制度；视频监控系统安全管理制度；安全生产管理标准评价方法；安全生产标准化工作管理办法；民用爆炸物品销售流程管理方法。

（3）节能环保管理制度。

节能环保管理制度共有 13 项，分别是：节能环保责任及监督管理制度；节能环保委员会会议制度；环境事件管理制度；节能与环境保护及奖惩考核办法；建设项目环境保护管理制度；污染物排放管理制度；环保设施管理制度；能耗定额管理制度；能源计量器具管理制度；能源环保统计报表制度；突发环境事件应急管理办法；重点污染源管理办法；节能环保管理达标考评办法。

2.2.2　HSE 管理执行情况的调查分析

为真实有效地反馈出海外项目中 HSE 管理应体系执行情况，通过问卷的形式对海外工作人员进行了一次关于 HSE 管理现状的调查。

问卷调查的题项设计采用李克特量表法[①]，问卷基本结构如表 2－3 所示。

---

① 李克特量表由一组陈述组成，每一陈述有"非常好""好""不确定""不好""非常不好"五种回答，分别记为 5、4、3、2、1，每个被调查者的态度总分就是他对各道题的回答所得分数的加总，这一总分可说明他的态度强弱或他在这一量表上的不同状态。

表 2－3 问卷基本结构

问卷结构	主要内容	测量题项
第一部分	被调查者的基本信息	问题 A－E：被调查者所在项目、职业类型、年龄、性别和最高学历
第二部分	对海外爆破项目 HSE 健康管理能力影响因素	问题 1－2：海外爆破项目单位对员工健康的关注程度； 问题 3－4：海外爆破项目单位对职业病的预防与救治情况； 问题 5－6：海外爆破项目单位对员工健康教育的培训情况
	对海外爆破项目 HSE 安全管理能力影响因素	问题 7－8：海外爆破项目单位的员工安全素质水平； 问题 9－10：海外爆破项目单位的物料安全水平； 问题 11－12：海外爆破项目单位的安全规章制度的制定和实施水平
	对海外爆破项目 HSE 环境管理能力影响因素	问题 13－15：海外爆破项目单位对环境的关注程度； 问题 16：海外爆破项目单位的环境组织机构的健全水平及管理能力； 问题 17－18：海外爆破项目单位对环境污染的管理能力

　　本调查选取不同地区、不同类型的海外爆破项目，发放结构化调查问卷，对项目不同层次的管理工作人员进行调查，并选择关键人物进行深度访谈，统计、分析出有代表性的观点和态度，为本文研究提供重要的原始数据资料。此次选择了大、中、小三个不同规模的海外爆破项目，分别面向纳米比亚项目、缅甸项目、刚果（金）三个项目涉及的相关人员，共发放问卷 115 份，获取有效问卷 108 份，有效率为 93.9％。表 2－4 为样本特征的统计。

表 2－4   **样本特征**

变量	变量取值	样本值	
		人数（人）	比例
所属项目	纳米比亚	42	38.89％
	缅甸	27	25％
	刚果（金）	19	17.59％
	其他	20	18.52％
	合计	108	
职业类型	公司高层	3	2.78％
	部门或分公司经理	15	13.89％
	一般管理人员	27	25％
	一般技术人员	20	18.52％
	爆破员	10	9.26％
	作业司机	15	13.89％
	后勤/行政人员	16	14.81％
	其他	2	1.85％
	合计	108	
年龄	29 岁以下	24	22.22％
	30～39 岁	44	40.74％
	40～49 岁	31	28.7％
	50 岁及以上	9	8.33％
	合计	108	
性别	男	85	78.8％
	女	23	21.3％
	合计	108	

续表

变量	变量取值	样本值	
		人数（人）	比例
最高学历	专科以下	10	9.26％
	专科	16	14.81％
	本科	48	44.44％
	硕士	32	29.63％
	博士	2	1.85％
	合计	108	

海外项目 HSE 管理执行情况的调查结果，如表 2－5 所示。

表 2－5 调查结果

选项	非常好	好	不确定	不好	非常不好
领导对员工健康重视程度	15.74％	81.48％	2.78％	0％	0％
职业病善后处理水平	10.19％	60.19％	22.22％	6.48％	0.93％
应对健康突发问题的应急预案水平	6.48％	18.52％	38.89％	32.41％	3.7％
健康教育培训投入水平	14.81％	53.7％	25.93％	5.56％	0％
健康教育的宣传程度	14.81％	74.07％	7.41％	3.7％	0％
职业病预防水平	5.56％	37.04％	31.48％	25.93％	0％
员工的安全意识程度	48.15％	44.44％	6.48％	0.93％	0％
安全作业制度的遵守程度	52.78％	38.89％	4.63％	3.7％	0％
物料安全管理水平	33.33％	57.41％	6.48％	2.78％	0％
安全规章制度的健全水平	25.93％	61.11％	10.19％	2.78％	0％
安全规章制度的执行和改进情况	8.33％	23.15％	42.59％	25％	0.93％
反恐措施的到位程度	5.56％	14.81％	41.67％	37.96％	0％
领导对环境保护的重视程度	16.67％	67.59％	9.26％	6.48％	0％
改善环境的投入水平	11.11％	62.04％	15.74％	11.11％	0％
周边环境的检测程度	3.7％	41.67％	36.11％	17.59％	0.93％

选项	非常好	好	不确定	不好	非常不好
环境管理机构的健全程度	4.63%	49.07%	38.89%	7.41%	0%
预防环境污染的到位情况	6.48%	34.26%	27.78%	31.48%	0%
突发环境污染的应对能力水平	4.63%	13.89%	25%	54.63%	1.85%

根据调查结果统计的数据可以分析出 BP 公司海外项目中 HSE 管理体系应用的现状。

首先，可以发现 BP 公司的海外项目 HSE 管理体系的优点。领导对员工健康和环境保护的重视程度上，认为其做得"好"的分别占到了 81.48% 和 67.59%，比例可观。其次，在安全管理方面，员工的安全意识程度、安全作业制度的遵守程度、物料安全管理水平和安全规章制度的健全水平四个方面，认为其"非常好"和"好"的比例都占到了 90% 左右（分别是 92.59%，91.67%，90.74% 和 87.03%）。以上数据可见，作为在爆破行业中的资深企业，在安全管理方面具备的底蕴还是令人鼓舞的，其安全管理制度相对完善，在对员工安全意识的灌输和培训上已经具备了较好的基础。同时，其领导自身素质也相对较高，对健康、安全和环保的意识和关注都令人欣慰，也基本都受到了企业上下员工的认可和支持。

与此同时，通过问卷调查的结果也暴露出了 BP 公司海外项目 HSE 管理体系中存在的问题。首先，相对认可度不一，存在改进空间的部分集中在健康和环境管理方面。职业病预防水平上认为执行情况"非常好"和"好"的只有 42.6%，而"不确定"和"不好"的却共占了 57.41%；周边环境的检测程度认为"非常好"和"好"的有 45.37%，"不确定"和"不好"的有 53.7%；环境管理机构的健全程度方面"好"占 49.07%，而"不确定"和"不好"占 46.3%；预防环境污染的到位方面认为其"好"的比例只有 34.26%，而"不确定"和"不好"的比例却达到了 59.26%。

此外，情况较为严重的问题主要是应对健康突发问题的应急预案水平（只有 18.52% 认为"好"）、在安全规章制度的执行和改进情况（有 42.59% 认为"不确定"，25% 认为"不好"，0.93% 认为"非常不好"）、在反恐措施的到位程度上（只有 14.81% 认为"好"），以及在突发环境污染的应对能力水平（有 25% 认为"不确定"，54.63% 认为"不好"，1.85% 认为"非常不好"）这四个方面。这几组数据为海外项目管理敲响了警钟，这些更为突出和严重的问题集中表现为 HSE 管理三个方面的应急预案上，这些管理上的缺失需要尽快得到改善。

3 BP 公司海外项目中 HSE 管理体系
应用存在的问题及原因分析

3.1 海外项目中 HSE 管理体系应用中存在的问题

3.1.1 职业健康应急预案不完善

在职业健康管理方面，前期基础类的健康管理工作已经比较规范，也进行得很顺畅。不过在根据项目客观差异性定制个性化的职业健康管理制度方面，仍存在不足。项目进行中可能出现员工职业健康突发问题，公司对此重视程度不够，也缺乏应对机制和准备。

作为研究对象的三个项目基本的工作环境均为高危高温环境，与此同时也存在客观条件上的差异，例如，纳米比亚项目和刚果金项目上在疾病方面就存在客观危险，很难从根本规避，项目部应该出台具体应急预案应对此类客观环境所造成的风险。

此外，对于人性化的员工生活的相关工作政策也尚显不足。例如，纳米比亚项目的员工生活质量明显不达标，相对匮乏的生活休闲方式，未能使员工在工作之余的生活得到充分合适的调剂，这都是海外员工出现心理或生理问题的隐患，公司应该予以重视并尽快改善。

3.1.2 缺少提升安全生产管理的方法

在安全管理方面，海外项目 HSE 管理中存在的问题主要集中在能够提升安全生产的方法不足这个方面。BP 公司作为一个有兵器军品背景的国有企业，其安全方面的重视和经验是毋庸置疑的，这在问卷调查结果中也得到了认可和肯定。

然而，由于海外项目的特殊性，与国内的已成型的 HSE 还是存在不可忽视的区别的。例如，不同的人员来源。目前 BP 公司海外项目人员结构为中方雇员和当地雇员相结合，不同的文化背景和教育背景等都导致两类员工在对安全生产管理的理解力和执行力上存在不同，这均提升了安全生产管理的阻碍和难度。

因此，在提升安全生产管理上，项目管理部门仍然难免捉襟见肘，出现问题而不能系统地形成问题解决方案并落实到管理制度上，不能及时有效地修正问题，在反恐安全措施上也有考虑欠周详的问题。

3.1.3 突发环境污染的应对能力不足

在环境管理方面，海外项目在应对突发环境问题上能力明显不足，这也从另一方面体现出海外 HSE 管理在环保方面执行力不够。因为 BP 公司的爆破项目目前基本都是服务于矿山开采，而爆破作业又是开矿采矿的起步工作，这就对其环境保护的执行力要求更为严苛。而目前，BP 公司各项目部已经将总部的环境保护相关制度办法切实编制到项目的 HSE 管理体系中，不过在预防环境污染的到位情况和在突发环境污染的应对能力上，效果并不理想。

例如，在调查对象之一的缅甸项目中，开采过程中对周边环境的占用乃至破坏是无法全部规避的，由于项目整体没有加大对环境保护力度的投入，矛盾积累到开采中期时爆发。莱比塘铜矿所在地的萨林基乡村民，因为有部分农田被征收用于开矿，对环境保护和征地赔偿等不满，反复在铜矿抗议和阻工，严重影响了项目进程，其对项目自身和在当地的影响都是巨大的。

3.2 海外项目中 HSE 管理体系应用存在问题的原因分析

3.2.1 海外职业健康意识不足

以 BP 公司纳米比亚项目、缅甸项目和刚果（金）项目为例，海外务工人员的一般轮换时间周期如表 3-1 所示。

表 3-1   轮换时间周期表

	缅甸	纳米比亚	刚果（金）
公司高层	临时派驻	临时派驻	临时派驻
部门或分公司经理	4 年	4 年	2 年
一般管理/技术人员	3 年	2 年	2 年
爆破员/作业车司机	3 年	2 年	1 年
后勤/行政人员	2 年	1 年	1 年

该表 3-1 为基础参照时间周期，不同的轮换时间主要基于项目整体长度和项目所处环境两大因素决定。同时还需将海外员工的个人意愿充分考虑，再对应安排到相应项目和工作岗位上。此外，因为项目性质的危险性，一般指派的女性员工基本都参照"后勤/行政人员"的轮换时间周期。

员工流动性会加大项目管理上的难度和风险，在对员工上岗培训、职业健康教育和员工对环境的适应情况上都相应加大了潜在问题出现的可能性。尤其针对爆破行业的属性，其职业健康意识的不足就是造成 HSE 管理问题的最大诱因之一。

海外员工对其职业健康的意识不足在以下几个方面明显暴露出来。

（1）员工海外赴工前健康准备工作态度不积极。

经过公司的外派前谈话，经常发现驻外员工对海外项目所处环境的了解和认识大部分只局限于公司的介绍层面，没有进行更详细的了解，在进行自身健康保护上就缺乏主动性和积极性，比如根据自身情况自行携带的常用药品，出国前的疫苗接种等。

（2）对于职业压力[①]对健康影响的认识不充分。

海外工作环境与国内工作环境有极大的差异，除了客观条件上的不同，更大的挑战和难度是体现在对主观个体的影响上，一般表现在职业压力方面。但是在承担了多个项目的支撑工作后，不难发现在 HSE 管理中出现职业健康方面问题，究其根本很多是源于员工自身对职业压力的影响认识不足导致的。在2014 年纳米比亚项目上，业主下属的二级单位就发生过一起案件。一名刚毕业的大学生根据工作安排来到驻地项目，在第二年工作周期时申请春节时间作为国内探亲假，不过由于其工作岗位正巧补位人员到岗时间延后，领导只能暂时延后其归国安排，该名员工却不能接受这个理由，极端地在自己身上淋了汽油要在驻地办自焚，幸好及时被制止，并没有什么伤亡产生。经了解情况，发现这名员工工作期间不参加集体工作，从矿地下来之后就回到自己房间，第一年没有轮到在春节期间休假，自己出现情绪波动或者心理压力，也没有跟领导或同事及时交流反馈，积少成多，最终心理崩溃要做出如此极端的举动。

3.2.2 海外项目危险性带来的安全不定因素

爆破项目的危险性不言而喻，且项目开展的地方多属于相对欠发达国家，所以安全上的诸多不确定是导致海外项目在安全管理方面上出现问题的首要原因，这也使安全生产方面的提升办法很受局限。

一是环境造成的安全方面的影响，这是所谓的外部安全不定因素。二是项目本身存在的不确定性，即所谓的内部安全不定因素。由于项目的规模和国际问题，海外项目有更多的不确定性，尤其是外部风险。例如，在一个国家出现政局变动而引发的动乱势必对海外项目的安全造成重大影响。除此之外，根据BP 公司的项目情况总结，还有如下的安全不定因素：自然力量和恶劣天气；不可预见的地质状况；后期作业工地占用；不兼容的地方标准和规范等。其中，缅甸项目就面对过上述其一的情况，由于项目成立初期业主单位没有完全在环境等问题上与矿区附近村民协调一致，导致在媒体的带动下，在施工期间就出现了村民围堵驻地，作业工地被占用，甚至影响到了驻地员工的正常生

---

① 职业压力（Occupational Stress）是指当职业要求迫使人们做出偏离常态技能的改变时多引起的压力。

活。经政府、媒体、业主多方协调，最终才协调解决了该问题。

3.2.3 海外项目人文与自然环境的差异

这里的海外项目环境的特殊条件主要集中在人文环境和自然环境两个方面。其各个项目环境情况差异如表 3－2 所示。

表 3－2   项目环境差异表

	缅甸	纳米比亚	刚果（金）
概况及地理条件	缅甸联邦共和国简称为缅甸，西南临安达曼海，西北与印度和孟加拉国为邻，东北邻中华人民共和国，东南接泰国与老挝	纳米比亚共和国简称纳米比亚，位于非洲西南部。全境处于南非高原西部，大部分海拔 1000 米以上	刚果民主共和国又称刚果（金），位于非洲中西部。其大部分地区位置在北纬 4 度到南纬 4 度间
自然条件	属于东南亚国家，全年分三季（凉季、热季和雨季），年平均气温 25℃～30℃	纳米比亚年均 300 天为晴天，是撒哈拉以南最干旱的国家之一，年均降雨量为 270mm，年降雨量地区差别比较大。因地势较高，气温略低于世界上同纬度的其他地区，终年温和，昼夜温差较大	属赤道气候区，全年气温在 21.1 摄氏度以上，平均温度是 27.8 摄氏度，湿热多雨
人文条件	官方语言为缅甸语，部分人会英语汉语等。佛教是缅甸的国教，缅甸有将近 90％的人信仰佛教，其余是基督教和伊斯兰教等，属于全民信教	官方语言为英语，但纳米比亚是个多语言的国家，公共标示以英语、德语和奥万博等语言写成。纳米比亚 90％的居民信仰基督教，其余信奉原始宗教	官方语言为法语，官方承认的民族语言为林加拉语、斯瓦希里语、基孔果语和契卢巴语。截至 2012 年刚果居民 50％信奉罗马天主教
政治经济条件	缅甸自然条件优越，资源丰富，但工农业却依旧欠发达。缅甸被列为世界上最不发达国家之一	纳米比亚为中等收入国家，但贫富差距较大，失业率高达 51.2％，基尼系数高达 0.743，是全球贫富差距最大的国家之一	刚果民主共和国是目前世界最不发达国家之一。采矿业、农业占经济主导地位，粮食不能自给自足

在人文和自然两大层面上，BP 公司三个项目所属环境各有特色，又均不同于中国。

根据国外项目基本的合同约定，雇佣中方员工和当地员工必须符合一定比例，这就意味着每个海外项目部除了管理国内员工之外还在管理着一定量的当地雇员。这里面就存在因为人文不同，而导致在 HSE 管理有可能出现的工作困难。以缅甸项目为例，从工资发放、奖励机制甚至工作监督上都需要差异化管理，比如与中方人员相比，缅甸雇员的风格是普遍相对散漫的。所以在管理中也必须在理解的基础上加以诱导，应结合适当的激励奖惩办法，使其能符合项目管理的整体目标。

3.2.4 海外 HSE 管理缺乏规律性总结

结合 BP 公司管理项目和支撑工作的现状，其出现的问题在很大程度上有 HSE 管理缺乏规律性总结的原因。

正是基于海外项目在流动性、机动性、危险性、差异性等上均大于国内管理的一般水平，在一个新项目管理起步和过程中，都会出现所谓"意外"情况，而目前针对这种"意外"，BP 公司还停留在出现问题解决问题的初级层面上，在问题解决后并没有能够及时总结事件的始末，交流其解决过程，整理其解决办法。

在国内兵器爆破行业中，BP 公司属于相对少数开展海外项目的企业，所以在相应的海外 HSE 管理经验上可以借鉴的资源或是可以直接套用的模型非常有限，所以 BP 公司必须要有效梳理自己的经验和方法，避免管理资源重复、浪费，让有效的 HSE 管理方法能及时传递和不断进化。

4 提高 BP 公司 HSE 管理体系在海外项目中应用的对策

基于海外爆破项目 HSE 管理体系执行情况的调查分析，从海外爆破项目的实际情况出发，并结合国内外先进的 HSE 管理理论和经验，试提出提高海外项目职业健康管理能力、生产安全管理能力和环境保护管理能力三个方面的建议和对策，以及整体层面提高 HSE 管理效率的两个方面的提议。

BP 公司应立足优质高效，加强生产组织协调，确保施工环节的有序衔接和过程推进，坚决杜绝因生产组织原因造成等停的情况。根据项目真实情况有针对性的定制制度办法，按照 HSE 对工作的规范严格执行，同时积极推广其影响力和执行力，在实际工作中不断调整和优化 HSE 体系建设，为海外项目的可持续发展创造奠定坚实的根基；适时推行有效的奖励政策，充分调动作业队伍的积极性和主动性，全面提高项目经营管理水平；紧紧抓住现有的政策优势，不断提高爆破技术和服务水平，打造一支敢打硬仗、能打胜仗的铁人队伍。

4.1 提高职业健康的管理能力

结合海外爆破项目的特点，为提高职业健康管理能力，本文从以下这三个方面展开分析。

4.1.1 职业健康管理应匹配项目环境

与国内施工项目相比，海外爆破项目面对的是不同的政治、经济、文化环境，他们需要克服语言、地理环境、生活习惯等差异；同时，海外爆破项目是野外作业，远离医疗条件便利的城市，如若出现影响健康或者生命安全的情况，比较难以及时处置。另外，由于受饮食、水土等的影响，部分员工无法及时适应当地的生活。因此，一方面，爆破项目施工现场应该派驻医疗人员及医疗设备，以最大限度保障员工的健康需要。规律性安排海外员工健康检查，有效防范可能的健康隐患。另一方面，海外各营地应陆续配置适宜的运动娱乐设施，积极组织员工全员性参与到户外活动、集体活动中去，这样能有效排解因为背井离乡、文化差异等因素所产生的负面情绪，以最大限度提升员工的生活质量，降低工作压力。

4.1.2 加大职业健康教育培训投入力度

海外爆破项目属于高强度作业工种，常年工作在易燃易爆、高温高压和恶劣的野外环境中，因而在进行现场作业时，员工需要处在注意力极度集中的状态下。这就需要海外项目的管理部门重视员工的健康情况，加大对员工健康教育资金的投入力度，以保证员工健康教育活动的积极展开和持续进行。同时，海外爆破项目中相关的管理职能部门也可以充分利用工作之余的闲暇时间或者节假日，在员工中宣传有关职业健康的常识。

4.1.3 提升员工身体素质的综合水平

目前 BP 公司的海外项目多处于经济水平相对落后的国家，且项目所在位置多为偏远矿山区域，其常驻员工的医疗、娱乐、饮食等方面的条件都受到极大限制。因此，在海外施工期间，除了不断改善员工的工作和生活环境，充分利用员工的业余生活，丰富员工的业余生活，为作业人员提供尽可能好的工作生活条件之外，还要合理安排其轮休和国内休假，使员工能够保持良好的身体和精神状态，饱满的精神是员工进行安全生产的重要保障。因此，海外项目的管理部门要为员工制订整套的放松娱乐计划，保证作业人员能够在工作之余得到适宜的休养，放下爆破工作的压力，使身心得到尽可能的调节和放松。

4.2 提高安全生产的管理能力

海外项目的实际作业现场就是一个由人、物和环境组成的现场，即是一个"人工环境"。在这种人工环境中，有各种各样的生产设备、原材料、各种工作和其他杂物等，爆破工程的安全管理需要从这三个方面开展起来。

4.2.1 提升物料安全管理

公司应加强海外爆破项目安全管理的意识水平，从安全物料获取及管理、安全规章制度的健全和安全作业制度的遵守程度等方面，提高领导者及员工的安全管理水平。爆破项目的作业场地通常在野外，施工时都围绕炸药、雷管等易燃易爆物料，为保证安全生产，公司必须对这些引火源采取控制措施，做好预防工作，尽量消除可能存在的安全隐患，对作业过程中使用的危险品实行严格的审批登记制度，并交由专人负责。同时对炸药车等设备进行危险性预防和严格的定期清理，以避免在设备操作时对员工造成伤害，尤其是矿地爆破区、炸药车移动区和危化学品储存区等均要采取专门的监管和保护配置，并设置有明确的警示告诫标志或者说明。要实现物料的安全化生产，确保作业过程中无事故隐患，公司需要提高海外爆破项目物料管理人和操作员的业务素质，注重相关人员的技能培训，建设高素质物料管理队伍。

4.2.2 健全安全规章制度

爆破项目的工作环境和工作性质很特殊，爆破施工过程中危险因素多，再加上人的各种不安全心理状态存在，使施工过程中事故的发生具有频率高、事故后果严重的特点，这就要求项目管理部门必须健全和完善爆破项目的安全规章制度并监督其实施。根据项目业主的要求，在当地开展的项目必须以一定比例聘用当地雇员，这就涉及了一部分非专业人员，所以必须将各项工作的安全制度详细化、实用化、口语化，这样能够有助于理解并符合项目实际情况。同时，还要实现文件化管理，使每项工作都有据可依、按步执行，防止施工过程中事故的发生。

4.2.3 完善物防人防工作

项目部必须做好相应的防护工作，从安保力量的配备和物资保护两方面抓起，包括对作业车辆及人员出入进行检查，并设置安保人员进行保卫。

在国外安全形势严峻、恐怖势力抬头的情况下，项目部应进一步加强防范，严格安保程序，落实各项安保措施；应进一步加强安全预警，严格执行出行城市限行规定，尽可能减少驻地以外的出行。同时，海外项目部也应该对信息整合提高重视度，对项目所在国家的政局时事等积极关注，要研究应对于可能出现形势的对策。项目部与各上级组织应保持密切联络，保持警惕与戒备，并加强前线作业队的安保管理，定期演练，严防各种人或物所产生的安全事故，以及发生突发事件。

公司应秉承科学发展观和国家的安全生产指导要求，关注企业员工自身，安保工作要从"三防"基础入手，并且要全面落实长效机制、监督检查、专项整治、宣传教育、安全培训等关键措施。同时，公司应进一步建立健全安保制度、规定，不断完善物理性安保设施，切实抓好监督检查制度，扎实推进现场安保教育培训，严格规范安全管理的执行，努力把安保工作推向正规化、制度化、体系化，为项目的安全运营、健康发展提供夯实的安全保障。

4.2.4 加强生产组织管理

积极与业主沟通、协调，根据业主对项目的整体安排，提前安排作业队进行准备，减少各类等停时间，努力缩短爆破作业周期，实现管理提速。要加强设备的维护，做好设备的共享管理，确保生产的高效率和连续性。要加强经营管理，控制成本费用，推动项目高效运行，加强重点成本费用控制，控制用工总量，切实降低人工成本所占比例，降低物料成本，建立从采购、配置、使用到检查、考核、责任追究的控制体系，有效降低物资消耗，加强队伍设备管理，强化保养维护，降低维修养护费用。

加强生产物资后勤保障，健全物料库存台账，设立仓库库存警戒线，并根据生产和工期情况，提前上报物料需求计划，确保物料和备件充足。

通过各种社会渠道收集当地安全"防恐"信息，严格执行业主单位及属地当局的安保方案和措施，尤其要进一步加强与当地雇员的沟通，避免矛盾和误解出现，减少社会风险。此外，还要全面加强应急管理工作，不断完善各种突发事件的应急预案，要积极进行应急演练，有效提升对突发事件的应对处理能力。

4.3 提高应对突发环境问题的管理能力

环境保护一直是爆破作业中的敏感问题，尤其是海外项目，作业地点在国外，同时由于世界各国对环境保护的要求也是越来越严格，对环保问题疏忽大意就有可能成为争端的导火索。在 BP 公司各项目的管理实践中凸显了应对突发环境问题能力上的欠缺，这也为管理人员敲响了警钟，公司应对突发环境问题的能力亟待提高，而如何提高，可以从以下几个方面入手。

4.3.1 管理层应提高环境保护意识

一个企业或项目环境保护工作做得好不好，通常与一个企业或项目的领导是否重视环保问题有直接关系，可见领导的重视程度在环保工作中具有极其重要的意义。如果企业遭遇突发环境问题，领导的当机立断和指挥工作好坏是左右问题处理结果的关键因素，其对环境保护的重视程度直接决定对突发问题的反应速度和处理效果。

因此，各级领导都要提高自身的环保觉悟，践行对环境保护的承诺，以环境保护的方针和原则为依据，在全公司范围内进行环境保护的宣传，要求企业在生产经营中也要秉持环境保护意识，确保环境保护的到位程度。在企业的生产经营活动中，都要积极渗透环境保护的理念和意识，将环保理念与公司理念契合为一体，向全员呼吁组织参与到社会的环保活动中，使"杜绝生产污染，谨防环境污染"成为上下一致的理念和行动。

4.3.2 预判及预防突发环境污染

企业的海外项目运作，应当谨遵当地环境保护法律法规，严格遵照项目业主的环保标准，匹配的环保措施的执行情况要监管到位。巡查监管人员应当切实进入项目现场评测作业涉及的各项参照指标，能够对不同地质条件不同属性的爆破环境进行预判，并及时向主管部门汇报。主管部门依据测量结果采取相应防护措施，尤其针对有放射污染性矿地的开采爆破要匹配对应保护设备，以保证爆破作业现场的良好环境。要增强环境保护意识，对于爆破项目作业过程中出现的各类含有大量化学成分的物质的使用应予以规范化，严禁出现对生产垃圾、化工废料等随意倾倒现象。

爆破项目的环境主管部门要加强环保教育，开设相关培训课程，培训的内容应包括相关的法律法规、各种技术标准、工业要求等。尤其要加强员工环境保护意识，必须严格规范员工作业操作流程，坚决做好预防环境污染的工作，最大限度减少人为造成的环境负面作用。

4.3.3 环境保护相关措施规范化

爆破项目在野外作业中，必然会产生废弃物，如果处理不当，就会成为污染，就会对周围的环境产生一定的影响，甚至造成不可修复的破坏。因此，海外爆破项目的管理部门应对爆破作业中产生的污染物进行全面降污。要加大对环境污染的处理力度，在人员配置上，培训出一支专业的环保队伍，其中对于周期较短（≤3 年）的项目，在环保队伍的建立上可以安排人员兼职，该队伍应做到及时发现污染源并给予正确处理，以保证作业现场良好的周边环境；在设备上，提供专业的除污设备，以保证对污染物的彻底处理；在经费上，企业不应吝啬环境保护上的资金投入，应加大对环境污染处理的力度，采购先进的除污设备、学习新的除污技术、更新工艺流程等，这样才能切实可行地降低企业在作业生产时有可能对周边环境造成的环境破坏。

对环境保护的重视和投入，这样对企业长远发展的保航护驾，这样可以从根本上减少企业不必要的经济损失。

4.4　提高海外项目 HSE 管理效率

对于海外项目的 HSE 管理，不能单纯进行规范化管理，而是要依据不同项目不同环境人文特色，做出适宜的差异化管理。同时，公司应规范项目内部审核工作，并强化其重要性，这一方面的改善也会对提高 HSE 管理效率有很大助力。

4.4.1　因地制宜地改善海外 HSE 管理办法

各个项目作为管理单位，其实已经有别于 BP 公司这样的央企构建，而更像一个个小型企业，所以直接将总部的 HSE 管理照搬照样，通过规范化项目管理来提高管理效率，很有可能适得其反，原因如下。第一，影响办事效率，管理完善了，手续常常就多了，这直接增加了办一件事情的时间成本，更何况各驻地还有时差这个不可忽视的问题；第二，影响项目管理者的管理力度，如果一味为了总部的统筹管理效果，严格按照总部的合同经费等审批流程，无形中就会影响到项目总经理的决策力；第三，也是最重要的，项目不定因素诸多，很多需求或者突发情况是未曾经历过，总部也没有对应管理办法的，所以适当赋予项目管理一定机动性才能更从容应对海外项目的特殊情况。

HSE 管理体系的因地制宜，可以归结为如下几点。

（1）人员健康管理。

第一，海外员工调派和休假方面应更灵活、更匹配驻地情况。例如，纳米比亚项目因为其距离原因，休假周期安排很难等同于其他项目，这就需要通过工作周期做补充，以降低海外工作周期长度。此措施是保证雇员职业健康的基础工作。第二，人性化安排员工工作生活，借鉴其他大型企业的海外项目人员的安排方案，对于海外员工家属陪同前往项目的情况，可以根据家属的工作属性安排后勤行政等工作，建立编外人员的聘用薪酬等管理办法。第三，建立完善的员工活动娱乐中心，项目管理层必须支持并积极开展海外员工文娱活动，鼓励并奖励在海外项目期间员工进行文体比赛等集体活动，对于表现突出的项目或个人积极进行嘉奖。

（2）生产安全管理。

在海外爆破项目 HSE 管理中，生产安全是重中之重。而生产安全管理的因地制宜，更多的是根据不同项目所处的大环境，建立匹配的制度和规范。最直接的区别就是不同项目都基于不同的矿山，比如缅甸的蒙育瓦铜矿、纳米比亚的湖山铀矿、刚果（金）的卡莫亚铜钴矿。不同的爆破基质，项目管理层必须配合总部质量安全部门，提供详细资料，以保证制订更贴合项目安全需求的个性化生产安全办法。

（3）环境保护管理。

环境保护管理必须要配合各项目业主的要求，符合当地政府的要求规范，同时要注意不与当地原住民的生活发生冲突。环境保护管理的因地制宜，也应参照生产安全需要的主要问题，以不同环境为基础，灵活机动地制定对应管理办法。

对于不同项目，会有不尽相同的环境和业主要求，这就要因势利导，因地制宜，顺着项目 HSE 管理体系的进程，有理有节地调整管理节奏和方案。

4.4.2 规范化海外项目 HSE 管理内审工作

为能够有效机动地进行 HSE 管理，尤其对于情况较多较复杂的海外项目，公司有必要建立内部审核检查机制，有必要根据相关政策制定审核条款，从 HSE 管理体系各个关键点进行审核，并以《内部审核检查表》的形式开展并留存资料，使督促问题得到及时纠正，从而有助于传达修正后的结果。

检查表样式如表 4－1 所示。

表 4－1　　　　　　　　　　**内部审核检查表**

受审部门		时　　间		
受审核人		审核员		
审核条款	审核内容及方法	审　核　记　录		评　价
BP－E1.1	是否编制了环境管理方案 　检查管理方案，其方案是否明确了责任，采取的方法是否有效（应到现场观察），是否按时间表在进行			
BP－S2.1	检查危险源辨识表，判断项目的所有过程都进行了识别，并随着工程的进程持续在识别 　检查重大风险清单，重大风险判断是否合理，有无漏项			
BP－S3.1	针对重大风险是否确定了目标，目标与公司的要求是否一致 　是否制定了管理措施，措施是否得到落实，查验相关记录			

结 束 语

全球化给中国的企业走出国门创造了机会，越来越多的中国企业在国际竞争舞台上引起了广泛关注，资金、技术、人才优势已逐渐成为了中国企业的代名词。而在日趋白热化的国际化市场竞争的当下，HSE 管理的优势俨然已经成为企业海外市场能否一往无前的先决条件，其能否适合于全球化的竞争现状，管理能否与国际接轨已然是诸多企业的发展必备条件之一。我们可以预测和断定，HSE 管理体系将是今后我国在国际化演变中核心的企业管理发展方向。

HSE 目前看来显然是要比国内传统的企业管理模型更领先、更完善，但这并不意味着 HSE 体系就不存在瑕疵和问题。HSE 诞生于国外的行业环境之中，所以中国企业在具体操作中就不可以不经思考的照搬照用。国内很多企业都经历过 HSE 管理体系的引进和学习，然后逐步形成自身企业特色的管理体系的过程。但是现实情况是，在运作和执行过程中仍然存在很多方面的问题。

所以，健康、安全和环境管理工作的重中之重是如何完善并将其在企业管理中融会贯通。企业应当在继承以往已经成熟可行的管理基础上，吸取体系的精髓内容，发挥现代科学管理手段，吸收和借鉴各种成功的经验和理论模式，根据企业自身经营的情况和问题，因地制宜地将 HSE 管理体系融入自己的管理模型之中，不断调整和适应，最终成为有企业自身特色的 HSE 管理。

参 考 文 献

[1] Anonymous. COMPANY PROFILE：PROVIDING EXPERIENCE—BASED HSE LIFE—CYCLE MANAGEMENT SYSTEMS [J]. Oil & amp；Gas Journal，2008，10617.

[2] Azadeh，A. Hasani Farmand，Z. Jiryaei Sharahi. Performance assessment and optimization of HSE management systems with human error and ambiguity by an integrated fuzzy multivariate approach in a large conventional power plant manufacturer [J]. Journal of Loss Prevention in the Process Industries，2012，253.

[3] Blair E，Geller E S. Becoming world class in HSE management.

[J]. Occupational Health & Safety，2001，699.

[4] Jiaquan Song. Developing a complex events processing system and its implementation in process and safety engineering [D]. Dalhousie University (Canada)，2006.

[5] Kerr Robert，McHugh Marie，McCrory Mark. HSE management standards and stress－related work outcomes. [J]. Occupational Medicine，2009，598.

[6] Yu Wang，Mingbang Tian，Dongbo Wang，Qiang Zhao，Shihui Shan，Shuhuang Lin. Study on the HSE Management at Construction Site of Oil and Gas Processing Area [J]. Procedia Engineering，2012，45.

[7] 安伟，刘建红. 论 HSE 管理体系 [J]. 城市建设理论研究，2013.

[8] 陈连军. 加强直接作业环节的 HSE 监督管理保障装置生产和工程施工安全 [J]. 中国化工贸易，2014（35）.

[9] 陈青江. HSE 管理体系效能发挥的影响因素分析及对策——以 TJS 公司为例 [D]. 南开大学，2008.

[10] 陈玉娥. EHS——人文科技在企业管理创新中的完美体现 [A]. 湖南省管理科学学会. 人文科技发展与管理创新——湖南省管理科学学会 2009 年度学术年会论文集 [C]. 湖南省管理科学学会，2009：9.

[11] 杜占凯，何海燕，郑国如等. 工程项目管理中的 HSE 管理研究 [J]. 中国化工贸易，2014（17）.

[12] 贺国军，宋继军，王胜. HSE 管理体系沟通要素应用探讨 [J]. 中国化工贸易，2014（27）.

[13] 江勤孝. 基于管理实践的 HSE 管理体系建设的探究 [J]. 城市建设理论研究，2011.

[14] 蒋中佑，包顺海. 上海石化安环部. 浅析 HSE 管理体系的有效性 [J]. 金山企业管理，2006（2）：3－5.

[15] 李桂香. 施工企业 HSE 管理体系运行中存在问题及对策 [J]. 城市建设理论研究，2013.

[16] 李静. 基于和谐管理理论的工程项目 HSE 管理体系设计与绩效研究 [D]. 天津大学，2007.

[17] 李晓龙，田崇军. 浅谈 HSE 管理体系在安全生产方面的应用 [J]. 赤子：上中旬，2014（6）：263－263.

[18] 李奕彤. 建筑工程施工项目 HSE 管理研究 [J]. 建筑工程技术与设计，2014（29）.

[19] 罗远儒，张晓何，侯静. 实用 HSE 管理理论 [M]. 北京：石油工业出版社，2013. 9：2—3.

[20] 孟光辉. 浅析如何提高 HSE 管理体系执行力 [J]. 化工管理，2014 (23).

[21] 钱兆刚. HSE 管理体系及管理要素 [J]. 化工管理，2014 (2).

[22] 王京龙. 企业 HSE 管理体系研究 [J]. 化工管理，2013 (12).

[23] 武涛，高培海，苗育学. 企业安全文化与 HSE 管理体系 [J]. 化工安全与环境，2007：17—18.

[24] 谢瑞明. 浅探央企国外项目 HSE 管理与欧美企业 HSE 管理模式接轨 [J]. 城市建筑，2014 (20).

[25] 徐文龙. 国际工程承包项目 HSE 风险管理研究 [D]. 山东财经大学，2012.

[26] 薛志丹. HSE 安全管理 [J]. 城市建设理论研究，2014 (24).

[27] 杨平，吴赟. 企业实施健康安全环保管理体系存在的问题和对策 [J]. 安全与环境工程，2006，13 (2)：83—86.

[28] 姚斌. HSE 管理体系及由来 [J]. 中国石化，2001 (3)：32—32.

[29] 赵立宁. HSE 管理体系在鲁迈拉录井项目的理论及实践探索 [J]. 中国石油和化工标准与质量，2014，34 (8).

[30] 郑久刚. HSE 管理理论含义及其实践意义 [J]. 中国科技博览，2014 (20).

[31] 周家树，李清振和李美玲. 建立 HSE 管理体系 [J]. 企业管理，2005 (1)：62—63.

[32] 周瑾成. 长庆石油勘探局井下作业 HSE 管理体系应用研究 [D]. 西安科技大学，2009.

附　录

BP 公司问卷调查
海外项目中 HSE 管理的执行情况

BP 公司现阶段海外市场蓬勃发展，海外项目日益增多，为保证海外项目能长期稳定的发展，完善 HSE 管理体系工作尤为重要，并及时发现 HSE 管理体系存在问题，特进行此次关于"海外项目中 HSE 管理的执行情况"的问卷调查，以达到全面改善提高海外项目 HSE 管理体系的目标。

A. 您所在的项目是［单选题］［必答题］

○纳米比亚　　　○缅甸
○刚果（金）　　○其他

B. 您的职业类型是［单选题］［必答题］

○公司高层　　　○部门或分公司经理　　○一般管理人员
○一般技术人员　○爆破员　　　　　　　○作业司机
○后勤/行政人员　○其他

C. 您的年龄是［单选题］［必答题］

○29 岁以下　　　○30～39 岁
○40～49 岁　　　○50 岁及以上

D. 您的性别是［单选题］［必答题］

○男　　　　　○女

E. 您的最高学历是［单选题］［必答题］

○专科以下　　　○专科　　　○本科
○硕士　　　　　○博士

1. 领导对员工健康重视程度［单选题］［必答题］

○非常好　　　○好　　○不确定
○不好　　　　○非常不好

2. 职业病善后处理水平［单选题］［必答题］

○非常好　　　○好　　○不确定
○不好　　　　○非常不好

3. 应对健康突发问题的应急预案水平［单选题］［必答题］

○非常好　　　○好　　○不确定
○不好　　　　○非常不好

4. 健康教育培训投入水平［单选题］［必答题］

○非常好　　　○好　　　○不确定
○不好　　　○非常不好

5. 健康教育的宣传程度 ［单选题］［必答题］

○非常好　　　○好　　　○不确定
○不好　　　○非常不好

6. 职业病预防水平 ［单选题］［必答题］

○非常好　　　○好　　　○不确定
○不好　　　○非常不好

7. 员工的安全意识程度 ［单选题］［必答题］

○非常好　　　○好　　　○不确定
○不好　　　○非常不好

8. 安全作业制度的遵守程度 ［单选题］［必答题］

○非常好　　　○好　　　○不确定
○不好　　　○非常不好

9. 物料安全管理水平 ［单选题］［必答题］

○非常好　　　○好　　　○不确定
○不好　　　○非常不好

10. 安全规章制度的健全水平 ［单选题］［必答题］

○非常好　　　○好　　　○不确定
○不好　　　○非常不好

11. 安全规章制度的执行和改进情况 ［单选题］［必答题］

○非常好　　　○好　　　○不确定
○不好　　　○非常不好

12. 反恐措施的到位程度 ［单选题］［必答题］

○非常好　　　○好　　　○不确定
○不好　　　○非常不好

---

13. 领导对环境保护的重视程度［单选题］［必答题］

○非常好　　　○好　　　○不确定
○不好　　　○非常不好

---

14. 改善环境的投入水平［单选题］［必答题］

○非常好　　　○好　　　○不确定
○不好　　　○非常不好

---

15. 周边环境的检测程度［单选题］［必答题］

○非常好　　　○好　　　○不确定
○不好　　　○非常不好

---

16. 环境管理机构的健全程度［单选题］［必答题］

○非常好　　　○好　　　○不确定
○不好　　　○非常不好

---

17. 预防环境污染的到位情况［单选题］［必答题］

○非常好　　　○好　　　○不确定
○不好　　　○非常不好

---

18. 突发环境污染的应对能力水平［单选题］［必答题］

○非常好　　　○好　　　○不确定
○不好　　　○非常不好

赤峰农业银行小微企业特色金融产品开发研究
Research and Development of Special Financial Product of Small micro businesses of Agricultural Bank of Chifeng

作者：于学丽　指导教师：刘力钢　教授

摘　要

小微企业作为实体经济的微观细胞，是实体经济最有活力的组成部分，在国内经济社会中占据特殊的重要地位。随着社会经济的持续发展，大量小微企业如雨后春笋般蓬勃创立起来，已逐渐成为创造社会财富的主体之一，成为提供新增就业岗位的主要渠道，成为企业家创业成长的主要平台，在促进国民经济发展、调整优化经济结构、增加财政收入等方面发挥着重要作用。然而，由于小微企业多数置身于生命周期的孕育期和婴儿期等萌芽起步阶段，存在着企业经营状况不明晰、财务制度不完善、自身内部管理机制不健全、缺乏抵质押物等问题，随之而来的融资难问题也成为了中国小微企业面临的主要困难，这严重影响了小微企业的成长和发展。

随着资本市场的快速发展、金融市场改革的不断深化，金融竞争日趋激烈，各家商业银行作为间接融资市场的重要参与者，在严格控制高耗能、高排放行业和产能过剩行业贷款的同时，敏锐地觉察到小微企业信贷市场存在着巨大潜力，纷纷把目光转向小微企业。为提高市场竞争能力，以解小微企业"融资之渴"，他们针对小微企业的经营状况及财务特点，竞相对信贷产品进行个性化设计和创新，不仅种类层出不穷，表现形式也日益丰富。目前，对小微企业金融服务的研究多是全国性的，很少从银行角度出发对特定地区的相关问题进行实例研究。本文立足于银行角度对小微企业金融产品进行差异化分析，通过列举剖析国内外商业银行小微企业金融产品创新情况，总结产品创新特点，立足赤峰地区实际，探讨农业银行赤峰分行小微企业金融产品的创新路径。本文中详细分析了赤峰地区小微企业市场及金融机构服务情况，厘清了赤峰农业银行小微企业金融产品创新的市场定位、功能分析及服务策略，并根据小微企业的规模、所处领域及发展阶段的不同，研发了符合赤峰地区及农业银行发展实际的特色新产品，阐述了新产品的特点，使得产品创新更加贴合小微企业融资需求。论文最后从团队建设、流程作业、风险防控、资源配置方面，提出"组建专业化服务团队、实行标准化流程作业、强化风险防控能力、健全激励机制"等合理化建议，这些建议有利于提升产品创新的个性化和差异化水平、提高市场竞争能力，有利于赤峰农业银行在快速发展的市场经济条件下，进一步增强金融服务小微企业的专业化能力，使之更有效地为全市小微企业客户提供优质、快捷、全面的金融服务。

关键词： 赤峰农行　特色金融产品　小微企业

ABSTRACT

As themacroscopic cells of entity economy, small micro—enterprises have special important status in the society, as the most dynamic part of economy in our county. With the continuous development of economy, a large number of small micro—enterprises have sprung up rapidly, becoming one of the main bodies of social wealth, the main channel to provide jobs, and the main platform of entrepreneurial growth. Small micro—enterprises play important roles in the construction of a harmonious society, promoting the development of national economy, adjusting and optimizing economic structure, and increasing revenues and building corresponding power, etc. However, due to the small micro—enterprise most in the life cycle of prenatal and infant early stage, enterprise operating is opaque and financial system is not sound, coupled with its own characteristics such as lack of internal management mechanism and mortgages. The subsequent financing difficult problems become the main difficulties to the Chinese small micro—enterprise, seriously affected the growth and development of small micro— enterprises.

With the rapid development of capital market and the deeply reform of the financial markets, each commercial bank as an important participant of indirect financing market, in the strict control of energy intensive and highly polluting industries and industries with excess capacity loans at the same time, keenly aware of the potentially huge small micro—enterprise credit market, are turning to small enterprises. To improve the market competition ability to small micro—enterprises "financing thirst", commercial banks design credit products for small micro enterprise's operating and financial characteristics with variety of forms. At present, the study of small micro — enterprise financial services is a national, rarely from the perspective of bank case study on the related problem in a particular area. Based on the differentiation analysis of small micro—enterprise financial product on angle of commercial banks, this paper listed small micro—enterprise financial products innovation of the domestic and foreign commercial banks, then summarized the characteristics of product innovation, and then based on the actual chifeng region, discussed ABC Chifeng branch small micro enterprise financial products innovation path. Firstly, this paper analyzed small micro enterprise market in Chifeng area and service situation of financial institutions, and then clarified the market positioning of Chifeng agriculture bank of China in small micro enterprise financial products innovation, functional analysis and service strategy, according to the size of the small micro— enterprise, the different fields and stage of the small micro—enterprise development, finally from the aspects of team building, process operation, risk control and prevention, and the allocation of resources, putted forward some proposals such as forming a professional service team, practicing standardization process, and strengthening risk control capacity and improving the incentive mechanism. This proposals can raise the level of personalized and differentiated in product innovation, improve the market competition ability of ABC Chifeng branch, under the condition of rapid development of market economy, and enhance the financial services to small micro enterprise specialized ability more effectively, with providing quality, efficient and comprehensive financial services for the city's small micro enterprise customers.

Key Words: Agricultural bank of chifeng   Special financial products
Small micro businesses

绪　论

0.1　研究背景与意义

随着社会经济的快速发展，大量小微企业如雨后春笋般蓬勃创立起来，在促进国民经济发展、调整优化经济结构、快速增加财政收入等方面发挥着重要作用。但由于小微企业多数置身于生命周期的孕育期和婴儿期等萌芽起步阶段，存在企业经营状况不明晰、财务制度不完善、自身内部管理机制不健全、缺乏抵质押物等问题，加之存在国内股本融资发展不足、财务软预算约束的融资主体对资金价格不敏感、大量占用信贷资源，且能承受较高利率等其他问题，这些对小微企业贷款形成挤出效应；部分"影子银行"和互联网金融活动在一定程度上也推高了融资成本等因素，在复杂多变的经济形势下，融资难、融资贵问题严重影响了小微企业健康发展的进程。而随着金融市场改革的不断深化，金融竞争日趋激烈，各家商业银行作为间接融资市场的重要参与者，在严格控制高耗能、高排放行业和产能过剩行业的贷款同时，纷纷把目光转向处于产业周期起步阶段的小微企业，他们不断尝试和推出一些具有创新性的融资模式和产品，从而提高市场竞争能力，帮助小微企业解决"成长的烦恼"。与此同时，众多在中国市场上苦心经营的外资银行也不甘示弱，在分一杯羹的同时，频频出招。

0.1.1　国外金融机构小微企业金融产品开发现状

一是从国外金融机构发展小微企业业务较好的商业银行看，小微企业产品创新往往体现在产品设计上，采取多样化组合模式满足客户的各种需求。例如，美国的花旗银行区分产品包括常规和专业型两种，客户在不同类型下选择达到一定比例的产品，能享受到更优惠的产品和服务价格。二是依靠小微企业生命周期展开产品创新的研究，以差异化的金融产品和服务，满足不同生命周期阶段小微企业需求。例如，泰国的开泰银行根据小微企业所属的行业、成长阶段、经营特点和资金来源等不同因素影响，以及由此产生差异化的金融需求的情况，为小微企业提供包括日常财务管理、流动资金贷款、投资创业和业务扩展等资金服务。三是借助电子渠道和网络平台，打造信贷工厂模式下的产品创新。此类银行开发小微企业产品注重操作流程简约明了，利用运用网络高效地向客户销售其产品。同时，由依靠专业人员销售处理模式，转为依托自动化审批系统办理业务，这不仅提升了利用效率，也凸显了规模效应。例如，美国富国银行将零售信贷模式引入小微企业信贷，针对其拥有的 2000 多万网上银行客户和 700 多万手机银行客户设计开发了"企业通"产品，通过交叉销售为小微企业提供了 10 万美元限额的专项贷款，客户贷款无须抵押品、财务报表或纳税申报单，2/3 业务可以通过系统自动审批。可以说，批量处理和集中管理的成本控制模式是富国银行成功营销的前提，高技术含量的大型数据库和电话银行交叉销售产生的规模效益是提高综合收益率的重点，简洁明快的信贷流程和参数化的风险评分卡是控制风险的关键。四是依托供应链融资开发的产品创新。有的银行为达到成本收益的双赢效果，将目光着眼于对核心企业的上下游企业提供信贷产品，即开发批量化营销模式的供应链融资产品。这种方式不再仅以考察单一客户的资信状况来下定论，而是联合供应商、生产商及销售商三方力量进行资信状况分析。对于某一客户来说，选择供业链融资方式可以提升优质客户的申贷成功率；而商业银行方面，使用供业链融资方式可以以核心客户为中心不断地发展更多的优质客户。例如，渣打银行的供应链融资团队，为买家和供应商定制各种融资产品，协助小企业完成与主要买家或供应商之间的收付款流程，减低管理成本，小企业可凭借主要买家或供应商的信誉而获得该行提供的融资。再如，德意志银行的"应收账款保理融资方案"，作为某零售企业特定供应商的小微企业，每完成单笔销售，该行会将相应的保理资金拨付到供应商账户，而应收账款到期后，零售企业会将相应款项付给该行，此创新满足了链条中的小微企业融资需求，为核心企业提供了业务和资金管理方面的支持，从而提升了供应链的整体质量。五是基于担保的产品创新。充分发挥抵押、担保等风险缓释措施的功能，重视抵押物对信贷资金安全的保障作用，提高抵押贷款比例，定期对抵押物重检。例如，新加坡星展银行开发的以机械设备融资的金融产品——"机灵通"，帮助没有自己厂房的小型制造企业申请贷款，针对小企业现金流特点，允许客户可用机械设备来当抵押物，并额外申请机械设备融资贷款，减轻企业短期还款压力，使之有更多现金流用于扩大生产经营规模，进一步增强市场竞争力。

0.1.2 国内商业银行小微企业金融产品开发现状

不同规模的商业银行对于小微企业融资这块业务所占比例各有不同。以工商银行、农业银行为代表的 5 家大型国有商业银行将金融支持小微企业发展作为业务经营的重要组成部分，他们凭借广泛的网点布置、庞大的资本总量、完善的小微企业产品体系，在国内小微企业贷款余额上高居前列，产品主要有工商银行的网络贷、循环贷、商友贷、便利贷等，农业银行的简式快速贷、智动贷、厂房贷等，中国银行的创业通宝、助业通宝、展业通宝等，建设银行的成长之路、速贷通等，交通银行的展业通等产品。全国股份制商业银行在支持小微企业中处于主力地位，在小微企业产品创新方面处于主导地位，他们具备先进的业务经营理念、系统的产品研发机制、多元的金融服务方案，是影响力最大的小微企业金融服务提供商群体。而各城市商业银行多布局在小微企业稠密、民营经济发达的地区，优越的地理位置、独特的地缘关系赋予其在服务小微企业群体方面有良好的发展机遇，其能提供更灵活的融资机制和更合理的定价产品，从而满足了属地多数小微企业的融资需求，进而有较强的市场竞争力。但各城市商业银行缺乏完整配套的小微企业金融产品体系，在市场上影响力相对有限，或是仅局限在行属地。

对比分析各商业银行小微企业产品创新的研究表明，尽管品牌形式多样、名称繁杂多变，但是创新的本质和核心仍是依据风险缓释手段和评估不同而划分，创新产品具体分为基于未来综合现金流、流动资产、保理、担保、关系型融资、信用评分等。一是基于未来综合现金流的产品创新，主要为信息透明、规模偏大的小微企业提供服务。该产品以财务报表分析为核心，以未来一定时期的综合现金流为还款来源，以今后一段时期企业的偿债能力作为评估缓释风险的重点考察对象。例如，工商银行的周转贷、中国银行的法人账户透支、农业银行的厂房贷等。二是流动资产创新，主要以企业的应收账款、预付账款及存货等作为信用风险评价依据，此类流动资产既可当抵质押品又可作为未来的还款来源，通过其实际价值来评价缓释风险。典型产品是供应链融资产品，比如建设银行的供应贷、工商银行的电子供应链融资、民生银行的供应商融资等。三是保理业务产品创新，是以应收账款的价值作为贷款风险评估的主要依据，其可有效提高小微企业的资金运转效率、美化财务报表，解决资金短缺的困境。主要创新产品有工、农、中、建、交、招商、兴业等银行的国内保理业务等。四是担保类业务产品创新，是由其他经济主体对贷款业务提供担保保证，如若借款人发生违约由担保人承担还款责任，风险缓释方法是通过连带责任方式使担保人监管贷款使用，从而有效缓解小微企业资产不足、信息不对称等问题。例如，建设银行租贷通是用卖场提供连带责任保证的融资产品；兴业银行、华夏银行的联贷联保产品是基于联保体成员之间提供的联贷责任来保证担保的实现；渤海银行的渤易贷增加了房产抵押加担保公司担保的方式，最大限度体现了抵押物价值，拓宽了小微企业主融资渠道；中信银行的循环贷、互助金等融资产品充分考虑了商会会员相对集中聚合的特点，通过商会内部的担保公司为小微企业提供担保的创新产品；杭州银行的孵化贷针对科技型企业轻资产、重技术的特点，在政府提供风险补偿金的情况下发放贴息贷款。五是关系型融资产品创新，通过考察小微企业运营情况、企业主自身品质和诚信度等"软信息"来评估风险。由于软信息难以被量化和证实，因而对信贷人员的综合能力要求较高。此类产品开发大多集中在城市商业银行，产品服务对象集中在缺乏标准信息的微型企业，比如杭州银行小微贷、包商银行诚信 2＋1、兴业银行积分贷、建设银行善融贷、交通银行优贷通等产品都属于此类型。六是以信用评价为主的产品创新，通过借助统计方法，依靠设定调查格式和内容，运用简单的指标体系进行信用评价，对小微企业信息依照评分标准衡量风险。此类产品适用于规模小、信息不透明的小微企业，有利于客户分布地域广泛的银行以较低的信息搜集成本，从而更加准确地评估企业的真实状况，比如建设银行速贷通、善融贷；招商银行生意贷，民生银行商贷通等产品均基于此创新产生。

此外，还有基于成长阶段、特定区域、服务渠道等开发设计的特色产品。一是基于小微企业生命周期的初创、成长、成熟三个不同阶段的金融服务需求，为小微企业量身定做的金融产品。例如，建设银行的成长之路品牌，根据小企业"初创－发展－成熟－壮大－再发展"的不同阶段设计，内含速贷通、互助通、小贷通、信用贷、法人账户透支五个系列；招商银行的点金成长计划，包含创业、经营、进取、成熟和卓越之道五大产品组合；中信银行的小企业成长伴侣品牌涵盖了"基础融资产品""集群服务方案""特色增值服务"3大类 24 种产品。华夏银行的龙舟计划品牌包括创业通舟、展业神舟、卓业龙舟，其中创业通舟针对创业初期小微企业，通过与资产管理公司合作，解决抵质押物欠佳、担保人缺失难题；展业神舟针对成长阶段企业，通过商圈贷、循环贷、快捷贷等产品满足多元化需求；卓业龙舟针对有较强市场竞争力的小微企业，推出园区贷、增值贷等产品，帮助企业降低融资成本。北京银行的小巨人成长计划包括创融通、及时予、腾飞宝三大核心基本产品包，含 50 多种产品，等等。二是基于特定区域的小企业，创新推出涵盖资金结算、融资、财富管理等服务内容为一体的化综合金融服务方案。例如，农业银行推出的面向产业链型、专业市场型、园区型小企业金融服务方案，服务县域小企业的金融产品（如简式快速贷、自助可循环贷、县域特色农产品抵押贷、县域特色多户联保贷）；浦发银行针对批量客户开发和服务吉祥三宝模式，含银园宝（服务开发园区及工业园区）、银通宝（服务交易市场企业）、银链宝（服务供应链上下游企业）三种产品。兴业银行推出了以抓资产、高时效的易速贷为主打，以抓结算、免担保的交易贷为跟进，以减轻到期还款压力的连连贷为配合的小企业综合金融服务方案。三是基于服务渠道创新推出的网络银行金融服务。例如，建设银行与知名电子商务平台合作，推出 e 贷通、e 商通、e 保通等产品；交通银行的 e 贷在线是电子化、综合性贷款服务申请平台，小微企业可以通过其在任意时间、任意地点向银行提交贷款需求。招商银行、中信银行的 POS 贷及光大银行的 POS 快贷，均以便捷高效的特点受到广大商户支持。

0.1.3 政府出台政策大力支持小微企业发展

近年来，国家陆续出台了银十条、国九条、国四条及中小企业 29 条等政策，地方政府也先后出台了一系列持续推动小微企业发展的政策举措，加大力度扶持小微企业发展。这些均让商业银行居于极为宽松的金融发展环境中，适宜赤峰农业银行进行小微企业产品创新开发。一是赤峰市委、市政府高度重视小微企业金融服务工作，先后印发了《关于促进小微企业健康稳定发展实施意见》《开展赤峰市中小企业创新年主题活动的通知》等文件，其中提到了"全市要深入推进小企业服务创新、机制创新、技术创新、经营创新，优化发展环境，加强小微企业金融服务和公共服务体系建设"。二是创新融资方式，拓宽企业融资渠道。政府积极引进包商银行、兴业银行、交通银行、中信银行等外埠银行，稳步发展小额贷款公司，组建信用互助协会，并为小微企业争取贷款支持。例如，元宝山区组建 3 家信用互助协会，累计为会员企业争取贷款 1.29 亿元，互助效果良好。三是加快担保体系建设速度。采取"政府引导＋社会参与"的市场化运作方式，完善小微企业融资担保体系，全力打造小微企业贷款融资担保平台。四是通过税费减免政策，比如免征 3 年小微企业贷款合同印花税，免收 8 元/本发票工本费，部分旗县还实行增值税分成返还优惠政策，这些都减轻了企业负担，促进了企业健康发展。

0.1.4 赤峰农业银行发展现状适宜小微企业新产品开发的土壤

从关系型融资层面看，赤峰农业银行经过多年发展积累，服务小微企业的网点、网络遍布城乡两个市场，干部员工队伍不断壮大，从业人员能力水平显著提高，分支机构的小微企业金融服务人员人脉关系丰富，对当地小微企业的软信息获取能力较强，对产业链条上的小微企业认识深刻，并且培育了一批优质小微企业客户群体。从交易型融资层面看，赤峰农业银行凭借在地区同业存贷款市场占有率的龙头地位，以及手机银行、网上银行等新渠道的广泛使用，为开拓市场提供了有力的平台支撑，其能够凭借雄厚的资金实力和流畅的业务流程，积极参与到小微企业优质金融服务中。可以说，在政府政策支持推动、经济形势驱动，以及同业市场竞争激烈的环境下，赤峰农业银行积极开发自主创新的小微企业产品品牌，这有利于农业银行把握和贴近小微企业客户，从而推动小微企业信贷结构持续优化。

同时，赤峰市小微企业发展也面临一些困境：一是融资难，金融服务功能弱化。赤峰目前虽拥有千余个金融网点，万余名从业人员，但地方法人金融机构仅 10 余家（含 3 家村镇银行），外埠金融机构只有包商银行、交通银行、中信银行，兴业银行虽开办了业务，但还未正式设置机构，金融组织还不健全。

而四大国有银行的基层支行存在贷款审批环节多、用时长及有责无权等问题。加之，赤峰小微企业前身大多源自乡镇企业和个体工商户，实力弱、抵押物不足等问题长期存在，使其难以达到银行要求的贷款要件，使之贷款难度大。二是融资成本高，企业负担重。有的小微企业有融资需求且符合贷款条件的，但因为银行评估的抵押比较低导致其贷款额度达不到实际融资需求而作罢；得不到银行贷款的小微企业，却在短时间内急需资金，不得不付出更高的成本，只能通过寻求民间借贷的方式来解决融资难题。三是生存艰难，压力大。赤峰多数小微企业处于盈亏边缘，存在人才匮乏、产品结构单一、技术管理水平滞后、自主创新能力弱、发展活力不足等问题，小微企业受市场准入障碍多因素影响，发展环境亟须完善。例如，政府培训体系与企业所需人才存在偏差，一些企业急需的特殊工种技工很难招到；部分企业经营模式滞后，缺乏人才吸引力，能否吸引和稳定高素质人才成为小微企业生存隐患。再如，赤峰小微企业多集中在机械制造加工、农畜产品等劳动密集型产业，有的企业位于产业链底层，其技术水平低、产品缺乏特色，市场竞争力差。市场准入方面，繁琐的审批环节使部分小微企业投资效率降低、运营成本增加。

本文拟从实证研究角度，首先通过列举目前各家商业银行的小微企业金融产品，对小微企业金融产品进行差异化分析，得出各商业银行在小微企业金融产品创新方面的特点。然后，从研究农业银行小微企业金融产品的角度出发，认真剖析赤峰农业银行小微企业金融产品目前存在的问题、成因分析并得出结论。最后，从小微企业特色金融产品定位、开发特点等方面，提出加强风险防控、资源配置及专业团队建设等合理化建议，使之不断提升赤峰农业银行小微企业市场竞争力及自身经营管理水平，从而更好地支持小微企业发展。因此，本文具有重要的战略意义和现实意义。

0.2 研究方法

0.2.1 文献研究法

根据论文选题，通过搜索大量相关文献获得资料、掌握理论，了解国内外金融机构小微企业金融产品开发的情况，然后与赤峰农业银行小微企业金融产品开发相结合，使论文研究成果既拥有理论的前沿性，又具备实践的操作性。

0.2.2 实证研究和规范研究结合法

实证研究通过剖析赤峰农业银行小微企业金融产品现状及存在的不足，对地区金融机构小微企业金融产品进行调研分析，解决"是怎样"的问题。规范研究帮助赤峰农业银行探讨如何创新小微企业金融产品，以更好地适应激烈的竞争环境，解决"应怎样"的问题。

0.3　研究内容

本文立足于银行角度对金融机构小微企业金融产品现状展开探讨研究，围绕赤峰农业银行小微企业金融产品现状、问题及特色产品开发等方面内容进行具体剖析，阐述了赤峰农业银行小微企业特色金融产品开发的可行性措施。

论文共分为以下几部分。

绪论部分：主要从三方面撰写，即研究的背景与意义、研究方法和研究内容。

正文部分主要从四个方面撰写：

第一章首先介绍金融产品创新理论、企业生命周期理论、关系型融资理论，以此为课题的展开提供理论基础。

第二章开始进入论文的主体部分，分析了赤峰地区小微企业市场及金融机构服务情况，对赤峰农业银行小微企业金融产品开发现状进行了研究，剖析了存在的问题。

第三章对赤峰农业银行小微企业特色金融产品开发内容及特点进行详细阐述，围绕产品定位、内容及特点进行了分析与研究，厘清了赤峰农业银行小微企业金融产品创新的市场定位、功能分析及服务策略，并根据小微企业的规模、所处领域及发展阶段的不同，研发了符合赤峰地区及农业银行发展实际的特色新产品，阐述了新产品的特点，使得产品创新更加贴合小微企业融资需求。

第四章提出了赤峰农业银行小微企业特色金融产品的开发保障措施，包括组建专业化服务团队、实行标准化流程作业、定期自查、合理优化资源配置等方面内容。

最后一部分是本文的总结部分。

1　理论基础

1.1　金融产品创新理论

1.1.1　金融创新理论概述

狭义的金融创新理论，是 1970 年以来、金融管制放松以后，在货币经济向金融纵深发展、金融功能持续扩大背景下发展起来的，是经济发展的客观要求，是金融深化的必然趋势，可以说金融产品的创新。广义的金融创新是指一个金融体系不断变化成长、发展创新的过程，是金融机构为增加市场份额以追求利润最大化而运用多种金融要素打造的新"生产函数"，主要包括金融产品、工具、市场、服务及体制等创新。其中黄达在《货币银行学》一书中对金融创新注释为"金融创新始自 20 世纪 60 年代后期，于 20 世纪 70 年代开始活跃，20 世纪 80 年代已在全球迅速发展，在金融机构、方式、技术、工具及市场等方面均有明显创新，给整个金融体制、宏观调节乃至经济都带来深远影响"。

1.1.2 国外学者研究成果

作为经济和金融高度发达的西方国家，金融创新改革至今已有半个多世纪的发展历程，经济学家们对金融创新产生的动因进行了大量的研究分析，形成了很多理论观点，其中制度创新理论、财富增长理论、约束诱导理论、规避监管理论、交易成本理论等影响较大。以诺斯、戴维斯、沃利斯等为代表主张的制度创新理论的学者们认为，金融创新隶属于制度创新，与经济制度互为因果、相互制约，从根本上讲是一种特殊的制度变革，是金融业务、金融工具、金融市场创新发展的成果。主张财富增长理论的学者们认为经济高速发展推动了财富快速增长，从而增强了人们对金融资产与交易的大量需求，与此同时人们产生的规避金融风险的愿望促进了金融创新的发展。约束诱导理论是由美国经济学家西尔伯提出的，他认为金融创新是微观金融组织为寻求利润的最大化，减轻制约因素，对其造成金融压制的规避行为。当金融机构的利润最大化目标被外部政府金融管制，市场竞争，以及内部保证金融资产的流动性、安全性和收益性的各种规章制度压制时，金融机构就会依靠金融产品创新与服务创新等途径完善各种管理方法以获取更大的竞争力和利润率。美国经济学家凯恩作为规避监管理论的代表人物，他主张市场上经济和政治力量需要通过约束与突破约束相互不断斗争而产生市场和制度创新，金融机构为获得更高利润或突破营利不良而通过金融创新的方式，以此规避金融监管，当金融创新可能危及宏观金融、货币政策时，监管当局会再次强化创新措施加强监管，但措施又会刺激金融机构而进行新的金融创新规避监管，金融创新便产生于这种从创新到管制、从再创新到再管制的循环发展和不断上升中。主张交易成本理论学者认为，金融创新是对科技进步导致交易成本降低的反应。

1.1.3 国内理论应用实况

国内金融创新理论自 20 世纪 80 年代金融体制改革开始发展，经济学家们在研究西方学者的理论基础上对创新内涵和方法进行了大胆尝试。监管部门也出台了《商业银行金融创新指引》等各类文件，为银行产品创新活动提供政策指导。在金融环境快速变化和同业竞争异常激烈的今天，做好金融创新特别是金融产品创新，是银行增强核心竞争力、提高盈利水平的最重要手段。从目前商业银行的创新实践看，产品种类、市场反映、创新速度均与国际同业存在着一定差距，有"效仿国际"的"中国制造"之嫌，要想将"中国制造"变成"中国创造"，唯有立足本土实际，打造自主品牌，树立以客户为中心的产品创新理念，才能实现商业模式新突破。

现代创新理论奠基人约瑟夫·匈彼特认为，创新是将从未有的生产要素、条件的"新组合"引入生产体系。按照这种理论，可以认为商业银行的小微企业金融产品创新作为银行机构金融创新的重要组成，是通过重新组合各种生产要素和生产条件，提供新的金融产品或服务方案给小微企业客户，此类型创新推动着银行小微企业业务快速发展。小微企业金融产品创新构成要素包括基本要素和功能要素，其中基本要素如图 1－1 所示，包括贷款额度、期限、定价、担保、用途等要素；功能要素有贷款申请方式、发放方式、借款方式、还款方式等。对二者重新组合实现产品创新，从而交叉搭配和灵活安排产品，实现小微企业的金融服务方案创新。在小企业金融产品创新基础上，商业银行还可针对特定行业开发的特色金融产品加以交叉搭配、组合来创新小企业金融服务方案。

图 1－1　小微企业金融产品创新的要素构成

1.2　企业生命周期理论

企业生命周期是指企业设立、成长、壮大、衰退和消亡的过程，不同企业阶段时间长短不同，但生命周期特征却存在共性。该理论最早由马森·海尔瑞

（Mason Haire）在 20 世纪 50 年代提出，他认为看待企业在发展中出现的衰退消亡现象就像看待生物学生命周期一样。进入 20 世纪 70 年代，学者 Brigham、Weston 从各自角度探讨了企业生命周期假说。20 世纪 80 年代，学者伊查克·爱迪思（Ichak Adizes）指出，企业一般经历创业、成熟与衰退三个阶段，经历孕育、婴儿、学步、青春、盛年前后、贵族、官僚初、官僚及死亡等 10 个时期。每个阶段和时期都会出现影响企业生命周期因素，企业在尚未进入成熟期前可通过改善措施去调控影响企业的生命周期变化，否则企业就会有可能走向灭亡和消失。著名经济学家陈佳贵教授是首位把企业生命周期理论引入国内的学者，他创造性地将企业生命周期区分成孕育、求生存、高速成长、成熟、衰退和蜕变等 6 个时期。根据他的划分标准，孕育期企业融资主要来自股本金。求生存期随着企业资金需求逐步加大，企业所有者资金已无法满足发展需要，资金需求会投向以银行为主的金融机构间接融资。根据企业生命周期理论，小微企业基本处于孕育期和求生存期，企业经营风险大，小微企业融资属于间接融资，更需要以银行为主体的金融机构资金支持。小微企业由于本身规模小、财务制度不完善、信息不对称、缺乏有效抵质押物等原因，不符合银行现行的信贷管理和风险评估模式，加上小微企业融资需求有"小、快、频"的特点，而商业银行的贷款审批流程时间长、环节多，双方在操作中很难"对接"，这些都导致其无法从银行获得更多贷款机会。

1.3 关系型融资理论

马歇尔（1923）在《货币、信用与商业》中首次关注了关系型融资。Hodgman（1961）调查了银行与顾客存款关系的重要性后提到关系型融资。此后，Kane、Malkiel（1965）和 Wood（1975）均从存款关系角度论证了关系型融资重要性。Sharpe（1990）、Rajan（1992）将研究转向贷款市场，研讨了其在贷款市场上对企业和银行的价值。Ang（1991）认为，小企业融资渠道受限制，在与金融机构谈判贷款条款时处下风，由于金融机构通过获取财务信息的方式来评估风险，而小企业不能提供完备财务信息导致其无法获得贷款。Grace O. kim（2001）提出银行关系投资模型，他阐述了小企业对银行关系投资的价值及在获取贷款中的作用。Berger、Udell（1995、2002）提出了"关系型融资假说"，指出企业与银行交易中存在固定化模式，即选择长期与某银行合作，银行熟悉企业及经营业主各方面信息，从而缓解银企关系中"信息不对称"问题。林毅夫、李永军（2001）研究表明，小银行具有向小企业提供关系型贷款优势。Hans Degryse（2004）发现小企业软信息不透明，获得关系型信贷成功率低。温军等（2011）人通过对 517 家上市公司数据分析发现，研发投资密度越高、规模越小企业，关系型债务在总债务中占比越高。大量研究结果显示，关系型融资在金融中介过程和企业治理过程中扮演重要角色，选择主体的性质、规模、偏好等特性是关系型融资生成与否关键因素。可以说，关系型融资是投融资双方在长期互动中通过私有信息在双边框架下的生产来平滑投融资过程的融资行为。

2 赤峰农业银行小微企业金融产品开发现状分析

2.1 赤峰农业银行金融环境基本概况

2.1.1 赤峰市经济概况

赤峰市位于内蒙古自治区东南部，蒙、冀、辽三省区交汇处。全市现辖 3 区 7 旗 2 县，总面积 9 万平方千米，总人口 460 万人，是内蒙古自治区人口最多、农牧业人口最多的地级市。作为环渤海经济圈的重要组成部分，赤峰市近年来坚持实施生态立市、工业强市、科教兴市三大战略，加大专业市场、特色商圈、工业园区、物流园区建设，形成了以设施农业和畜牧业为引领的农牧业产业化体系，以冶金、能源、食品、化工、建材、纺织、制药、机械制造八大产业为支撑的工业体系，以商贸、物流、旅游为主的现代化服务业体系，其中年销售收入百万元以上的龙头企业有百余家，工业园区 12 个，大型物流园区 3 个，年交易额亿元以上的批发市场 28 个，经济社会步入发展的快车道，2013 年年末，全市地区生产总值 1，686 亿元，增长 9.2%，第一、第二、第三产业的比重为 15.7%、54.1%和 30.2%；地方财政收入 149 亿元，增长 7%；固定资产投资 1，579 亿元，增长 18.1%。随着经济的发展，全市小微企业也得到了较快发展。截至 2013 年年末，全市有中小企业 12242 家（其中工业企业 3179 家，建筑企业 268 家，服务业企业 8795 家）。小微企业在促进就业、提高城乡居民收入水平、加快城镇化进程、繁荣地方经济等方面发挥了重要作用。

2.1.2 赤峰市金融机构服务小微企业现状

目前，赤峰市银行业金融机构有工行、农行、中行、建行、交行、中信、兴业、包商、农商行、信用社、村镇银行等 12 家，营业网点 756 个。针对赤峰地区民营经济活跃的特点，全市各家商业银行纷纷出招抢拼小微企业融资市场。截至 2013 年年末，全市银行业金融机构小微企业贷款余额 284.8 亿元，占同期各项贷款余额的 32.89%，较年初增加 74.13 亿元，增幅为 35.19%，同比多增 14.04 亿元。小微企业贷款增速比同期各项贷款平均增速高14.68%。其中：大型银行小微企业贷款余额 76.99 亿元，占其各项贷款余额的 19.03%，较年初增加 22 亿元，同比多增 12.66 亿元，增幅为 40%，比同期各项贷款平均增速多 28.27%；政策性银行小微企业贷款余额 47.78 亿元，占其各项贷款余额 46.25%，较年初增加 5.85 亿元，同比少增 19.62 亿元，增幅为 13.94%，比同期各项贷款平均增速少 8.43%；包商银行小微企业贷款余额 42.85 亿元，占其各项贷款余额的 73.18%，较年初增加 11.68 亿元，同比多增 6.23 亿元，增幅为 37.46%，比同期各项贷款平均增速多 9.42%；农村中小金融机构（包括农村商业银行、农村信用社及村镇银行）小微企业贷款余额 103.81 亿元，占其各项贷款余额的 37.84%，较年初增加 30.2 亿元，同比多增 9.24 亿元，增幅为 41.02%，比同期各项贷款平均增速多 14.6%。全市银行业金融机构小微企业贷款概况如表 2—1 所示，全市银行业金融机构小微企业贷款增幅情况如图 2—1 所示，全市银行业金融机构小微企业贷款占比情况如图 2—2 所示。

表 2—1　　全市银行业金融机构小微企业贷款概况（单位：亿元）

	贷款余额	同期贷款余额占比	较年初增加	增幅	同比增加	比同期各项贷款平均增速
全市银行业金融机构	284.8	32.89%	74.13	35.19%	14.04	14.68%
大型银行	76.99	19.03%	22	40%	12.66	28.27%
政策性银行	47.78	46.25%	5.85	13.94%	－19.62	8.43%
包商银行	42.85	73.18%	11.68	37.46%	6.23	9.42%
农村中小金融机构（含农村商业银行、农村信用社村镇银行）	103.81	37.84%	30.2	41.02%	9.24	14.60%

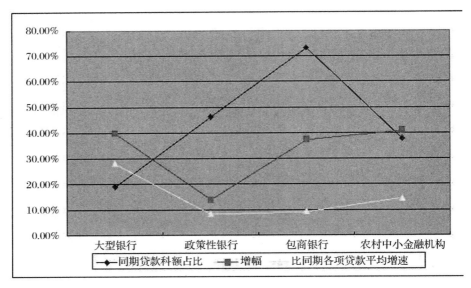

图 2—1　全市银行业金融机构小微企业贷款增幅情况

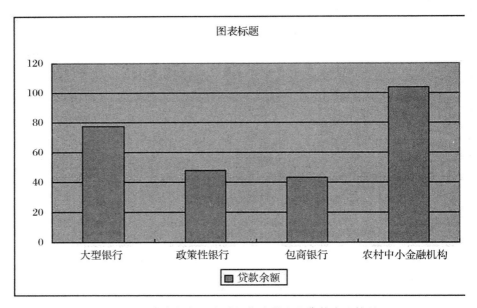

图 2—2　全市银行业金融机构小微企业贷款占比情况

2.1.3　赤峰市金融机构小微企业产品开发现状分析

近年来，全市各家金融机构进一步强化了对小微企业金融服务的支持力度，并积极创新金融服务方式和服务产品，优化业务流程，不断提升对小微企业的服务水平。针对不同类型、不同发展阶段小微企业的特点，各家金融机构纷纷开发出林权、收费权质押、存货、原材料、生产设备抵押等特色产品。有的积极试办小微企业动产质押、应收账款质押融资、设备按揭贷款产品；有的努力开发知识产权质押贷款、企业联保贷款、矿产开采权质押、商标专用权质押、股权质押贷款产品；有的积极开办票据承兑贴现、供应链融资、保理业务、出口押汇等非贷款融资产品。例如，中国银行赤峰分行根据喀喇沁旗牛营子镇历史悠久的药材种植传统，积极沟通协调当地政府，了解药材种植行业授信需求特点，针对药材商户多数为个体工商户，他们规模较小且缺少有效抵押物的实际，开发出通过当地喀喇沁旗同济商会（药材协会）在中国银行设立风险保证金账户，为借款会员承担风险保证的药材通宝产品。此外，该行还根据区域实际，制定了专门针对蒙牛、伊利两大龙头企业的乳业通宝产品（以联贷联保方式为原奶供应商提供为期 2 年、额度 300 万元以内的授信产品）和肉业通宝产品（根据羊肉加工企业经营状况和资金周转特点发放的为期 1 年、额度 1500 万元的中小企业贷款）。再如，工商银行赤峰分行小企业信贷业务自 2009 年开办以来共发放贷款 52 亿元，主要提供网贷通、国内保理、小企业商品融资、订单融资、经营型物业贷款等产品。该行主打的网贷通品牌，通过发挥该品牌自主便捷、省时省力、贷款规模有保障、节省财务费用等优势，为银企双赢探索出了一条新思路。而建设银行赤峰分行则依据政策主导，强化部门联动，积极搭建银企合作营销平台，采取"走进企业、走进园区、走进商贸经济圈、走进社区、走进政府职能部门"的五走进活动，创造性地开办了助保贷新业务，建立了政府出铺底资金，企业缴纳一定保证金的建助保金池，为入会小微企业提供了 50% 的增值服务。此外，建设银行的中小企业成长之路品种全、覆盖广。其中，速贷通具有"不设置准入门槛、不强调评级和客户授信、在企业提供足额有效担保及与企业业主或主要股东信用相关联的基础上，业务分单处理，手续简化、流程快捷"等产品特点。可以说，建设银行在产品线设置上的宽窄和长度较为合理，为中小企业信贷业务发展提供了制度保障。中国银行小微企业产品设置宽度小于建设银行，产品细分不够；其优势是能自行结合实际制定区域性制度，还款方式灵活多样。工商银行既有根据押品设置的产品，也有根据使用方式和贷款用途设置的产品，设置维度综合。

又如，包商银行赤峰分行近年来不断创新金融产品，小微企业客户达 13 万多户，月最高发放小微企业贷款超过 2 万笔。该行在市区设立了小微零售业务支行、批量业务支行、农贷业务支行、"圈链"模式专业支行等，先后推出了服务小微企业的"真珠贝"等 5 大系列、15 个贷款产品，主要提供保时节、商赢宝、保商赢、抵好贷、质好贷、积金贷等产品。产品创新方面，该行根据小微企业行业分布特点，区分贷款条件、金额、利率、期限等方面，设计了不同类别的金融产品，将微贷分析技术运用到批量业务，涉足大车运输、大型商场等领域，最大限度地满足了差异化的金融服务需求。宁城信用联社采取用机器设备、收费权利、提货单等进行抵押的方式，对抵押担保不充分或借款主体不合规的小微企业，采取向企业法定代表人和管理人员发放贷款的方式，拓宽了小企业融资渠道，解决了小企业融资难问题。中信银行赤峰分行、交通银行赤峰分行、兴业银行赤峰营业部是近两年才进入赤峰金融市场的外埠金融机构，虽然开展业务时间不长，但也努力抢占小微企业市场。例如，中信银行赤峰分行开通了种子贷、订单贷、账款贷、小额信用贷款等一系列创新产品，有效解决了企业融资难问题。交通银行赤峰分行开通的展业通、流动资金贷款，对不同类型的小微企业提供相对应的产品组合包，以服务包的形式提供结算、贷款等各方面相关服务，增强了小微企业商业信用，提高了资金周转效率，减少了资金占用，降低了财务成本，从而获得大批量购货价格优惠。兴业赤峰营业部推出的小企业自建工业厂房按揭贷款流程简单、效率快捷，最长期限达 5 年，可分期支付，让小企业建厂兴业的梦想轻松实现。

总体看，这些金融机构小微企业产品有如下特点。

国有商业银行小微企业产品创新特点：一是网络化，针对小微企业提供的网络化的金融产品主要包括，交通银行的小企业 e 贷在线融资平台系列产品、供应链电子融资系统等；工商银行的网贷通；中国银行的网络通宝；建设银行的 E 贷通、E 单通、E 点通等。二是批量化创新产品，打造具备标准一致、分工专业、流水线作业等特点的信贷工厂模式，他们能够有效降低单个产品和小微客户融资成本，比如中国银行"中小企业信贷工厂"系列产品。三是由单项融资产品向综合服务产品转变，银行转向为客户提供包括支付结算、企业理财、投融资、财务顾问等一揽子全方位、多样化的综合金融服务，比如中国银行将银行、证券、租赁、资产管理等金融产品整合，推出了旨在解决小微企业在生命周期各个阶段融资需求的全方位、多元化金融服务方案的中小企业周期性系列产品。

股份制商业银行小微企业产品创新特点：一是细分产品和客户群体。这些商业银行在创新中小企业金融服务过程中细分客户和需求，对特定领域客户量身定做了创新产品，比如兴业银行推出的迅捷贷，包商银行的巴林石质押贷款，中信银行对园区成长型企业提供工业标准厂房按揭等创新产品。二是金融服务专业化，比如兴业银行在 2012 年调整了小微企业业务服务范畴，将总资产在 6 千万元以下小微企业列为今后金融融资服务的重点。三是产品创新品牌化，比如中信银行中信小企业成长伴侣品牌积极宣传了"与客户共成长"的服务价值观，并将其作为醒目的广告词，从名称上避免了同质化。

2.2　赤峰农业银行基本概况

农业银行赤峰分行是赤峰地区业务功能全面、服务品质优良、存款规模最大的国有商业银行。自 1979 年恢复设立至今，历经 30 多年的改革与发展。1997 年与农村信用社脱离行政隶属关系，时辖 12 个旗县区支行、165 个营业所、130 个储蓄所、2 个营业部。截至目前，管辖 15 个旗县区支行、77 个营业网点、1719 名员工。其中：县域支行 9 个、营业网点 37 个、员工 833 人，城区支行 6 个、营业网点 40 个、员工 886 人。

多年来，农业银行赤峰分行始终坚持客户至上的经营理念，以科技创新为先导，依托中国农业银行覆盖全国的分支机构、庞大的电子化网络和丰富的金融产品，致力于为客户提供最优质的金融服务，构建了以营业网点、自助银行、网上银行、电话银行、手机银行等为主渠道的全方位客户服务网络，基本形成了品种齐全、功能完备、特色鲜明的金融产品服务体系，提供了涵盖结算、融资、投资理财等在内的多领域、多层次的银行服务。近年来，赤峰分行积极实施城乡联动发展战略，努力开拓市场，创新产品服务，加快经营转型，资金实力不断增强，服务功能日趋完善，经营效益逐步攀升。该行持续加大地区经济支持力度，优先支持"三农"和县域经济发展，信贷投放突出重点地区、重点行业，触角延伸到一大批中小企业及个人类客户，实现了与地区经济社会发展同频共振。作为全区服务"三农"的首批试点行之一，赤峰分行积极践行服务"三农"使命，充分发挥县域商业金融主渠道作用，大力支持涉农中小企业发展，累计发放惠农卡 39 万张，设立惠农通工程服务点 2116 个，县域以下布放电子机具 2924 台，覆盖 119 个乡镇、1232 个行政村，乡镇、行政村覆盖率分别达 100％、70％，满足了农牧民基本金融服务需求，为全市县域经济发展做出突出贡献。2013 年年末，全行人民币各项存款余额 234 亿元，各项贷款余额 86.5 亿元，实现中间业务收入 1.14 亿元，实现拨备后利润 4.3 亿元。赤峰农业银行小微企业贷款情况如图 2-3 所示。

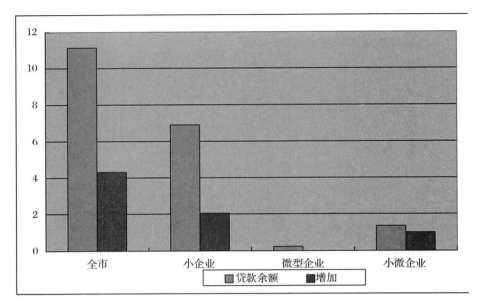

图 2—3　赤峰农业银行小微企业贷款情况

　　针对赤峰地区民营经济活跃的特点，农业银行赤峰分行从增加信贷投入、拓宽服务渠道、改善服务功能等方面入手，加大对小微企业的扶持力度，累计为 542 户小微企业客户发放 11.4 亿元小微企业贷款，贷款余额 11.14 亿元，占各项贷款总额的 12.9％，纯增 4.32 亿元、增幅 63.3％。其中，小企业客户 63 户，贷款余额 6.9 亿元，较年初增加 2.05 亿元，增幅 42％；微型企业客户 1 户，贷款余额 220 万元；小微企业主客户 66 户，贷款余额 1.37 亿元，较年初增加 1 亿元，增幅 274.78％。按担保方式分：信用贷款 4760 万元；保证贷款 2.1 亿元；抵质押贷款 8.56 亿元。无不良或欠息小微企业贷款。

2.3　赤峰农业银行小微企业金融产品开发现状及存在的问题

2.3.1　赤峰农业银行小微企业金融产品开发现状

　　针对小微企业客户"短、小、频、急"的融资需求特点，赤峰分行不断加大产品推广力度，目前开办的小微企业类信贷品种主要有：面向小微企业的主要包括小企业简式快速信贷业务、小企业自助可循环贷款、小企业多户联保贷款、小微企业应收账款质押贷款、小微企业工业用房按揭贷款、小微企业"助保金贷款"等；面向个体工商户和私营企业主的包括下岗失业人员小额担保贷款、个人助业贷款、个人商业物业抵押贷款、房抵贷—经营和农村个人生产经营贷款、个人综合授信贷款等，重点营销简式快速贷和自助可循环贷两种产品。目前赤峰农业银行小微企业信贷品种如图2—4所示。

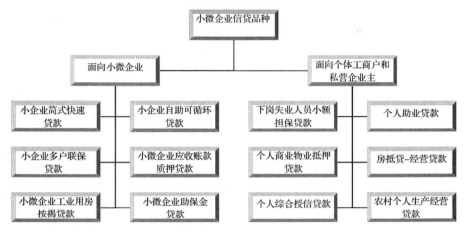

图2—4 目前赤峰农业银行小微企业信贷品种

2.3.2 赤峰农业银行小微企业金融产品开发存在的问题

当前有一些影响赤峰农业银行发展小微企业业务及产品开发的制约因素，比如开发能力不足、政策限制、人员素质不高等。

一是缺少科学化管理，团队建设不到位。第一，法人客户经理不足。目前县域支行人员短缺，支行客户部既承担个人业务、电子银行业务的营销，还承担三农业务、对公业务的营销，管理指标多，任务繁重，客户经理不足的现象制约着该行中小企业信贷业务的快速稳步发展。第二，没有组建专业化培训队伍，针对小微企业信贷人员的培训明显滞后于业务发展需要，后续培训措施没有跟上，因客户经理少且年龄偏大，所以限制了小微企业信贷人员的能力阶梯式发展。第三，各分支机构部门开展小微企业金融服务时，忽视通过提升专业能力保障业务流程的质量和效率，服务小微企业的专业分工不到位。组织架构的规模与专业分工和流程息息相关，小微企业金融服务要想走上精细化管理道路，规模越大越得通过专业分工和流程提升经营管理效率。然而，目前赤峰分行分支机构在小微企业的金融服务方面，对专业技术人员，特别是中后台专业人员的职能作用和重要性不够重视，缺乏科学的管理模式，不同程度地削弱了业务核心竞争力。

二是营销积极性下降。赤峰农业银行在小微企业金融服务方面，停留在用传统的产品服务客户层面，没有从吸引客户且满足客户金融需求的角度着手设计符合赤峰当地经济发展特点的产品类别，从而出现了缺乏市场开拓能力、业务品种较为单一等问题。传统的"登门拜户"和"扫街式"的市场营销方式对客户吸引力和冲击力越来越小，客户对宣传的反应迟钝，从而传递给业务人员疲倦与无奈，进而导致在面对反复营销却反应不强烈的市场时，大大降低了营销热情。

三是调查水平较低，信贷技术流程不完善。与其他商业银行相比，赤峰农业银行在提升小微企业融资服务的业务竞争力、规范业务流程等方面有所缺失，小微企业信贷流程不清晰。贷款审批转授权不在市分行，被区分行上收。此外，按照农业银行小微企业管理办法要求，贷款总额不能超过 3000 万元（包括在其他金融机构贷款），他行介入后赤峰农业银行很难再介入。

四是原有产品不能满足市场需求。第一，受政策限制，现行产品无法适用部分小企业。部分小企业属于国家产业政策限制或淘汰的，不符合信贷支持范围，生产型小企业提供的抵押物不符合要求，抵押物地理位置偏僻，变现难度较大。个别小企业财务制度不健全，提供的报表与人民银行查询信息不符，实际用信需求理由不充分。例如，申请贷款额超过企业全年的销售收入，无法提供销售收入税收发票等。个别小企业关联关系复杂，存在集团客户特征，不适用现行的小微企业贷款产品。第二，赤峰农业银行一直为小微企业客户提供的是农业银行总行的几款主打产品，但这些产品手续繁琐、办理时间长，效率不高，风险防控力强；缺乏符合本地区、本行实际且手续简便、低门槛的产品。

综上，赤峰农业银行小微企业产品开发存在的种种问题，其实是赤峰农业银行对小微企业及其金融业务资源配置、团队建设、组织运营能力、内控管理能力、市场营销能力等方面认识不清，在产品创新、客户关系管理等方面，与同业他行还有差距，因而赤峰农业银行必须积极创新，运用行之有效措施努力克服和消除阻碍小微企业业务的困难和不利因素。

3　赤峰农业银行小微企业特色金融产品开发内容及特点

3.1　赤峰农业银行小微企业特色金融产品定位

3.1.1　产品开发市场分析

从企业生命周期角度来说，小微企业是多数企业发展的最初期阶段，与大中型企业相比，小微企业有着与生俱来的特点，比如投资主体与组织形式多元化，出资来源和形式多元化，内部管理松散等。

一是从企业规模分析小微企业融资需求，赤峰农业银行在为小微企业提供新产品时应结合企业规模的不同采取相应的创新策略。多数小微企业由于存在融资额度小、抵质押物缺乏、财务报表不全甚至没有的情况，因而银行在小微企业产品创新过程中可利用融资需求小而快的特点，创新担保方式和创新产品介质等更能有效服务小微企业。例如，将小微企业贷款与小微企业业主的信用卡相关联的产品不仅能够引入企业主的个人信用，还能通过银行卡这一载体简化贷款审批流程，让企业随借随还，在满足融资需求的同时，还大大降低了融资成本。

二是从企业所在的行业细分小微企业融资需求，我国新的企业划型基本涵盖了国民经济中的主要行业。新的划分标准适用于农、林、牧、渔业，批发、零售业，餐饮业，软件和信息技术服务业，房地产开发经营，租赁和商务服务业等行业。这些行业涉及我国 84 个行业大类，362 个行业种类和 859 个行业小类。小微企业由于涉猎行业众多，不同领域的企业融资需求和资产规模也不一样，因而从企业所在的领域细分小微企业融资需求不仅更加符合市场需求，也能有效降低风险。例如，制造业小微企业融资基本投向大型设备采购或转型升级设备，赤峰农业银行在产品创新过程中就可以从创新贷款付息期限入手来降低企业一次性还款压力，也可以结合大型设备采购这一要件开发融资租赁产品，达到小微企业融资与融物的双重需求。再如，具有轻资产、重技术特点的科技型小微企业，在产品创新过程中可以创新担保方式，引入知识产权质押元素。

三是从企业发展的不同阶段出发考虑小微企业融资需求特点也具有差异性，处于创设初期的融资方式一般通过亲友借款及所有者投资等；处于成长阶段的企业可以依靠银行抵押贷款、供应链融资产品和融资租赁等多种途径；处于成熟期的企业依靠金融机构等间接融资方式转向融资成本更低的直接投资市场，比如债券融资市场、资本市场等。赤峰农业银行可以利用其身处不同发展阶段，有针对性地进行创新产品开发。对于起步阶段的小微企业，产品创新应注重运用股权质押、分段还本付息等方式，创新担保、还款期限等满足融资需求；对于成长、成熟阶段的小微企业，可以提供供应链融资、联保联贷等产品，有效缓解因信息不对称对小微企业融资的影响，提高银行与小微企业关系型信贷服务的有效供给。

从赤峰小微企业发展情况分析，全市小微企业快速发展形势符合赤峰农业银行开发小微企业特色金融产品的需要。赤峰市小微企业近年来得到较快发展，2011 年年末，全市有小微企业 5 万多家，固定资产投资 942.7 亿元，主营业务收入 2632.3 亿元，上缴税金 99.5 亿元，安置就业 40.1 万人。小微企业在促进就业、提高城乡居民收入水平、加快城镇化进程、繁荣地方经济等方面发挥了重要作用。市里各家商业银行纷纷在执行其总行统一的小微企业信贷政策下，创新开发出符合本行实际适宜地区区情的特色产品，迅速占领小微企业市场，而赤峰农业银行在产品方面除严格按照总分行的要求执行外，还没有研发出符合区域实际、本行实际的特色产品，这个层次的竞争上就失了先机。从市里看，赤峰市经济发展势头猛，大量生产能力逐步释放，新的经济增长点正在形成，这都为赤峰分行服务小微企业快速发展提供了良好的市场空间。面对市里快速发展的小微企业无限商机，赤峰分行依托自身客户资源庞大的优势创新品牌、服务客户，不仅有利于有效解决融资难问题，更有利于提升该行的小微企业市场竞争力。

3.1.2 目标市场定位

当前，赤峰农业银行信贷支持的小微企业主要集中在商贸批发和零售业、建筑业、住宿和餐饮业、汽贸、食品加工业、屠宰加工业、医药、热力、绒毛加工业等行业。2014 年以来，赤峰分行把目光转向绿色科技方向，加强了对科技型、创新型、创业型、节能型小微企业的支持力度，大力支持食品、农机、医药、汽贸等产业集群。针对小微企业体量小、抵质押品缺乏的特点，赤峰分行结合本地区、本行实际，立足城乡两个市场，坚持"服务中小企业、服务县域经济"的市场定位，遵循"实用便捷高效"的原则，加大产品创新力度，量体裁衣，开展定制融资。要充分发挥小企业客户适用范围不断扩大、提供资料相对简化、运作流程链条缩短、担保方式更加多样化和点多面广等优势，以各旗县区工业园区、物流园区、经济开发区为重点，主动接触客户，积极开展营销，择优扶持一批产权明晰、管理规范、成长性好、市场竞争力强的小企业发展，力争小企业信贷业务在城区和县域两个市场取得更大的突破。针对小微企业发展的阶段不同，研发相应的融资、理财、结算等产品，提供一个从初生到成长再到壮大的系列金融产品或服务方案，构建有本行特色的符合生命周期理论的综合性小微企业产品品牌。支持大企业上下游配套型、优质出口导向型等重点领域小微企业发展，重点支持县域市场的畜牧、果蔬等优势特色产业小微企业和农牧业产业化龙头企业上下游小微企业发展，加快研发供应链融资等特色产品。针对有的科技型小微企业有知识产权却无抵押、无担保的情况，推出信用贷款、知识产权质押贷款、科技成果转化合作贷款等产品。

3.1.3 产品功能属性定位

创新基本要素是小微企业金融产品研究开发的有效突破口，包括贷款额度、期限、担保、用途等。其中，贷款额度创新可采用最高额贷款方式，小微企业客户仅需签订一次性合同，便可在合同期限内和最高额度内享受"一次贷、多次借、随时还"方便快捷的服务，这极大简化了贷款手续，充分满足了用款急、频的需求；为避免高违约风险，可创新担保方式，比如采取担保公司担保、联保联贷、协会（商会或管委会）担保、供应链核心企业担保等方式，采用应收账款质押、股权质押、承租权质押、票据质押、林权质押、著作权质押、知识产权质押等质押方式。

创新功能要素是小微企业金融产品研究开发的重要支撑点，可在贷款申请、放款流程、还款方式等方面入手，建立小微企业信用评级体系，不唯财务报表，充分考虑经营者的道德品行、还款意愿、还款能力等方面因素，推动客户评级、授信和贷款使用三位一体，简化办贷流程，提高办贷效率，加大小微企业客户贷款申请便利性、还款便捷性、放款及时性，充分满足小微企业融资"短急频快"特点。其中，还款方式创新可根据小企业现金流的回笼特点引入分期还本付息、一次还本分次付息、宽限期分期还本付息、定贷零还等多种方式；申请方式创新可探索构建网上自助申请平台模式；此外，还可结合客户除融资之外的其他金融需求，探索将小微企业金融产品集各种功能要素创新于一体的新产品。

3.1.4 产品卖点定位

打造赤峰地区小微企业服务的特色金融服务品牌。一是供应链融资产品，特点是降低对企业信息及企业主的信息的依赖，可操作性强。对处于供应链上下游的小微企业来说，此类产品能有效解决融资难题。针对核心企业上下游的小微企业提供信贷，对上游小微企业提供应付款融资类产品，比如订单融资、国内信用证、预付款融资等；对处于供应链下游的小微企业提供应收账款融资类产品，比如国内保理等。赤峰农业银行可针对赛飞亚、东方万旗肉牛产业等国家级和自治区级农牧业产业化龙头企业上下游涉农小微企业，量身定制开发相应的金融产品。二是基于担保的产品创新。针对在生产过程中有临时资金需求的专业市场等产业集群企业，可提供设备、厂房、专利权、巴林石等为抵押，开办担保项下的期限短的融资产品；也可通过专业担保公司、小微企业互助协会、贷款人相关企业等第三方担保，有效缓解小微企业资产不足、信息不对称等问题，比如互贷通保产品利用的是联保体成员之间提供的联贷责任保证担保。三是基于生命周期理论的产品创新。根据企业创建、发展、成熟三个不同阶段，为小微企业设计差异化的特色产品，使之具有成数高、审批快、还款灵活、用款方便、成本抵的优势，让有抵押的客户贷款可以更多，没抵押的客户也能获得贷款。四是特色金融产品创新方面，加大对科技型、创新型、节能型小微企业的支持力度，打造高科技类、文化创意类、节能减排类特色产品。

3.2 赤峰农业银行小微企业特色金融产品开发内容

3.2.1 企业周期产品

3.2.1.1 速贷一卡通

速贷一卡通是针对信用良好、管理规范、已开办农业银行 POS 收单业务的小微企业商户，只要年收单交易额在 500 万元以上，或月均收单交易额在 40 万元左右，且各月收单交易额稳定，小微企业主、财务管理人员个人信用好且为农业银行贵宾客户，企业生产经营情况良好且在农业银行开立基本账户、日均存款不低于 20 万元的，均可办理此产品。该产品面向符合条件的小微企业商户专属设计，载体为具有一定信用额度的贷记卡，特点是无须担保、不用抵押、可分期还款、额度循环使用。农业银行根据借款商户的 POS 收单收入情况、企业存款、个人信用及存款情况等确定具体授信额度，借款商户在约定的额度、期限内，可通过 POS 机刷卡，循环使用速贷一卡通内的信用额度，贷款额度最低 100 万元、最高 300 万元，期限最长 1 年。一年到期后视商户信用度和实际使用情况，考虑是否给予续贷；产品设置积分制度，卡的积分，商户使用频度，均将影响商户次年的续贷与否。该产品可在赤峰桥北物流园区、科技产业园、国际内陆保税区专业园区等市内专业园区的小微企业商户中推广，也适用县域农牧业产业化龙头企业的上下游链条上的小微企业客户。产品同时关联赤峰农业银行特惠商户圈的合作商户，凡持有此卡的小微企业商户，可在农业银行特惠商户圈的商户消费时出示卡片，享受同等优惠。商户在办理此产品时须与农业银行签订诚信承诺书，保证交易真实，使用的农业银行贷款不得用于洗钱、非法集资、民间借贷等行为，卡须小微企业主本人持有，不得出借他人；一经发现有违约事项，农业银行有权单方面中止业务并保留追究违约人法律责任的权利。

3.2.1.2 互贷通保

互贷通保是针对具有一定经济区位优势和市场竞争力，产业结构完善，整体信用环境良好，属于地方政府鼓励支持类的产业集群、块状经济区等专业园区内，五个（含）以上经营性质相似或相同的小微企业组成的贷款互助联合担保体，缴存一定额度互助保证金、风险准备金给农业银行，由该担保体共同为贷款提供担保的一种融资方式。借款人需为互助联合担保体的成员，且需基金管理人同意为其提供担保；贷款额度为 200～2000 万元，期限为 2 年，其中单户授信金额不超过互助保证金与风险准备金账户余额之和的 20%～50%；生产型企业原则上不超过年销售 10%，贸易型企业原则上不超过年销售 5%；放款额原则上不超过企业净资产，或实际控制人的家庭净资产。授信品种为流动资金贷款、银行承兑汇票，还款方式须为分期还款；强化入会申请公示制度，充分发挥基金成员相互监督的作用，有效规避信息不对称产生的道德风险。该产品通过构建"产业圈链"的融资模式，延展了授信产品线，进一步丰富了小微企业金融服务体系。

3.2.1.3 金穗年审贷

金穗年审贷是针对信用良好、具有充足还款能力、贷款满足日常流动资金需求及经营性物业日常维护资金需求的小微企业而开发的流动资金贷款。小微企业客户在贷款到期前 2 个月，由企业提出申请，银行对其按一般授信规程进行年审，通过的企业无须归还原贷款，也无须与银行签订新贷款合同，即可延长贷款期限，从而降低小微企业融资成本。贷款额度充分考虑客户发展潜力、经营计划、负债承受力、还款能力、销售收入归行额，并结合客户第一年提供的抵质押物价值、保证人担保能力等因素，在统一授信额度内核定，期限超过1 年的按年复审，额度最高 2000 万元（含），最长 3 年。企业通过申请循环信用额度，满足周期性获取经营资金的需求，既可通过传统的营业柜台，也可通过网上银行和新一代现金管理平台——银企通平台等自助电子渠道申请办理，通过自助电子渠道办理时，无须填写书面提款申请书，进入自助贷款界面输入并提交正确的贷款种类、账户、金额和期限等电子申请信息，系统会对借款人提款和还款进行自动判别、交易和提示。该产品创新之处主要体现在：资料少、放款快速；费用低、免审计，除利息外无其他费用；分期还款、年内可仅还利息；减轻小微企业一次性还款压力，提高了小微企业使用贷款资金的便利程度。

3.2.2 特色服务产品

一是设备贷。该产品面向实体小微企业，无须提供不动产抵押，以新设备作为抵押物即可，利用每月按揭还款方式，不仅减轻借款人的还款压力，还可解决大部分小微企业在转型期的融资困境。

二是巴林石等保值增值名贵物品质押贷款。例如，充分利用赤峰地区特有巴林石的优势资源，将巴林石、鸡血石列入抵押品并建立抵押风险防范机制，从贷款额度、押品管理、运作方式上逐一设置标准，将闲置的民间资本转化为金融资本。

三是专利权质押贷。对于拥有设计专利、新型专利等自主知识产权的小微企业，特别是获得高新技术产业项目的小微企业，在无担保、抵押少或无抵押的情况下，可以考虑开发软资产抵质押融资产品，比如知识产权质押贷款、订单融资、科技成果转化合作贷款或风险补偿贷、银保贷等产品。

四是针对农牧业产业化龙头企业，比如宁城的赛飞亚肉鸭和东方万旗肉牛，翁旗的凌志马铃薯和蒙都羊业等，其上下游链条上的畜牧、生禽的小微企业和种养殖户，县域地区的果蔬基地、设施农业、家庭农场等客户，开发惠农联贷产品。产品以客户为中心，以龙头公司＋涉农小微企业、信用互助协会保证金＋涉农小微企业联保等为担保方式，开创1＋N，即1家核心企业＋N家小微企业模式。实质是以核心企业的良好信用为支撑，上下游小微企业为核心企业提供产品、需要融资时，无须资产抵质押就能获得银行信用资金，这可以帮助信用等级低的小微企业获得资金支持，从而进一步优化产业链资金结构。其中，对单户授信额度500万元（含）以下的上下游小微企业客户，可根据提供的担保，直接授信，同时办理单笔信贷业务，程序简化，方便快捷。

五是针对小微企业各个成长阶段开发的全面特色金融服务方案——金穗成长计划，包括创业宝、助业宝、展业宝周期性产品系列，能够有效满足小微企业融资小、快、灵的需求特点。其中，创业宝面向创业初期、能够有效信用不足的小微企业客户，为其提供以银行结算类产品为主的基础金融服务；助业宝面向快速成长期的小微企业客户，针对这一时期企业迅速扩张生产经营规模、融资速度快的需求，能够提供流动资金贷款为主的授信业务；展业宝针对具有发展基础、可持续发展能力好、市场竞争力强的小微企业客户，推出增值贷、园区特色贷等产品，能够帮助企业改善财务管理水平、降低融资成本。

六是支持科技型、创新型、节能型小微企业，可围绕科技金融、文化金融、绿色金融主题而专门设计高科技类、文化创意类、节能减排类三大行业特色产品包。此外，还可突破抵押品限制，将小微企业授信项下的贷款业务与承兑汇票、保函、信用证等多种产品有机地结合起来，特别是在当前信贷规模相对紧张的情况下，可以通过签发差额保证金银行承兑汇票的方式解决小微企业流动资金紧张的需求。

3.3 赤峰农业银行小微企业特色金融产品开发特点

3.3.1 完善的金融产品体系

为不同行业的小微企业客户量身定制差异化的金融产品，打造小微企业综合化产品体系，使客户可以根据自身特点自由选择金融产品及组合。同时，通过银行网点、自助银行、网上银行、手机银行和"7×24"小时不间断服务的银行客服中心等多种渠道，为小微企业客户提供包括结算、理财、投资顾问等全方位金融服务。结算方面，主要为小企业提供存款、结算、借记卡和商业服务包服务；融资方面，提供的产品包括贷款、信用卡、企业长期贷款和最高限额信用贷款等；商业服务方面，产品包括代发工资、商务服务、保险、退休计划、国际商务服务、银行存款证明、小微企业健康储蓄账户等。

3.3.2 有特色的产品品牌

主要根据小微企业不同发展阶段和不同融资需求量身打造的系列信贷产品，对小微企业从所在区域、所属行业、所处发展阶段、经营规模等角度进行细分并归纳特点，然后根据信贷流程设计有针对性的产品，在实现产品规范化、标准化的同时，突出产品的特色化和客户的舒适度，这是小微产品创新的秘诀所在，也是小微产品能够赢得市场、形成品牌的关键。重点支持为大中型企业生产提供原材料、产品销售、配套服务的上下游小微企业及产权清晰、成长型的小微企业。在企业创建初期，及时发放惠农联贷、设备贷、巴林石质押贷款、专利权质押贷等产品，为企业成长壮大提供资金支持，注入金融血液；对成长型企业，发放互贷通保，解决企业贷款抵押担保难问题，为企业稳步发展提供金融营养；对成熟型企业，推出速贷一卡通、金穗年审贷等产品，开通绿色通道，简化审批流程，降低贷款利率，减少企业利息支出，为企业持续发展提供不懈资金动力，比如速贷一卡通、互贷通保、惠农联贷产品。

3.3.3 网络与金融产品融合

网络金融是运用内嵌金融数据和业务流程软件平台的新型金融运作模式，采用此类型模式有利于为小微企业客户提供快捷高效的优质服务。赤峰农业银行充分运用网络金融营销金融产品，使得发展小微企业业务将是今后发展的一个亮点。一是开发小微贷款审批信贷工厂系统，按照"零售业务批发做"的指导思想，坚持"横向平行制衡、纵向权限制约、专职人员审贷、集中统一控险"的原则，引入评分卡机制，生成高、中、低3条分区路径，网络受理业务时运行该机制分别自动进入接受、转人工、拒绝审批流程等流程，能够大大缩短小微企业申贷等候时间。二是积极开展互联网线上模式，深度挖掘线上客户，极大程度地为客户创造便利，使其获得良好的服务体验。例如，电子供应链融资产品就是通过电子化手段使网络技术与金融产品相结合的创新型产品，该产品能提高金融机构的服务效率，降低企业的融资成本。由于小微企业一般广泛分布于供应链核心企业的上下游，受地域限制，供应链融资业务落地时银行、核心企业、上下游小微企业往往会因为一笔业务操作而耗费较长的时间，但选择电子供应链平台后，小微企业可以足不出户，在办公室就能完成从订单到融资的全过程。金融机构通过网络平台对核心企业与供应链上下游企业的电子订单情况的跟踪，能够有效掌握物流与资金流的动向，记录并分析供应链上的企业动态经营情况，控制融资对象的经营风险状况，从而降低贸易背景调查、企业经营信息搜集的人力成本。三是网络技术的应用可以快速推广网上银行、手机银行等高科技含量的金融工具，小微企业客户也能利用高效便利的融资工具加快业务发展速度。赤峰农业银行通过网络技术与金融服务的融合而创新的金融产品，如速贷一卡通产品可通过 POS 机、转账电话等工具为小微企业提供随时随地的金融服务，从而有效满足小微企业融资需求快、急、频的特点，弥补传统融资产品受空间、时间限制的影响，进而快速扩大金融产品应用的范围，进一步提高业务办理速度。四是赤峰农业银行还可以通过人工网点、自助银行、网上银行、手机银行和"7×24"小时不间断服务的银行客服中心等多种渠道，为小微企业客户提供全方位的综合金融服务。

4 赤峰农业银行小微企业特色金融产品开发保障措施

4.1 组建专业化服务团队

4.1.1 改革组织架构，搭建专营平台

目前，赤峰分行辖属 15 个支行，5 个支行位于城市中心，其他 10 个为旗县支行；对公客户经理 72 名，其中专职 11 名、兼职 61 名，除市分行有 5 个专职、14 个兼职外，其余客户经理均在各支行。市分行本级设置了包括公司业务部、个人金融部、三农金融部、风险管理部等在内的 16 个部室，其中小微企业业务的营销服务管理工作具体由公司业务部负责。该部室人员既承担对公业务大客户、大项目业务的营销服务管理，还承担小微企业业务的营销服务管理，管理指标多，任务繁重，工作强度大，工作效能分散，使其已不能更好地适应"赤峰市大项目少、大客户少，小微企业客户资源富集且发展速度较快"的地区经济发展现状，一定程度上影响了该行小微企业业务的有效发展。因此，从"改革组织架构、搭建专营平台"入手是该行自身发展的必然选择。一是应组建"小微企业金融服务中心"，如图 4-1 所示，在此基础上成立"赤峰农业银行小微企业专家营销服务团队"，组建"三农"和公司业务两个小微企业营销服务小组，分别为县域支行和城区支行在小微企业营销过程中提供智力支持，实现专业化经营，解决支行人员不会做、不敢做的问题，辅导、协助支行进行小微企业贷前调查和业务拓展，形成小微企业金融服务分中心。二是下沉对公业务，确定部分支行作为园区、市场的专营服务特色支行，推进市场型网点、园区型网点、乡镇型网点等专业型网点建设，重点服务于专业市场、工业园区等小微企业客户资源较为富集的区域，覆盖机电、汽贸、农贸等多个行业，提升小微企业专业服务水平和网点区域覆盖率。三是统一制订营销方案，采取批量营销、源头营销、产品推介会等多种营销方式，实现营销批量化、信贷审批流程化、业务拓展规模化。创新工作机制上，建立区分行、市分

行及支行前后台的三级行联动协调机制，形成统一的资料清单及调查模版，利用审批权限下沉、规模优先配置等政策，在运用设备抵押、应收账款质押、保证担保等方式基础上，积极探索多户联保、租金质押、协会担保基金等担保方式，充分发挥专家服务团队职能作用，为营销提供智力支持，为全市小微企业客户提供更优质、更快捷、更全面的金融服务。

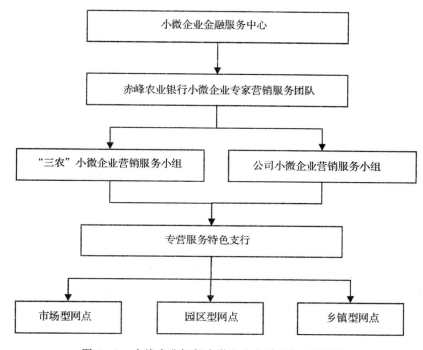

图4—1 赤峰农业银行小微企业金融服务中心架构

4.1.2 强化团队建设，加大培训力度

深入推进队伍专业化建设，自上而下配足配强客户经理，确保小微企业金融服务专业人才不缺岗、不越位，是夯实业务管理、加大风险防控的需要，所以要切实做到强化队伍建设坚持不懈、持之以恒，从而为小微企业业务发展提供强有力的组织和人才保证。积极开展小微企业信贷业务培训，通过夜校培训、以会代训、业务轮训等常态化培训教育方式，讲解相关制度、政策及业务品种的操作流程、管理办法，从而全面提升小微企业客户经理队伍的整体素质，进而着力打造一支"懂市场、会经营、善管理"的专业化小微企业金融服务队伍。

4.2 实行标准化流程作业

积极探索小微企业批量化服务的模式创新，实现营销批量化、操作标准化、贷后管理差异化。组建小微企业金融服务中心后，要全面梳理小微企业业务流程，通过简化贷款审批环节、批量贷后管理及集中抵押登记等，简化规范小微企业信贷业务办理流程。对涉及小微企业信贷业务的相关制度、政策及业务品种的操作流程、管理办法，进行解读、梳理、整合，着手建立不同类型、不同行业的企业调查模板，包括统一客户资料提供目录、调查方法、档案上传顺序、评级系统操作流程、贷后管理规定动作等，制定标准要有适宜性、可操作性。同时，实行嵌入风险管理，风险经理岗位与客户经理岗位平行作业，风险经理与客户经理共同下户，迅速做出判断，保证业务办理既风险可控又高效快捷，解决目前小微企业业务在各行调查时方法、质量不一致的问题，提高业务营销成功率和办理时效性。要建立单独的客户评定和信贷评审、会计核算机制，从小微企业营销计划下达、信贷计划配置、报表统计核算等方面单独核算、评级、授信、用信一并办理。要利用产品标准化积极推进审批流程标准化，提高审批效率。

4.3 定期自查，强化风险防范能力

从小微企业的自身特点来看，其风险点有别于大中型企业，因而快速发展业务的同时也要准备把握小微企业的风险点，要采取有针对性的措施，做好把牢风险防范关。一要把牢调查关。认真核查 C3 信贷管理系统、数据直通车、银监局大额客户风险监测系统、人民银行征信系统、行业授信管理系统、全国法院执行公告、海关报表、用电量及实际用水量的变化、客户在他行资金流水、存货总账与明细账核对结果、成品出货流水记录单等。通过查看原始表格了解小微企业真实经营状况，通过分析小微企业经营能力和劳动技能，判断其生存能力和发展潜力。从不同侧面调查了解企业业主家庭信息，将其家庭成员和睦与否作为确定客户信用评级重要指标。二要把好审查关。要求审查人员在做好风险性把控、合规性审查的同时，必须要核查调查报告内容的完整性、数据信息来源的可靠性，核查报告中提到的客户信息是否真实。三要把好贷后关。密切关注小微企业客户的贷款动向、还款来源、销货款回笼、生产经营等相关情况，坚持开展信贷客户风险排查，运用突击排查、联动排查等方式，尽可能全面掌握小微企业实际运营情况。同时，建立小企业信贷风险监测制度，按月监控、按季通报下级行资产质量和业务发展情况，加强信贷审批、资产处置等环节和相关岗位审查力度，对发现的违规违纪操作行为，要求限期整改、

纠正，加大责任人的惩处力度，对客户违约情况要及时上报上级行和监管部门。此外，要加强小微企业信用体系建设，建立违约客户通报、退出机制，建立违约客户黑名单制。建立健全小微企业贷款风险分类、损失拨备、快速核销等制度，认真落实小微企业信贷终身负责制和不良贷款问责制。

4.4 合理优化资源配置，健全激励机制

科学构建规范化小微企业业务正向激励机制，对信贷业务人员开展绩效考核，将岗位收入与贷款质量、业务数量、服务质量等指标挂钩，调动工作积极性，力促进业务快速发展。一是为使小微企业金融服务中心各岗位人员都关注部门的共同目标，要进一步细化小微企业的发展目标，将指标量化并分解落实到每个客户经理，确保业绩可测、风险可控。二是出台有效的薪酬激励政策，合理优化资源配置，将其与业绩贡献挂钩，使其对存贷款、中间业务收入、客户拓展等展开计价。结合本行实际，把小微企业贷款增量作为各支行综合绩效考核的一项重要指标，从考核导向上引导各行加大对小微企业的金融支持。三是加大考核力度，把小微企业贷款增量和客户拓展数量纳入加分指标，要与客户经理绩效挂钩，充分调动其服务小微企业的积极性、主动性。四是建立专门的客户经理绩效工资风险补偿基金，按月度留存客户经理 15% 的绩效工资额度，单独建立台账。年底若出现不良贷款，将该款项用于补偿不良贷款；若没有出现不良贷款，将款项全额退还客户经理。同时，按年度对没有出现风险且绩效较好的客户经理给予一定的物质奖励并通报表彰。

结　论

随着我国经济的快速发展，金融业不断变革，竞争日益加剧，越来越多的商业银行将目光投向小微企业金融服务，将支持小微企业发展纳入本行转型发展的重要规划，并纷纷推出小微企业金融服务创新产品，产品不仅种类日益丰富，表现形式也层出不穷。针对赤峰地区民营经济活跃的特点，农业银行赤峰分行不断探索和完善金融支持小微企业的发展措施，从增加信贷投入、拓宽服务渠道、改善服务功能等方面，积极加大小微企业支持力度，建立起"营销批量化、信贷审批流程化、业务拓展规模化"城乡并进的小微企业融资服务机制，2013 年年末小微企业贷款余额达 7 亿元、增速 40%，促进了小微企业健康成长。但如何在快速发展的市场经济条件下更有效参与小微企业的现代金融服务、提升市场竞争力，是摆在赤峰分行面前的重要课题，这有待深入研究和

实践。

　　本论文基于研究小微企业银行产品创新为出发点和落脚点，结合三个基本理论，在剖析了国内外多家商业银行的金融产品创新情况的基础上，总结了产品创新的诸多特点，进而立足赤峰地区实际，详细分析了地区小微企业市场及金融机构服务情况，厘清了赤峰农业银行小微企业金融产品创新的市场定位，功能分析及服务策略，以实用性和可操作性作为文章的灵魂贯穿始终。根据小微企业的规模、所处领域和发展阶段的不同细分小微企业融资需求，研发了 9 个特色新产品，使得产品更加贴近小微企业的融资需求，并从三方面阐述了赤峰农业银行小微企业新产品的特点，探讨农业银行赤峰分行小微企业金融产品创新的新路径。一是创新产品推广，重点支持为大中型企业生产提供原材料、产品销售、配套服务的上下游小微企业及产权清晰、成长型的小微企业。二是创新服务方式，致力于打造专业服务团队，实现专业化运作，建立县域、城乡两支小微企业客户经理队伍，对专业市场、工业园区等小微企业客户资源较为富集的区域，统一制定营销方案，对同一园区客户、同类同质客户、产业关联客户，采取批量营销、源头营销、产品推介会等多种营销方式。三是创新工作机制，为解决实际操作过程中需要突破现有制度要求的问题，形成统一的资料清单及调查模版，利用审批权限下沉、规模优先配置等政策，在运用设备抵押、应收账款质押、保证担保等方式基础上，积极探索多户联保、协会担保基金等担保方式，充分发挥专家服务团队职能作用，为营销提供智力支持，为全市小微企业客户提供更优质、更快捷、更全面的金融服务。四是从团队建设、流程作业、风险防控、资源配置等方面，对新产品开发保障措施进行了阐述，提出"组建专业化服务团队、实行标准化流程作业、强化风险防控能力、健全激励机制"等合理化建议，打造"流程独立专业、产品种类齐全、担保方式丰富、还款方式多样、结算价格低廉"的小微金融服务体系，进一步提高农业银行服务小微企业产品创新的个性化、差异化水平，提升金融支持实体经济发展水平。

　　产品创新、制度创新、组织创新相互交织配合，为缓解小微企业融资难题提供了综合的解决方案。随着科技发展、网络技术更新及国家对小微企业的重视趋势看，今后小微企业金融产品创新必将日益丰富，必将更加贴近小微企业的实际融资需求。本文旨在通过这些推进支持小微企业为导向的银行产品创新思路的提出，为赤峰农业银行更好地服务小微企业提供一些产品创新过程中的建议。由于作者水平有限，本文的不足之处，请各位导师和同学指正。

参考文献

[1] Ang，J. S. Small Business Uniqueness and the Theory of Financial Management [J]. Journal of Small Business Finance，1991，1—13.

[2] Berser，A. N.，Udell，G. F. Small Business Credit Availability and Relationship Lending：the Importance of Bank Organizational Structure [J]. EconomicJournal，2002 (112)：32—54.

[3] Sharpe . Steven A.，Asymmetric information，bank lending and implicit contracts：A stylized model ofcustomer relationships [J]. Journal of Finance XLV 1990 (4)：675—698.

[4] Taylor L. Varieties of stabilization Experience towards a Sensible Macroeconomics in the Third World [M]. Oxford：Clarendon Press，1988.

[5] Whette H C. Collateral in Credit Rationing in Markets with Imperfect Informationf [J]. American Economic Review，1983 (73)：442—445.

[6] 巴特尔. 化解中小企业信贷融资困境的途径分析 [J]. 前沿，2012.

[7] 陈国英. 现阶段中小企业融资难的成因及融资对策研究 [J]. 农村金融评论，2013 (10).

[8] 陈佳贵. 关于企业生命周期与企业蜕变的探讨 [J]. 中国工业经济，1995 (11).

[9] 陈游. 富国银行：小微企业贷款的成功典范 [J]. 新金融，2012 (5).

[10] 程铿. 泰华农民银行中小企业金融服务模式及经验启示 [J] 西南金融，2012 (6).

[11] 甘为民. 城商行支持小微企业的探索 [J]. 中国金融，2012 (17).

[12] 工业和信息化部、国家统计局、国家发展和改革委员会、财政部. 关于印发中小企业划型标准规定的通知（工信部联企业＜2001＞300 号）[EB/OL]. http：//www. gov. cn/zwgk/2011－07/04/content＿1898747. html，2001.

[13] 国务院办公厅关于金融支持小微企业发展的实施意见（国办发〔2013〕87 号）.

[14] 胡小平. 中小企业融资 [M]. 北京. 经济管理出版社，2000.

［15］黄达．货币银行学［M］．北京．中国人民大学出版社，2000（8）．

［16］黄隽，艾飞尔．大型商业银行服务中小企业的模式创新研究［J］．新金融，2012（6）．

［17］景春梅，陈研．加大对小微企业的金融支持［J］．中国金融，2013（1）．

［18］柯红梅．小微企业信贷金融服务之同业比较研究［J］．湖北农村金融研究，2012（10）．

［19］林毅夫，李永军．中小金融机构发展与中小企业融资［J］．经济研究，2001（1）．

［20］刘国建．关于成立中小企业信贷业务直营中心的研究［J］．内蒙古金融研究，2013（10）．

［21］刘海洋．以支持小微企业为导向的银行产品创新研究［D］．硕士学位论文，中国社会科学院，2013．

［22］尚福林．新时期小微企业金融服务工作［J］．中国金融．2012（16）．

［23］史建平．中国中小企业金融服务发展报告（2012）［M］．北京．中国金融出版社，2012（7）．

［24］四部委就《中小企业划型标准规定》答记者问［EB/01］．http：//www．chinanews．com/cj/2011/0704/3154957．shtml，2011－07－04．

［25］童牧．关系型融资研究［D］．博士学位论文，复旦大学，2004．

［26］涂雨晨．小微融资产品创新动因及趋势分析［N］．江西教育学院学报，2012（8）．

［27］王建民．构建多元化小微企业融资模式探析［J］．内蒙古金融研究，2012（9）．

［28］温军，冯根福，刘志勇．异质债务、企业规模与投入［J］．金融研究，2011（1）．

［29］伊查克·爱迪思．企业生命周期［M］．北京．华夏出版社，2004（1）．

［30］俞志刚，王飞．小微企业融资困境破解探析［J］．银行家，2012（3）．

［31］曾刚．产品创新可解中小企业融资之难［EB/01］．http：//www．chinadaily．com．Cn，2012－03－05．

［32］曾玉玲．小微企业融资瓶颈与解决途径探析［J］．金融教学与研究，2012（1）．

［33］张宝山．我国商业银行小企业金融产品创新比较研究［J］．金融实务，2013（2）．

［34］张宝山．我国银行同业小企业金融产品比较分析［J］．华南金融，2012（11）．

［35］中国人民银行沧州市中心支行课题组．沧州市金融支持小微企业信贷政策效果分析［J］．华北金融研究，2013（2）．

［36］中国银行业监督管理委员会完善小企业金融服务领导小组办公室．小企业融资理论、政策与实践［M］．北京．中国金融出版社，2011．

中国经济出版社发展战略研究
China Economic Publishing House
Development Strategy Research

作者：高旭　指导教师：王季　副教授

摘　要

　　近些年，我国随着文化体制改革由点到面逐步推开，全面开启了建设社会主义文化强国，步入了持续增强国家文化软实力的新征程。特别是党的十八届三中全会决定对进一步深化文化体制改革做出了新的重大部署，未来几年，必将是加快推动出版行业发展和技术升级，实现新发展、新跨越的关键时期。同时，出版业也面临着诸如民营资本、行业外资本和国外出版机构等，通过多种方式对出版发行领域的渗透和改变，数字化出版对传统出版运营模式的冲击，读者阅读和消费习惯的改变，以及获取知识途径多元化的需求等越来越多的挑战，这些都给本就竞争日益激烈的出版业带来了前所未有的压力。在面对出版形态发生重大变革、竞争日趋白热化的当下，出版企业各方面工作必将展开全方位的大比拼。

　　作为刚刚整体划转中石化不久，本就出版资源不多的中国经济出版社而言，若想继续在同行业中保持一定地位或优势，在竞争中把握长期发展的主动权，把出版社做大、做强，就必须打造自身的核心竞争力，打开制约中国经济出版社发展的瓶颈，寻找适合自身发展的战略来适应新变化，迎接新挑战，从而实现自身更好更快发展。

　　本文以中国经济出版社的经营发展为主要研究对象，以中国经济出版社在出版业大变革时代，急切地需要制定自身发展战略为主要目的。首先，对战略管理相关理论和国内外出版机构发展现状进行了研究。其次，对中国经济出版社的经营发展现状进行了介绍并指出了存在的问题。最后，从分析中国经济出版社的内外部环境入手，运用 SWOT 分析法，为出版社提供了可选择的发展战略，同时根据出版社的愿景和目标，制订了符合自身需要的发展战略，并对战略实施和保障提出了具体的建议。这些论述和分析对尚处于发展进程中的其他同类型的国有出版机构，也具有一定的理论意义、现实意义和借鉴意义。

关键词： 中国经济出版社　战略分析　发展战略　实施和保障

ABSTRACT

In recent years, a new journey to construct a powerful cultural country of socialism and to continuously strengthen the national cultural soft power has been newly opened after the reform of cultural administrative system in China has been promoted gradually from one point to the whole area. Especially that on the Third Plenary Session of the Eighteenth Central Committee of the Communist Party of China, it has been resolved to make a significant new deployment in further deepening cultural system reform and promote the development and technology upgrading of publishing industry in a faster manner in a few years so as to realize a critical period of both new development and new breakthrough. At the meantime, the publishing industry is also confronted with more and more challenges such as impacts of digitalized publishing on traditional publishing operation mode, changes of readers' reading and spending habits and demands of diversified knowledge acquisition approaches; apart from which, private capitals, external capitals and foreign publishers, etc. will also infiltrate into and change such an industry in multiple ways. Consequently, there is no doubt that unprecedented pressures will be brought about for the publishing industry which has already faced an increasingly fierce competition. Furthermore, while the publication form is undergoing great changes and increasingly keen competitions, regarding all aspects of work performed by publishing enterprises, it is necessary to carry out an all—around campaign.

As far as China economic publishing house is concerned, they are just Sinopec after an overall transfer; then, due to few publishing resources, if they want to continuously maintain a certain position or an advantage in this industry, take initiatives in long—term development during competition and make publishing companies become larger and stronger, it is necessary to build their own core competitiveness, unfold the bottleneck which restricts the development of China economic publishing house, seek a strategy suitable for their own development so as to fit into new changes, meet new challenges and thereby achieve a better and faster growth of their own.

This paper is designed to formulate self — development strategies as eagerly required by China economic publishing house in an era of publishing industry revolution; and its principal research object is their business developments. Firstly, the author studies theories related to strategic management and the status quo of publishing agencies at home and abroad; secondly, current business development situations of China economic publishing house is introduced together with their existing problems; and finally, with an eye to analyzing internal and external surroundings around these publishing houses, analysis methods of SWOT is adopted to provide alternative development strategies, establish a development strategy which is in line with their own demands according to visions and goals of China economic publishing house, and further offer some advices of strategy implementation and guarantee. For other publishing agencies of the same type which are in the development process, discussions and analysis conducted in this paper have certain theoretical, practical and referential significances for sure.

Key Words: China economic publishing house   Strategic analysis Development strategy   Implementation and guarantee

绪　论

0.1　研究背景及意义

0.1.1　研究背景

文化建设是中国特色社会主义五位一体总体布局的重要内容，文化体制改革是我国全方位改革事业的重要组成部分。近些年，我国随着文化体制改革由点到面逐步推开，全面开启了建设社会主义文化强国，步入了持续增强国家文化软实力的新征程。文化产业作为国民经济支柱性产业已被列入了党的十八大报告中，将会与实体经济一样，成为一个不可或缺的部分。党的十八届三中全会对进一步深化文化体制改革做出了新的重大部署，可以预见未来几年，必将是加快推动出版行业发展和技术升级，实现新发展、新跨越的关键时期。随着我国社会经济的不断发展和人民精神文化需求的与日俱增，我国文化产业如同初升的旭日，朝气蓬勃，生机盎然。同时，出版业也面临着诸如民营资本、行业外资本和国外出版机构等，通过多种方式对出版发行领域的渗透和改变，数字化出版对传统出版运营模式的冲击，读者阅读和消费习惯的改变，获取知识途径多元化的需求等越来越多的挑战，这些都给本就竞争日趋激烈出版业带来了前所未有的压力。在面对出版形态发生重大变革、竞争日益白热化的大背景下，我国的出版企业几乎无一例外地处在了一个机遇与挑战的十字路口，要么与时俱进，跟上变化，要么就被时代淘汰。

0.1.2　研究意义

作为中国经济出版社的这样完成转企改制时间不长，出版资源不多的出版社而言，若想继续在这样的背景下保持一定地位或优势，在竞争中把握长期发展的主动权，要把出版社做大、做强，就必须以长远眼光、全局观念来审视出版社发展，真正站在理性和客观的角度完成对未来发展的战略思考，并在这个基础上进行相应的战略选择和战略制订；必须打造自身的核心竞争力，打开制约自身发展的瓶颈，寻找适合自身发展的战略来适应新变化，迎接新挑战，从而实现自身更好、更快发展。

本文以中国经济出版社的经营发展为主要研究对象，以中国经济出版社在出版业大变革时代，急切地需要制订自身发展战略为主要目的。通过对国内外出版机构发展现状进行研究与分析；对中国经济出版社的经营发展现状和问题进行剖析；通过战略分析，战略制订和战略实施与保障对中国经济出版社未来发展前景做了科学规划和安排，将有效地推动出版社的发展。本文对中国经济出版社发展战略的研究具有以下意义：

第一，有利于找准自身定位，制订长远的发展战略，明确出版社发展方向。

第二，有助于中国经济出版社应对新形势下面临的各种经营发展的挑战。

第三，有利于出版社建立先进的企业文化。

第四，为同类型国有出版社长远谋略提供思路和借鉴。

0.2　研究思路和方法

0.2.1　研究思路

首先，本文在运用规范的研究分析方法的同时，对相关的参考文献进行了大量的查阅，在研究中力求理论和实践的结合。其次，认真论述和分析了我国文化体制改革背景下，出版业发展所面临的机遇与挑战。然后，特别针对中国经济出版社自身的经营发展问题进行了深刻剖析。最后，对出版社未来发展战略做了科学规划和安排，以期有效地推动出版社今后的发展，以适应新变化，迎接新挑战。

0.2.2 研究方法

本文主要采用研究方法以下：

（1）文献研究法。在充分利用现有研究文献、分析报告等资料的基础上，对国内外出版机构的发展进行分析。

（2）模型分析法。主要采用 PEST 分析、波特五力模型、SWOT 分析等工具，对出版业的发展现状和中国经济出版社现阶段的发展进行综合分析，以客观反映问题、抓准制约发展的根源为目的。

（3）定量分析和定性分析法。统计相关出版机构的数据，分析国内外出版机构的具体发展情况；为制订中国经济出版社发展战略提供决策依据。

0.3 研究内容

论文根据战略管理等基本理论，面对当下出版业的大变革时代的来临，通过剖析中国经济出版社在自身经营发展中的问题，以期寻找适合中国经济出版社自身的发展战略，推动出版社又好又快发展。

论文分成以下几个部分：

绪论：主要包括四个方面，研究背景及意义、研究思路和方法、研究内容和论文结构框架，以及主要创新点等。

正文部分主要从五个方面撰写：

第一章首先是对相关的研究文献和理论进行了回顾和梳理，其次是介绍了战略管理理论和典型的分析工具，为研究提供了必要的理论基础。

第二章进入论文主体的写作。首先是对国内外出版机构和中国经济出版社发展现状综述，其次是指出中国经济出版社现阶段经营发展中存在的问题。

第三章是主要是进行战略分析和战略的选择。对中国经济出版社面临的内外部环境、自身的优劣势等进行了分析，从而提出了可供出版社选择的发展战略。

第四章是主要是进行战略制定。根据中国经济出版社确定的愿景和战略目标，制订了适合中国经济出版社的发展战略组合。

第五章是主要是战略实施与保障，以保证发展战略的顺利执行。

最后一部分是本文的结论部分。

0.4　主要创新点

（1）论文以在中国经济出版社转企改制背景下，自身的经营发展为研究对象研究，探索针对出版业大变革时代来临后，中国经济出版社所面临的机遇和挑战，分析自身优势与劣势，提出了相应可行的发展战略，对其他出版企业具有一定的借鉴意义。

（2）强化了中国经济出版社对信息化管理和数字出版转型的重视，并提出了具体的战略和措施。

（3）论文对中国经济出版社战略实施提出具体的建议，并对如何保障战略实施提出了具体的举措。

1　相关理论基础概述

1.1　文献回顾与研究现状

经中国知网（www.cnki.net）以"出版社发展战略"为主题进行检索，截至 2014 年 6 月，与出版社发展战略相关的研究文献共有 369 篇。比较有代表性的文章有：《基于文化产业大发展下的北语出版社发展战略研究》（马博，2012 年）、《广西师范大学出版社发展研究》（卢俊林，2012 年）、《中国大学出版社发展战略选择的案例研究》（木薇，2010 年）、《城市出版社发展战略思考》（班国春，2010 年）、《中小型专业出版社发展路径选择》（孙越，2010 年）《转企改制后中国商务出版社发展战略研究》（韩晓磊，2013 年）、《高校出版社转企改制背景下发展战略分析"（何小敏，2013 年）、〈广西师范大学出版社发展研究〉（卢俊林，2012 年）等。现阶段对出版社发展战略的研究主要是出版社面对出版业的大环境变化，围绕自身如何利用好现有资源、挖掘优势、弥补劣势、抓住机遇、迎接挑战，为今后更好更快地发展未雨绸缪。例如，北京语言大学出版社运用 SWOT 分析法，明确其在发展战略上的优势、劣势、机会和挑战，探析了在新形势下的集纸质出版、网络出版和电子出版为一体的立体化发展战略，明确自身未来应坚持特色化、专业化的发展定位。（马博，2012 年）中国商务出版社基于 SWOT 分析的基础上，结合自身资源优势，提出了完善的改革模式和可操作性强的发展战略措施。（韩晓磊，2013 年）新的出版环境下，广西师范大学出版社以探索科学合理的发展思路为首要课题。提出了准确的定位、坚守人文精神、长期品牌建设、优质人才队伍、多元经营战略等五个方面的成功经验。为其在新出版环境下探索发展思路进行了很好的梳理。但在这些文章中，对出版社发展战略如何实施，以及如何保障战略实施的论述不多。

1.2 战略管理理论

"战略"本来是一个军事上的用语，在军事上有谋略家、战略家之称，是为对抗和竞争服务的。战争讲究方略，战争方略的简称就是"战略"。做战略上正确的事情要比立即获利更重要。具体说，企业战略就是为了适应环境带来的变化，企业对自己长期生存和发展所做出的整体和长远的规划。

战略管理理论，起源于 20 世纪的美国，于 20 世纪 20 年代形成了萌芽，20 世纪 70 年代左右得到了大发展；然而在 20 世纪 80 年代却遭遇了冷落，可是在 20 世纪 90 年代的时候又重新受到了重视。

美国著名的战略管理学专家安索夫于 1965 年出版了第一本论述有关战略的著作，即《企业战略》一书。这是一本具有里程碑意义的书籍，是开启研究现代企业战略理论的钥匙，是研究的起点。他本人也享有"公司战略之父"的美称。他提出的战略管理理论的基本框架是以环境、战略和组织三个因素作为支柱的核心理论。

随着战略理论和实践的不断发展，推动战略理论研究的焦点转移到了企业竞争水平上，尤其是 1980 年以来，在西方经济学和管理科学界的研究中，一直是处于前沿地位的，使企业竞争战略理论的发展得到了有力的推动。

1.2.1 战略管理过程

战略管理过程，包括三个环节：一是战略分析，二是战略选择与制订，三是战略实施和保障。他们之间相互联系、循环反复、不断完善。

一个企业要如何发展需要制订相应的策略，更要实施这些策略，战略管理其实就是这样一个动态的管理过程。在进行战略分析之前，首先要确立企业愿景和战略目标，如图 1—1 所示。

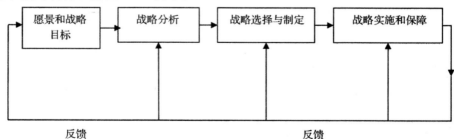

图 1—1　战略管理过程

1.2.2　典型的战略管理的分析工具

（1）外部环境的分析工具：PEST 分析。

它一般是指对宏观环境的分析，囊括了行业或企业的各种宏观因素。不同行业和企业肯定有着不同的特点，因而在分析中会存在一定的差异。但一般都应包括以下四个层面：一是政治和法律环境层面（Political）、二是经济环境层面（Economic）、三是社会文化和自然环境层面（Social），四是技术环境层面（Technological）。

（2）竞争力分析工具：五力模型。

迈克尔·波特（Michael Porter）在 20 世纪 80 年代提出了五力模型，它认为这五种力量综合起来看，影响着产业的吸引力，决定着行业竞争规模和程度。五种力量分别为进入壁垒、替代品的威胁、买方议价的能力和卖方议价的能力，以及竞争者之间的竞争。

（3）战略分析工具：SWOT 分析。

SWOT 分析法又被视为态势分析法，它是一种可以对某个单位的实际情况进行比较准确与客观分析的方法。SWOT 中的几个字母所代表是：S 表示优势，英文全拼为 Strength；W 表示劣势，英文全拼为 Weakness；O 表示机会，英文全拼为 Opportunity；T 表示威胁，英文全拼为 Threa。SWOT 分析法是把其内部环境中具有的优势（S）和劣势（W），以及外部环境中具有的机会（O）和（T）一同列在十字形图表中，并且进行详细对照，既能够将企业的具体环境状况一目了然地看清楚，又能够更加深入详细地分析评价内部环境之间的密切联系。

2　中国经济出版社发展现状

2.1　全国出版机构发展情况概述

2.1.1　全国出版机构转企改制及总体发展情况

随着 2003 年以后，我国的文化体制改革开始，特别是全国经营性出版单位转企改制进程的不断加快。到 2010 年年底，经营性出版社转企改制基本完成。到 2013 年，文化体制改革整整走过了 11 个年头，作为改革的重头戏，国有经营性出版单位以转企改制为中心环节，加强资源的整合与利用，完美的完成了改革任务。截至目前，全国承担改革任务的 580 多家出版社，已经全部完成转企改制。同时，保留了人民出版社、民族出版社、中国藏学出版社和中国盲文出版社四家公益性出版单位。

2013 年，新闻出版产业主要经济指标平稳增长，产业规模继续扩大。全国出版、印刷和发行服务实现营业收入 18246.4 亿元，较 2012 年增加 1611.1 亿元，增长了 9.7%；利润总额 1440.2 亿元，较 2012 年增加 122.8 亿元，增长了 9.3%，这反映出新闻出版产业仍继续保持较强的可持续发展能力。2013 年全国共出版图书 44.4 万种，较 2012 年增加 3.0 万种，增长了 7.4%（其中，新版图书 25.6 万种，增加 1.4 万种，增长 5.8%）；总印数 83.1 亿册（张）；增加 3.9 亿册（张），增长了 4.9%；图书出版实现营业收入 770.8 亿元，增加 47.3 亿元，增长了 6.5%；利润总额 118.6 亿元，增加 3.4 亿元，增长了 2.9%，如表 2—1 所示。

表 2—1　　　　　　　　　　　图书出版总量规模

单位：万种，亿册（张），亿印张，亿元，%

总量指标	数量	较 2012 年增减
品种	44.44	7.35
总印数	83.10	4.87
总印张	721.58	6.83
定价总金额	1289.28	8.95
营业收入	770.78	6.53
利润总额	118.58	2.91

来自：2013 年新闻出版产业分析报告

全国 580 家出版社，中共中央一级出版社 221 家，地方一级出版社 359 家。按经济规模分类，出版社可分为大型、中型和小型出版社，行业内一般认为定价、总金额（码洋）超过 5 亿元的为大型出版社，1 亿至 5 亿的属于中型出版社，少于 1 亿元的为小型出版社。

2.1.2　中央各部门所属出版单位发展情况概述

中共中央各部门所属出版单位是随着中共中央各部门的产生而产生的，大部分都有 30 年以上的历史，且中共中央部门出版单位与中共中央各部门有着密不可分的关系。中央各部门出版社产生发展过程决定了其鲜明的国有特征。这些出版社在中共中央部委的支持和帮助下，以服务行业或系统为主要的工作职能，出版业务基本以此展开，获得了很多中央部委所属系统的出版资源，出版发行了大量的图书产品，这些出版资源使其能够很好地实现盈利，成为了其生存的基础。各出版社的经营状况各不相同，但都是在计划经济体制下形成，都具有十分浓厚的计划经济色彩和行政色彩。中共中央各部门所属出版单位转企改制是整个文化体制改革的重要一环，中共中央在京出版社通常分为隶属于行业部委、隶属于中共中央企业、隶属于社会团体，比如中国财政经济出版社主管主办单位是财政部，作家出版社主管主办单位是中国作家协会，中国电力出版社主管主办单位是国家电网等。

在思想观念、内部管理机制、资源整合、战略发展方向等方面，中共中央部位所属的出版单位存在着很多问题：

第一，思想观念转变不彻底。出版社由于长期受事业单位或机关作风的影响，虽然形式上完成了转企改制，但在思想观念上仍没有彻底改变，不太重视图书产品的商品特性，参与市场竞争的意识缺乏，形式上改变而本质上未发生变化的现象依然存在，没有到达"不仅换汤，还要换药"的目的。

第二，从根本上仍未解决政企分开的问题。中共中央一级的出版单位和主管主办单位在未改制前基本是"上下级"的关系，属于中共中央部委的事业单位或直属单位。中共中央对经营性出版单位的改制，最初的设想是一步到位，与中共中央部委脱钩，实行企业化的管理，将出版单位推向市场。而由于中共中央一级的出版单位情况比较复杂，一步到位有难度，又转变为现在的转制后暂时与主管主办单位不脱钩的"曲线"政策。另外，重要干部的任免、重大事项的决策和宣传内容的审查等权利任由主管单位行使。这就意味着出版社在完成资产清算后，与原部委仍保留着"血缘关系"与部委仍暂时保持"上下级"关系。这种关系的存在，可以想象出版社依然可以背靠大树，获取系统出版资源，与市场的距离仍有差距，只有真正能彻底脱离中共中央部委怀抱，独立走向市场时才行。

第三，资源整合不足，产品结构单一。大部分出版单位是资源整合和对现有业务的叠加。还没有对自己的图书产品线进行很好的梳理，调整也是简单的业务的扩大或拆分，对各类现有的出版资源没有进行合理的配置，出版资源存在明显的浪费问题，想要达到规模效益还是很难实现的。

第四，缺少品牌意识。品牌作为一种无形的资产，出版单位对其认识不够，难以形成读者对出版单位美誉度，影响了对出版单位的吸引力、辐射力的认知，不利于形成有效的市场号召力。

第五，发展战略定位不清晰。部分中国部门出版单位对未来的经营规模、市场定位、技术水平和发展方向不明确，使出版资源配置缺乏导向性，一定程度上影响了出版企业的长远发展。

2.2 中国经济出版社概述

2.2.1 中国经济出版社发展进程

中国经济出版社于 1985 年 1 月由原国家经济委员会创办成立，注册资本为人民币 1000 万元。中国经济出版社先后隶属于国家经济委员会、国家计划委员会、国家经济贸易委员会、国务院国有资产监督管理委员会。2010 年年底，由事业单位转为国有独资出版企业。2013 年 1 月 9 日，中国经济出版社整体划转入列中国石油化工集团公司，成为中石化直属单位。2013 年 7 月新的领导班子成立。同年 11 月，通过纵深改革、优化架构，在原有四大出版中心的基础上"撤中心、建分社"，成立经济理论与经济管理、财金与大众、教育教材三大出版分社。发展至今，中国经济出版社已涵盖了热点经济、经济管理、财政金融、社科文化和教育教材等业务序列。出版社现下设 20 个技术部门和实体，现有在职职工总数 201 人，其中 45 岁以上人员 70 人，30～45 岁人员 98 人，30 岁以下人员 33 人。离退休职工 67 人。实体单位包括：中国经济书店、中国经济图书进出口公司、中经录音录像中心、中国经济贸易年鉴社与《企业技术进步》杂志社等 5 家机构。

2.2.2 中国经济出版社转企改制情况

从文化传媒行业的整体发展态势看，国家公布了《国家"十二五"时期文化改革发展规划纲要》《新闻出版业"十二五"时期发展规划》《文化产业振兴规划》《关于加快出版传媒集团改革发展的指导意见》等一系列鼓励扶持文化产业发展的政策。可以说，一方面，文化传媒行业正面临着前所未有的发展机遇。另一方面，文化产业必须以改革、改组、改造和加强管理为主攻方向，进一步整合资源、优化结构，构建充满活力、富有效率、更加开放和有利于企业科学发展的体制机制。在国资委的总协调下，经过中宣部、财政部、原新闻出版总署等部委的审核批准，于 2013 年 1 月 9 日，中国经济出版社整体划转入列中国石油化工集团公司。

中国经济出版社整体划转中石化后，被列为中石化主管主办的直属出版企业。划转初期，业务运行管理暂保持不变。党群组织隶属直属党委。中石化从集团全局和战略高度，可以对中国经济出版社的改革和发展进行重新规划和整合，并根据中国经济出版社发展状况给予相应的指导帮助和资金支持，从而促进中国经济出版社各项业务的发展。

（1）人员安置。

职工安置方案以"人随资产走"为基本原则，中国经济出版社全体职工将无条件全部划转中石化，中国经济出版社与现有员工订立的原有劳动合同效力不变。实施划转后，中国经济出版社员工原有劳动关系、薪酬福利和社会保险一并纳入中石化管理体系，中国经济出版社现有干部行政级别保持不变。

（2）业务方面。

划转后中石化将为中国经济出版社的业务开展提供全方位支持，除了继续开展现有图书业务之外，对于其他业务也将给予政策或资金支持。

（3）退休人员。

截至转企改制（2010 年 7 月 1 日）之前，中国经济出版社共有退休人员 42 人。转企改制后 5 年内退休人员共 26 人。截至 2012 年 5 月底退休人员共 53 人。其中，转企改制后退休人员共 11 人。除社保外，退休人员的差额补助目前约为 118 万元/年。转企改制前已退休人员的差额补助约为 100 万元/年。转企改制后退休人员（指目前退休的 11 人）的差额补助目前为 11.8 万元/年。退休人员的差额补助全部由中国经济出版社负担。

2.2.3　中国经济出版社的发展经营现状

中国经济出版社作为中国知名的经济专业出版机构和大众信息传播机构，在中国知识界、文化界、经济界享有良好声誉。出版社每年出版图书 1000 种左右，出版码洋 1.3 亿元。现拥有 400 多个稳定的图书发行网点。近年来一直保持着经管类图书零售市场综合实力前 10 名、馆配市场前 15 名的市场地位。

2010 年 7 月转制后，全员签订了新的劳动合同，全员参加了社会保险，已退休职工已从社会保险机构领取工养老金。

2013 年 1 月，整体划转中石化，成为直属单位。同年 7 月，新的领导班子成立，调整了部门设置，主要是撤销了照排中心，撤并了出版分社，整合了职能部门。同年年底，对出版社租赁了 18 年的书库进行了整体迁移新库，重新对其进行了定岗定编。

2013 年，出版社出版图书 956 种，其中新书 738 种，同比增加 42 种，重印书 218 种，同比下降 15 种；出版码洋 1.34 亿元，同比下降 0.08 亿元；发行码洋 9786.6 万元，同比下降 678.1 万元；发行回款 4219 万元，同比增加 294 万元，如表 2－2 所示。

表 2－2　　　　　　　　　　2013 年图书出版发行情况表

序号	项　　　目	2013 年	2012 年	增减额	增减比率
1	图书选题（种）	811	877	－66	－8％
2	出版字数（万字）	14.2	17.3	－3.1	－18％
3	出版图书（种）	956	929	27	3％
4	新书（种）	738	696	42	6％
5	重印书（种）	218	233	－15	－6％
6	出版总码洋（亿元）	1.34	1.42	－0.08	－6％
7	出版图书（万册）	333	332.5	0.5	0％

续表

序号	项　　目	2013 年	2012 年	增减额	增减比率
8	总印张（万个）	1.59	1.53	0.06	4％
9	发货总码洋（万元）	9786.6	10464.7	−678.1	−6％
10	退货总码洋（万元）	2414	3236	−822	−25％
11	发行回款（万元）	4219	3925	294	7％
12	编辑售书回款（万元）	556.6	836.4	−279.8	−33％
13	补贴书收入（万元）	1736.1	1237.2	498.9	40％

2.2.4　现阶段中国经济出版社的经营发展中存在的问题

中国经济出版社伴随国家部委整合的步伐一路走来，对于一个即将"三十而立"的出版社，在经营发展中存在着许多问题。

第一，核心出版资源欠缺，核心竞争力不强。作为中共中央部门出版社，在未转企改制前，就是自收自支，实行企业化管理的事业单位，随着中共中央部委主管主办单位不断的更替，获取系统内垄断的出版资源基本没有。与其他出版社比较，比如地震出版社、气象出版社等相对规模比较小的出版社，享受到的系统出版资源也远远强于中国经济出版社，完全可以靠这些出版资源过好日子，与高等教育出版社、人民教育出版社这样大出版社更是无法相比的。

第二，职工思想观念转变不彻底。虽然是转企改制了，并更换了新的上级单位，但在职工潜意识中感觉出版业务和流程没变，就是不外乎"换汤不换药"，只不过改换了新东家。存在出版社市场化运作与市场化的规范经营管理相脱节，市场化的管理意识、风险意识淡薄等问题。同时，存在"挂靠大树好乘凉"和"等、靠、要"的思想，以为出版社可以继续走老路，等中石化给钱、给政策扶持拉一把就能发展，在主观上努力加强自身发展、提高造血能力等的决心和信心有所欠缺。

第三，出版社多年来缺乏经营发展战略和目标。多年以来，一直延续陈旧的管理体制，管理基础工作薄弱，现代企业制度还未完全建立。同时，没有制定过准确的发展定位，也未制定经营发展战略和目标，对自己的竞争优劣势缺乏明确性和方向性，缺少核心竞争优势。

第四，编辑与发行人员的绩效考核只关注经济效益情况，忽视了社会效益和编发的关联性，这种绩效考核会导致编辑与发行人员追求短期行为，忽视长远的战略发展。存在图书选题同质化，单品种出版形不成规模，出版计划不明确随意性较大，选题结构不合理，发行部门对渠道折扣管理随意，容易出现超结挂账等的问题。

第五，近三年出版社出版码洋、出版品种、销售收入等指标基本保持相近水平，增长幅度不大，且有下滑趋势。出版社虽然不乏工作亮点，但陷于发展的瓶颈。图书成本较行业水平偏高，达到了出版码洋的 30% 左右。人工成本、管理及销售费用逐年增加且占收入比重过大，存在坏账损失的潜亏风险，整体运营效益较低，债务压力较大，生产效率不高。

第六，出版社企业文化建设相对缺失。出版社没有在长期的出版活动中形成自己认同和带有出版社特色的价值理念、行为模式等。相比于利润、出版码洋、销售收入、图书选题、获奖情况等经济指标，没有那种迫切性，没有把企业文化作为改善管理、协调发展的手段，没有把企业文化当作自身发展壮大的重要工具。

第七，出版社品牌形象下降。主要是要一流的作者，特别是高知名度的作者随着销售量的下降出现了流失，重点书、畅销书贡献比重下降，出版社宣传推广能力不强，知名度和美誉度下降。

第八，出版社人才短缺。由于出版社长期人事关系属于部委体制，还有不少都是部委等相关局领导的关系户，这导致出版社队伍在建设新形势发展的要求下，缺少出版事业发展需要的专业性人才、复合型人才，缺少具有管理能力的中层领导者，策划编辑相对匮乏，发行人员营销经验不够丰富且流失严重，出版社还没有形成市场营销意识。

3　中国经济出版社战略环境与 SWOT 分析

战略分析是中国经济出版社制定发展战略的基础条件，它包括两部分内容：一是外部环境分析，二是内部条件分析。外部环境分析是出版社首先要进行的工作，只有先对外部环境分析，才能估量出自身的地位和状况，以便定下战略战术投入市场角逐。

3.1　中国经济出版社面临的外部环境分析

3.1.1　PEST 宏观环境分析

宏观环境，又称一般环境，是指影响一切行业或企业的各种宏观因素，主要包括政治环境（Political Environment）、经济环境（Economic Environment）、社会环境（Social Environment）和技术环境（Technological Environment），简称 PEST，如表 3－1 所示。

表 3-1	宏观环境要素
因素	要素
政治环境	国家的政策方针、经济措施、法律法规等
经济环境	宏观经济环境、消费者收入水平、消费模式、储蓄和信贷等
社会环境	宗教信仰、价值观念、消费习俗，人口规模及增长、结构、分布等
技术环境	产品创新、知识的运用、新兴技术的出现等

对于中国的出版行业来说，政府的方针、政策及行业法律法规在行业中所起的作用和影响是巨大的，直接关系着行业发展的方向和竞争格局，影响着行业内的竞争状况。国家计划经济体制下，政府对于出版业采取的是严格管制的方法，出版权属于国家专有，禁止民营单位从事出版活动，申办出版社的手续相当严格，具有鲜明的国有标签。在这种环境下，出版社的发展缺乏良性竞争，从而造成竞争能力不强，抗风险能力较弱。随着文化体制改革和出版业转企改制，政府的管制趋于宽松，整个中国图书出版发行的格局发生了很大变化《关于进一步推进新闻出版体制改革的指导意见》中也首次明确提出了，将非公有出版工作室作为新闻出版产业的重要组成部分，纳入行业规划和管理，引导非公有出版工作室健康发展，发展新兴出版生产力。在新的形势下，出版社必须要正确认清形势，把握这些宏观环境背景的变化，进而制定出合理的发展战略。

（1）政治环境分析。

《中华人民共和国著作权法》和《出版管理条例》明确了国家对出版行业干预的和原则，以保证出版业健康有序的发展。现阶段出版业在我国仍带有一定的垄断性，在管理体制层面，我国出版社的设立必须逐层上报，严格审批；对于出版的内容实行年度计划和重大选题审批和备案制度，这是非常硬性的规定。但随着近些年文化体制的改革，新闻出版行业面临着前所未有的机遇和活力。国家对文化产业发展的重视和提出的国家文化软实力的宗旨，使我们党对文化事业在党和国家工作全局中的战略定位和重要作用的有了新的认识，同时出台了一系列的文化产业发展的利好政策，为出版企业的健康发展创造了良好的宏观政治条件。中国经济出版社如何适应文化体制改革带来的新变化，利用国家给予改制出版社的优惠政策和条件，改善经营发展方式，实现自身良好的发展，这是出版战略制定重要出发点和重要的发展时机。

（2）经济环境分析。

经济环境是出版社开展经营活动所处的外部经济条件，它是影响出版社经营活动的主要环境因素。近几年我国 GDP 数值快速增长，第三产业的发展速度，已经超过了各产业的平均数值。2013 年，全年国内生产总值达 568845 亿元，比上年增长了 7.7%。其中，第一产业增加 56957 亿元，增长 4.0%；第二产业增加 249684 亿元，增长 7.8%；第三产业增加 262204 亿元，增长 8.3%。第一产业增加值占国内生产总值的比重为 10.0%，第二产业增加值比重为 43.9%，第三产业增加值比重为 46.1%，第三产业增加值占比首次超过第二产业，如图 3—1 所示。但根据不完全统计，现阶段我国文化产业的现实购买量仍远低于潜在的购买能力，出版业增长速度仍低于 GDP 近年来的平均增速。经济形势的变化要求出版企业要放眼未来、综合考量、实行战略管理，只有这样才能立于不败之地。

同时，党的十七届六中全会提出，"推动文化产业成为国民经济支柱性产业"。十八大将"文化建设"纳入到新时期国家建设五位一体的总体布局中，"全面建成小康社会，实现中华民族伟大复兴，必须推动社会主义文化大发展大繁荣"。我国国民经济的持续快速健康稳定发展为出版业提供了良好的市场预期，对出版业发展起到重要的拉伸作用。随着经济社会不断发展和人民生活水平不断提高，城镇居民个人可任意支配收入也随之提高，对图书等文化消费品的需要也会与日俱增，可以预见未来文化消费会有比较大的市场空间。同时，国家制定的文化产业发展政策，对如何支持公益性文化事业、如何发展文化产业、如何激励文化创新等方面都是很具体、很有操作性的。例如，国家出版基金资助项目、中央文化产业发展专项资金项目、农家书屋建设工程项目、"走出去"专项资金等财政专项资金的建立对出版企业的长远发展具有重大影响。

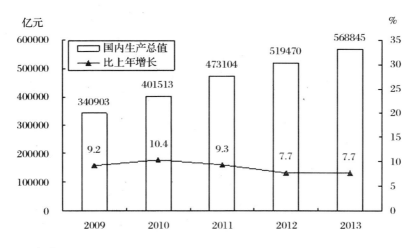

图 3—1　2009—2013 年国内生产总值及其增长速度

数据来源：国家统计局网站

（3）社会环境分析。

社会环境因素包括人口因素和文化因素。我国人口数量居世界第一，具有庞大的消费市场，表现出强大的潜在购买能力。以2010年11月1日零时为标准时，进行了第六次全国人口普查：中国总人口为1370536875人。从绝对数字上不难看出，我国的图书市场空间容量和发展潜力都是比较大的。随着我国普遍教育水平和人们收入的不断提高，市场潜能联想无限。同时，单独"二胎"政策的推行，也将更利于出版行业的发展。随着我国社会经济的不断发展，文化因素对出版发行行业的影响比重将越来越大，对文化消费能力和水平不断地增强。随着基础教育的全面普及和覆盖，以及高等教育人群的不断增加，社会意识形态和价值取向将趋于多样化，出版资源也将会更丰富，出版题材更广泛，人们对精神产品的追求也趋向于个性化。这就需要出版企业在满足多元化、个性化的图书消费市场的同时，提高出版企业的管理水平，调整出版产业结构。出版单位最主要任务就是弘扬社会文化，传播人类精神财富，从而提高全民族文化水平。

（4）技术环境分析。

随着数字技术的发展，无论是图书的出版技术、出版形态、传播方式，还是读者的阅读习惯都已经发生了改变。可以说，数字和网络技术给传统出版业带来严峻挑战。同时，现代科技的进步也给现代出版行业注入了生机和活力，推动了出版业的变革。十几年前，大家很难想象，一个人带着装有上万册书的阅读器或其他的电子产品，乘坐公共汽车、地铁、火车、飞机的过程中可以随时随地翻阅。数字出版、手机出版空前活跃，从2006年至今，数字出版产业总收入从213亿元飙升到1935.49亿元，已显示出产业蓬勃发展之势。数字化阅读方式接触率6年变化趋势如图3-2所示，数字化阅读方式接触率3年对比如图3-3所示。数据背后，是数字出版产业链日趋完善、数字出版产品技术日益丰富、数字出版赢利模式日渐成熟和数字阅读消费习惯日渐形成的良性态势。

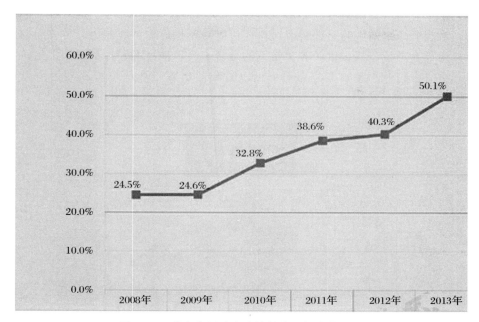

图 3-2　数字化阅读方式接触率 6 年变化趋势

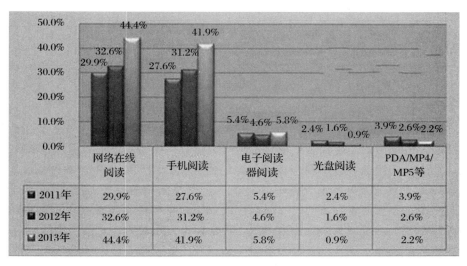

图 3-3　数字化阅读方式接触率 3 年对比

3.1.2　五力模型下的行业环境分析

　　行业环境分析会对出版企业的战略选择和效果产生直接的影响。制订出版企业战略，就是要考察出版行业的情况，探究驱动产业竞争的力量。美国学者迈克尔·波特的五力模型（如图 3-4 所示）指出，包括同行业竞争者、潜在的新参加竞争者的威胁、购买者讨价还价能力、供应商供应能力、替代品的威胁，为行业环境分析提供了较为常用的分析工具，通过五种力量因素汇集，可以分析一个行业的基本竞争态势，可以对我国出版行业环境形成较为清晰的认识。

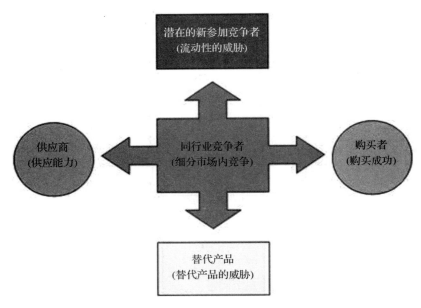

图 3-4　波特五力模型

（1）同行业竞争者情况。

我国出版社从 1978 年的 105 家到 2013 年发展到了 580 家。出版行业历经了从单一的出版逐步向出版产业化的转变。随着文化体制改革的深入，国内出版企业之间的竞争日益加剧。有图书出版种类相似的专业出版企业间的竞争，比如中共中央一级出版社、各地方出版社、高校出版社、民营出版公司的竞争；有中共中央和省际之间的出版企业或集团的竞争，还有国外出版集团和国内出版企业的竞争。我国现阶段出版物仍是以买方市场为主，国内出版行业面临着巨大的挑战。规模大、资金足的一些出版企业，随着出版产业集约化程度的不断提高，以不再拘泥于传统出版为主，而是逐步向多元化发展并成立大型出版传媒集团的道路前进，比如高等教育教出版社、人民教育出版社等。随着出版业市场化程度越来越高，出版企业之间两极分化趋势初显。多异地出版社或集团之间争夺本地资源和市场的现象愈演愈烈。最明显的就是北京，北京是出版社相对集中且中共中央一级出版社较多，一些地方社和出版集团纷纷以北京分公司、北京出版中心等形式进驻北京，与中共中央和在京出版企业争夺出版资源和市场份额。

分析出版企业之间的竞争特征主要有以下三种：

第一，寡头垄断。在全国 580 家出版社中，一些大出版社占据图书市场主要份额，一些中小型出版企业数量较多，提供的产品和服务差异不大，可替代性较强，呈明显的不完全市场竞争。

第二，出版选题同质化，跟风出版现象严重，我国新书出版品种虽每年有 25 万种，但真正的原创选题图书比例只有 50% 左右。

第三，出版结构不合理。以教育教材为例，在欧美一些国家，教育教材出版利润一般不超过 30%，而教育教材在我国图书出版利润中占到 50% 以上，主要原因是资金回笼快、需求相对稳定、风险较小。中国经济出版社教材出版比重不是最大的一类，但补贴书（有补贴款图书）比重也是接近 50% 的水平。

（2）潜在进入者的威胁。

由于我国出版企业实行严格的审批制，出版行业带有一定的垄断性，不是任何个人或企业都允许从事图书出版经营活动的。所以进入出版行业的壁垒较高，因而总体上潜在进入者的威胁在我国相对还不是很大。随着国内社会资本和跨国出版传媒集团的进入，势必会对未来传统出版社形成巨大的冲击。

第一，国内一些资本的进入。一些图书工作室通过不同方式的合作，已逐步进入出版工作的核心领域，且不乏经典合作案例，民营图书文化公司与出版社战略合作典型案例如表 3—2 所示，尤其是民营资本在批发和图书销售等环节已经获得的国家层面的许可。由此可见，我国民营出版业经过多年发展，已成为不可忽视的一股力量。民营图书文化公司和国有出版社在出版方向上比较接近，在出版资源上可以实现互补，在出版战略上目标一致，在策划和运作能力上实力相当，具有长期合作潜力。

表 3—2　　　　　　民营图书文化公司与出版社战略合作典型案例

民营图书文化公司	出版社（集团）	合作案例
上海 99 读书人公司	人民出版社	《看不见的城市》
北京新经典文化公司	天津人民出版社	《同学少年都不贱》
北京千喜鹤文化传播公司	漓江出版社	《鬼吹灯》系列
北京磨铁文化公司	作家出版社	《诛仙》《明朝的那些事儿》
北京开维文化公司	北京出版集团	《何以笙箫默》
北京弓月文化传播有限公司	中央编译出版社	《简单改变生活》
上海世代文化传播有限公司	中信出版社	《追随她的旅程》
泰德教育集团	北京大学出版社	《世界汉语》系列丛书

第二，国外资本的威胁。中国加入 WTO 以后，对开放出版领域虽然没有做出承诺，但是并不表明外国企业对这块市场没有想法，他们其实已经觊觎很久。在图书、音像、零售、批发、互联网出版和电子书等领域，他们其实已经在不断地影响我国出版业。另外，从事互联网内容供应的服务，目前我国是允许中外合资合作的，也就是说中国的网上出版业务实际已经放开了，比如 Kindle。

第三，来自传媒行业的竞争。来自国内非出版行业的资本和国外资本由于受国家产业政策限制，现阶段还无法直接进入出版行业的核心领域，但传媒行业因为其受众的广泛性，仍然具有优势。特别是一些地方的广电集团按国家政策规定，只要有能力便可以经营出版企业。反之，出版企业是不能经营电视台的。从这点看广电媒体的优势是先天的、绝对的，电视媒体炒畅销书就是最好的证明，比如中国经济出版社的《如是说系列》，就是北京图书订货会时，上了 10 秒左右的《新闻联播》而大卖几十万册。

（3）替代品的威胁。

出版产品的替代品主要来自多介质、多媒体的出版物，以及新技术基础上的多媒体网络服务。与纸质图书的相比，很多多媒体出版物具有存储信息量大、价格低廉、携带方便的特点，因而特别受到青年人的追捧。多媒体出版物虽然仍受一些因素的影响存在一定的局限性，但给出版行业带来的冲击是显而易见的。它是代表着一种进步发展的方向，是一种潮流，传统出版企业决不可轻视。正如网上书店在 2003 年真正在我国兴起，以当当、亚马逊、京东为代表的网上书店，以其价格低廉、品种丰富、不受地域限制、方便快捷等特点，彻底改变了传统图书的发行流程，网上发行渠道销量提升明显，占到了一般出版企业年总回款的 30％左右，令传统发行渠道无法比肩。同时，近些年由于按需印刷的兴起，不止影响了传统的印刷行业，更是大大减少了传统图书的制作流程，在节省成本的同时，也实现了零库存的经营和永远不会绝版的目标，更使下一步出版业的发展，看到了更大的希望。

（4）供应商讨价还价能力。

出版社出版图书存在来自两个方面的讨价还价压力：

第一，稿酬。这一部分的压力主要来自于作者，随着国家越来越重视文化建设和人们对文化需求的不断增加，作者的地位也不断提高。具体到图书出版层面，一些教材、畅销书和引进版权的图书，由于这些图书的市场销量大，能盈利，作者的要价也是越来越高，一些出版社支付给畅销书的作者版税已能占到图书制作成本的一半左右，中国经济出版社的最高稿酬已达到 15％。同时，出版经纪人和一些代理公司也不断进入出版行业。他们代表作者与出版商谈判，具有很强的专业性，让作者的精力主要投入到创作中的同时，也进一步提高了作者的议价能力。以北京为例，就是因为拥有强大的作者队伍而成为出版中心。

第二，纸张等与印刷图书相关的原材料成本。现阶段我国纸张的市场化程度比较高，跨国企业已参与其中。现在的纸张市场上各类规格和品种丰富，供应及时，出版社选择空间很大，但相对其他成本议价空间较小。

（5）购买者讨价还价能力。

现阶段国内出版物市场还是处于买方市场的状况，出版企业一般通过降价、折让和返点等方式进行竞争。中间商层面，当买方很清楚地了解购买产品的成本构成，或者是产品差别不大，并且中间商具有渠道整合能力时，买方就有较强的讨价还价能力。例如，网销商、馆配商，由于销量大、回款好、回款快，会成为砍价力度最大的购买者，从而在折扣、图书质量、售后服务等获得优惠。终端读者层面，表现在虽然买方对价格很敏感，但遇到必须买的图书，相对议价能力就很弱，比如指定教材。但在图书行业中往往有很多跟风图书，这就使读者自由选择的空间比较大，可以选择不同出版社或选择电子版本等。近年来读者的个性化特点尤为明显。我国年出版图书 25 万种左右，除去教育教材、同质化图书、重印图书和没有市场需求的补贴书，供读者选择的图书产品其实并不多。在当今读者需求多元化的大背景下，能否满足读者个性需求，是出版企业能否可持续发展的关键，读者的选择行为会对出版行业的竞争起着决定作用。

综上所述，虽然出版社目前仍在出版产业的整个链条中的居于核心地位，享受国家相关政策扶植，但也受到了来自各个方面的威胁。由于国家对出版行业依然会采取严格的审批制，随着推动文化产业大发展大繁荣的战略目标的确定，以及出版社转企改制的深入，市场竞争主体地位的确立，国家也会逐渐放松对出版业的管制，届时出版企业之间的竞争将更多是资本间的竞争，出版业与其他文化企业、与国际传媒集团间的竞争，竞争将比以往会更加激烈。因此，出版社必须要有清醒、正确的认识，要以企业化、市场化的视角，积极应对来自各方面的挑战，练好内功，做出明确的战略部署。

3.2 中国经济出版社的内部环境分析

3.2.1 内部管理分析

（1）组织结构。

中国经济出版社的组织结构属于大多数出版社采用的直线职能制结构，如图 3—5 所示，这种组织结构形式紧密围绕图书出版过程中的编、印、发三个环节来工作。中国经济出版社随着规模的不断扩大和增多，以及外部环境的变化，这种直线职能制的组织结构已经制约了出版社下一步的发展。

　　这种组织结构，是按业务职能划分的责任，每个业务都有具体的部门，资源相对分散，部门局限性较大。在职能型架构下，很少有人能真正、全面地理解和运作图书出版项目，由于各部门各管一段，在完成图书出版过程中协调的工作量增加了，好多应该往外使的力，由于这些因素不得不先在内部搞定，经常会出现出版周期无法保证、成本无法控制等问题，错过最佳出版时机、营销时机，影响到销售业绩。

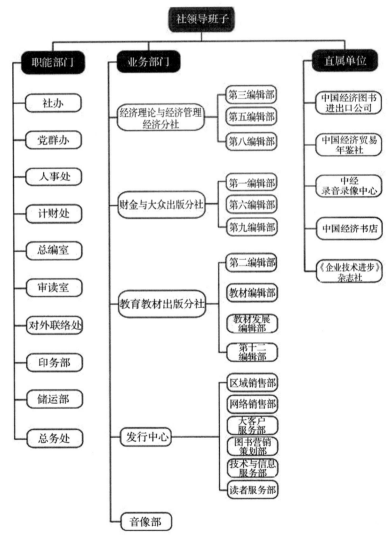

图 3-5　中国经济出版社组织结构图

（2）内部数据管理。

现阶段围绕着出版社从编、印、发三个中心环节，出版社分别使用不同方式进行内部数据管理。编辑部门除了书号实名网上申报外，还采用纸质材料进行相关数据的归档管理；印务部门开具印制单和原材料的管理采用的是出版社自己研发的小软件；发行部使用巴彦喀拉发行软件；财务部门最初使用用友软件，划转中石化后，使用中石化的集中核算平台。这样的情况，造成了出版社内部数据之间关联性很差，统计数据不准确，存在信息孤岛，严重影响了出版社的经营决策，制约了出版社发展。

3.2.2　人力资源分析

（1）人员情况。

职工总数 201 人，其中 45 岁以上人员 70 人，30～45 岁人员 98 人，30 岁以下人员 33 人；具有研究生以上学历的 55 人，具有本科学历的 98 人，具有大专及以下的 48 人；具有高级职称人员 32 人、具有中级技术职称人员 47 人，出版社年龄结构如图 3－6 所示，学历情况如图 3－7 所示。

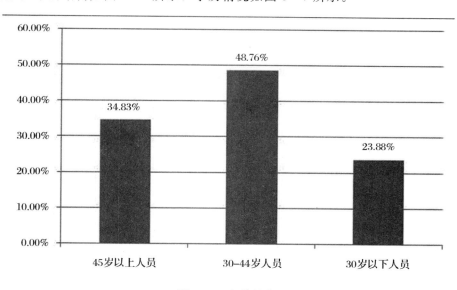

图 3－6　年龄结构

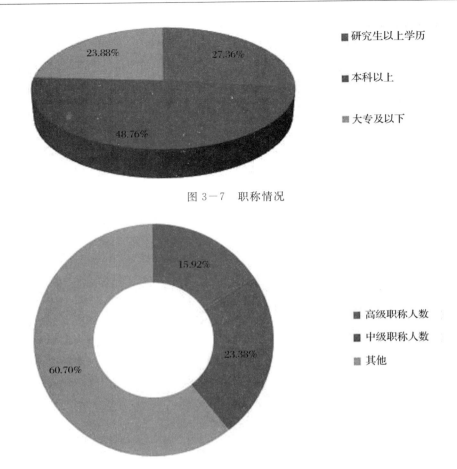

图 3—7　职称情况

图 3—8　学历情况

　　中国经济出版社年龄结构上相对比较合理，中青年占比超过了 70％；本科以上学历层次较高，占到了 50％以上；但是编辑专业技术职称欠缺，特别是出版发行、营销策划等综合型人才亟待加强。

　　（2）人力资源管理。

　　中国经济出版社虽然历经不同部委，但是一直是具有人事权的出版单位。多年来，人事工作相对出版社整体的发展是相对滞后的。主要存在以下问题：

　　第一，人事制度不够完善。对于各个工作岗位的描述和定位基本停留在纸面上，对实际工作帮助不大。人员招聘过于看重学历，忽视实际工作经验和职业素养，用人成本较高。进入出版社的关系户比较多，有的解决完户口就离职了，有的工作能力不高，人浮于事。

第二，薪酬和绩效考核体系不健全。出版社 9 年没有提高过薪酬标准，薪酬设计和绩效考核没有科学量化的标准，这不利于年轻人发挥充分自主的积极性。

第三，职业培训状况。首先在培训经费上投入不足。每年固定培训就是组织新编辑参加国家新闻出版广电总局和编室主任参加继续教育培训，主要是为了提职上岗和评职称。其次是出版社缺乏对员工职业生涯规划与设计。

3.2.3　产品结构和市场情况分析

中国经济出版社是一家以出版经济管理类图书为主，大众类图书为辅的出版社，如图 3—9 所示，中经理财、中经皮书、中经彩票等系列图书已经成为了市场认知度不较高的系列产品。每年出版图书品种 1000 余种，其中新书出版品种约占 70%，重印图书 30%。每年面向市场的图书选题约占 55%，补贴（学术出版）图书选题约占 45%。中国经济出版社的发行渠道以新华书店、网络书店、馆配客户、民营批销客户为主，其所占比重接近 90%，如图 3—10 所示，年发货码洋 1 亿元左右，年平均回款 4000 万元，平均折扣率 60%，平均回款率 68%，平均退货率为 35%。在经管类出版社综合排名中，中国经济出版社一直保持位居前十位。近几年，出版社出版品种虽然保持了一定的规模，但是单本书盈利水平并不高，市场书平均发货量低于 5000 册；出版品种结构相对单一，存在市场销售风险，特别是中经理财图书；新书主发乏力，重点客户销量下滑，图书上架率降低，市场占有率下降。

出版品种涉及范围

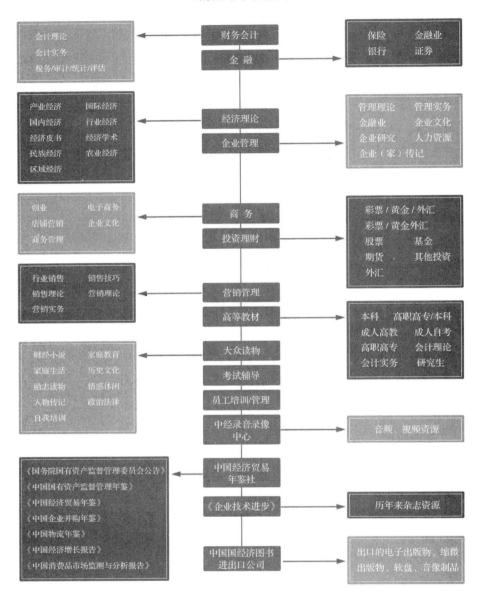

图 3—9 中国经济出版社品种涉及的主要类别

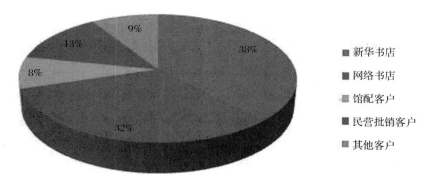

图 3—10　中国经济出版社市场渠道比重

3.2.4　财务状况分析

2013 年，出版社实现收入 7794 万元，营业成本 5380 万元，费用 3886 万元，图书退税收入 172 万元，房屋补贴收入 50.6 万元，全年亏损 1594 万元。其中，出版社本部亏损 1006 万元，中国经济贸易年鉴社盈利 32 万元，中国经济进出口公司亏损 565 万元，中国经济书店、《企业技术进步》杂志社和中经录音录像中心合计亏损 55 万元，中国经济出版社合并口径 2013 年与 2012 年效益对比分析如表 3—3 所示。

表 3—3　　　　　　　合并口径 2013 年与 2012 年效益对比分析表　　　　　单位：万元

项目	2013 年	2012 年	增长额	增长率
一、营业总收入	7794	8118	−324	−4%
二、营业总成本	9584	8095	1489	18%
营业成本	5379	4032	1077	25%
营业税金及附加	65	100	−35	−35%
销售费用	1242	1116	126	11%
管理费用	2597	2548	49	2%
财务费用	−17	−11	−6	55%
资产减值损失	322	40	282	705%
投资收益（损失以"−"）	14		14	100%
三、营业利润（亏损以"−"）	−1821	32	−1853	−5791%
加：营业外收入	228	298	−70	−23%
减：营业外支出		2	−2	
四、利润总额（亏损以"−"）	−1594	328	−1922	−586%
减：所得税费用	−14		0	
五、净利润（净亏损以"−"）	−1580	314	−1894	−603%

中国经济出版社资产负债率为 0.63，这表明出版社高负债经营，风险偏高。流动比率为 1.34，速动比率为 0.43，现金比率为 0.23，资金周转慢，存货变现时间长，短期偿还债务能力较弱。由于历史遗留欠账过多，2013 年偿还债务累计达 1500 多万元，但仍有 2000 万元左右的印刷费、纸张费等欠款尚未支付。

近年来，出版社市场化运作与市场化的规范经营管理严重脱节，市场化意识、风险意识淡薄，综合管理工作不到位。销售收入增长乏力，图书成本、人工成本和费用过快增长，经济效益低下，缺乏有效积累，生产流动资金严重短缺，长期负债经营的局面没有根本性改变。

3.2.5　企业文化分析

现阶段中国经济出版社的企业文化基本上停留在口头或流于形式上，出版社员工还没有真正领会到企业文化的内涵究竟是什么。大家经常把工会、青年团、妇联等部门组织的外出郊游或文娱活动等当成企业文化。当然不可否认，这些固然是一种表现形式，但这充其量只是表层的企业文化，并没有深入到职工的精神层面，不能转化成出版社的价值准则、行为规范和大家共同的信念。出版社由于企业文化的欠缺，严重影响了出版社的凝聚力和战斗力，阻碍了出版社的发展。

3.3　中国经济出版社 SWOT 综合分析

3.3.1　中国经济出版社 SWOT 分析

出版社在决策之前应该对企业进行一个全面的分析。企业战略研究最常用的是 SWOT 模型分析法，这种方法是由美国学者赫芝（Heinz. weihrich）最早提出的，其主旨是对自身的强势（Strength）、弱势（Weakness）、机遇（Opportunity）、威胁（Threat）进行分析，使企业在选择和进入目标市场时将其内部能力（强势和弱势）与外部环境（机遇与威胁）相适应，以便取得经营的成功。

中国经济出版社划转中石化后，如何将自身优势充分发挥，规避自身的劣势，就是要充分利用一切可能的机遇，及时找到与自身关联和匹配，并转化成竞争的优势，在这一过程汇总，同时也要注意外部的威胁和挑战，及时采取相应的对策和措施，规避风险和劣势。中国经济出版社 SWOT 矩阵分析如表3—4所示。

（1）优势。

第一，品牌优势。中国经济出版社在国内经济管理领域有较高的知名度和美誉度，拥有一定的品牌。

第二，作者优势。长期以来中国经济出版社积累了一批经济学界著名作者，这些作者资源在业界都是翘楚，具有非常强的号召力，比如吴敬琏、刘鹤、厉以宁、陈锡文、卫兴华、樊纲、迟福林、程恩富、魏杰、马光远等。

第三，资质优势。中国经济出版社除了拥有图书的出版资质外，还拥有图书进出口权、拥有杂志社、音像出版资质、实体书店经营资质、图书广告资质等。

第四，政策扶持优势。划转中石化后，中石化会给予相关政策的扶持，特别是资金的扶持和相关资源的扶持。

（2）劣势分析。

第一，资金不足。出版社由于销售收入增长乏力，成本上有增长过快，且历史欠账较多，生产流动资金严重短缺。

第二，产品过于集中。中国经济出版社图书产品集中度较高，过于集中在经济管理领域，一旦国内整体经济下行，导致风险系数增加。2007 年出版社的股票书大卖后，随着资本市场的低迷，对出版社销售影响巨大。

第三，人才缺乏和绩效考核有待完善。中国经济出版社整体学历虽然不低，但是缺乏相应的懂业务、懂市场、懂营销的复合型人才，人事制度和薪酬绩效考试也有待完善。

第四，图书成本增加。国内人工成本的提高，使得设计、排版、纸张、印刷、装订、物流等成本急剧提高，成本增加。

第五，资产规模不大。中国经济出版社与竞争对手相比，在规模上都没有明显优势，比如中信出版社、经济科学出版社等。

第六，信息化管理水平不高。多年来，中国经济出版社信息化管理水平不高，部门间关联性比较差。

（3）机会分析。

我国人民随着物质生活水平的不断提升，对图书等精神文化产品的需求会与日俱增，个性化的定制和多元化的需求将会成为今后的趋势，为出版行业的发展提供了机遇。同时，国家一些利好文化产业发展的政策，也为其中国经济出版社发展提供了新的动力，特别是国家在数字出版转型对传统出版企业的资金扶持力度的加大，为出版社今后的新发展提供了十分必要的物质保障。

（4）威胁分析。

近些年，随着国家利好政策的出台，外资和国内民营资本纷纷进入，使得出版行业竞争加剧，市场化的程度提高，特别是外资和国内民营资本以其灵活的经营管理体制，对出版行业威胁和挑战增大。目前，我国的出版业正处在改革、突破的瓶颈期，出版政策逐渐放宽，绝大多数出版社已经转企，电子媒体和网络对传统出版的冲击越来越大。多媒体数字化产品出现，使读者阅读习惯发生改变。同时，由于网上买书的便捷性、及时性，实体书店销售下滑或倒闭关门，给传统的发行渠道带来了巨大威胁，读者购书习惯也在慢慢发生变化。

表 3—4　　　　　　　　　　中国经济出版社 SWOT 矩阵分析

优势（S） 品牌 作者 资质 政策扶持		劣势（W） 资金不足 产品过于集中 人才缺乏、绩效不完善 图书成本增加 资产规模不大 信息化管理水平不高
机会（O） 国际经济发展稳定 国家政策扶植 数字出版的兴起	（SO）战略 发展品牌战略 作者资源维护 发展数字出版	（WO）战略 科学合理降低成本 广泛参与市场竞争 培养复合型人才 提高绩效考核水平 加强信息化管理
威胁（T） 外资和民营进入 数字出版冲击 发行渠道冲击	（ST）战略 加强职工素质，提高生产力 维护好作者资源和渠道 走出去战略	（WT）战略 多元化经营 可以考虑适当与民营公司合作 停止某些不利业务

3.3.2　中国经济出版社的发展战略选择

根据 SWOT 分析方法，有四种战略可供选择，即增长型战略、多种经营型战略、扭转型战略、防御型战略。从图 3—11 中可以看出，第 Ⅰ 类型的企业具有很好的内部优势和许多的外部机会，因而应采取增长型战略。第 Ⅱ 类企业，面临着巨大的外部机会，却受到内部劣势的限制，因而应采取扭转型战略，充分利用环境带来的机会，想办法消除劣势。第 Ⅲ 类企业，内部存在着劣势，外部也面临巨大的威胁，因而应采取防御型战略，要进行业务调整，设法规避威胁、消除劣势。第 Ⅳ 类企业，具有一定的内部优势，但外部环境存在威胁，应采取多种经营型战略，利用自己的优势，在多样化经营上寻找长期发展的机会。对于目前中国经济出版社来说，要抓住我国文化产业发展的良好时机，正视存在劣势明显多于优势，机会也多于威胁的现实，提高和培养自己的核心竞争力才是发展的出路，所以选择扭转型战略是中国经济出版社的不二选择。

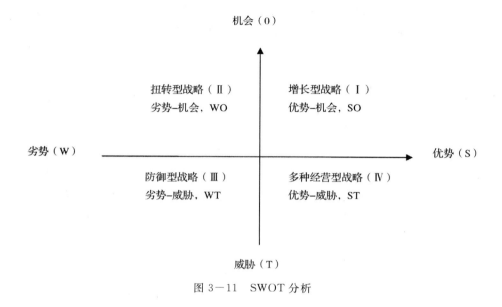

机会（O）

扭转型战略（Ⅱ）　　　　　增长型战略（Ⅰ）
劣势-机会，WO　　　　　优势-机会，SO

劣势（W）　　　　　　　　　　　　　　　　优势（S）

防御型战略（Ⅲ）　　　　　多种经营型战略（Ⅳ）
劣势-威胁，WT　　　　　优势-威胁，ST

威胁（T）

图 3—11　SWOT 分析

4　中国经济出版社发展战略制定

4.1　中国经济出版社的愿景和战略目标

4.1.1　中国经济出版社的愿景

愿景（Vision），或译作远景、远见。企业愿景是指对企业发展前景的高度概括。它由组织内部的成员所制定，由团队一起讨论后，获得认可和共识，形成大家愿意为之共同努力的方向。

中国经济出版社作为在国内出版界、经济学术界的出版机构，其根据自身的特点制定的出版社愿景是"成为中国出版界领先的经济管理类专业出版社"。

4.1.2　中国经济出版社的战略目标

战略目标是企业为实现其愿景而提出的在一定时期内对主要成果期望达到的目标值，它回答的是"企业未来要达到一个什么样的发展目标"。战略目标的设定，也是企业宗旨的展开和具体化，是企业在设定的战略经营领域开展经营活动要达到水平的具体规定。

中国经济出版社面对日趋激烈的市场竞争，将紧紧围绕创新发展、科学发展、向管理要效益的发展主题，以增强出版社综合竞争实力为中心，以挖掘人力资源和增强市场运作能力为重点，以实施重点图书和精品图书为突破口，2015年实现ERP全流程管理，到2017年实现年发货码洋突破2亿元，年销售收入突破1亿元，经济管理类出版社市场占有率提高到前五名，力争一年内在实现扭亏为盈的基础上，再实现每年利润增长10%的目标，打造成为出版特色鲜明、在国内有一定影响力的经济管理类专业出版社。

4.2 中国经济出版社发展战略的原则宗旨

在国家全力推进出版体制改革、鼓励与支持出版企业做大做强的大好形势下，出版社应抓住机遇，在明确公司使命后，迅速制定切实可行的出版社发展战略。中国经济出版社战略制定的原则宗旨是出版企业发展的方向，也是制定战略规划的依据。总结中国经济出版社近30年的发展经验，对制定战略原则宗旨可以概括为以下几点：

第一，坚持正确的出版方向原则。坚持正确的出版方向是中国经济出版社得以生存和发展的基础。作为出版行业一定始终强化政治意识、大局意识和责任意识，不出政治问题，树立正确的导向意识、质量意识，培养高素质的人才队伍，加强质量管理。

第二，坚持发展是硬道理原则。发展是中国经济出版社不得不面对的问题，树立强烈的发展意识，形成全体出版社员工的共识，实现多元化的发展。

第三，坚持敢于碰硬，敢于调整原则。中国经济出版社要想取得成功，一定要不断改革和调整，努力提高员工的工作效率，充分调动员工积极性，发挥员工的主观能动性，实现出版社的自身发展。这个过程肯定会触动某些部门和某些人的局部利益，也需要战略制定者的智慧。

第四，坚持创新驱动原则。以创新为动力，大胆实践，积极探索，为中国经济出版社可持续发展储备力量。主要包括：发展模式的创新，要走出一条多元化、专业化的发展之路；营销方式的创新，从简单图书发行到图书市场营销转变；管理制度的创新，坚持按劳分配，多劳多得，在兼顾效率与公平的原则基础上，改革人事制度和分配制度。

4.3 结合中国经济出版社发展现状的战略组合

中国经济出版社的战略制定，是在评估自身现有业务和出版资源的基础上，根据出版社制定的愿景和战略目标而提出的。出版社能否持续健康地发展，关键还在于自己能否从挑战中抓住机遇，找准发展定位，确定发展方向，最大限度地发挥人才优势、资源优势、市场优势，为可持续发展奠定坚实的基础。

4.3.1 集团化战略

中国经济出版社是中石化的直属出版社。中石化是国务院国有资产监督管理委员会所监管的中共中央企业之一,不仅在石化专业领域显示出强大实力,而且就现有产业结构而言,具有文化传媒产业发展的巨大潜力。中石化目前正在整合内部文化资源,拓宽文化发展领域,拟组建文化传媒集团,逐步做优做强文化产业,并已将集团化战略提到了议事日程。

目前,中石化有自办报纸 57 份,其中 7 份报纸具有国内统一刊号;有企业电视台(广电中心、新闻中心)43 家;有社科类期刊 30 份,其中 5 份期刊具有国内统一刊号;50 份生产经营类专业期刊,具有国内统一刊号。各企事业单位基本都有门户网站,兼具办公和宣传功能。宣传思想文化领域从业人员(包括宣传、媒体、文化、理论岗位人员)共有 5973 人,其中媒体专职从业人员 2074 人。

其中,中国石化报社经营主要包括中国石化报、中国石化杂志、车友报等报刊。《中国石化报》发行量为 13 万份,《中国石化》杂志发行量为 2.5 万份,《车友报》发行量 75 万份。中国石化出版社主要包括图书出版、集团公司年鉴和年报编辑出版、中国石化境内外展览等业务,年平均出版图书近千种,年平均出版码洋 1.2 亿元,年平均主营业务收入 7000 万元。

4.3.2 多元化战略

在当今时代,多元化经营已经成为产业或者企业规避风险、获取竞争优势、占据更多市场份额、实现利益最大化的一个主要方向。我国出版业随着企业化、集团化发展趋势,多元化作为一种战略选择,受到出版业普遍关注。对于像中国经济出版社这样大多数中小型出版社而言,还应围绕图书出版主业开展多元化,不应跳出出版主业进行盲目的业务拓展,而应在出版领域内实现多元化。中国经济出版社采用同心多元化的发展战略主要为了避免经营单一的风险,主要考虑利用自己的优势,通过多种经营分散环境带来的风险。同心多元化发展战略,在出版业多是围绕内容资源,从图书、报纸、杂志、广播、电视到数字多媒体,以不同的媒体形式对内容资源进行综合利用开发,开发相关的衍生产品,从而获得丰富的利润回报。同心多元化战略,对于出版社来说可以通过网络、手机、影视的媒体力量进行扩张、延伸图书的市场机会和影响力,也可从其他媒体资源中挖掘新的图书选题,促进图书出版。例如,中国经济出版社的《融资有道》系列图书,先是以图书出版开始,见到图书市场销量喜人后,又开发了衍生产品 980 元的《融资有道》授课光盘,其利润远超图书,并受到了读者的欢迎。又如,与人民网合作开发的图书选题更是从其他媒体资源中挖掘新的图书选题,从而促进图书出版,实现多元化发展的诠释。

以图书出版为主业，向其他媒体延伸的多元化战略具有极强的拓展性，也是目前国内出版社或集团采用的主要方式。

4.3.3　企业文化战略

企业文化也可以成为"公司文化"或"组织文化"，是指在一定的社会经济条件下通过社会实践所形成的并为全体成员遵循的共同意识、价值观念、职业道德、行为规范和准则的总和。企业文化是一种境界、一种思想、一种力量、一种氛围，没有鲜明的企业文化和出版品格，就不可能办好一个出版社。同时，这也是出版社自身壮大的需要。出版社要想在竞争中保持优势，一方面要看经营管理水平和组织体制；另一方面看的就是企业文化，用良好的企业文化引导出版社发展，勇于革新，大胆地吸收先进的管理经验，提高自己的创新能力。现阶段中国经济出版社要努力营造一种蓬勃向上的企业文化。中国经济出版社新的领导层上任后，非常重视企业文化的建设。要努力建设成以"发展是硬道理""以人为本""团队协作""执行力强""正能量"为核心的企业文化。希望让这种企业文化，通过不断的积累和宣贯，形成大家共同的价值观和行为规范，从而有效地帮助出版社提高综合竞争力。

4.3.4　品牌战略

作为生产文化消费品的特殊企业，出版社的品牌由低到高呈现出四个阶梯：单本（或单套）书品牌—丛书品牌—类别书品牌—出版社整体品牌。中国经济出版社要努力建设成为出版特色鲜明、品牌影响力突出的出版社。做好出版主业是中国经济出版社谋求发展的基础。图书品牌对于出版社和广大读者来说具有重要意义。

（1）质量是树立品牌的前提。

作为出版从业单位，政治利益和社会效益放在第一位的原则始终不能动摇。出版社必须要加强出版各个环节的质量管理，强化责任意识、大局意识，严格执行"三审制"，严格把关，落实到人。中国经济出版社的出版物主要以经济管理类图书为主，对于出版物的质量什么时候都不能放松，出版质量是出版社发展的前提，是出版社的生命线。出版社建立的全面质量保障体系，为广大读者提供高质量的精神食粮同时，也为树立出版社品牌提供了重要的前提条件。

（2）坚守专业出版，树立特色品牌。

面对激烈的图书市场竞争环境，出版社保持持续发展的关键在于有没有特色。出版社出版特色鲜明不鲜明：一看图书质量高不高，要想图书有高品质就要树立精品意识，多出好书，打造行业品牌，这是做强出版主业的根；二看是否原创、有创新，一些跟风同质化的作品已经让读者十分厌恶了，要想出精品就要树立开拓与原创的思维，在市场定位、编辑加工等方面推陈出新，这是出版社发展的推动力。中国经济出版社的出版特色在于"专"，下一步要做好以下两方面工作：

第一，树立市场观念，努力做好出版选题策划工作。开发品牌出版物必须先确定市场观念，只有以市场为出发点，才能找到准确的市场定位。所以，中国经济出版社下一步要紧跟社会热点经济的变化，以及读者需求的变化来进行出版选题内容的定位和选择，挖掘适合我们出版特色的出版选题。

第二，坚持特色原则，寻找自身出版优势。没有特色就谈不上品牌，只有具备了鲜明出版特色才会被广大读者认知，才有利于形成品牌。国内 580 家出版社分布领域广泛，规模、实力和专业分工差异较大，各种细分领域的竞争较激烈。中国出版社只有从自身优势出发寻找特色，才能在竞争中先拔头筹。

（3）树立市场营销理念，完善营销体系。

中国经济出版社转企后，必须要改变传统发行模式，即先生产后发行的出版模式，一定要树立市场营销理念：

第一，要实行营销方式多样化，探索不同图书的营销策略。

第二，要树立以读者为中心的思想，完善售后服务。

第三，要根据市场开发选题，生产图书。

在发行模式上，要搭建与出版社图书定位和特点相适应的营销网络。要做好编发结合，实现图书全员全过程的营销。要重视编、发部门的沟通与联动，从策划选题开始，就把市场的需求放在第一位。图书的选题策划、编辑出版、印制和发行的全过程，始终贯穿着营销的意识。图书的发行部门对于市场的信息，一定要及时、客观、准确的与编辑部门进行交流和共享，协助编辑部门做好选题策划工作。

4.3.5　人力资源管理战略

（1）创新出版组织机构。

组织管理制度创新是出版企业做大做强的基础，构建科学的领导体制与组织管理制度是出版企业实施现代企业制度的内在需要。中国经济出版社实行分社管理模式，分社承担着产品研发、经营等主要职能，但在生产和发行上依然由其他职能部门承担，比如印务部和发行部，管理体制上依然是传统的直线职能制。出版社未来发展方向是打造公司化、集团化的出版社，重组内部组织结构，将目前大多数出版社采用的直线职能制组织结构转变为以事业部制为主的组织结构。首先，将分社转换为事业部制进行试点，其他部门逐步推开。事业部按出版社体制相对自主经营，在财务上模拟独立核算；在选题决策、员工任用、内部绩效工资分配等方面享有一定自主权。出版社本部主要在以下方面对其进行管理：人事任免、考核、奖惩、选题范围、结构和方向的规范和重大选题的审定、财务结算和生产经营审计、材料供给、资金支持、物流和后勤服务保障等。其次，强化中国经济出版社战略管理、生产经营协调、审计监控的组织职能，形成较为完善的组织体系。

（2）完善人事和绩效分配制度。

在人事和收入分配制度方面，要按照企业化和市场化的要求进行改革，形成科学的组织运行机制。

第一，实行双向选择，定岗定编，竞争上岗，按岗位规范逐级聘任，并授予部门领导用人自主权，解决人员能上能下、能出能进的问题。未聘人员有人事处按制度规定分流安置，人尽其才。

第二，建立新型分配制度，进行工资套改。实现以基础工资加绩效工资分配形式，同时现行职务等级工资记入个人档案。

第三，建立科学系统的工作绩效评价体系。全员工作绩效评价不仅将成为收入分配和等级升降的客观依据，而且将成为提高组织管理绩效和工作效率的重要手段。

（3）创新人才使用机制。

就是要看人才选用是不是能够很好地适用岗位要求，并在岗位上能否发挥作用，为出版社整体发展是否能做出贡献，贡献有多大。就是要形成正确的人才定位和人才使用导向，形成人才管理的科学化。以绩效考核为核心，对人才激励机制进行不断的创新，着力为"想做事、能做事、做成事"的人提供舞台和空间，并不断加强人才选拔任用的管理。同时，将大力培养和锻炼青年人，及时选拔优秀年轻人走上管理岗位，为其提供发展空间。

4.3.6 办公信息化与数字出版战略

目前，网络出版给传统出版方式带来了颠覆性的变化，为了适应这种变化，中国经济出版社面临加快信息化建设、实现管理现代化的紧迫问题。因此，必须要不断增强对信息技术的认知与把握的能力，并及时、有效地加以利用各种信息技术，努力向数字化、网络化出版转变。

根据中国经济出版社目前的信息技术现状和信息技术发展的目标，以标准化、集成化、扩展化为原则，采用分步实施、逐步推进的方法，紧密结合出版社实际需求情况，最终通过对门户网站、出版业务 ERP 系统、集团公司信息系统、互联网出版系统等一系列信息系统的全面整合，在三年内逐步建立一个技术先进、管理规范、功能完善、实用安全、效益明显的出版社内外部网络系统，为出版社提升工作效率、提高图书品质、增强工作能力打下良好的信息化基础。

中国经济出版社出版的信息化建设工作包括两方面工作：一是出版管理的信息化和网络化；二是出版物的数字化。

（1）办公信息化软硬件更新。

根据中国经济出版社实际需求，周期性批量更换老旧电脑，保障办公电脑能满足出版社信息化时代的工作要求，提高工作效率。按照集团公司信息化管理部的要求，对出版社所有的办公电脑安装正版软件，并按时开展正版软件自查活动，实现全部办公软件正版化。

（2）出版社业务 ERP 系统。

ERP 系统即（Enterprise Resource Planning）企业资源计划系统，诞生于 20 世纪 90 年代，美国一家 IT 公司根据计算机在企业的信息处理中的功能和 IT 技术发展及企业对供应管理的需求而提出的概念。以信息技术为基础，系统化管理为设计理念的 ERP 系统，为企业决策层和员工提供了经营决策和运营管理的平台。ERP 系统项目如图 4—1 所示，是中国经济出版社信息化建设中的重点项目，预计一年内完成发行、印务、编辑及财务等四大业务管理系统的上线运行，实现四大业务管理系统数据互通，从而提高整体业务效率。目前，ERP 系统已经开始分阶段实施，发行业务管理系统中的发货、退货及本版入库模块已经上线运行，印务管理系统及编务管理系统正在积极筹备中。

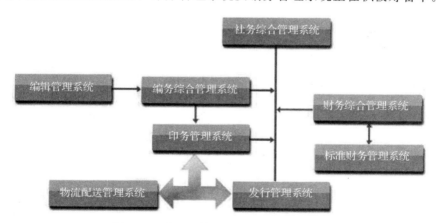

图 4—1　中国经济出版社 ERP 系统项目

（3）互联网出版及数字化转型。

2013 年，数字出版营业收入为 2540.4 亿元，同比 2012 年增加了 604.9 亿元，增长比例为 31.3%，全行业营业收入的占比为 13.9%，同比提高了 2.3%。电子书、数字报纸、互联网期刊营业收入增长速度为 7.0%，与数字出版整体增速相比差距明显，由此可见传统出版物的数字化转型之路亟待提高，且发展空间巨大。中国经济出版社作为具有多年历史的专业出版社，在传统出版方面打下了坚实的基础，但是面临数字出版时代带来的巨大挑战，必须要适应新形势，化挑战为机遇，实现面向网络、数字出版的转型升级，只有增强核心竞争力，才能在未来的市场竞争中加快发展，做强做大。今后要开展的主要工作包括：内容数字化加工，可以将增量的数字格式文件转化成数字出版所需要的通用数字格式；内容资源管理，对各时期产生的资源进行管理，包括条目、图书、图片、音视频资源及配套的各类成品资源，并提供检索等资源服务；图书产品发布，能够将已经成品化的数字内容通过各种信息展现形式体现给读者或者机构用户，通过数字内容交易获得收益。

目前，中国经济出版社已经开展了网络出版项目的前期准备，提交申请了互联网出版许可资质，相关部门已受理，目前正在等待审批，并对互联网出版平台的实施开展了可行性调研。2014 年度中国经济出版社已经向新闻出版署和财政部申报了《数字化转型升级项目》的中央文化专项资金，如图 4－2 所示。如果项目获得批准，将能极大地推进中国经济出版社互联网出版及数字化转型的进程。

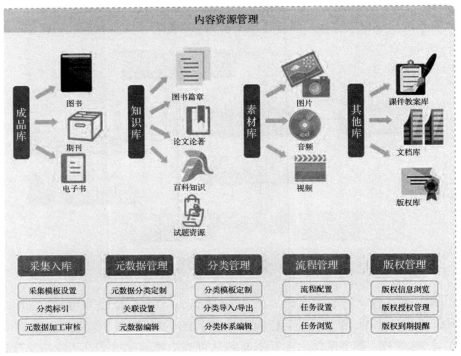

图 4－2　中国经济出版社数字出版转型项目

4.3.7 市场渗透与开发战略

中国经济出版社怎样能培养作者和读者的忠诚度，最重要的是更好地在服务上做文章。面对已有的作者和读者资源，出版社要把这些资源转化成便于自己采集和利用的数据资源，分别开发作者资源和读者资源的数据库，并进行数据库分析，精准定位、细分作者和读者群，找好自身市场定位，做好个性化和增值的服务。中国经济出版社要把那些市场集中地区的大客户作为自己营销活动的重点和重要观测点，要把占有大客户作为占有市场的重要指标，充分发挥大客户，特别是图书市场发达地区的大型发行商的作用，通过他们把图书营销出去。中国经济出版社发行工作相对比较薄弱，今后要在发行业态发生重大变化的当下，强化发行营销队伍的建设，提高中国经济出版社的市场占有率，充分发挥销售终端的作用，逐步扩大经营品种及其服务范围。具体工作包括以下四方面：

第一，加强对渠道终端的监控，实现精准发货，控制退货率。

第二，加强终端客户的信息收集和整理。

第三，组建网销部，联系当当、卓越、京东、天猫，使其与编辑共同研究书名和广告语，加大网销数量。

第四，加强图书馆配工作。做好人天书店、武汉三新等大客户，以及中小馆配商的销售服务工作，努力实现效益最大化。

4.3.8 财务战略

第一，高度重视现金流。资金是出版社命脉，是血液。稳定充足的现金流是出版社稳健经营和实现持续发展的重要保障。足够的现金流是出版社开拓市场、建设品牌的先决条件，是面对激烈竞争站稳脚跟的坚实后盾。因此，出版社管理层必须加强现金流管理。

第二，加强应收账款的管理。要从出版社债权清欠工作入手，强化应收账款的管理工作，提高预收账款比例，减少预付款金额，加强应收账款风险的预警管理，降低呆坏账风险，加速资金周转，从而为出版社运营提供资金保障。

第三，加强预算管理。编制合理的财务预算控制战略使资金流向更具方向性和目标性，统筹安排出版社有限财力，提高资金的使用效益。

第四，提高财务信息利用率。中国经济出版社要利用中石化会计集中核算平台，提高财务信息利用率，为经营决策提供方便，从而提高会计信息的效率和使用价值。

第五，做好出版社财务分析。财务分析有利于出版社经营管理者更清晰地了解出版社现状，指出问题，有利发展。中国经济出版社每季度组织财务、各分社、发行、印务等部门进行季度经济活动分析会，用财务数字说话，会诊出版社经营管理中的问题。

5　中国经济出版社发展战略实施与措施保障

5.1　中国经济出版社发展的战略实施

5.1.1　中国经济出版社战略实施的必要性

出版社作为一个组织系统，需要系统内各要素的互相配合、互相适应，才能实现出版社整体功能的合理优化，实现出版社的质变。出版社发展战略的制定只是对出版社发展目标、路径实现目标的手段和方法的规划与设计，只能算是描绘一张蓝图。战略的实施就是把蓝图变成现实的过程，从中国经济出版社近30年来的发展经验和面临的形势来看，脚踏实地地做好战略实施对中国经济出版社是非常必要的。

5.1.2　中国经济出版社战略实施的原则

战略实施过程中，肯定会遇到在制定战略时没有预判或者预估到的问题，所以在战略实施中可遵循以下三个基本原则。

（1）适度合理性的原则。

在出版社经营目标和经营战略的制定过程中，对未来的预测不可能是完全准确的，在战略实施的过程中面临的情况也将会是比较复杂。因此，只要在主要的战略目标上基本达到了战略预定的目标，就可以认为这一战略的制定及实施是成功的。

（2）统一领导和指挥的原则。

作为出版社的高层领导肯定是对出版社发展战略了解最深刻的，所以战略的实施应当在高层领导人员的统一领导和指挥下进行，形成有利于资源配置、机构调整、企业文化建设、信息沟通与控制、建立激励制度等方面相互协调、有效运行的局面。

（3）权变原则。

战略实施过程难免事情的发展会与设定有所偏离，特别是当出版社内外环境发生重大的变化时，使得原定的战略不能成形，需要进行重大的调整，这时就要遵循权变原则，以便出版社有充分的准备，使出版社有充分的应变能力。

5.1.3　中国经济出版社战略实施的建议

中国经济出版社经过近三十年的努力，已经成为在业界有一定影响力的专业出版社。今后一段时间，中国经济出版社的战略实施将从市场份额、品种规模、自身品牌、人才储备、管理机制、出版能力等多方面，为实现出版立体化、经营多元化、管理现代化的国内一流专业出版社而开展工作。

为了保证中国经济出版社战略目标的成功实现，出版社的具体战略实施建议包括以下几个方面：

（1）以专业出版作为发展的基础。坚持自己的专业出版方向是中国经济出版社必须坚持和选择的，并需要不断加强这些专业出版优势。中国经济出版社在充分利用经管出版资源的优势的同时，要紧跟国内外经济热点和相近管理经验，不断扩大经济管理出版服务的领域，组织出版与专业发展变化相适应的图书产品，实现并达到成为国内经管类出版社中极具品牌影响力的出版社的愿景。

（2）市场是效益的源泉，要扩展出版领域。整合利用出版社积累的现有作者及行业资源，并对新的市场领域进行调研和论证，组建项目管理团队，通过有效机制的建立调动每个成员的积极性，配置好有效资源，确保进入延伸领域发展的有效性。

（3）积极推进数字出版转型。在数字环境下，中国经济出版社要以提高出版能力为抓手，将根据自己的特色和优势研究开发数字出版产品，并将探索传统出版和数字出版相融合的经营模式；同时构建电子书多样化的销售渠道，提升出版社的品牌优势，构建多样化的电子书产品销售渠道。

（4）加强销售管理，创新营销模式。面对实体书店销售下滑，网店销售增长放缓，出版社要加强销售管理和市场营销的创新，并使其符合出版社发展战略的要求，探索建立产品研发和市场营销相融合的营销新模式。主要包括：一是完善图书营销的职能，充分利用微博、微信、论坛等社交媒体，更加专注于对图书的前端营销，发掘和培养重点图书，并提高它们的码洋贡献率，形成一条有影响力的图书产品线；二是加大对网店渠道的开发力度，要在稳定实体书店规模的基础上，加大对网店渠道的开发和支持力度，不断加强对网上书店营销服务的支持，强化销售数据和市场营销工作关联性，通过深挖网上书店销售资源，有效提高销量并为选题策划提供数据支持。

（5）创新管理手段与方法。中国经济出版社要积极探索管理方式和管理理念的转变，厘清管理思路，从而释放发展活力，逐步做到该放的能放开、该管的管到位，使管理起到促进发展的作用，而不是由于管理体制的问题阻碍出版社的发展。

（6）建设好人才队伍。出版行业是文化创意行业，人才在出版社的发展中至关重要。要实现以人为本，加强干部队伍、专业骨干人才队伍建设。中国经济出版社将会给予每个职工充分发挥主观能动性的空间，搭建出版创意的大舞台。

5.2 中国经济出版社战略实施的保障措施

5.2.1 信息化管理先行一步

中国经济出版社已经充分认识到信息化管理在出版社发展中的重要地位，并斥资 200 万元整体购进了《中华出版人平章出版 ERP 综合管理系统》，系统引入了项目管理的先进管理理念，同时沿用部分典型出版企业的传统业务流程，通过科学规范和重组新的业务数据流，使得出版社的编、印、发、人、财、物六大核心业务同平台共管，真正实现了数据流、信息流、工作流的平滑顺畅运转，消除了出版社信息孤岛的现象，避免了大量信息的多部门重复录入，最大限度地合理使用资源，达到高效的经营。这一系统和我们一般的以模块为基础逐步建立信息关联的系统有着本质的区别，它是一个整体设计过程，真正做到了整体无缝构建，从而实现了数据信息在整体中顺畅流动。具体包括以下子系统：社务综合管理、编务综合管理编辑管理、印务管理、发行管理、财务核算管理、物流配送管理等，如图 5－1 所示。在未来信息化管理中，中国经济出版社将会持之以恒地打造 ERP 管理系统整体运营计划，不断创新和完善，最大限度地保障中国经济出版社发展战略的实施。

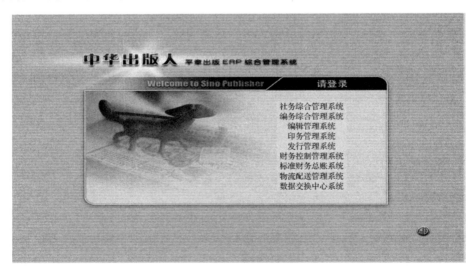

图 5－1 ERP 综合管理系统

5.2.2 建立现代出版企业制度

企业是市场的主体，具有事业单位性质的出版社能不能彻底转变为符合现代企业制度的市场主体，关键在于我国出版行业如何实现转型。现代企业制度要求，所有权是明确的，责任和权力是明确的，政企是分开的，管理是科学的。出版社作为文化单位，具两重属性，除具有一般企业特征外，还有文化单位的特征。

建立中国经济出版社的现代企业制度，这次转企就是一个契机，它提供了基础和可能性。出版社今后成为了真正的企业法人后，将有利于打破原来出版社组织职能部门重复设置、工作环节脱节、降低出版社运营效率等弊端，从而更好地确立出版社的市场地位，实现出版规模扩大和对新产品领域的拓展，进而提高出版效率和效益。

5.2.3　公开透明的战略制定过程

战略制定的过程是一个组织按目标一致性协调处理每个链接的过程，所以大量的讨论和沟通是十分必要的。很多出版社制定战略后，将其视为高度机密，只有少数人知道和理解。中国经济出版社将强调有透明度的发展战略，强调在战略制定过程中，各级组织的全面参与，在这个过程中达到明确方向，最大限度地避免风险，从而达成共识。同时，通过头脑风暴、战略研讨会等各种各样的方式，让战略真正做到员工共知，比如出版社的内部 QQ 群、电子显示屏、内部小册子等载体都是出版社内部宣传的渠道。

此外，战略也要随着时间的流逝，进行不断的调整和变化。许多企业在制定好发展战略的 3 年至 5 年的时间里，不做出任何调整，这导致了发展战略和实际操作不在一个轨道上进行，使战略失去了价值，中国经济出版社也会汲取经验教训，积极应变并不断修正，保证战略目标的实现。

5.2.4　动态管理

对战略实施进行动态的管理，是一个自上而下的管理过程。在出版社领导层达成一致后，确定好战略目标，再向出版社中层及以下人员传达，并将各项工作分解和落实。这个过程，经常需要出版社在不断循环中达成战略目标。对于尚未实施的战略只是纸面上的，而战略的实施是战略管理过程的行动阶段，出版社对这个过程的管理一定是动态的，不断变化的，并通过每季度经济活动分析会反馈的情况，经过社务会商讨进行修正或调整。

5.2.5　塑造良好的企业文化

中国经济出版社将塑造良好的企业文化视为保障战略实施的重要手段。出版社生产的是具有物质形式的精神产品。因此，必须要塑造好自身的文化，树立自身的文化价值观，并将其转化为全体出版社员工在战略实施过程中，共同的价值观，转化成员工愿意为出版社战略目标的实现而付出自己努力的信念。

5.2.6　责任落实到位

对多数出版企业来讲，制定长期的发展战略就像是描绘一幅蓝图，这幅蓝图如果不能有效地细化，将战略目标进行分解，特别是具体到每一项工作任务上，必然会出现战略制定和战略执行之间的脱节，从而难以实施蓝图描绘的效果。形成你说你的，我做我的，战略将无法有效落实局面。战略制定完成以后，中国经济出版社详细地讨论和设计战略实施的路径是什么，并将重点工作任务细化，落实相关责任部门、完成时间和如何配置相应资源等内容。同时，使出版社经营计划与预算编制能够更加有目的性和针对性，既控制了运营成本，又保证了效果，实现工作运营与整体战略目标的互联互通。

结　　论

我国的文化体制改革已全面展开，改革已经进入攻坚阶段，国家的一系列利好政策的出台，给图书市场带来活力的同时，市场竞争也势必会更加激烈。传统出版社如果还停留于现有的生产方式和管理模式下，就会逆水行舟，不进则退，被市场前进的大潮淘汰。所以，加强对传统出版社发展战略研究是十分重要和必要的。

本论文侧重于对中国经济出版社现阶段经营发展的状况进行研究，中国经济出版社从 1985 年 1 月成立，到现在历经了近三十年的发展。特别是近些年的发展遇到了很大瓶颈，急需制定出版社的发展战略，以适应新的形势变化，使其保持在长期发展中的主动权。中国经济出版社发展战略的制定更多的是针对出版社现有资源优势和实际发展的条件提出的，这些研究对于可能已经经历过中国经济出版社这一发展阶段的大型出版社或集团略显浅显，但是对于那些刚刚完成转企改制不久，在为出版社发展困顿不前而无良策的中小型出版社来说，还是有一定的参考价值和意义的。

现在的出版企业正处于历史最好的黄金发展机遇期，从国家经济的发展水平、相关配套政策的支持和人们对文化产品消费多元化的需求来看，都为出版行业的大发展大繁荣提供了机会。出版企业自身要通过整合自身多年来积累的出版资源，切实转变增长方式，做好数字出版转型，练好内功，积极开展多元化的经营，努力提高和培养核心竞争力，加快集团化和公司化的建设，打造出版企业鲜明的特色，从而提高市场占有率，进而实现出版企业又好又快发展。

转制背景下的中国经济出版社还算不上是真正意义上的企业。它只能是一个尚未挣脱计划经济的旧有习惯和观念束缚而又急于投身市场竞争的出版单位。中国经济出版社和其他出版社一样，是具有典型双重属性的企业，既有文化属性，又有商业属性。本文依照相关出版理论和行业属性的特点进行撰写，并在充分运用战略管理的相关理论的基础上，对中国经济出版社的发展战略进行研究，从而得出以下结论：

（1）本文通过对出版行业大环境，以及中国经济出版社内外部环境和优劣势的分析，认为中国经济出版社发展的战略目标是立足经济管理专业出版领域，为读者提供专业化、个性化的产品。论文通过 SWOT 分析，结合中国经济出版社自身发展的实际情况，选择了扭转型的发展战略，以期更好地适应出版社的发展。

（2）为了能够更好地适应改制的要求和完成既定的目标，中国经济出版社应制定扭转型战略的组合方案。

（3）最后，为保证中国经济出版社战略目标的实现，提出了具体战略实施的建议和保障措施。

尽管上述的研究结论都是通过以中国经济出版社的经营发展为研究对象而得出的，但这些研究和分析中所运用的分析思路和方法对于国内同类型的出版单位也是可以适用的，具有一定的理论和借鉴的意义。对划转中石化后中国经济出版社的发展战略进行研究是与整个出版行业的发展状况相贴近的，对出版行业，特别是中共中央级出版社具有一定的实践指导意义。同时，虽然在整个研究的过程中，对相关资料进行了大量的收集以及整理分析，使研究具有一定的理论支撑，但对于在一些发展规律性的概括和研究可能还不是很深入、很系统，需要在今后的进一步工作和实践中予以深化和完善。

参考文献

［1］ Francis J. Aguilar, Richard Hamermesh, General Electric：Strategic Position —1981, Harvard Business School Case, 381—174.

［2］ McFarlin, D. B., and Sweeney P. D., International Management：Strategic Opportunities and Cultural Challenges ［M］. Routledge，2010.

［3］ Michael E. Porter. Competitive Strategy (New York：Free Press, 1980).

［4］ Schein，E. H.，Coming to a New Awareness of Organizational Culture ［J］. Sloan Management Review，1984. 25（2）：3—15.

［5］ Stacey，R. Strategic Management and Organizational Dynamics，Pitman，London，1993.

［6］［美］迈克尔．波特．战略管理［M］．陈小悦译．北京：华夏出版社，1997.

［7］［美］迈克尔•波特，凯文•莱恩•凯勒．营销管理：第13版•中国版［M］．卢泰宏，高辉译．北京：中国人民大学出版社，2009.

［8］卞青．海天出版社战略转型研究［D］．华南理工大学，2012.

［9］陈亮．出版企业战略与管理发展［M］．上海：上海古籍出版社，2012.

［10］成熙静．湖南教育出版社战略管理模式研究［D］．国防科学技术大学，2008.

［11］耿晓鹏．民营图书文化公司与出版社合作模式探讨［J］．出版广角，2012（10）.

［12］郭爱春．部委出版社转企改制后的发展路径探讨［J］．出版与印刷，2011.

［13］韩晓磊．转企改制后中国商务出版社发展战略研究［D］．西北农林科技大学，2013.

［14］何小敏．高校出版社转企改制背景下发展战略分析［J］．企业研究，2013（20）.

［15］贺剑锋．我国出版产业企业规模经济研究［J］．出版科学，2007（4）.

［16］霍红琴．文化产业的发展与传统出版的机遇［J］．河南社会科学，2013（11）.

［17］李凤桃．部委出版社"曲线"改制路线图公布：转制后与主管主办单位暂不脱钩［J］．中国新闻周刊，2009（23）.

［18］李静．多元化战略［M］．上海：复旦大学出版社，2002.

［19］刘拥军．现代图书营销学［M］．苏州：苏州大学出版社，2003.

［20］卢俊林．广西师范大学出版社发展研究［D］．广西民族大学，2012.

［21］马博．基于文化产业大发展下的北语出版社发展战略研究［D］．华北电力大学，2012.

［22］欧阳坚．文化产业政策与文化产业发展研究［M］．北京：中国经济出版社，2011.

［23］钱亮．基于SWOT分析构建战略转型实施模型［J］．价值工程，2012.

［24］谭忠富，侯建朝．企业战略管理［M］．北京：经济管理出版

社，2008.

[25] 唐东方. 战略规划三部曲：方法·实务·案例 [M]. 北京：中国经济出版社，2013.

[26] 王方华. 企业战略管理 [M]. 上海：复旦大学出版社，2002.

[27] 王海云，吴玉红，费秀红. 出版社营销管理 [M]. 北京：经济管理出版社，2009.

[28] 魏玉山. 出版单位主管主办制度的历史发展和现实思考 [J]. 编辑学刊，2013 (4).

[29] 新闻出版总署. 关于进一步推进新闻出版体制改革的指导意见 [J]. 中国出版，2009 (4).

[30] 新闻出版总署出版产业发展司. 新闻出版体制改革案例汇编 [M]. 北京：中国人民大学出版社，2009.

[31] 修安萍. 美国大众出版社之转型研究 [D]. 武汉理工大学，2012.

[32] 于春迟，谢文辉. 出版管理学 [M]. 北京：中国人民大学出版社，2011.

[33] 赵东晓. 出版营销学 [M]. 北京：中国人民大学出版社，2010.

[34] 中国出版协会. 2014 中国出版风向标 [M]. 北京：线装书局，2014.

[35] 周蔚华. 我国图书出版产业的集中度和规模经济分析 [J]. 中国出版，2002 (10).

[36] 左文娟. 高等教育出版社战略转型研究 [D]. 河北大学，2010.